Veröffentlichungen
der Vereinigung der Deutschen Staatsrechtslehrer
Heft 21

# Föderalismus als nationales und internationales Ordnungsprinzip

# Die Öffentliche Sache

Berichte
von

Hartwig Bülck und Peter Lerche
Werner Weber und Klaus Stern

und
Aussprache zu den Berichten
in den Verhandlungen der Tagung der Deutschen Staatsrechtslehrer
zu Münster (Westfalen) vom 3. bis 6. Oktober 1962

Berlin 1964

Walter de Gruyter & Co.

vormals G. J. Göschen'sche Verlagshandlung — J. Guttentag Verlagsbuchhandlung
Georg Reimer — Karl J. Trübner — Veit & Comp.

Unveränderter photomechanischer Nachdruck 1973

ISBN 3 11 006021 3



Printed in the Netherlands

# Inhalt

Erster Beratungsgegenstand:

# Föderalismus als internationales Ordnungsprinzip

## 1. Bericht von Professor Dr. Hartwig Bülck, Speyer

1. Als internationales Ordnungsprinzip wird der Föderalismus in der Gegenwart durch die funktionale Föderation bestimmt. Weder die dynastische Föderation wie im 18. Jahrhundert noch die nationale wie im 19., deren Leitbild der Bundesstaat war, geben den Staatenverbindungen im 20. Jahrhundert das Maß. Heute geht die Entwicklung auf die funktionale Föderation, d. h. auf internationale und übernationale Organisationen mit jeweils besonderen Aufgaben, die sich der hergebrachten Ordnung der Staaten überlagern und mit ihr zusammen Frieden und Gerechtigkeit in jenen Formen sichern, die der modernen Industriegesellschaft gemäß sind.

Doch wird das Neue erst deutlich, wenn man sich das Alte vergegenwärtigt. Aus dreifachem Grunde ist eine historische Betrachtung nötig. Zum ersten verkürzt der „Verlust der Geschichte", wie der Göttinger Historiker Heuss dieses allgemeine Zivilisationsphänomen jüngst genannt hat[1]), die Sachperspektiven und verfälscht sie damit, zumal im Völkerrecht, das von seinem Gegenstand her auf starke Kontinuität angelegt ist. Zweitens zeigt eine geschichtliche Betrachtung, daß die Staaten als politisch-historische Individualitäten, wie sie im alten Österreich hießen, und ihr überliefertes Gemeinschaftsrecht die Grundlage bilden, auf der die modernen zwischen- und überstaatlichen Organisationen aufruhen oder — um hier passende Begriffe der neueren Soziologie zu verwen-

---

[1]) A. Heuss, Verlust der Geschichte, 1959, bes. S. 44 ff. Über die Entfremdung des Menschen von seiner Vergangenheit auch R. Seidenberg, Posthistoric Man, 1956 und W. Conze, Die Strukturgeschichte des technisch-industriellen Zeitalters, 1957 mit dem Diskussionsbeitrag von J. Ritter (S. 34 ff.), der die Eigenständigkeit geschichtlichen Verständnisses betont. Zum abstrakten, d. h. planmäßig gerafften Zeitbegriff als Konsequenz oder richtiger wohl als Agens der technisierten Massengesellschaft vgl. schon G. Friedmann, La Crise du Progrès, 1936. Doch gilt gegenüber aller Vorausplanung noch das schöne Wort de Maistres, daß die Zeit der Minister Gottes in den weltlichen Angelegenheiten ist,— wenn anders die Geschichte ihren Gegenstand und damit der Mensch seine Freiheit verliert.

den — daß das national-territoriale Primärsystem der Staaten das Widerlager bildet für das funktional-föderative Sekundärsystem über den Staaten[2]). Zum dritten macht eine solche Sicht deutlich, daß der Begriff des Föderalismus als dialektische Entzweiung und Versöhnung der Einheit in der Vielheit und der Vielheit in der Einheit nur das allgemeine Strukturprinzip ist, das der jeweiligen historischen Verwirklichung bedarf, denn der Rechtsbegriff verwirklicht sich in seinen Rechtsgestalten[3]). Es kommt deshalb darauf an, was jeweils die Einheit in der Vielheit und die Vielheit in der Einheit bedeutet. Das ist heute die neue Gemeinschaftsform teilsouveräner Funktionalverbände, zu denen die souveränen Nationalstaaten die alten Rechts- und Bündnisformen — und damit in den supranationalen Gemeinschaften zum Teil auch sich selbst — umbilden und neugestalten, ein Prozeß, den es nicht nur in seiner formalen Organisation, sondern auch nach seinen materialen Rechtsprinzipien zu erkennen gilt.

---

[2]) Der Begriff der „sekundären Systeme" als planmäßig organisierter, vom Boden gewachsener Rationalität sich ablösender, daher „schwebender" Daseinsformen stammt von H. Freyer, Theorie des gegenwärtigen Zeitalters, 1955, bes. S. 79 ff. Vgl. auch A. Gehlen, Die Seele im technischen Zeitalter, 1957 („Superstruktur"); Hannah Arendt, Vita activa oder vom tätigen Leben, 1960 und F. Jonas, Sozialphilosophie der industriellen Arbeitswelt, 1960.
Gegenüber der „abstrakten Humanität" sekundärer Systeme (H. Schelsky, Der Mensch in der wissenschaftlichen Zivilisation, 1961, S. 41) hat das Recht einen schweren Stand. Freilich wird es nicht standhalten können, wenn man ihre Organisationsformen einfach verwirft, wie das etwa M. Imboden, Politische Systeme, 1962, S. 70 ff. tut. Das Horazische „Risiko der Vernunft" bleibt dem Menschen erst dann erspart, wenn er posthistorisch geworden sein sollte. Es gilt deshalb gegenüber den Sachzwängen, wie sie die Soziologie und Ökonomie gerade auch für das europäische Organisationsrecht darlegen, die Eigenständigkeit und den Selbstwert rechtlicher Ordnung zu behaupten, d. h. trotz aller Gefahr der Ideologisierung dem unverkennbaren Zug zu widerstehen, der das Recht selbst zu einem bloß soziologischen Faktum von instrumental-manipulativer Bedeutung macht. Vgl. dazu H. Ryffel, Gegenwartsaufgaben einer Philosophie der Politik, Ztsch.f.Schweizerisches Recht, Bd. 102 (1961), S. 239 ff., sowie H. J. Meyer, Die Technisierung der Welt, 1961, S. 289 ff. und L. Landgrebe, Philosophie der Gegenwart, 1957, S. 130 ff. über den Zusammenhang zwischen rechtlich-sittlichen Normen und dem Problem der Technik in der deutschen Philosophie des 19. und 20. Jahrhunderts.

[3]) Vgl. G. Dulckeit, Philosophie der Rechtsgeschichte, 1950. Ähnlich war für Sombart Theorie nicht nur das Aufstellen genereller Regeln, sondern auch die analytische Erarbeitung der Strukturelemente eines konkret-historischen Gebildes; er verband Theorie mit Geschichte im Sinne einer geschichtlichen Theorie. Vgl. G. Weippert, Werner Sombarts Gestaltidee des Wirtschaftssystems, 1953, S. 105.

## Im 18. Jahrhundert

2. Das europäische Staatensystem ist seit seiner Entstehung aus der mittelalterlichen Res Publica Christiana im Unterschied zur päpstlichen Alleinherrschaft, die sich gegenüber dem Konziliarismus bald gefestigt hatte, auf Föderation angelegt: auf bündische Gemeinsamkeit aller Mitglieder unter hegemonialer Führung der Großmächte. Als christliche Familie, wie sie nach ihren dynastischen Trägern genannt wurde, war sie nach außen auf die Verteidigung des gemeinsamen Glaubens gegen die Ungläubigen, die Türken, gerichtet und nach innen auf die Freiheit ihrer Mitglieder, der souveränen Staaten, die sich in wechselnden Koalitionen gegen eine „Universalmonarchie" der Habsburger und Bourbonen zu wehren hatten. Der souveräne Staat, das Glied dieser Gemeinschaft, der nach französischem Muster über ein durch lineare Grenzen scharf umrissenes Territorium und die auf diesem ansässige Bevölkerung als seine Untertanen herrschte, ist bis heute mit veränderter Legitimation das Grundelement der zwischenstaatlichen Ordnung geblieben. Er war am Ende des Ancien Régime vollendet. 1789 wurde die Carte de France fertiggestellt, zur selben Zeit, in der die letzten Binnenzölle in Frankreich abgeschafft und ein einheitlicher Außentarif eingeführt wurde. Denn nicht nur das politische Dasein der Untertanen, auch ihr ökonomisches Handeln war in diesen Staat einbezogen[4]). Die handwerklich-agrarischen Territorialwirtschaften und die politischen Territorialstaaten bildeten im Zeichen des Merkantilismus eine Einheit, den absoluten Staat, für den sein fürstliches Oberhaupt handelte, indem es mit seinesgleichen auf gleichem Fuß verkehrte, was man noch heute die absolute Gleichheit der Staaten nennt. Die Souveräne, nach ihrer politisch-territorialen Macht gestuft, nach ihrer Reputation, wie es in der zeitgenössischen Diplomatie hieß, schlossen untereinander Allianzen, Föderationen für Offensiv- oder Defensivzwecke, die mit ihrer Erfüllung erloschen oder auch Ansätze zu dauernden Staatenbünden wurden, wie sie als ständestaatliche Unionen unter monarchischer Führung, als sogenannte Realunionen, oder auch als republikanische Schutzbünde, wie die niederländischen Generalstaaten, neben älteren Formen, vor allem der Eidgenossenschaft der Schweizer, in die europäische Staatengemeinschaft eingesprengt waren. Der wichtigste Artikel der Allianzen bestimmte den casus foederis, den Bündnisfall und die Waffen-

---

[4]) O. Brunner, Die alteuropäische „Ökonomik", Ztschr.f. Nationalökonomie, Bd. 13 (1950), S. 114 ff.

hilfe in der Art, daß jeder Teil in der Entscheidung hierüber weithin frei blieb. Den casus foederis in jedem Falle zu bejahen, erlaubte das ius belli, das freie Kriegsrecht, das zusammen mit dem ius pacis den Schlußstein in die gemeinschaftliche Ordnung einfügte. Denn nicht nur Verteidigungs-, sondern auch Angriffskriege waren im Ancien Régime erlaubt und sogar geboten; denn sie sicherten, wenn Repressalien oder die Anrufung Gottes als Sanktion gegenüber wirklichen oder vermeintlichen Vertragsbrüchen versagten, als ultima ratio regum das Recht der Staaten in einer freien Gemeinschaft. Diese Kriege waren Staatenkriege mit Söldnerheeren, die den Bürger wenigstens dem Rechte nach ungeschoren ließen, zumeist Erbfolgekriege mit begrenztem Ziel, weit entfernt von den späteren Vernichtungskriegen.

Die so geschützte Ordnung, mehr zwischendynastisch als zwischenstaatlich, wurde durch die großen Friedensschlüsse jeweils neu gestiftet, ein Zeichen für die bündische Kraft des alten europäischen Staatensystems, die sich bis zum Anfang unseres Jahrhunderts im Weltstaatensystem erhalten hat und sich erst heute mit der Heraufkunft des Weltbürgerkrieges verliert. Nach dem Westfälischen Frieden war es vor allem der Frieden von Utrecht, der 1713 den Spanischen Erbfolgekrieg abschloß und in einem spezifisch modernen Sinne Epoche machte. Er stabilisierte und formulierte die Idee des Europäischen Gleichgewichts, im besonderen zwischen Habsburg und Bourbon, und machte England kraft seiner maritimen und kolonialen Stellung für 200 Jahre zum Träger dieses Gleichgewichts, zum Holder of the Balance[5]). Der von Bacon stam-

---

[5]) Art. 2 des englisch-spanischen Friedens vom 13. 6. 1713 lautet: „à cause du danger éminent, dont la liberté et la sûreté de toute l'Europe a été menacée par l'union trop étroite des royaumes d'Espagne et de France et afin d'effacer les inquiétudes et les soupçons dont les esprits ont été agités, et rétablir la paix et la tranquillité de la Chrétienté par un juste équilibre de puissance, qui est le meilleur et le plus solide fondement d'une amitié mutuelle et d'une union durable de part et d'autre ...", zitiert nach C. Bilfinger, Friede durch Gleichgewicht der Macht? Ztschr.f. ausl.öffentl.Recht und Völkerrecht, Bd. 13 (1950/51), S. 54. Daß alle großen Friedensverträge das Gleichgewicht aufrechterhalten sollten, betont R. Phillimore, Commentaries upon International Law, 1871, Bd. 1, S. 483. Vgl. weiter U. Scheuner, Das Europäische Gleichgewicht und die britische Seeherrschaft, 1943 sowie H. J. Morgenthau, Politics among Nations, 1954, S. 155 ff.
Über den Zusammenhang von Machtbalance und Handelsbilanz im Merkantilismus vgl. E. von Heyking, Zur Geschichte der Handelsbilanztheorie, 1880 und K. Pribram, Die Idee des Gleichgewichts in der älteren nationalökonomischen Theorie, Zeitschrift für Volkswirtschaft, Sozialpolitik und Verwaltung, Bd. 17 (1908), S. 1 ff.

mende Gleichgewichtsgedanke als allgemeines Strukturelement des abendländischen Rationalismus[6]) diente dazu, das mit der Auflösung der spanischen Ländermassen flüssiger gewordene europäische Staatensystem zu regulieren, damit das nun einsetzende rasche Ländergewinnen, -verlieren und -vertauschen nicht zur Vorherrschaft einer Krone führe und dadurch die „sûreté et liberté de l'Europe", wie es im Utrechter Frieden hieß, störe. Dieser auf Gewaltenteilung gerichteten Ordnung entsprach es, daß die mit jedem Frieden beschlossene Neuverteilung von Territorien das bestehende Gleichgewicht nicht beeinträchtigen durfte. So hieß es bei der ersten Teilung Polens, daß die Erwerbungen Rußlands und Österreichs vollständig gleich sein sollten, „der Teil des einen darf nicht größer sein, als der des anderen"[7]), ein Verfahren, das der Wiener Kongreß durch eine statistische Kommission verfeinerte, die den Territorialwert nach dem möglichst enklavenfreien Gebietszusammenhang, der contiguité, und der Zahl der Bevölkerung zu berechnen hatte, wobei ihre Nationalität keine wesentliche Rolle spielte[8]). Das europäische Gleichgewicht wurde gelenkt und gehalten durch einen von den Großmächten hegemonial bestimmten Gesamtwillen[9]), der sich

---

[6]) Heute vornehmlich in der amerikanischen Soziologie, vgl. T. Parsons und E. Shils, Toward a general theory of action, 2. Aufl. 1949; M. A. Kaplan, Balance of Power, Bipolarity and other models of international systems, in N. Rosenau (Hrsg.), International Politics and Foreign Policy, 1961, S. 343 ff.; dort Parsons erstmalig auch zum internationalen Thema: Order and Community in the International Social System, S. 120 ff. Eine zwischenstaatliche Gleichgewichtstheorie in Anlehnung an die ökonomischen Konjunkturtheorie bietet G. Liska, International Equilibrium, 1957. Allgemein über „Die Äquivalenz als kosmisches, juristisches, ästhetisches und ethisches Prinzip" H. Marcus, Metaphysik der Gerechtigkeit, 1947.

[7]) Morgenthau, aaO., S. 167.

[8]) Vgl. J. Klüber, Akten des Wiener Kongresses, 1816, Bd. 5, S. 244 ff. und J. von Elbe, Die Wiederherstellung der Gleichgewichtsordnung in Europa durch den Wiener Kongreß, Zeitschr.f. ausl.öffentl.Recht u. Völkerrecht, Bd. 4 (1934), S. 226 ff., S. 248 ff. „Un contigu complet et non interrompu" — Österreichisch-bayerischer Vertrag vom 8. Okt. 1813, Martens, Nouv. Rec. I, S. 610. Freilich handelte es sich trotz aller Statistik nicht um ein rechnerisches Gleichgewicht. „Ce serait d'ailleurs une erreur bien étrange que de considérer comme élément unique de l'équilibre, les quantités que les arithméticiens politiques dénombrent" meinte Talleyrand. Zitiert nach R. Rie, Der Wiener Kongreß und das Völkerrecht, 1957, S. 105.

[9]) Daß das europäische Gleichgewicht sich nicht mechanisch reguliere, sondern die Staaten „zur Erhaltung des Gleichgewichts berechtigt und verbunden" seien, betont das zeitgenössische Schrifttum. Vgl. C. G. Günther, Europäisches Völkerrecht in Friedenszeiten, 1787, Bd. 1, S. 361; E. Gundling, Ob wegen der anwach-

im Konvenienzrecht Ausdruck verschaffte. Das „sublime Recht der Konvenienz“, wie es sein Interpret Jean Rousset nannte[10]), eine Spielart des aufgeklärten Naturrechts, legitimierte in Verbindung mit dynastischen Rechten den Anspruch der führenden Mächte kraft vernünftiger Einsicht Europa so einzuteilen, wie sein Glück und seine Wohlfahrt es verlangten. Frankreich begehre die südlichen Niederlande, hörte man sagen; doch sei das droit de convenance ganz Europas dagegen[11]). Freilich konnte das für alle Angemessene zum Vorteil für bloß einige werden; dann wandelte sich das droit de convenance zum droit de bienséance. Ausgehandelt und geformt wurde dieser Gesamtwille durch die alten übernationalen Führungsschichten des Adels und der Geistlichkeit, in den geheimen Kabinetten der Fürsten und in den Salons, in französischer Sprache, die die der Diplomaten und Gebildeten war.

Hegemonie und territoriales Machtgleichgewicht, Führung und Freiheit, verbanden sich so als Strukturelemente des alten europäischen Föderalismus zu einer dialektischen, stets neu zu gewinnenden Einheit[12]), die nicht nur der Utrechter Frieden als eine Rechtsordnung, als ein „juste équilibre“, bezeichnete, sondern die dies auch im Bewußtsein der Fürsten und ihrer Untertanen war, weil die souveräne Freiheit der Staaten nach innen und außen Sicherheit und Wohlfahrt gewährleistete, indem sie die mittelalterlichen Adels- und Ständefehden, vor allem aber den religiösen Bürgerkrieg überwunden hatte, von dessen Grauen und Schrecken Europa so lange heimgesucht worden war[13]). „Den Frieden“, sagte Schiller im

---

senden Macht der Nachbarn man den Degen entblößen könne, 1716. E. Kaeber, Die Idee des europäischen Gleichgewichts in der publizistischen Literatur vom 16. bis zur Mitte des 18. Jahrhunderts, 1907, S. 143 ff. Zustimmend auch C. Frantz, Untersuchungen über das europäische Gleichgewicht, 1859, S. 17.

10) In dem von ihm redigierten Mercure historique et politique, Bd. 98 (1735), S. 20.

11) Über Rousset und das Konvenienzrecht eingehend F. Meinecke, Die Idee der Staatsräson, 3. Aufl. 1929, S. 30 ff.

12) Vgl. H. Triepel, Hegemonie. Ein Buch von führenden Staaten, 1938, S. 133: Die Hegemonie ist „schon deshalb ein Element des Föderalismus, weil sie ihrem Wesen nach unter der Linie liegt, an der die Herrschaft beginnt“. Über die Zusammengehörigkeit von Hegemonie und Gleichgewicht ebenda, S. 213 ff. Dazu auch R. Stadelmann, Hegemonie und Gleichgewicht, o. J. (1949?).

13) Den repräsentativen Ausdruck findet das Droit public européen (Mably) in E. de Vattels, Le Droit des Gens ou Principes de la Loi Naturelle, 1758 (deutsch von W. Euler, 1959) mit seiner Unterscheidung vom Droit des gens nécessaire, das als natürliches Recht nur moralisch verpflichte und deshalb zurücktreten müsse gegenüber dem „unabhängig von der Gerechtigkeit der Sache“ (III. Buch XII. Kap.) verbindlichen Droit des gens volontaire, dem posi-

Rückblick auf das alte Jahrhundert, „sichert jetzt ein ewig geharnischter Krieg und die Selbstliebe eines Staates setzt ihn zum Wächter über den Wohlstand des anderen. Die europäische Staatengesellschaft scheint in eine große Familie verwandelt“[14]). Das war 1789 in seiner Jenenser Antrittsrede zu Beginn der französischen Revolution.

## Im 19. Jahrhundert

3. Das Selbstbestimmungsrecht der Völker und Menschen der amerikanischen und französischen Revolution auf der politischen Seite und die von England zur selben Zeit ausgehende technisch-industrielle Revolution auf der wirtschaftlichen Seite haben dem Föderalismus im 19. Jahrhundert das Gepräge gegeben. Trotz aller wechselseitigen Abhängigkeit von Politik und Wirtschaft gilt es, zwischen der national-demokratischen und der liberal-ökonomischen Umgestaltung der europäischen und späteren Weltstaatengemeinschaft zu unterscheiden. Denn in diesem Unterschied liegt der Ansatz für die beiden heutigen Grundformen internationaler Föderation, für die politisch-militärischen und die ökonomisch-sozialen Organisationen.

4. 1790 verkündete Anarchasis von Cloots vor der französischen Nationalversammlung die „République du Genre Humain“, die Nation aller Menschen, „une et indivisible“, mit Paris als Hauptstadt, als „Vatikan der Vernunft“. Er und seine Freunde Robespierre und Grégoire begrüßten im Namen der „Fédérés Français“ die „Fédéralistes Américains“, um sie und

---

tiven Völkerrecht der „Société des Nations“ als einer freien Gemeinschaft freier Staaten. „Europa stellt ein Staatensystem, ein Ganzes dar, in dem alles durch die Beziehungen und die verschiedenen Interessen der diesen Erdteil bewohnenden Nationen untereinander verbunden ist ... eine Art Republik, deren unabhängige, aber durch die Gemeinsamkeit der Interessen miteinander verbundener Mitglieder zur Aufrechterhaltung von Ordnung und Freiheit zusammenwirken. Daraus ist das berühmte Prinzip des politischen Gleichgewichts oder des Gleichgewichts der Mächte entstanden. Man versteht darunter eine Ordnung der Dinge, die jede Macht hindern soll, die absolute Vorherrschaft zu erlangen und den anderen ihren Willen aufzuzwingen“, III. Buch III. Kap. § 47. Vgl. die Einführung von P. Guggenheim zu der Eulerschen Übersetzung, S. XXII ff. Eine ähnliche Definition Europas gibt auch G. F. von Martens, Einleitung in das positive europäische Völkerrecht, 1796, S. 26.

[14]) F. Schiller, Ges. Werke, Bd. 13, S. 3, zitiert nach R. Koselleck, Kritik und Krise, 1959, S. 38 mit vielfältigen Nachweisen des zeitgenössischen Friedensbewußtseins. Hertzberg ging ähnlich wie Schiller so weit, aus der Balance einen ewigen Frieden abzuleiten: „Die Geschichte wird nicht mehr interessant sein“, sagte er, denn durch das Gleichgewicht seien nunmehr die

alle anderen Menschen zu einer „Confédération des Individus" zu vereinigen, der die gesetzgebende Gewalt zustehen müsse, damit Frieden und Gerechtigkeit in der Welt ewig dauerten[15]). Dieser revolutionäre Aufruf, der, wie das Sendungsbewußtsein jedes großen Volkes, seine Kraft aus der unreflektierten Ineinssetzung nationaler Machtinteressen mit universalen Menschheitsinteressen gewinnt, wirkt bis in unsere Tage[16]). Zunächst freilich hat er nur im Widerspruch zu einem neuen Bund geführt, im Widerstand nämlich gegen ein europäisches Universalreich nationalfranzösischer Prägung, das Grand Empire Napoléons, das im Grunde nur eine Fortsetzung des Empire d'Occident Ludwigs XIV. war, der das Weltreich Karls V. mit dem französischen Königtum verbinden wollte[17]). Der neue Bund Europas, dessen Völker aus Eigenem leben wollten, weil es das Eigene war, wie der Schweizer Näf treffend sagt[18]), ist aus den Kriegsallianzen der vier Großmächte hervorgegangen, deren Vertreter 1814 Napoleon die Friedensbedingungen vorlegten: „non comme uniquement envoyés par les quatre Cours ... mais au nom de l'Europe ne formant qu'

---

Hoffnungen des St. Pierre erfüllt. Die Wendung klingt sehr modern, will sagen posthistorisch.

15) Text der Rede bei Selma Stern, Anarchasis Cloots, der Redner des Menschengeschlechts, 1914, S. 95 ff. Im näheren Cloots, Bases constitutionelles de la République du genre humain, 1793; dort S. 5 auch die zitierten Wendungen. Über den rheinpreußischen Baron Jean Baptiste von Cloots, der sich später den Namen des Weltweisen Anarchasis beilegte, vgl. weiter J. Ter Meulen, Der Gedanke der internationalen Organisation, Bd. II/1, 1929, S. 21 ff. und P. Klassen, Nationalbewußtsein und Weltfriedensidee in der französischen Revolution, Die Welt als Geschichte, Bd. 2 (1936), S. 33 ff. Über Robespierre, Grégoire, Volney, Condorcet vgl. E. Nys, La Révolution française et le droit international, in seinen Etudes de droit international, 1896, S. 318 ff., bes. S. 358 ff. Neuestens R. Schnur, Land und Meer — Napoleon gegen England, Ztschr.f. Politik, Bd. 8 (1961), S. 14 ff.; ders., Weltfriedensidee u. Weltbürgerkrieg 1791/92, in: Der Staat, Bd. 2 (1963), S. 297 ff.

16) Vgl. A. Aulard, Histoire politique de la Révolution française, 1901, S. 111: „Une des tendances logiques de la Révolution fût la fusion de la patrie française dans les autres patries européennes, sans que celle-là disparût dans celles-ci: au contraire, la France aurait l'hégémonie, au moins morale de l'Europe. On rêve de décider les autres peuples à se former en nations groupés sous les auspices de la nation française, avec la Déclaration des Droits de l'homme pour bannière". Im näheren K. Epting, Das französische Sendungsbewußtsein im 19. und 20. Jahrhundert, 1952 und J. L. Talmon, Political Messianism, 1960, S. 242 ff. (Gesta Dei per Francos: Michelet).

17) H. Stegemann, Deutschland und Europa, 1932, S. 263.

18) W. Näf, Die europäische Staatengemeinschaft in der neueren Geschichte, 1943, S. 22.

un seul tout“[19]). Im Namen von ganz Europa versprachen sich dann auch kurz darauf die großen Vier, les Quatres, wie man sie nannte, „un parfait concert“ ihrer Kräfte, ein vollkommenes Zusammenwirken, um das gestörte Gleichgewicht durch eine „juste répartition des forces“ wiederherzustellen, über die der Wiener Kongreß schon beriet[20]). In der zweiten Allianz von 1815 kamen sie dann überein, regelmäßige „réunions“ zu veranstalten, um über den Frieden in Europa zu beraten[21]). Der Bund der vier Mächte erweiterte sich auf dem ersten Kongreß der Monarchen 1818 in Aachen durch die Aufnahme Frankreichs, das nunmehr friedliebend geworden war, zur Pentarchie der europäischen Großmächte, einer Kollektivhegemonie, die durch unmittelbare, gemeinsame Aussprachen der Staatshäupter auf regelmäßigen Treffen die europäischen Dinge in die Hand nahm[22]). Die rechtliche Gleichheit der mittleren und kleinen Staaten wurde gegenüber den großen dadurch berücksichtigt, daß sie zu den Gipfeltreffen eine „invitation formelle“ erhielten, wenn ihre Interessen betroffen wurden[23]). Das war das Europäische Konzert, ein „système

[19]) D'Angeberg, Le Congrès de Vienne et les Traités de 1815, 1864, Bd. 1, S. 105. Der hegemoniale Gedanke tritt deutlich auf einer Kongreßsitzung vom 18. 3. 1814 hervor: „... les bases énouées à Châtillon au nom de la Grande Alliance Européenne (d'Angeberg, S. 135).

[20]) In Art. 1 des Vertrages von Chaumont vom 1. 3. 1814 verpflichteten sich die vier Mächte, falls Frankreich sich weigerte, die Friedensbedingungen von Chaumont anzunehmen, dem Kriege alle ihre Kräfte zu widmen „et à les employer dans un parfait concert afin de se procurer à elles-mêmes et à l'Europe une paix générale“. Descamps-Renault, Recueil international des traités, Bd. 1, S. 310. Durch die Pariser Konvention vom 23. 4. 1814 wollten die Alliierten die Ruhe Europas begründen „sur une juste répartition des forces entre les états qui la composent“, Martens, Nouv. Recueil, Bd. I, S. 706. Von einem „Système d'équilibre fondé sur une juste répartition des forces entre les puissances“ sprach die Note Metternichs vom 28. 1. 1815, d'Angeberg, aaO., S. 677. In der Frankfurter Erklärung vom 1. 12. 1813 hieß es mit deistischem Anklang „sage répartition des forces“, d'Angeberg, aaO., S. 78.

[21]) Art. 6 des Vertrages vom 20. 11. 1815 (Martens, N. Rec. Bd. II, S. 737) bestimmte, daß die Kontrahenten „sont convenues de renouveler à des époques déterminées ... des réunions consacrées aux grands intérêts communs et à l'examen de mesures qui, ... seront jugés les plus salutaires pour le repos et la prospérité des peuples, et pour le maintien de la paix de l'Europe“.

[22]) Vgl. W. A. Phillips, The Confederation of Europe. A Study of the European Alliance, 1813—1823, as an experiment in the international organisation of Peace, 1913, S. 155 ff.; H. Triepel, aaO., S. 204 ff., 293 ff.; H. W. Schmalz, Versuche einer gesamteuropäischen Organisation 1815—1825, 1940; M. Bourquin, Le „Concert Européen“ au XIX. siècle, Festschrift für H. Wehberg, 1956, S. 89 ff.

[23]) In einer Erklärung des Kongresses von Aix-la-Chapelle vom

fédératif ou d'équilibre" wie Gentz sagte[24]), dessen wesentliche Strukturelemente, hegemoniale Führung durch wenige und rechtliche Gleichheit aller, in verstärkter und organisierter Rechtsförmigkeit bis heute die Grundlage für die politische Ordnung zwischen den Staaten bilden[25]).

---

15. 11. 1818 heißt es: „... dans le cas où ces réunions (celles des cinq Cours) auraient pour objet des affaires spécialement liées aux intérêts des autres Etats de l'Europe, elles n'auront lieu qu'à la suite d'une invitation formelle de la part de ceux de ces états que les dites affaires concerneraient et sous la réserve expresse de leur droit d'y participer directement ou par leurs plénipotentiaires...", d'Angeberg, aaO., Bd. 4, S. 1755 ff. Kritisch zu der Praxis der Großmächte, die vielfach über die Interessen der kleinen Staaten hinweggingen Ch. Dupuis, Le principe d'équilibre et le concert européen, 1909, S. 494 ff. und R. Redslob, Histoire des grands principes du droit des gens, 1923, S. 503 ff. Es wiederholte sich darin die schon aus dem 18. Jahrhundert bekannte Dialektik von Hegemonie und Gleichgewicht, jener häufige Umschlag des droit de convenance in das droit de bienséance. Die „invitation formelle" wurde später in die Satzungen des Völkerbundes und der Vereinten Nationen aufgenommen (Art. 4 Abs. 4 bzw. Art. 31).

24) Siehe Metternich, Nachgelassene Papiere, Bd. 3, 1881, Nr. 303, S. 166. Vgl. auch E. J. Pratt, Frédéric de Gentz, Inspirateur du système fédératif européen au temps des guerres napoléoniennes, Friedenswarte, Bd. 42 (1942), S. 264 ff. und R. Vierhaus, Überstaat und Staatenbund, Archiv für Kulturgeschichte, Bd. 43 (1961), S. 329 ff., S. 345 ff. Dieser Gedanke lag schon dem Gesamtplan für die künftige Gleichgewichtsordnung Europas zugrunde, der unter der Bezeichnung „bases de pacification" dem englisch-russischen Bündnisvertrag vom 11. 4. 1805 (Martens, Recueil des traités conclus par la Russie, Bd. 2, S. 421 ff.) beigefügt worden war und der von allen Mitgliedern der „Ligue générale des Etats de l'Europe", wie Alexander I. sagte (Martens, aaO., S. 402), anerkannt werden mußte. Der Plan wurde durch Art. 6 des Potsdamer Abkommens zwischen Rußland, Preußen und Österreich vom 3. 11. 1805 (Martens, Rec., aaO.) dahin ergänzt, daß ein „Congrès général" eingesetzt werden sollte, „de donner à l'Europe entière le système qui lui a manqué, en mettant, non plus comme autrefois, tel objet particulier sous la garantie de telle Puissance, mais tous les objets sous la garantie de toutes" (Martens, aaO., S. 486). Der englisch-russische Vertrag sprach hierbei von einem „système fédératif, calculé sur la situation des différents Etats de l'Europe" (Sonderartikel 6, Martens, aaO., 443). Vgl. dazu von Elbe, a. a. O., S. 236 ff. und K. Griewank, Der Wiener Kongreß, 2. Aufl. 1954, S. 46 f.
Unter „Europäischem Konzert" wird teils nur die Kollektivhegemonie der Großmächte verstanden, so z. B. von G. Dahm, Völkerrecht, Bd. 1, 1958, S. 165. Hier wird dem Sprachgebrauch des Pariser Friedens vom 30. 3. 1856 Art. 7 folgend die Gesamtheit der europäischen Staaten darunter begriffen. K. Strupp, Urkunden zur Geschichte des Völkerrechts, Bd. 1, 1911, S. 187.

25) Es lag in der Konsequenz dieses von England balancierten, rechtlich noch nicht organisierten Föderativsystems, daß gegen Ende des Jahrhunderts englische Autoren versuchten, den Vorrang der Großmächte zu legalisieren. Z. B. J. Lorimer, The Institutes

Das Europäische Konzert, anfangs im Zeichen der Heiligen Allianz, lockerte sich indes bald, als England begann, sich der Sache der Völker anzunehmen und den drei monarchisch-konservativen Ostmächten, die sich mehr und mehr auf den Bund von Thron und Altar stützten und sich in ihren Grenzen noch am wenigsten mit einer einheitlichen Nationalität deckten, die konstitutionellen Westmächte entgegenzustellen, die abgeschlossenen, nationalen Verfassungsstaaten Westeuropas. Doch gelang es dem Europäischen Konzert, diesen Gegensatz in stets neuen Kriegsbündnissen und Friedensverträgen zu überwinden, z. B. 1830 bei der nationalen Unabhängigkeit Belgiens, dem konstitutionellen Vorposten Westeuropas, oder bei der Schaffung der italienischen und deutschen Einheit, der Neutralisierung Luxemburgs oder der nationalstaatlichen Ablösung der türkischen Balkanherrschaft auf dem Berliner Kongreß[26]) — im ganzen eine Kraft bündischen Zusammenwirkens, die sich nach außen, gegenüber der kolonialen Umwelt der barbarischen Völker im Begriff der zivilisierten Nationen, vereint in der neuen Weltstaatengemeinschaft, ausprägte[27]) und erst mit der imperialistischen Frontstellung

---

of the Law of Nations, Bd. 1, 1883, S. 168 ff. (vgl. unten Anm. 58). Weitere Nachweise bei E. D. Dickinson, The Equality of States, 1920, S. 131 ff., der den theoretischen Übergang zur rechtlichen Hegemonie der Großmächte im Völkerbund vollzog. Gegen diese Tendenz wandten sich begreiflicherweise Autoren kleinerer Staaten. Z. B. E. Nys, Le concert européen et la notion du droit international, Revue de Droit International, Bd. 31 (1899), S. 275 ff. und besonders M. Huber, Die Gleichheit der Staaten, Festgabe für J. Kohler, 1904, S. 88 ff. Im Hinblick auf den bis heute geltenden Grundsatz der formalen Rechtsgleichheit einerseits (vgl. G. Leibholz, Gleichheit der Staaten, in Strupp-Schlochauer, Wörterbuch des Völkerrechts, Bd. 1, 1960, S. 694 ff.) und die universale und regionale Organisation der Völkergemeinschaft andererseits, kommt es darauf an, schon im 18. und 19. Jahrhundert die Ansätze rechtlicher Zuordnung und Abhängigkeit von Gleichgewicht und Hegemonie, von Staatengleichheit und Staatenführung zu sehen. Vgl. Triepel, aaO., S. 206; H. Mosler, Die Großmachtstellung im Völkerrecht, 1949, S. 32 ff. und im Ergebnis wohl ebenso Dahm, aaO., S. 166 f. Das „eherne Gesetz der Oligarchie" (R. Michels) fordert auch in der Völkergemeinschaft sein Recht.

[26]) Statt vieler Ch. Dupuis, aaO. und K. Griewank, aaO., S. 376 ff. Über die Rolle Deutschlands im Europäischen Konzert W. Windelband, Bismarck und die europäischen Großmächte, 2. Aufl. 1940 und Th. Schieder, Bismarck und Europa, in: Deutschland und Europa, Festschrift für Hans Rothfels, 1951, S. 1 ff., S. 35 ff., der auf einen „föderalistischen" Kern in Bismarcks Allianzsystem hinweist. Dazu H. Michael, Bismarck, England und Europa, 1930, bes. S. 330 ff.

[27]) J. Hornung, Civilisés et Barbares, Revue du Droit International, Bd. 17 (1885), S. 1 ff. Mit zunehmender Säkularisierung und der Aufnahme nichtchristlicher Staaten, wie der Türkei und

gegen Ende des Jahrhunderts geschwächt und im Ersten Weltkrieg erschüttert wurde.

Der Grundzug des 19. Jahrhunderts war bei aller Rücksicht gegenüber dynastischen Gleichgewichtsinteressen auf die Herausbildung des liberalen Nationalstaats gerichtet. Er blieb jedoch trotz seiner neuen personalen Substanz, die die untertänige Bevölkerung zu freien Staatsbürgern machte, territorial bezogen, wie die Geschichte des Selbstbestimmungsrechts zeigt, das in der französischen Revolution als Plébiscite entstand, d. h. als Abstimmungsrecht der Bevölkerung darüber, ob ihr Territorium zu einem anderen Staat kommen sollte oder nicht[28]). Sein Träger wurde die deutsch oder französisch verstandene Nation, die sich als Einheitsstaat oder Bundesstaat zur politischen Macht konstituierte. Das Leitbild des nach Einheit und Freiheit drängenden Bürgertums war der Staat und zwar der national-konstitutionelle (Bundes-) Staat

---

Japans, erweiterte sich die europäische Gemeinschaft der „puissances chrétiennes" zur Weltstaatengemeinschaft der „nations civilisées", wie die epochemachende Wendung lautet, die erstmals in der Humanitätserklärung des Wiener Kongresses zur Abschaffung des Sklavenhandels auftaucht. Die Zivilisationsidee repräsentierte die gemeinschaftliche Überzeugung der europäischen Völker, kraft Freiheit und Fortschritt zur Herrschaft über die Welt berufen zu sein, ein Sendungsbewußtsein, das sich heute über das Mandats- und Treuhandsystem in der internationalen Entwicklungshilfe zum Gedanken der Partnerschaft zu wandeln beginnt. Typisch etwa von Martitz, Das internationale System zur Unterdrückung des afrikanischen Sklavenhandels, Archiv für öffentl. Recht, Bd. 1 (1885), S. 1 ff.

[28]) Der Versuch, das Nationalitätenproblem durch personale Autonomie, sogar in föderativen Formen, zu lösen, gehört erst dem 20. Jahrhundert an. Das war ein Anliegen der europäischen Volksgruppenbewegung, im besonderen des Europäischen Nationalitätenkongresses nach dem Ersten Weltkrieg, die damit an Ideen des Austromarxismus, besonders Karl Renners anknüpften. Vgl. P. Schiemann, Volksgemeinschaft und Staatsgemeinschaft, in: Nation und Staat, Bd. 1 (1927), S. 1 ff. und H. Plesse, Organisation und Arbeit der Kongresse der organisierten nationalen Gruppen in den Staaten Europas, 1930, S. 107 ff. Die Unterscheidung Renners zwischen territorialer und personaler Autonomie sollte der „Verrechtlichung des nationalen Wettstreits" dienen, indem sie die Interessen einer bodenständigen Agrargesellschaft von denen der mobilen Industriegesellschaft zu trennen und miteinander auszugleichen versuchte. Es verdiente untersucht zu werden, ob sich diese Unterscheidung in gewandelter Gestalt für die supranationalen Wirtschaftsgemeinschaften fruchtbar machen läßt.
Im innerstaatlichen Bereich hat heute nach der estländischen Lösung das Personalitätsprinzip die Verfassung Zyperns mitgestaltet. Vgl. dazu H. Krüger, Grundzüge der Verfassungsbildung in den neu entstehenden Staaten, Deutsche Landesreferate zum VI. Internationalen Kongreß für Rechtsvergleichung, 1962, S. 315 ff. Doch gehört das dem Primärsystem an.

mit einem Parlament, dem die Gesetzgebung, vor allem auch über den Frieden, zustand[29]). So wurde anfangs sogar der Rheinbund — im Hinblick auf seine französisch-revolutionäre Protektion verständlich — für einen Staat gehalten und „Rheinischer Bundesstaat“ genannt[30]). Auf einen konstitutionellen Bundesstaat hin haben sich deshalb auch alle alten Staatenbünde entwickelt: Die nordamerikanische Konföderation, die Schweizerische Eidgenossenschaft und der Deutsche Bund. Sie werden darum mit Recht „historische Staatenbünde“ genannt und es war konsequent, daß 100 Jahre nationalliberale Rechtstheorie und Geschichtsschreibung den Staatenbund als bloße Vorform, als „Durchgangsstufe“ des Bundesstaates dogmatisiert haben[31]). Damit hat der aus der Reichszeit stammende Begriff des „aus Staaten zusammengesetzten Staates“[32]), der nationalen Inhalt und den neuen Namen Bundesstaat bekam, in polemischer Entgegensetzung zum Pufendorfschen Systema civitatum, dem Staatenbund, wie Zachariä 1804 zum ersten Male sagte[33]), die liberal-nationale Epoche der Staatenbildung, zumal in Deutschland, bestimmt. Trotz aller gegenläufigen Unterströmungen, für die in Deutschland Constantin Frantz und in Frankreich Proudhon repräsentativ sind, gilt deshalb der Bundesstaat bis heute als die „einzige gesunde und normale Form“ der Staatenverbindungen, als der Typ des Föderalismus[34]). Mit dieser zentralistischen Entwicklung wurde

[29]) Vgl. G. Jellinek, Die Lehre von den Staatenverbindungen, 1882, S. 262 ff. („Die Entstehung der Bundesstaaten ist nur im Zusammenhang mit der nationalen Staatenbildung zu begreifen“). Für den Zusammenhang des Nationalen und Liberal-Demokratischen vgl. besonders J. St. Mill, Considerations on Representative Government, 1861, ed. McCallum, 1948, S. 291 ff. (Of Nationality, as connected with Representative Government).

[30]) Vgl. S. Brie, Der Bundesstaat, 1874, S. 33, S. 49 ff.

[31]) Die Zitate bei J. Kunz, Die Staatenverbindungen, 1929, S. 435 ff., 436. Typisch ist auch die italienische Theorie der Staatenverbindungen etwa bei M. Pilotti, Les Unions d'Etats, Rec. des Cours, Bd. 24 (1938 IV), S. 445 ff., der unitarischen Nationalismus und formalen Positivismus verbindet, indem er von Privatrechtsgemeinschaften und Verwaltungsunionen über den Bundesstaat zum Einheitsstaat aufsteigt.

[32]) L. Hugo, Dissertatio de Statu regionum Germaniae, 1661.

[33]) Vgl. Brie, aaO., S. 33.

[34]) Das Zitat bei G. Jellinek, Allgemeine Staatslehre, 3 Aufl. 1914, S. 785.

Frantz und Proudhon ist die Gegnerschaft gegen den unitarischen Nationalismus gemeinsam. Von dort her versteht sich ihr Begriff des Föderalismus, der deshalb nicht wie in der herrschenden Lehre, auf den nationalen Unitarismus dialektisch bezogen ist, sondern ihn als durchgängiges Assoziationsprinzip autonomer Gruppen versteht: von Familien, Berufsverbänden, Gemeinden, Nationalitäten usw. zu einem europäischen und universalen Bund.

der Begriff des Föderalismus verengt und zusammen mit dem Unitarismus zum bloßen Moment in dem „Oberbegriff des Bundesstaates" (Anschütz) herabgesetzt, eine Begrifflichkeit und Terminologie, der die deutsche Staatsrechtslehre, weil sie damit im national-territorialen Primärsystem wurzelt, im Unterschied etwa zur französischen bis in die heutige Epoche funktional-organisatorischer Staatsbildung und -wandlung verpflichtet ist[35]). Zwar versucht die neue Schreibung der

---

„Ein Staat freilich kann und soll dieses Gebilde nicht sein, selbst nicht ein Bundesstaat, sondern es ginge über die Staatsidee überhaupt hinaus", C. Frantz, Der Föderalismus als das leitende Prinzip für die soziale, staatliche und internationale Organisation, 1879, S. 325. P.-J. Proudhon, Du Principe Fédératif, Oeuvres Complètes, Nouv. Ed. 1959, S. 335: „L'Europe serait encore trop grande pour une fédération unique: elle ne pourrait former qu'une confédération de fédérations". Für diesen Begriff des Föderalismus ist es charakteristisch, daß er auf Zerlegung und Schwächung staatlicher Macht und damit auf Sicherung individueller Freiheit gerichtet ist. Das betont mit Recht R. Schnur, Der Föderalismus als politisches Problem, Neue politische Literatur, 1960, S. 862 f.

Sowohl Frantz als auch Proudhon haben eine Entwicklung des Europäischen Gleichgewichts zu einer föderalistischen Ordnung ihres Verstandes für notwendig gehalten. Vgl. Frantz, Untersuchungen über das Europäische Gleichgewicht, 1859 und N. Bourgeois, Les théories du droit international chez Proudhon, 1927, S. 44 ff., sowie M. Amoudruz, Proudhon et l'Europe, 1945, S. 93 ff. Seit der Jahrhundertwende hat dann auch der Föderalismus dieser Herkunft die französische Theorie der europäischen und internationalen Organisation befruchtet, besonders durch das bedeutende Werk von G. Scelle. Vgl. seine Einleitung: Fédéralisme et Proudhonisme in der zitierten Neuauflage des Principe Fédératif; zusammenfassend Ch. Carabiber, Le Fédéralisme International dans l'oeuvre du Professeur George Scelle, in: La Technique et les Principes du Droit Public, Bd. 1, 1950, S. 55 ff. Vgl. weiter J. J. Chevallier, Le Fédéralisme de Proudhon et ses disciples, in: Le Fédéralisme, Bd. 1, 1956, S. 87 ff., 124 ff. (R. Aron, A. Marc, Denis de Rougemont). Nachfolger von C. Frantz ist F. W. Förster, Politische Ethik und Politische Pädagogik, 3. Aufl. 1918, bes. S. 274 ff., der jedoch ohne Einfluß auf die deutsche Völkerbundstheorie geblieben ist.

[35]) Das Zitat bei G. Anschütz, Der deutsche Föderalismus in Vergangenheit, Gegenwart und Zukunft, Veröffentl. der Vereinigung der Deutschen Staatsrechtslehrer, Heft 1, 1924, S. 11, der damit in der Tradition von Jellinek, Laband und Hänel steht. Vgl. die Nachweise bei G. Anschütz und R. Thoma, im Handbuch des deutschen Staatsrechts, Bd. 1, 1930, 295 ff., S. 169 ff. Kennzeichnend auch die Formulierung R. Smends, Verfassung und Verfassungsrecht, 1928, S. 119, „daß die Eigenstaatlichkeit der Länder ihren Wert nur aus dem Bestehen der nationalen Volksgemeinschaft herleitet" — „durch diesen Sinn unterscheidet sich der Föderalist vom Partikularisten". In jüngerer Zeit W. Apelt, Zum Begriff des Föderalismus, Festschrift für E. Kaufmann, 1950, S. 1 ff. Konsequent für diese Überlieferung auch F. Berber, Lehrbuch des Völkerrechts, Bd. 1, 1960, S. 144, der als „echte Bundes-

deutschen Verfassungsgeschichte den dogmatischen Gegensatz von Staatenbund und Bundesstaat in einem neuen Begriff des „echten", d. h. gewachsenen, nicht gemachten Bundes zu relativieren, der seinen Gliedern gegenüber „ein substantiell eigenständiges Dasein" führt, womit der Föderalismus „das bündigende Streben einer Staatenvielheit (wird), die im Zusammenschluß die Einheit eines Gesamtkörpers gewinnt und doch zugleich in ihm die Vielheit eigenwüchsiger Einzelstaaten bewahrt"[36]). So wesentlich auch die überlieferte Unterscheidung und die sie relativierende Einsicht für das historische Verständnis sind, so wird sich doch eine moderne Theorie der Staatenverbindungen der neuen Wirklichkeit der industriell-bürokratischen Gesellschaft zuwenden müssen. Die föderalistische Einheit war nur im 19. Jahrhundert der nationale (Bundes-) Staat, der seinerseits in das Föderativsystem des Europäischen Konzerts eingefügt war. Die Entwicklung im 20. Jahrhundert spricht dafür, daß sich die doppelte Föderalisierung nunmehr aber mit funktionaler Bedeutung im Sekundärsystem wiederholen wird: die neue föderalistische Einheit ist die zwischen- und überstaatliche Organisation, die ihren (bundes-) staatlichen Gliedern gegenüber jedenfalls vorläufig kein „substantiell eigenständiges Dasein" hat, wie der Bundesstaat als nationale Sinn- und Handlungseinheit. Sie fügt sich ihrerseits als funktionale Einheit zusammen mit anderen ähnlichen Einheiten unter dem Namen Koordinierung in ein neues Föderativsystem, ein funktionales Konzert universaler oder regionaler Geltung[37]).

5. Mit der Umbildung der dynastischen zu einer national-demokratischen Staatengemeinschaft ging im 19. Jahrhundert eine liberal-ökonomische Neugestaltung Hand in Hand, die in ihrer föderativen Kraft ungleich stärker war, als die mit dem

staaten" nur solche gelten läßt, die nach außen hin ihre Gliedstaaten mediatisiert haben.

[36]) E. R. Huber, Deutsche Verfassungsgeschichte seit 1789, Bd. 1, 1957, S. 658 ff., im Anschluß an C. Schmitt, Verfassungslehre, 1928, S. 363 ff. Ähnlich, wenngleich zurückhaltender G. Dahm, Völkerrecht, Bd. 2, 1961, S. 124 ff.

[37]) In der Konsequenz dieser Entwicklung liegt es dann auch, daß (Bundes-) Staat und überstaatliche Organisationen konvergierende Tendenzen zeigen, insoweit sie sich zu Ordnungsformen der überterritorialen und übernationalen Industriegesellschaft entwickeln, d. h. im funktional-föderativen Sekundärsystem zusammenwachsen. Für den Wandel föderalistischer Strukturen durch die industriell-bürokratische Gesellschaft vgl. A. Köttgen, Innerstaatliche Gliederung und moderne Gesellschaftsordnung, Göttinger Festschrift für das Oberlandesgericht Celle, 1961, S. 79 ff. und mit bezeichnendem Titel K. Hesse, Der unitarische Bundesstaat, 1962. Vgl. unten Anm. 147.

territorialen Primärsystem verbundene politische Bewegung. Die industrielle Revolution, die von England ausging, schuf in einem raumgreifenden Prozeß auf den zentralen Lagern gut verkokbarer Kohle zuerst in Europa und dann in Amerika zwei industrielle Gravitationsfelder, um deren schwerindustrielle Kerngebiete sich eine intensive Landwirtschaft entwickelte, die nach dem Thünenschen Gesetz in Richtung auf die Randgebiete abnimmt[38]). Die rechtliche Ordnung dieses bikonzentrischen Systems, das wir die liberale Weltwirtschaft nennen, ruhte auf den staatlich geordneten, aus den Territorialwirtschaften hervorgegangenen National- oder Volkswirtschaften[39]), deren funktionale Aufgliederung und organisatorische Zusammenfassung die Ansätze des föderativen Sekundärsystems sind.

Zu einer gemeinschaftlichen Verwaltung vereinigten sich die Staaten erstmalig durch ihr gemeinsames Interesse an der abgabefreien und verkehrssicheren Schiffahrt auf den großen europäischen Flüssen. Die Staaten bildeten Flußkommissionen, in denen die Vertreter der Mitgliedstaaten auf regelmäßigen Konferenzen einheitliche Règlements für den Schiffsverkehr vereinbarten. Die erste Kommission wurde für den Rhein bereits 1831 gebildet, der weitere für die Donau und andere Ströme, wie Elbe und heute die Mosel, folgten. Die Kommissionen wurden zumeist durch Friedensverträge eingesetzt, nahmen oft auch Nichtanliegerstaaten auf, wechselten überhaupt ihre Zusammensetzung häufig und auch ihren Verwal-

---

[38]) Vgl. A. Predöhl, Außenwirtschaft, 1949.

[39]) Von nationaler Volkswirtschaft oder Nationalwirtschaft, zu der sich die merkantilistische Staatswirtschaft gewandelt hatte, sprach in Deutschland zum ersten Mal J. von Soden, Nationalökonomie, 1805 und zwar als Zeitgenosse Herders in einem universalen Sinne. Vgl. B. Harms, Volkswirtschaft und Weltwirtschaft, 1912, S. 13 ff. und B. Laum, Das Urbild der Volkswirtschaft, 1957.

Die Struktur der Weltwirtschaft als einer „nationalkörperschaftlichenWeltwirtschaft", deren Einheiten die untereinander konkurrierenden Volkswirtschaften sind, betont mit Recht H. Ritschl, Gemeinwirtschaft und kapitalistische Weltwirtschaft, 1931, S. 121 f. Ebenso A. Sartorius von Waltershausen, Die Weltwirtschaft und die staatlich geordneten Volkswirtschaften, 1926, S. 9 ff. und schon L. von Stein, Lehrbuch der Nationalökonomie, 1887, S. 404 ff.; ders., Handbuch der Verwaltungslehre, 3. Aufl., 1888, 2. Teil, S. 828 ff. Demgegenüber hat die klassische Theorie mit A. Smith einsetzend die Weltwirtschaft als individualistische Tauschgesellschaft privater Einzelwirtschaften verstanden. Sie reicht über Bentham, Ricardo und J. St. Mill zu dem in Deutschland wirkenden Freihändler Prince-Smith, der 1860 von der „volkswirtschaftlichen Weltgemeinde" sprach, „deren Einheit nicht durch Staatsgrenzen zerstückelt werden darf". Zitiert nach Harms, aaO., S. 7, Anm. 3.

tungssitz, z. B. die Rheinschiffahrts-Kommission 1919 von Mannheim nach Straßburg, alles Umstände, die ihre Abhängigkeit von der politisch-territorialen Gleichgewichtsordnung deutlich machen[39a]).

Von dieser Abhängigkeit gelöst und deshalb von besonderer Zukunftsträchtigkeit entwickelten sich die Verwaltungsunionen, die ihren Anstoß durch die Fülle wissenschaftlicher Entdeckungen und technischer Erfindungen erhielten, die das 19. Jahrhundert hervorgebracht oder industriell verwertet hat, wie vor allem den Stahl und die Dampfkraft für die Eisenbahn und Schiffahrt, die überhaupt erst die europäisch-amerikanischen Nationalwirtschaften zur Weltwirtschaft zusammenwachsen ließen. Im Verkehrs- und Nachrichtenwesen bildeten sich deshalb Staatengemeinschaften, wie der Weltpostverein und die Telegraphenunion, durch die ihre Mitglieder auf gemeinsamen Konferenzen einheitliche Grundsätze festlegten für die internationale Beförderung von Personen, Gütern und Nachrichten: Durchgangsfreiheit, Beförderungspflicht, einheitliche Tarife, generelle Haftungsvorschriften usw., die den Ausländern Gleichbehandlung mit den Inländern sicherten, die sogenannte Inländerparität, und nach denen die Mitgliedsverwaltungen zusammenzuarbeiten hatten[40]).

Zu weiteren Verwaltungsgemeinschaften kam es in dieser ersten Entwicklungsphase nicht. Die Staaten begnügten sich damit, für ihre Wirtschaften zweiseitige Handels-, Niederlassungs- und Schiffahrtsverträge zu schließen, die kraft der allgemein verwendeten Meistbegünstigungsklausel mit Zollbindungen und synchronisierter Dauer von 10 bis 15 Jahren zu Vertragssystemen verbunden waren, etwa den mittel- und westeuropäischen Meistbegünstigungssystemen, in denen die Nationalwirtschaften kraft zoll- und gewerberechtlicher Gleichbehandlung der Ausländer untereinander, der sogenannten Ausländerparität, in freien Wettbewerb miteinander traten[41]). Eine stärkere Gemeinsamkeit an Wirtschaftsverwaltung ließ die Trennung von Staat und Gesellschaft, welche die

---

[39a]) Vgl. G. Roth, Territoriale und funktionale Elemente europäischer Flußschiffahrtskommissionen, in: Archiv des Völkerrechts, Bd. 11 (1963), S. 168 ff.

[40]) Näheres bei H. Bülck, Verwaltungsgemeinschaften, in: Strupp-Schlochauer, Wörterbuch des Völkerrechts, Bd. 3, 1962, S. 564 ff.

[41]) Den ersten Handelsvertrag, der in der merkantilistischen Worthülse der Meistbegünstigung den neuen Sinn der Gleichbegünstigung enthielt, schlossen England und Frankreich im Jahre 1786, den Eden-Vertrag (D'Hauterive-De Cussy, Recueil des Traités, Bd. 2, 1835, S. 86 ff.).

liberale Epoche auch international konstituierte, weder zu noch machte sie sie nötig. Gemeinsame Zölle mit gemeinsamer Verwaltung in Zollunionen sind zwar der liberal-nationalen Staatenordnung gemäß, waren dann aber häufig, wenn auch nicht immer nur eine Stufe in der Bildung eines neuen nationalen Staates, wofür der Deutsche Zollverein das klassische Beispiel ist[42]).

In die Meistbegünstigungssysteme und Verwaltungsgemeinschaften fügte sich ein Rechtsinstitut, das zeitlich und sachlich eng mit ihrem Geist verbunden ist. Das war die Schiedsgerichtsbarkeit, wie sie erstmals 1794 der Freundschafts- und Handelsvertrag zwischen den Vereinigten Staaten und Großbritannien zur friedlichen Erledigung ökonomischer Streitfragen in das europäische Völkerrecht eingeführt hatte. Das angelsächsische Kompromiß- und Jurisdiktionsdenken verband sich mit der kontinentalen Vertrags- und Konferenzidee und gewann im 19. Jahrhundert über Schiedsklauseln in Handelsverträgen und im Weltpost- und Telegraphenverein so viel Boden, daß am Ende des Jahrhunderts das Haager Abkommen zur friedlichen Erledigung internationaler Streitfälle eine allgemeine, freilich nur locker institutionalisierte Schiedssprechung vorsehen konnte[43]). Wesentlich an dieser Entwicklung war die Beschränkung der Schiedsgerichtsbarkeit auf das Ökonomisch-Administrative; territoriale Fragen waren eo ipso politisch und damit für eine justizförmige Behandlung ungeeignet[44]).

---

[42]) „Die Geschichte kennt keine Realisierung einer Zollunionsidee, bei welcher die treibende Kraft nicht der Wille zur nationalen Staatsbildung gewesen wäre." Gedenkschrift des Reichsfinanzministeriums zum 100. Jahrestag der Errichtung des Deutschen Zollvereins, 1934, S. 128. Kritisch dazu E. Kordt, Überstaatliche Bildungen im Rahmen des Deutschen Zollvereins, in: Gegenwartsprobleme des Internationalen Rechts, Festschrift für R. Laun, 1953, S. 91 ff. Zu einseitig betont die nur ökonomische Bedeutung der Zollunion L. Bosc, Zollalliancen und Zollunionen, 1907; vgl. die berechtigte Kritik des Übersetzers S. Schilder, S. 36 und 360. In jedem Falle bleibt das Wort E. Renans wahr: „Un Zollverein n'est pas une patrie", zitiert bei J. R. von Salis, Die historischen Aspekte, in: Die Integration des europäischen Westens (Veröffentlichungen der Handels-Hochschule St. Gallen, Heft 11), 1954, S. 14.

[43]) H. J. Schlochauer, Die Entwicklung der Schiedsgerichtsbarkeit, Archiv des Völkerrechts, Bd. 10 (1962), S. 1 ff., S. 10; H. Wehberg, Schiedsgerichtsklauseln in den deutschen Handelsverträgen, Ztschr. für Völkerrecht, Bd. 7 (1913), S. 153 ff.

[44]) D. Schindler, Die Schiedsgerichtsbarkeit seit 1914, 1938, S. 94 ff., S. 101 ff. Erst nach dem Ersten Weltkrieg wurden territoriale Streitigkeiten in bescheidenem Umfang für justiziabel gehalten.

Die neuen funktionalen Föderationen, in denen statt aristokratischer Diplomaten der technisch-kommerziell interessierte Beamte und Kaufmann, der Konsul und Verwaltungsmann, die staatlich-vermittelnde Rolle mit dem Englischen als Handelssprache innehatten, erhoben sich über die politischen Grenzen. Das sie ordnende internationale Verwaltungs- und Privatrecht wuchs über das territoriale Staatensystem mit dem die nationalen Souveränitäten abgrenzenden Völkerrecht hinaus[45]; über den getrennten Staatsräumen bildete sich in vielfacher Verschränkung eine gemeinsame Wirtschaftsordnung[46]. Diese war zwar äußerlich fest, im Innern aber von

[45]) 1786 prägte J. Bentham Begriff und Namen des International Law, des Internationalen Rechts im Unterschied zum Völker- oder Staatenrecht, das jene für das heutige europäische Gemeinschaftsrecht typische Verschränkung von zwischenstaatlichem und zwischenprivatem Recht in den Ansätzen zeigt. Vgl. seine Principles of International Law (1786—1789), in: Works of J. Bentham, ed. Bowring, Bd. 2, 1843, S. 537 ff. Auch die deutsche Lehre war sich der neuen Lage bewußt, vor allem L. von Stein, der dem „reinen Völkerrecht" oder, wie man heute treffend sagt, dem „Zwischensouveränitätenrecht" (Jahrreis), das von ihm erstmals so genannte „internationale Verwaltungsrecht" gegenüberstellte (Die Verwaltungslehre, 1866, S. 94 ff.), eine Wendung, der im privaten internationalen Recht der letzte Band von Savignys, System des heutigen römischen Rechts, 1849 entsprach, in dem er das internationale Privatrecht als übernationales Recht begriff und damit zum Wegbereiter des modernen Universalismus im Kollisionsrecht wurde.

[46]) Vgl. C. Schmitt, Die Auflösung der europäischen Ordnung im „International Law", Deutsche Rechtswissenschaft, Bd. 5 (1940), S. 267 ff.; ders., Der Nomos der Erde im Völkerrecht des Ius Publicum Europaeum, 1950, S. 208, S. 229 ff. und W. Röpke, Internationale Ordnung — heute, 2. Aufl. 1954, S. 105 ff.; ders., Economic Order and International Law, Rec. des Cours, Bd. 86 (1954/II), S. 207 ff., 220 ff. Doch will mir scheinen, daß beide Autoren — jeweils mit entgegengesetzter Bewertung — den Dualismus zwischen dem staatlich-politischen Recht und dem nichtstaatlich-wirtschaftlichen Recht, die Trennung von Politik und Wirtschaft zu stark betonen. Die Dialektik von Machtreichtum und Reichtumsmacht zwang auch im national-liberalen Jahrhundert die Staaten zur politisch-ökonomischen Synthese. Die nationalen Machtstaaten wurden liberale Wirtschafts (Rechts-) staaten, weil sie nur so auch politisch Macht gewinnen konnten, wie sich umgekehrt das liberale Bürgertum der nationalen Staaten bediente, um sich als internationale Erwerbs- und Reichtumsgesellschaft zu integrieren. Der Staat war auch in der liberalen Epoche „ein mächtiger Geburtshelfer" der freien Weltwirtschaft, F. Eulenburg, Außenhandel und Außenhandelspolitik, 1929, S. 169. Vgl. auch A. Sartorius von Waltershausen, Weltwirtschaft und Weltanschauung, 1927, S. 144 ff. Erst das Zusammenwirken von nationalem Staat und liberaler Wirtschaft brachte „jene berauschende Vermehrung von Macht und Reichtum", von der Gladstone in seiner Budgetrede 1863 rühmend sprach. Zitiert nach H. Hausherr, Wirtschaftsgeschichte der Neuzeit, 2. Aufl. 1955, S. 464.

großer Beweglichkeit. Das machte gerade ihren Sinn aus. Denn die in Nationalwirtschaften verbundene bürgerliche Erwerbsgesellschaft wollte sich im friedlichen Handelswettbewerb gegenübertreten und vereinen, damit sich nach Ricardos Gesetz der internationalen Arbeitsteilung für jedes Volk ein gerechter Anteil an der gemeinsamen Arbeit aller Völker ergebe. Dieses ökonomische Gesetz, das seine deistisch-naturrechtliche Begründung erst spät verlor, sorgte also auch für eine juste répartition des forces, freilich auf ganz andere Art als das alte Gleichgewichtsprinzip. Das neue Prinzip war nicht auf den politisch-territorialen status, sondern auf den kommerziell-administrativen contractus gegründet, der die funktionale Teilhabe sicherte, wie sie die nationale Zahlungsbilanz als gerechten Anteil an der Weltwirtschaft auswies. Nicht die kriegerische Änderung staatlicher Grenzen, sondern die friedliche Verteilung wirtschaftlicher Leistungen war der Sinn der neuen Gleichgewichtsordnung, in der sich britische Macht- und Wirtschaftsinteressen mit universalen Menschheitsinteressen in unreflektierter Einheit verbanden[47]). So hören wir in den 40er Jahren den Baumwollfabrikanten Cobden aus Manchester sagen, daß Freihandel und Frieden ein und dieselbe Sache seien[48]). Es ist deshalb auch verständlich, daß der Pazifismus, der gegen Ende des Jahrhunderts den Frieden zu einer Wissenschaft machte, die neuen Staatenbünde nicht mit dem alten Namen Föderation belasten wollte. „Die Föderation ist immer ein Ergebnis der Gewalt“[49]), sei es, daß ein mächtiger Staat die schwächeren zusammenfügt, sei es, daß diese sich zum Schutze gegen einen solchen zusammenschließen. Die neuen Bünde jedoch beruhen nicht auf der Gewalt, sondern auf „dem wohlverstandenen Interesse an Vergesellschaftung“, sie sind „nicht erst zu schaffen, sie gehen auf natürlichem Wege vor sich“ kraft „der umwälzenden Fortschritte der Technik“, kraft „ihrer organisatorischen Natur“, sie sind Organisationen und müßten deshalb auch so heißen, meinte Alfred Fried, womit

---

[47]) Dafür finden sich schon bei Thomas Moore und Oliver Cromwell klassische Zeugnisse. Vgl. G. von Schulze-Gaevernitz, Britischer Imperialismus und englischer Freihandel zu Beginn des 20. Jahrhunderts, 1915, S. 52 ff. und G. Ritter, Machtstaat und Utopie, 3. und 4. Aufl. 1943, S. 89 ff.

[48]) J. Morley, Life of Richard Cobden, 1881, S. 154. Von Cobden stammt auch der emphatische Ausruf: „Free trade is the international law of the Allmighty“, Political Writings, Bd. 2, 1867, S. 110, zitiert nach Morgenthau, aaO. (2. Aufl.), S. 29. Zu Smith und Cobden vgl. auch M. J. Bonn, Der Einfluß ökonomischer Theorien auf die auswärtige Politik, Festgabe für Georg Jahn, 1955, S. 1 ff., S. 6 ff. Zur liberalen Schule im ganzen E. Silberner, La Guerre et la Paix dans l'historie des Doctrines Economiques, 1957, S. 3 ff.

[49]) A. H. Fried, Handbuch der Friedensbewegung, 1911, S. 114 ff.

er die Spencersche Evolutionstheorie[50]) — heute in vielem tot, in ihrem Fortschrittsglauben bei den meisten Menschen höchst lebendig — gegen den „utopischen Pazifismus" seiner Zeit ins Feld führte. Bei dem sich vollziehenden Zusammenschluß wird es sich deshalb „nicht um eine politische Vereinigung der Staaten handeln, sondern um eine soziale. Nicht zu einem Bundesstaat wird die zwischenstaatliche Organisation führen mit einer politischen Zentralgewalt und Unterdrückung der Selbständigkeit eines jeden einzelnen. Um eine Genossenschaft selbständiger Staatengebilde wird es sich handeln, die ihre Souveränität freiwillig und nur um jenen Teil beschränken werden, der notwendig sein wird, um die gemeinsamen Interessen der neuen Gesellschaft besser vertreten zu können."

6. Gegenüber dieser Prognose galten die Utopien des 19. Jahrhunderts den Vereinigten Staaten von Europa als Keim eines umfassenden Weltstaats[51]). Das Nationale war ihre Grundidee, doch floß es aus verschiedenen Quellen. Anarchasis Cloots hatte die eine klar gefaßt. Es war der französische Begriff der Nation, der freie Wille des Individuums, der als Kern demokratischer Selbstbestimmung alle Völker ergreifen und vereinen sollte. Der auf die Welt ausgedehnte demokratische Nationalstaat war das Leitbild auch für die Vereinigten Staaten von Europa. Der Name taucht erstmals im Revolutionsjahr 1848 auf[52]). Zu jener Zeit sprach Victor Hugo auf dem

---

[50]) Spencer scheint auch zum ersten Mal das Wort Integration auf soziale Zusammenhänge angewandt zu haben. Er definiert Entwicklung als einen „Wandel von unzusammenhängender Gleichartigkeit zu zusammenhängender Verschiedenartigkeit, der die Zerstreuung der Bewegung und die Integration der Materie begleitet". Vgl. L. von Wiese, Zur Grundlegung der Gesellschaftslehre. Eine kritische Untersuchung von Herbert Spencers System der synthetischen Philosophie, 1906. Spencers Einfluß auf A. Schäffle, Bau und Leben des sozialen Körpers, 1896, führte bei diesem zu einer Stufentheorie des Weltstaates (S. 552 ff.).

[51]) Vgl. H. Wehberg, Ideen und Projekte betreffend die Vereinigten Staaten von Europa in den letzten 100 Jahren, Friedens-warte, Bd. 41 (1941), S. 49 ff.; H. Gollwitzer, Europabild und Europagedanke, 1951; V. Valentin, Geschichte des Völkerbundgedankens in Deutschland, 1920; neuestens A. Albonetti, Preistoria degli stati uniti d'Europa, 1960; deutsch 1962.

[52]) Wohl zuerst bei dem Freund Mazzinis C. Cattaneo, L'insurrection de Milan 1848, 1848. Dort S. 216 folgende für den Grundgedanken nationaler Föderation bezeichnende Stelle: „La force de l'exemple et celle du temps et des nationalités décomposeront les empires informes de l'Est, et les transformeront en une fédération de peuples libres. Nous aurons la paix et nous pourrons en jouir, lorsque nous aurons les Etats-Unis d'Europe". Ähnliche Wendungen bei dem Schotten Mackay. Vgl. A. Ernstberger, Charles Mackay und die Ideè der Vereinigten Staaten von Europa im Jahre 1848, Hist. Zeitschr., Bd. 146 (1932), S. 263 ff.

Weltfriedenskongreß in Paris, der „Hauptstadt des 19. Jahrhunderts"[53]), von dem Tag, an dem die Kugeln und Granaten von dem Stimmrecht der Völker ersetzt würden, die sich damit zu einer höheren Gemeinschaft zusammenschlössen, so wie sich die Normandie, Burgund und die anderen Landschaften zu Frankreich verschmolzen hätten[54]). Dieses Ziel verfolgten dann die Internationale Liga für Frieden und Freiheit und ihr Präsident Charles Lemonnier mit Beharrlichkeit. Sie entwarfen eine Verfassung der Vereinigten Staaten von Europa, in denen die Nationen souverän sein und die föderativ geeinte Macht der Völker auf dem Gleichgewicht ihrer gesetzgebenden, vollziehenden und rechtsprechenden Gewalt beruhen sollte[55]). Das war das vertikale équilibre des pouvoirs innerhalb der Staaten und etwas anderes als die horizontale Gewaltenteilung zwischen den Staaten. Den französischen Plänen

---

[53]) Die Wendung stammt von W. Benjamin, Schriften, Bd. 1, 1955, S. 406 ff. Doch sah schon V. Hugo selbst Paris als Mittelpunkt der Weltrepublik: „Cette nation aura pour capitale Paris, et ne s'appellera point la France; elle s'appellera l'Europe. Elle s'appelera l'Europe au vingtième siècle, et aux siècles suivants, plus transfigurée encore, elle s'appellera l'Humanité... nation définitive". Vgl. Ter Meulen, aaO., (Anm. 15), Bd. 2/II, 1940, S. 24. Ähnlich schon Cloots, vgl. Ter Meulen, aaO., Bd. 2/I, S. 23.

[54]) In seiner Eröffnungsrede als Präsident des Weltfriedenskongresses vom 22. August 1849 in Paris, der von Tocqueville im französischen Außenministerium offiziell begrüßt wurde und dessen Vizepräsident Cobden war: „Un jour viendra où les boulets et les bombes seront remplacés par les votes, par le suffrage universel des peuples, par le vénérable arbitrage d'un grand sénat souverain, qui sera à l'Europe ce que le Parlement est à l'Angeleterre, ce que la Diète est à l'Allemagne, ce que l'Assemblée législative est à la France. . . Un jour viendra où l'on verra ces deux groupes immenses, les Etats Unis d'Amérique, les Etats Unis d'Europe, placés en face l'un de l'autre, se tendant la main par-dessus les mers...", Ter Meulen, aaO., Bd. II/1, S. 318 f. Im näheren W. Faber, Victor Hugo als Vorkämpfer der Vereinigten Staaten von Europa, Friedenswarte, Bd. 41 (1941), S. 166 ff.

[55]) Über die Ligue Internationale de la Paix et de la Liberté von 1867 vgl. Ter Meulen, aaO., Bd. II/2, S. 29 ff.; der Entwurf der Verfassung der Vereinigten Staaten von Europa, S. 35 f. Zusammenfassend Ch. Lemonnier, Les Etats Unis d'Europe, 1872, bes. S. 127 ff. Kennzeichnend auch die Genfer Resolutionen der Liga von 1887, Ter Meulen, II/2, S. 166, 163. „Considérant que le but supérieur à atteindre par les amis de la Paix fondée sur la justice, doit être une Fédération des nationalités européennes, fondée sur un pacte fédératif duquel émaneront comme conséquence des lois réglementaires, un Tribunal international et un Pouvoir exécutif européen." ... „C'est l'union, le fonctionnement, l'accord, l'équilibre de ces trois pouvoirs qui constituent l'état juridique", im Gegensatz zum „état de guerre" — eine Antithese, die die föderalistische Diskussion bis zum heutigen Tage beeinflußt.

verbanden sich angelsächsische. Schon Saint-Simon hatte dem Wiener Kongreß ein gemeinsames englisch-französisches Parlament als Anfang einer europäischen Föderation vorgeschlagen, die — wie die epochemachende Wendung lautet — eine Industrieorganisation statt eines Kriegsstaates sein sollte[56]). Kräftigen Auftrieb erhielt die Bewegung durch den puritanischen Glaubenseifer der in jener Zeit in Amerika gegründeten Friedensgesellschaften, besonders der heute noch einflußreichen American Peace Society, die mit Entwürfen zu einem Congress und einem Court of Nations hervortrat[57]). In den 70er Jahren wollte der schottische Jurist Lorimer die internationale Gesetzgebung einer Organisation anvertrauen, die nach englisch-amerikanischer Art aus einem Senat und einem Abgeordnetenhaus bestehen sollte, die von den Kammern der Mitgliedstaaten nach der Größe ihrer Bevölkerung und ihren Einkünften zu wählen wären, — ein deutlicher Versuch, das Repräsentativsystem zu internationalisieren und die Hegemonie der Großmächte in konstitutioneller Form zu organisieren[58]).

Die andere Quelle für Friedens- und Europapläne war nicht der westliche, sondern der östliche Nationsbegriff. Er rückte nicht die voluntaristische Entscheidung des einzelnen in den Vordergrund, sondern sah den Menschen in der ihn übergreifenden Gesamtheit einer spezifischen Kultur, die ihrerseits

[56]) C. H. de Saint-Simon und A. Thierry, De la Réorganisation de la Société Européenne, 1814 (ed. Perlire, 1925), bes. S. 60 ff. Dazu J. L. Puech, La tradition socialiste en France et la Société des Nations, 1921 und Th. Ramm, Die großen Sozialisten als Rechts- und Sozialphilosophen, 1955, S. 269 ff. Über die Pläne einer europäischen Organisation bei den Schülern Saint-Simons, für die die Eisenbahn zum Symbol universaler Verbindung wird und die die französische Missionsidee zur Theokratie steigern, vgl. P. Leroux, Oeuvres, Bd. 1, 1851, S. 287 f. („La France est une réligion"), zitiert nach Ter Meulen, aaO., II/1, S. 214. Dazu allgemein Talmon, aaO., S. 70 ff. Hier dürften auch — abgesehen von dem Zusammenhang des gesamteuropäischen Bewußtseins von technischem Fortschritt und zivilisatorischer Freiheit — Anregungen zu suchen sein für die Forderung L. von Steins nach Neutralisierung der durchgehenden Eisenbahnstrecken Europas: „Im Namen der Integrität des großen europäischen Verkehrsorganismus und der konstitutionellen Einheit Europas", Le droit international des chemins de fer en cas de guerre, Revue de Droit International, Bd. 17 (1885), S. 332 ff.

[57]) Vgl. W. Ladd, An Essay on a Congress of Nations (ed. J. B. Scott), 1916.

[58]) Vgl. J. Lorimer, The Institutes of the Law of Nations, Bd. 2, 1884, S. 183 ff., S. 186: „The ultimate problem of international jurisprudence is: How to find international equivalents for the factors known to national law as legislation, jurisdiction, and execution".

wesentlich auf der Sprache und den darin ausgedrückten Werten beruhte. Im Unterschied zur westlichen Staatsnation war es der Begriff der Kulturnation, des Volkes oder der „Volkheit", wie Goethe sagte und wie ihn Herder und die deutsche Romantik entwickelten, der die Völker in Mittel- und Osteuropa zu nationalem Selbstbewußtsein erweckte[59]). Dieser Nationsbegriff war ebenso wie der französische europäisch-universal[60]). Er befruchtete in den 30er Jahren Mazzinis Junges Europa und seine „Allianz der Völker, die die einzige wahre Allianz" sei[61]), und wirkte auch im Verein mit dem amerikanischen Verfassungsvorbild auf die russischen Dekabristen, die als erste und auf lange Zeit einzige Bewegung Rußlands sowohl die innere Föderalisierung des Nationalitätenreiches, als auch die übernationale Union der slawischen Völker gefordert hatten[62]), eine Idee, die als christlich-pazifistischer Universalismus mit der alten Mission von Moskau als dem Dritten Rom schon in der von Alexander I. entworfenen Heiligen Allianz wirksam gewesen war[63]).

---

[59]) Grundlegend F. Meinecke, Weltbürgertum und Nationalstaat, 7. Aufl. 1928. Vgl. weiter H. Rothfels, Grundsätzliches zum Problem der Nationalität, Hist. Ztschr., Bd. 174 (1952), S. 339 ff.; ders., Die Nationsidee in westlicher und östlicher Sicht, in: Osteuropa und der Deutsche Osten, 1956. J. W. Goethe, Maximen und Reflexionen, aus Makariens Archiv.

[60]) Dazu bes. H. Kohn, Die Idee des Nationalismus, 1950, S. 574 ff. Vgl. auch zu den Romantikern H. Gollwitzer, aaO., S. 174 ff., 246 ff.

[61]) Zitiert nach Les Etats Unis d'Europe, Journal de la Ligue Internationale de la Paix et de la Liberté, Genève, 11 avril 1872, S. 3. Vgl. H. G. Keller, Das „Junge Europa" 1834—1836, 1938, S. 33 ff., S. 79 ff. Zur italienischen Missionsidee, besonders zur Terza Roma als Führungsmacht des europäischen Staatenbundes vgl. O. Vossler, Mazzinis politisches Denken und Wollen, 1927, S. 42 ff., S. 73 ff.

[62]) Vgl. E. Hölzle, Rußland und Amerika, 1953, S. 141 ff.

[63]) In dem von Metternich noch nicht gestutzten Entwurf der Heiligen Allianz sprach sich in ein mystisch-religiöses Gewand gehüllt das Sendungsbewußtsein des russischen Volkes aus, dessen Prophet später Dostojewski werden sollte: Der Frieden und die Welterlösung in der Gemeinschaft, dem „Mir", ein Begriff, der einmal Welt und Gemeinde, zum anderen Frieden bedeutet und durchdrungen ist von der „Prawda", was sowohl Wahrheit wie Gerechtigkeit heißt, die auf Erden verwirklicht werden soll. Vgl. Hölzle, aaO., S. 91 ff., 94. Zu dem erst 1928 bekannt gewordenen Entwurf vgl. Hildegard Schaeder, Die dritte Koalition und die Heilige Allianz, 1934, S. 78 ff. Über „Moskau — das Dritte Rom" dieselbe Verfasserin, 2. Aufl. 1957. Zum russischen Sendungsbewußtsein allgemein E. von Vietsch, Die Tradition der großen Mächte, 1950, S. 133 ff. und H. Kohn, Propheten ihrer Völker, 1948, S. 152 ff.

Der deutsche Nationsbegriff findet seine bündische Ausprägung am klarsten in Bluntschlis Verfassung der Vereinigten Staaten von Europa[64]). Europa, so sagt er in Auseinandersetzung mit Lorimer, könne so wenig als Föderation nach Art der Vereinigten Staaten von Amerika organisiert werden, wie es eine universale Monarchie ertrage. „Eine politische Staatseinheit ohne ein Volk ist ein Widerspruch in sich. Da es kein europäisches Volk gibt, so kann es auch keinen Staat geben, der Europa heißt"[65]). Europa könne nur als Staatenbund organisiert werden, der die Selbständigkeit und Eigenart der verbündeten Staaten wahre. Diese müßten einen Bundesrat mit Stimmvorrang der Großmächte bilden, dem die Gesetzgebung und die Führung der europäischen Politik zukomme. Doch hätten dem die Völker zuzustimmen, die in einem europäischen Repräsentantenhaus zu vereinen seien, je 10 Deputierte für die großen Staaten und je 5 für die anderen. Der Vollzug der von Bundesrat und Repräsentantenhaus mit Mehrheit beschlossenen europäischen Gesetze müsse dem Kollegium der Großmächte übertragen werden. Dieser Plan der Vereinigten Staaten von Europa liegt auf der Linie des späten Kants[66]) und kommt der Wirklichkeit des 19. Jahrhunderts näher als alle anderen. Doch war seine Idee nicht wirklich, will sagen: wirksam genug, um über ihre Epoche, die vom nationalen Gesetzgebungsstaat bestimmt war, nachhaltig und zukunftsträchtig hinauszuwirken.

## Im 20. Jahrhundert

### *Das Weltstaatensystem*

7. Was das 19. Jahrhundert an föderativen Ideen und Institutionen vorgebildet hatte, versuchte die Weltstaatengemeinschaft im 20. Jahrhundert nach dem großen, alle Nationen verstrickenden Völkerkrieg in einer neuen Gesamtorganisation zusammenzufassen und fortzubilden. Das war der Völkerbund, der als Friedensgemeinschaft die territoriale Neuordnung Mit-

---

[64]) J. C. Bluntschli, Die Organisation des Europäischen Staatenvereins, zuerst veröffentlicht in der „Gegenwart", 1878. Neudruck Darmstadt 1962. Auch abgedruckt bei E. Darby, International Tribunals, 4th ed. 1904.

[65]) Neudruck, S. 27.

[66]) I. Kant, Zum ewigen Frieden, 1795, Zweiter Definitivartikel, nach dem das Völkerrecht auf einen Föderalismus freier Staaten gegründet sein soll. Dazu H. Kraus, Das Problem internationaler Ordnung bei Kant, 1931 und J. Hoffmeister, Die Problematik des Völkerbundes bei Kant und Hegel, 1934.

teleuropas sichern sollte, wie sie mit der Errichtung neuer Nationalstaaten und der Arrondierung alter durch die Pariser Friedensverträge von 1919 geschaffen worden war. Das maßgebende Prinzip war das nationale Selbstbestimmungsrecht, wenn auch beschränkt durch das „great game of the balance of Power", das Wilson für immer diskreditiert glaubte[67]). Die neuen Staatsgrenzen wurden möglichst durch Plebiszite nach den Volksgrenzen gezogen. Wo dies wegen der Gemengelage von Nationalitäten nicht möglich war, ohne die nationale contiguité der neuen Staaten zu beeinträchtigen, wurden die fremdnationalen Enklaven vertraglich geschützt, sei es durch Neutralisierung, wie Danzig, sei es durch besondere Minderheitenverträge; in allen Fällen unter der Kontrolle des Völkerbundes. Damit schien die Voraussicht Napoleons III. erfüllt, daß das wahre Gleichgewicht Europas in den befriedigten Ansprüchen seiner Völker liege[68]).

Zur Sicherung dieses neuen national-territorialen Gleichgewichts wurde das Europäische Konzert im Rahmen des Weltstaatensystems, d. h. auf universaler Grundlage organisiert. Die neuen großen Vier, Frankreich, Großbritannien, Italien und Japan, bildeten den Völkerbundsrat, zu dem auch einige andere Mitglieder mit nichtständigen Sitzen hinzugezogen wurden. Diese föderativ erweiterte Kollektivhegemonie sollte, notfalls zusammen mit der Bundesversammlung aller Mitglieder, für die Aufrechterhaltung des territorialen status quo sorgen und dabei die notwendige Veränderung, einen Peaceful Change, nicht aus den Augen verlieren. Wurde sich der Rat nicht einig, konnten die Streitteile tun, was sie für richtig hielten, selbst Krieg führen. Das ius ad bellum wurde erst durch den Briand-Kellog-Pakt von 1928 endgültig beseitigt. Hielt sich ein Mitglied nicht an die satzungsmäßig vereinbarten Verfahren zur Kriegsverhütung, so waren alle anderen Mitglieder zu Sanktionen verpflichtet, über deren Art und Umfang sie freilich selbst entscheiden konnten. Dieses System kollektiver Sicherheit, das den alten casus foederis durch das angelsächsische Institut des Hue and Cry verallgemeinerte, hat seine Probe nicht bestanden. Der zum Nationalismus entartete Nationalstaatsgedanke führte Europa

---

67) Vgl. Erklärung vom 11. 2. 1918: „The principles to be applied are these:... Second, that peoples and provinces are not to be bartered about from sovereignty to sovereignty as if they were mere chattels and pawns in a game, even the great game, now for ever discredited, of the balance of Power". J. B. Scott, Official Statements of War Aims und Peace Proposals, 1921, S. 269.

68) R. Redslob, Das Problem des Völkerrechts, 1917, S. 244 ff.

in den Zweiten Weltkrieg, der der letzte nationale Weltkrieg gewesen ist[69]).

8. Blieb der Völkerbund im wesentlichen eine europäische Organisation, so hat 1945 die siegreiche Allianz der neuen großen Fünf und der mit ihnen vereinten Nationen aus dem Weltstaatensystem nicht nur dem Anspruch nach, sondern in Wahrheit, eine universale Organisation gemacht. Den Vereinten Nationen gehören, von den traditionellen Ausnahmen wie der Schweiz und den neuen Ausnahmen, von denen gleich zu sprechen ist, abgesehen, alle Staaten der Welt an. Die neue Weltorganisation zeigt ähnliche, wenn auch weiterentwickelte Strukturen wie der alte Völkerbund. Die föderative Gleichberechtigung aller Mitglieder bringt die Vollversammlung zum Ausdruck. Die hegemoniale Führung zur Erhaltung des Friedens obliegt dem Sicherheitsrat der fünf Großmächte, denen sechs andere Mitgliedstaaten zum föderativen Machtausgleich beigeordnet werden. Auch kann jedes Mitglied, das dem Sicherheitsrat nicht angehört, an seinen Verhandlungen teilnehmen, wenn seine Interessen betroffen sind; doch braucht es hierzu immer noch eine invitation formelle. Die friedliche

---

[69]) Daß der Völkerbund das Europäische Konzert in verstärkter und organisierter Rechtsförmigkeit unter Aufnahme weiterer Strukturelemente, vor allem der Haager Schiedsgerichtsbarkeit, des Hue and Cry und der Monroe-Doktrin fortgebildet hat, betont A. Zimmern, The League of Nations and the Rule of Law 1918—1935, 1936 unter Hinweis auf ein bis dahin nicht bekanntes Völkerbunds-Memorandum des Foreign Office, abgedruckt S. 197 ff. Demgegenüber neigte die deutsche Theorie dazu, den Völkerbund den historischen Staatenbünden zuzurechnen oder ihn gar im Anschluß an Gierkes Genossenschaftsrecht (vermittelt durch J. Ebers, Lehre vom Staatenbunde, 1910) als Gemeinschaft zur Gesamten Hand zu typisieren. Vgl. W. Schücking und H. Wehberg, Die Satzung des Völkerbundes, 1931, S. 82 ff., 92 ff. Dagegen hat schon Max Huber, Die konstruktiven Grundlagen des Völkerbundsvertrages, Ztschr. f. Völkerrecht, Bd. 12 (1920), S. 170 ff. (jetzt auch in seinen Vermischten Schriften, Bd. 3, 1948, S. 197 ff.) nicht in denen des Staatenbundesrechts, sondern in denen „des bisherigen Völkerrechts und der bisherigen Diplomatie" gesehen, denn der alte Staatenbund, „die unentwickelte und jetzt überall verwirklichte Form des Staates schlechthin", hatte die gemeinsame „nationale Behauptung nach außen" zum Zweck, „der Völkerbund aber ist nicht ein Bund im Gegensatz zu anderen Staaten, sondern soll Träger alles internationalen Lebens sein". (Zitate aus seiner Besprechung des Kommentars von Schücking und Wehberg, aaO., S. 371) Er ist also eine Staatenverbindung eigener und zwar neuer Art, wie denn Huber überhaupt jede abstrakte Typisierung für das (politische) Völkerrecht ablehnt — eine methodische Einsicht, die seit O. Brunner, Land und Herrschaft, 1943, allgemein ist. Über die Wesenlosigkeit zeitloser Begriffe vgl. auch H. Freyer, Gegenwartsaufgaben der deutschen Soziologie, Ztschr. f. d. ges. Staatswissenschaft, Bd. 95 (1935), S. 133 ff.

Streitbeilegung ist wie beim Völkerbund einem Vermittlungs-, Schieds- oder Gerichtsverfahren anvertraut und die Verteidigung gegen kriegerische Angriffe dem genossenschaftlichen Zusammenwirken der Mitglieder in einem System kollektiver Sicherheit[70]).

Ein solches System bedarf jedoch, um wirksam zu sein, der Einigkeit der führenden Mächte, wie es in einer politischen Föderation nicht anders sein kann. Von einer solchen Einstimmigkeit geht auch die Satzung der Vereinten Nationen ausdrücklich aus, indem sie die Fortdauer der Kriegsallianz als Friedensbündnis voraussetzt. Diese Voraussetzung war jedoch falsch, denn die Alliierten waren sich zwar im Kriege einig in der Niederwerfung der Angreifer, so daß in ihren Bund nur friedliebende Nationen aufgenommen werden können, in die sich im 20. Jahrhundert die bloß zivilisierten des 19. verwandelt haben[71]). Ihre Friedensliebe ist jedoch zwiespältiger Art. Sie gilt zwar gemeinsam dem Menschen und seinem Recht, dessen Schutz das neue Ordnungsprinzip in Europa und in der Welt sein soll[72]). In Wahrheit jedoch ist diese Idee den Vereinten Nationen nicht gemeinsam. Ihnen fehlt trotz aller gegenteiligen Proklamationen ein allgemeingültiges und damit bündische Kraft stiftendes Ordnungs- und Friedensprinzip. Die frühere Gemeinsamkeit in der Nationalstaatsidee wurde durch den letzten nationalistischen, schon unter ideologischen Vorzeichen geführten Hegemonialkampf zerstört. Über dem zusammengebrochenen europäischen Staatensystem sind die Flügelmächte, die Ranke im Blick auf die nationale Freiheitsbewegung seiner Zeit noch nicht gesehen hatte, als Giganten der Außenräume emporgewachsen und in der Mitte Europas aufeinandergetroffen, das damit aufgehört hat ein Kontinent, d. h. etwas Zusammengehöriges, zu sein[73]). Die beiden neuen Weltmächte verstehen unter den

---

[70]) Vgl. P. Barandon, Die Vereinten Nationen und der Völkerbund in ihrem rechtsgeschichtlichen Zusammenhang, 1948.

[71]) Vgl. G. Dahm, Völkerrecht, Bd. 2, S. 163 ff. Kritisch zum Begriff der peace loving states auch H. Krüger, Geschäftsführung ohne Auftrag für die Völkergemeinschaft, Festgabe für Carl Bilfinger, 1954, S. 186, 198. Vgl. weiter A. Röling, International Law in an expanded world, 1960, S. 45 ff. Es ist zu bemerken, daß der Begriff über Wilson in die französische Revolution zurückreicht, in der von der „nation malfaisante", der „nation injuste" die Rede war.

[72]) Artt. 13, 55, 56 der Satzung und die Allgemeine Menschenrechtserklärung von 1948. Dazu G. Dahm, Völkerrecht, Bd. 1, S. 419 ff.

[73]) H. Holborn, Der Zusammenbruch des europäischen Staatensystems, 1954 und L. Dehio, Das sterbende Staatensystem, in seinem Sammelband: Deutschland und die Weltpolitik im 20. Jahrhundert, 1961, S. 97 ff.

Rechten des Menschen etwas Verschiedenes[74]). Auf der einen Seite die aus humanitärer Aufklärungsphilosophie und angelsächsischem Puritanismus stammenden Freiheitsrechte des Menschen vom Staat, für die in unserem Zusammenhang die liberal-individualistische Ausdeutung des Selbstbestimmungsrechts durch Wilson im Sinne der französischen Nationsidee kennzeichnend ist[75]). Ihnen treten die kommunistischen Sozialrechte des Menschen an den Staat gegenüber, die erstmals 1848 das kommunistische Manifest gefordert hat, womit es jene internationale „Expansion des Proletariats", wie Marx sagte[76]), in Gang setzte, die von der Arbeiterassoziation von 1864, der sogenannten Ersten Internationale, über die Zweite, die 1914 am Einheitswillen der Nationen zerbrach, mit dem Sieg des Bolschewismus in Rußland zur Dritten, kommunistischen Internationale, der Komintern, führte. Als internationale Bewegung war der Marxismus von Anfang an auf eine Auseinandersetzung mit dem nationalen Gedanken angewiesen. Das hat er gründlich getan; nach den Austromarxisten und Rosa Luxemburg vor allem durch Lenin, der 1903 das Selbstbestimmungsrecht der Völker in das Programm der russischen Sozialdemokratie aufnehmen ließ und zwar mit jener spezifischen, später durch Stalin epochemachenden Wendung, daß der Sinn dieses Rechts die Förderung „nicht der Selbstbestimmung der Völker und Nationen, sondern des Proletariats in-

---

[74]) Für den weiteren Zusammenhang vgl. M. S. McDougal und H. D. Lasswell, The Identification and Appraisal of Diverse Systems of Public Order, American Journal of Intern. Law, Bd. 53 (1959), S. 1 ff. mit weiteren Nachweisen. Zum Zwiespalt im Elementarrecht auf persönliche Freiheit vgl. H. Bülck, Die Zwangsarbeit im Friedensvölkerrecht, 1953.

[75]) Sie gehört zur amerikanischen Friedensbewegung und ihrer Verbindung mit imperialistischen Ideen, für die die sendungsbewußten Bücher von D. S. Jordan, Imperial Democracy, 1899 und America's Conquest of Europe, 1913 typisch sind. Über diesen „militant pacifism" vgl. R. E. Osgood, Ideals and Self-Interest in America's Foreign Relations, 1953, bes. S. 86 ff., 95. Neues auch bei P. Hamacher, Woodrow Wilsons Idee vom Selbstbestimmungsrecht der Völker, Kölner Diss. 1955. Der Interpretation Wilsons entsprach später die bekannte Assimilationsthese Mello Francos im Minderheiten-(nicht: Nationalitäten-)recht.
Über den amerikanischen Missionsgedanken vgl. statt vieler G. von Schulze-Gaevernitz, Die geistesgeschichtlichen Grundlagen der anglo-amerikanischen Weltsuprematie, Archiv f. Sozialwissenschaft u. Sozialpolitik, Bd. 56 (1926), S. 26 ff. und Bd. 57 (1927), S. 60 ff.

[76]) K. Marx, Die Revolution von 1848 und das Proletariat (Rede bei der Feier des vierjährigen Bestehens des „Peoples Paper") in: K. Marx als Denker, Mensch und Revolutionär (Hrg. v. Rjazanov), 1928, S. 41. Die Anfänge finden sich schon in Babeufs Manifeste des Egaux von 1796.

nerhalb jeder Nationalität" ist[77]). Damit wurde der ursprünglich deutsche Nationsbegriff durch den Kommunismus umgeprägt nach dem Stalinschen Satz: national in der Form — sozialistisch im Inhalt, mit dem das russische Vielvölkerreich zu einem übernationalen Bundesstaat, der Union der Sozialistischen Sowjetrepubliken, gemacht und die theoretische Grundlage für einen kommunistischen Weltbundesstaat geschaffen wurde[78]). Das kommunistische Manifest hat im Jahre 1848, einem annus mirabilis, in dem die national-liberale Bewegung ihren Höhepunkt erreichte, den europäischen Bürgerkrieg erklärt. Genau einhundert Jahre später, 1948, brach mit der Auflösung des Alliierten Kontrollrats für Deutschland der Weltbürgerkrieg aus[79]).

Die zwiespältige Verwandlung des national-territorialen Selbstbestimmungsrechts, des Selbstbestimmungsrechts der Völker, in eine individualistische und eine kollektivistische Form: in liberale und kommunistische Rechte der Menschen —

---

[77]) W. I. Lenin, Die nationale Frage in unserem Programm, in: Über die nationale und koloniale nationale Frage, 1960, S. 15. Zur Dogmengeschichte vgl. E. H. Carr, The Bolshevik Revolution 1917—1923, Bd. 1, 1950, S. 410 ff. und S. Shaheen, The Communist (Bolshevik) Theory of National Self-Determination, 1956.

[78]) Vgl. R. Pipes, The Formation of the Soviet Union. Communism and Nationalism 1917—1923, 1954. E. R. Goodman, The Soviet Design for a World State, 1960. Die „Algebra der Revolution," wie Alexander Herzen Hegels Dialektik nannte, setzte den nationalen Gedanken des 19. Jahrhunderts nicht nur zum Moment in einem neuen, übernationalen Staatsbegriff herab, sondern setzte ihn bewußt als Mittel staatlicher Integration und überstaatlicher Expansion ein. Er wurde zum funktionalisierten Nationalismus, den man Sowjetpatriotismus nennt. Das Sekundärsystem begnügte sich nicht mit dem Gegensatz zum Primärsystem, es benützte dessen Werte für seine Zwecke, in welchen der großrussische Nationalismus aufgehoben und das heißt nicht zuletzt, bewahrt ist. Dazu F. Barghoorn, Soviet Russian Nationalism, 1956, bes. S. 148 ff. und E. H. Carr, aaO., S. 253 ff. Kennzeichnend auch W. Hänisch und G. Herder, Die ständige Festigung der vom sozialistischen Internationalismus getragenen Beziehungen zu den Staaten des sozialistischen Weltsystems als Grundvoraussetzung für die Verwirklichung des Rechts des deutschen Volkes auf Selbstbestimmung, in: Deutschland und das Völkerrecht, (Ost-Berlin) 1961, S. 197 ff.

[79]) Vgl. für den weiteren Zusammenhang H. Kesting, Geschichtsphilosophie und Weltbürgerkrieg, 1959 und D. Groh, Rußland und das Selbstverständnis Europas, 1961, bes. S. 157 ff., 195 ff.; dort auch S. 330 ff. zur Begriffsgeschichte der „Sozialen Revolution". Zur Ergänzung sei auf J. Ritter, Hegel und die französische Revolution, 1958, verwiesen. Im näheren G. Leibholz, Strukturprobleme der modernen Demokratie, 1958, S. 232 ff.; ders., Volk, Nation, Reich, in: Aus Politik und Zeitgeschichte, Beilage zum „Parlament", Bd. 7/1962.

und damit das Fehlen eines gemeinsamen Ordnungsprinzips zeigt sich deutlich in der Nachkriegsordnung Europas[80]. Die neuen Grenzen wurden ohne Zustimmung der Völker festgesetzt. Die Pariser Friedensverträge der Alliierten mit den Verbündeten Deutschlands von 1947 sehen weder Plebiszite vor noch haben sie ihre Gültigkeit von der parlamentarischen Ratifikation durch die besiegten Völker abhängig gemacht, womit die frühere national-konstitutionelle Grundlage des Friedens entfallen ist[81]. Nationale Minderheiten werden von unbedeutenden Ausnahmen abgesehen nicht mehr vertraglich geschützt[82]. Das Gebot der neuen Friedensverträge, alle Menschen ohne Unterschied von Rasse, Sprache oder Religion gleich zu behandeln, das den früheren Nationalitätenschutz ersetzen soll[83], hat sich in den neuen Volksdemokratien und nicht nur in diesen als unwirksam erwiesen[84]. Doch wurden

---

80) In den Vereinten Nationen hat der Zwiespalt dazu geführt, daß das Selbstbestimmungsrecht der Völker an der Spitze zweier Entwürfe zu Menschenrechtsabkommen steht, die verschiedenen Inhalt haben: ein Entwurf der liberalen Freiheitsrechte und ein Entwurf der wirtschaftlich-sozialen Rechte, die beide keine Aussicht haben, von der anderen Seite angenommen zu werden. Vgl. G. Dahm, Völkerrecht, Bd. 1, S. 430 ff. und jüngst H. Meyer-Lindenberg, Die Menschenrechte im Völkerrecht, Berichte der Deutschen Gesellschaft für Völkerrecht, Heft 4, 1961, S. 84 ff.

81) Die Initiative, keine Plebiszite in die Verträge aufzunehmen, ging — rechtsgeschichtlich durchaus konsequent — von den Vereinigten Staaten von Amerika aus. Vgl. J. C. Campbell, The European Territorial Settlement, Foreign Affairs, Bd. 26 (1946/47), S. 196 ff. Auch in der Theorie und Praxis der Vereinten Nationen verliert das Plebiszit seinen territorialen Bezug und wird zum Recht auf politische Selbstbestimmung im west-östlichen Doppelsinn. Vgl. dazu E. Menzel, Die Vereinten Nationen und das Selbstbestimmungsrecht der Völker, Festschrift für Rudolf Laun, 1962, S. 270 ff.
Wegen der Ratifikation z. B. Art. 90 des Vertrages mit Italien. Vgl. im näheren E. von Puttkammer, Friedensverträge der Alliierten mit Bulgarien, Finnland, Italien, Rumänien und Ungarn von 1947, Strupp-Schlochauer, aaO., Bd. 1, S. 599.

82) Vgl. G. Erler, Minderheitenrecht, Strupp-Schlochauer, aaO., Bd. 2, S. 531 ff., 534 f.

83) Auch hierzu ging die Initiative von Amerika aus: Ph. Mosely, Peace Making 1946, International Organisation, Bd. 1 (1947), S. 22 ff.

84) Wegen der erfolglosen angelsächsischen Proteste gegen die Sowjetisierungspolitik der Volksdemokratien, u. a. wegen des Prozesses gegen den Kardinal Mindzenty vgl. A. Martin, Human Rights and World Politics, Yearbook of World Affairs 1951, S. 72 ff. Die Sache ist durch die Gutachten des Internationalen Gerichtshofs vom 30. 3. und 18. 7. 1950 völlig auf das tote Gleis gekommen. Vgl. Interpretation of Peace Treaties, Advisory Opinions; ICJ Reports 1950, S. 65 und S. 221. Für den italienischen Friedensver-

die Staatsgrenzen nicht nur nicht nach den Volksgrenzen gezogen. Das Umgekehrte hat stattgefunden, nicht zuletzt schon während des Krieges durch das nationalsozialistische Deutschland: die Volksgrenzen wurden durch Bevölkerungsaustausch, Deportation, Völkermord und Massenvertreibung den Staatsgrenzen eingepaßt. Das hat dazu geführt, daß ein großes Volk mit seinem Staat, nämlich Polen, unter Vertreibung der Deutschen aus den Ostgebieten des Reichs bei gleichzeitigem Verlust seiner eigenen Gebiete jenseits der Curzon-Linie unter ähnlichen Umständen an die Sowjetunion, um mehrere hundert Kilometer auf der Landkarte verschoben worden ist bis zu einer neuen Grenze, die deshalb „Friedens- und Freundschaftsgrenze" heißt[85]). An die Stelle der nationalen Grenze beginnt heute, nicht nur in Europa, die ideologische Grenze zu treten. Sie ist die jüngste Form globalen Liniendenkens, das für den okzidentalen Rationalismus charakteristisch ist. Im kommunistischen Machtbereich soll sie die nationalen Unterschiede in brüderlicher Gleichheit aufheben[86]). Zwischen den beiden Weltmächten wird die ideologische Grenze zu einer neuen Trennungslinie. Hier ist sie die neue Form der alten amity line, der kolonialen Freundschaftslinie[87]). „No peace beyond the line" heißt heute: keine staatlich-militärische Aggression über die markierte Koexistenzlinie hinaus, wohl aber jenseits dieser Linie ideologische Subversion und subventionierter Bürgerkrieg[88]). Diese neue Grenzlinie teilt heute

---

trag vgl. das Südtiroler Problem. D. Schindler, Südtirol, Strupp-Schlochauer, aaO., Bd. 3, S. 413 ff.

[85]) Präambel zum Görlitzer Abkommen zwischen der Deutschen Demokratischen Republik und der Polnischen Republik über die Oder-Neiße-Grenze vom 6. 7. 1950: „.. in Anerkennung, daß die festgelegte und bestehende Grenze die unantastbare Friedens- und Freundschaftsgrenze ist, die die beiden Völker nicht trennt, sondern einigt...", United Nations Treaty Series, Bd. 319, S. 93 ff. und bei H. Krüger und D. Rauschning, Die Gesamtverfassung Deutschlands, 1962, S. 745 ff. Vgl. H. Bülck, Vertreibung, Strupp-Schlochauer, aaO., Bd. 3, S. 556 ff. und Bund der Vertriebenen (Hrsg.), Das Recht auf die Heimat (Dokumentation), 1962.

[86]) Chruschtschow wirft die Grenzfrage auf, Prawda vom 27.3. 1959, in: Ostprobleme, 1959, S. 571 ff. In „dem Prozeß des Zusammenschlusses der Völker zu einer einheitlichen kommunistischen Familie" wird „ die Frage der Grenzen in ihrer jetzigen Form allmählich zu existieren aufhören".

[87]) Vgl. C. Schmitt, Der Nomos der Erde, 1950, S. 54 ff., S. 256 ff.

[88]) R. Aron, Der permanente Krieg, 1953, bes. S. 297 ff. R. Vergnaud, La guerre froide, Revue générale de droit international public, Bd. 62 (1958), S. 220 ff. mit weiteren Nachweisen. Neuestens M. R. Garcia-Mora, International Responsibility for Hostile Acts of Private Persons Against Foreign States, 1962.

Nationen und Staaten, wie Deutschland, Korea und Vietnam[89]). Im deutschen Falle ist sie zu einem schußfreien Streifen und einer Mauer gemacht worden, die sich durch das ganze Land und seine Hauptstadt zieht, so daß es in der Mitte Europas nicht einmal mehr das „Plebiszit der Füße" gibt, an das Lenin noch appellieren konnte. Nurmehr die Teile der geteilten Völker sind jeweils, will sagen: für die eigene Seite, friedliebend. Da diese Völker aber noch als nationales Ganzes, freilich schon im Hinblick auf die Befreiung ihrer ideologischen Irredenta, den Frieden suchen, sind weder das Ganze noch seine Teile für die Vereinten Nationen als Mitglieder friedliebend genug[90]). Enklaven, wie die westliche Hälfte Berlins, stören die neue contiguité und sollen deshalb neutralisiert werden[91]). Enklaven, die neu zu entstehen drohen, werden wegen Konterrevolution oder Unamerican Activities durch ideologische Intervention homogenisiert[92]). Das alte Rechtssprichwort finis belli pax est gewinnt in einer neuen Welt einen neuen Sinn[93]). Der Frieden wird nicht mehr in bündischem Zusammenwirken kraft gemeinsamer Ordnung gestiftet; er wird von jeder Seite

---

[89]) Neuestens für alle drei Fälle G. Franz (Hrsg.), Teilung und Wiedervereinigung, 1962. Bundesministerium für gesamtdeutsche Fragen (Hrsg.), Mitten in Deutschland — mitten im 20. Jahrhundert. Die Zonengrenze, 1958; dasselbe, Die Flucht aus der Sowjetzone und die Sperrmaßnahmen des kommunistischen Regimes vom 13. August 1961 in Berlin, 1961.

[90]) L. H. Goodrich, The United Nations, 2. Aufl. 1959, S. 88 ff. (Membership and the „Cold War"). Zu Korea und Vietnam im besonderen United Nations Yearbook 1956, S. 110 ff. Zu Deutschland vgl. den sowjetischen Widerspruch gegen die Einsetzung einer Prüfungskommission der Vereinten Nationen über die Möglichkeit freier Wahlen in der Sowjetzone unter Berufung auf Art. 107 der Satzung. Repertory of UN Practice, Bd. 5, 1955, S. 392 ff.; dazu U. Scheuner, Die Vereinten Nationen und die Stellung der Nichtmitglieder, Festschrift für C. Bilfinger, 1954, S. 400 ff.

[91]) Vgl. F. Münch, Die Freie Stadt, Friedenswarte, Bd. 55, (1959/60), S. 26 ff. und M. Ydits, Internationalised Territories, 1961, S. 84 ff.

[92]) Z. B. F. A. Váli, Rift and revolt in Hungary; nationalism versus communism, 1961 und H. Schatzschneider, Die neue Phase der Monroe-Doktrin angesichts der kommunistischen Bedrohung Lateinamerikas, 1957. Allgemein G. Schwarzenberger, Hegemonial Intervention, Year Book of World Affairs, Bd. 14 (1959), S. 236 ff. Über die Rechtfertigung der sowjetischen Intervention als „juristische Pflicht", die aus dem proletarisch-sozialistischen Internationalismus gegenüber den Werktätigen folgt, vgl. D. A. Loeber, Die Rechtsnatur des Ostblocks, Osteuropa-Recht, Bd. 6 (1959), S. 205.

[93]) Vgl. U. Scheuner, Der fehlende Friede, Festschrift für H. Kraus, 1954, S. 190 ff. und H. Krüger, „Finis belli pax est", Festschrift für R. Laun, 1962, S. 200 ff.

getrennt geplant und in reziprok synchronisierten Stufen durchgeführt; es wird der Friede in Stücken. Das ist nicht verwunderlich, wenn man bedenkt, daß Friedensstiftung und bündische Hegemonie in der Wurzel, nämlich im Sinn von auctoritas zusammenhängen. Auctoritas bedeutet zum einen Gründung, Stiftung einer dauernden Ordnung und zum anderen Autorität, d. h. Glaubwürdigkeit, die aus Vertrauen in eine gerechte Führung lebt[94]). Da es eine gemeinsame Autorität der Großen Mächte nicht gibt, wie dies die makabre Formel vom Gleichgewicht des Schreckens sinnfällig macht[95]), ist die über ihre alten Nationen hinauswachsende Industriegesellschaft auf der Suche nach einer neuen Vernunft und einer neuen Gerechtigkeit.

9. Über der alten Territorialordnung der Nationen erhebt sich heute mit zunehmender Kraft die neue Funktionalordnung der Industriegesellschaften. Selbst über den ideologischen Bruch hinweg vereinigen sich die Versorgungsbedürfnisse der modernen Massen liberal-sozialer oder kommunistischer Prägung zu funktionalen Föderationen. Die alten Verwaltungsunionen sind zu neuen Sonderorganisationen der Vereinten Nationen geworden, die teils über 100 und mehr Staaten zu Mitgliedern haben, darunter auch und gerade die beiden Weltmächte mit ihrer Gefolgschaft. Seit der Jahrhundertwende sind auf allen Gebieten der wissenschaftlich-technischen Zivilisation eine Fülle von neuen Organisationen entstanden: im Funk, Rundfunk und Fernsehen, in der Luftfahrt, in der Seeschiffahrt, im Wetterdienst, in der Landwirtschaft, in der Atomenergie und im Gesundheitswesen[96]).

Die Grundstruktur der internationalen Verwaltungsföderationen hat sich nicht geändert. Doch sind ihre funktionalen Züge verstärkt, vor allem durch ein hegemoniales Organ in

---

[94]) Vgl. R. Heinze, Auctoritas, in seinen Aufsätzen: Vom Geist des Römertums, 3. Aufl. 1960, S. 43 ff.

[95]) Vgl. H. J. Morgenthau, Politics among Nations, 1954, S. 323 ff. A. L. Burns, From Balance to Deterrence, in: Rosenau, (ed.), International Politics and Foreign Policy, 1961, S. 350 ff. und J. Stone, Quest for survival, 1961.
Über den Verlust an (personaler) Autorität in allen Lebensbereichen vgl. Hannah Arendt, Was ist Autorität? in: Fragwürdige Traditionsbestände im politischen Denken der Gegenwart, 1959, S. 118 ff.; G. Weippert, Technik und Gesamtgesellschaft, in: Festgabe für L. Heimann (Hamburger Jahrbuch für Wirtschafts- und Gesellschaftspolitik, Bd. 4), 1959, S. 312 ff. und C. J. Friedrich, Authority, 1958.

[96]) Allgemein W. F. Ogburn (Ed.), Technology and International Relations, 1949. Im näheren H. Bülck, Verwaltungsgemeinschaften, Strupp-Schlochauer, aaO., Bd. 3, S. 564 ff.

Form eines Verwaltungsrats, das mit durchschnittlich 20 Mitgliedern den führenden und leistenden Staaten jene funktionale Autorität gibt, die aus materialer Verantwortung erwächst[97]). Für seine Wahl durch die Versammlung aller Mitglieder geben die Satzungen sachlich-funktionale Maßstäbe. In der Arbeitsorganisation z. B. sind die größten Industriestaaten zur Vertretung berufen, wobei ihre Auswahl in einem statistisch streng objektivierten Verfahren vorgenommen wird[98]). In der Schiffahrtsorganisation entscheidet unter anderem „a substantial interest in providing international shipping services“[99]), so daß hier auch kleinere Staaten, wie Norwegen, im Rat vertreten sind. Er verwaltet mit Hilfe eines Sekretariats, das sich zu einem fachlich-administrativ hochqualifizierten Verwaltungsstab von oft vielen hundert Bediensteten formiert hat. Es funktioniert kraft eigenen Dienstrechts nach dem internationalisierten Muster staatlicher Bürokratien mit klarer Über- und Unterordnung und festen Kompetenzen. Doch können seine Maßnahmen nur im Einvernehmen mit den betreffenden Mitgliedstaaten getroffen werden. Es übt lediglich Einflußverwaltung und grundsätzlich keine die Staaten oder gar den Einzelnen bindende Entscheidungsverwaltung. Gegenüber den Einwirkungen der Mitgliedstaaten ist es noch stärker immun gemacht als früher und der Patronage des neutralen Sitzstaates durch seine Unterstellung unter den eigenen Verwaltungsrat entzogen. Hierdurch und durch Immunitätsabkommen mit dem neuen Gastgeberstaat sind seine Funktionen entterritorialisiert.

Sind die genannten Gemeinschaften im Prinzip darauf beschränkt, die staatlichen Verwaltungsfunktionen nach verein-

---

[97]) Über die neue Form funktionaler Autorität, d. h. durch Sachaufgaben legitimierter Lenkungsbefugnis, vgl. R. McIver, Macht und Autorität, 1953 und A. Gehlen, Anthropologische Forschung, 1961, S. 130 f.
Über die institutionelle Zusammenfassung gemeinsamer Sachaufgaben mehrerer Staaten vgl. H. J. Morgenthau, Positivism, Functionalism and International Law, American Journal of International Law, Bd. 34 (1940), S. 260 ff. sowie D. Mitrany, A Working Peace System, 4. Aufl. 1946 und H. J. Morgenthau, aaO. (Anm. 5), S. 492 ff. Für den soziologischen Bezug vgl. G. Friedmann, Les technocrates et la civilisation technicienne, in: G. Gurvitch (Hrsg.), Industrialisation et Technocratie, 1949, S. 43 ff. und H. Schelsky, Der Mensch in der wissenschaftlichen Zivilisation, 1961.

[98]) Vgl. L. E. Troclet, Législation sociale internationale, 1952, S. 382 ff.

[99]) Art. 17 der Convention on the Inter-Governmental Maritime Consultative Organisation, bei A. Peaslee, International Governmental Organisations, Bd. 1, 1956, S. 705.

barten Grundsätzen zu koordinieren, so führen gewisse elementare Versorgungsbedürfnisse sogar zu lenkender Verwaltung und gemeinsamer Verteilung. Das sind die internationalen Rohstoffgemeinschaften für Weizen, Zucker, Kautschuk, Zinn und andere Stapelgüter, die den Export der Erzeugerländer dem Bedarf der Verbraucherländer anpassen und den Marktpreis regeln, zum Teil durch ratifikationslosen Mehrheitsbeschluß[100]). Die prinzipiell wichtige Hinwendung zum verbindlichen Mehrheitsentscheid ist nur möglich, weil aus der politisch-territorialen Gleichheit der Staaten eine funktionale Gleichheit geworden ist, wie sie sich schon in der Zusammensetzung der Verwaltungsräte ankündigt. Die absolute Gleichheit hat sich zu einer relativen, verhältnismäßigen gewandelt. Die Mitglieder werden, wie beim Kartell oder der Aktiengesellschaft, nach dem Verhältnis ihrer Anteile berechtigt und verpflichtet, so daß beispielsweise im Zuckerabkommen auf Kuba 245 Stimmen und auf die gleichfalls, aber weniger exportierende Sowjetunion nur 100 Stimmen entfallen. Hier entscheidet nicht, wie bei den Vereinten Nationen. die souveräne, also die personale Gleichheit der Staaten, sondern ihre funktionale Verschiedenheit, das Stimmgewicht der Sachen[101]).

10. In den neuen, internationalen Staatenbünden zeichnen sich deshalb auch neue Grenzen ab. Über die nationalen Territorialgrenzen und ideologischen Koexistenzlinien lagern sich technisch-administrative Funktionalgrenzen, die sich, wie im

---

[100]) U. Wenzel, Das Recht der internationalen Rohstoffabkommen, 1961.

[101]) Vgl. H. Bülck, Der Strukturwandel der internationalen Verwaltung, 1962. Zum „Stimmrecht der Sachen" als Ausdruck fortschreitender Funktionalisierung vgl. A. Gehlen, Bürokratisierung, Kölner Zeitschrift für Soziologie, Bd. 3 (1950/51), S. 195 ff., S. 197. Über das funktionale Prinzip des „Wägens von Sachen" im Unterschied zum demokratischen des „Zählens von Stimmen" vgl. jetzt H. Lübbe, Politische Theorie der Technokratie, in: Der Staat, Bd. 1 (1962), S. 38. Für diesen Zusammenhang ist auch das jüngst ergangene Gutachten des Internationalen Gerichtshofs zu Händen der Internationalen Schiffahrtsorganisation (ICJ Reports 1960, S. 150 ff.) bezeichnend, das den „billigen Flaggen" Liberia und Panama, entgegen der Wahl durch die Versammlung, einen Sitz im Schiffssicherheitsausschuß der Organisation zuerkannte. Wenn die Satzung die Sachen gewogen habe („the largest ship-owning nations" Art. 8 lit. a), dann habe die Versammlung so zu „wählen", d. h. nicht mehr ihre Stimmen zu zählen. Vgl. J. H. W. Verzijl, The International Court of Justice. II. Constitution of the Maritime Safety Committee, Nederlands Tijdschrift for Intern. Recht, Bd. 7 (1960), S. 211 ff., 243 ff. Über funktionale Auslegung internationaler Organisationssatzungen vgl. H. Bülck, Vertragsauslegung, Strupp-Schlochauer, aaO., Bd. 3, S. 547 ff., S. 550 ff.

Falle der Rohstoffgemeinschaften, zu engen Sachgrenzen steigern können. Der anfängliche Versuch, diese neuen Grenzen aufzuheben, mit anderen Worten: die zahlreichen Verwaltungsgemeinschaften in einer Dachorganisation zu vereinigen, ist gescheitert. Diesen Versuch hat der Völkerbund gemacht. Er sollte ausdrücklich alle schon vorhandenen oder noch zu gründenden Verwaltungsunionen in sich vereinigen und einheitlich kontrollieren, um nicht nur eine Friedensgemeinschaft, sondern auch eine „Arbeitsgemeinschaft" zu werden, wie die Kommentatoren seiner Satzung mit treffendem Sinn für das Andersartige dieser Aufgaben sagten[102]). Gegen eine solche Zentralisierung wandten sich jedoch die Unionsmitglieder, zumal wenn sie nicht Völkerbundsmitglieder waren. Sie waren sich offenbar bewußt, daß die „Verwaltung von Sachen", wie die berühmte Wendung im kommunistischen Manifest lautet, eine verdeckte Herrschaft über Menschen ist, daß es nicht nur eine Universalmonarchie von Staaten geben kann, sondern auch eine Herrschaft zentralisierter Verwaltungsräte und internationaler Bürokratien. Die weitere Entwicklung ging deshalb ohne Rücksicht auf die Völkerbundssatzung auf die jeweils gesonderte Zusammenfassung gemeinschaftlicher Sachaufgaben in voneinander unabhängigen Verwaltungsgemeinschaften[103]). Diese Tendenz hat die Satzung der Vereinten Nationen anerkannt und verstärkt, indem sie trotz der größeren Betonung ihrer sozialökonomischen Aufgaben durch die Einrichtung eines eigenen Wirtschafts- und Sozialrats, die alten und neuen Verwaltungsunionen von vornherein als außenstehend behandelt hat, als Spezialorganisationen[104]). Dieser Pluralismus der funktionalen Föderationen ist die neue Form der alten territorialen Gewaltenteilung. In ihm zeichnen sich aber bereits die Ansätze eines neuen, sozusagen zweitstufigen funktionalen Föderalismus ab, in dem das alte ius tractatum et foederum zwischen den Staaten zu einem vielfältigen, zweiseitig geordneten Zusammenwirken der Sonderorganisationen untereinander und mit der Hauptorganisation geführt hat, womit der Föderalismus als internationales Ordnungsprinzip

[102]) Art. 24. Vgl. Schücking-Wehberg, Die Satzung des Völkerbundes, Bd. 1, 1931, S. 62 ff.

[103]) Vgl. O. Göppert, Der Völkerbund, 1938, S. 157 ff. Nach dem Bericht von Hanotaux (1921) war sogar an eine automatische Unterstellung gedacht. Die Ausführungsgrundsätze zu Art. 24 sahen indes nicht nur die freiwillige Unterstellung vor, sondern auch eine weitgehende Autonomie der Verwaltungsgemeinschaften. Zu einer solchen Unterstellung ist es jedoch nur in wenigen und unbedeutenden Fällen gekommen.

[104]) Zur Stellung der „Specialised Agencies" vgl. Artt. 57, 63, 64, 70 der Satzung.

unter dem Namen Koordinierung zu einem interfunktionalen Ordnungsprinzip wird[105]).

*Die beiden regional-ideologischen Staatensysteme*

Der kommunistische Ostblock

Die Ausbildung des funktional-föderativen Sekundärsystems über der national-territorialen Primärordnung vollzieht sich innerhalb der beiden ideologischen Machträume mit besonderer Kraft. Unter der Führung der beiden Weltmächte schließen sich die Staaten nicht nur wirtschaftlich, sondern auch militärisch und politisch zu neuen Föderationen zusammen, freilich in den beiden Hegemonialsystemen mit verschiedener Intensität und nach verschiedenen Prinzipien, wie das die Geschichte der beiden Führungsmächte und der sie tragenden Gesellschaften erklärlich macht.

11. Die Sowjetunion vereinigt sich mit ihren osteuropäischen Gefolgsstaaten nach dem Stalinschen Satz: National in der Form, sozialistisch im Inhalt. Die kommunistische Partei als zentralistische Führungstruppe der proletarischen Industriegesellschaft macht den marxistisch-leninistischen Internationalismus zum Bindemittel dessen, was man das Sozialistische Lager oder den Ostblock nennt, der entgegen der häufig geäußerten Ansicht von seiner „monolithischen" Struktur keine imperialen, sondern hegemoniale und damit föderative Züge trägt[106]). Er besteht aus einer militärischen und einer wirtschaftlichen Organisation.

Der Warschauer Verteidigungspakt der acht Mächte zeigt ähnliche Züge wie die NATO, über die noch zu reden ist. Je-

105) Vgl. C. W. Jenks, Co-ordination: A New Problem of International Organisation, Recueil des Cours, Bd. 77 (1950 II), S. 149 ff.; K. Zemanek, Das Vertagsrecht der internationalen Organisationen, 1957 und neuestens R. J. Dupuy, Le Droit des Relations entre les Organisations Internationales, Recueil des Cours, Bd. 100 (1960 II), S. 461 ff. Bei Jenks (S. 299) der für die Gewaltenteilung bezeichnende Satz: „The whole scheme rests upon the assumption that there cannot be, in the modern world, any single focus of authority where decisions on matters of international concern can be centralized".

106) Vgl. B. Meissner, Das Verhältnis von Staat und Partei im Ostblock, in: Die Sowjetunion in Europa, 1962, S. 33 ff., S. 78 ff.; D. A. Loeber, Die Rechtsstruktur des Ostblocks, aaO., S. 205 ff. und E. R. Goodman, The Soviet Design for a World State, 1960. Über die geschichtlichen Verknüpfungen vgl. E. S. Simmons (Hrsg.), Continuity and Change in Russian and Soviet Thought, 1955, sowie R. Wittram, Das russische Imperium und sein Gestaltwandel, Hist. Ztschr., Bd. 187 (1959), 568 ff.

doch führt im Unterschied zu ihr, der Einzelhegemonie der Sowjetunion entsprechend, allein ein sowjetischer Marschall das Oberkommando über die integrierten Streitkräfte der Paktstaaten[107]).

12. Über dem durch die Warschauer Verteidigungsorganisation stabilisierten territorialen Gleichgewicht Osteuropas erhebt sich ein neues funktionales Gleichgewicht in Gestalt einer übernationalen Wirtschaftsföderation, der Rat für gegenseitige Wirtschaftshilfe[108]). In ihm und seinem Namen verbindet sich das russische Erbe der Narodniki, die Idee gegenseitiger brüderlicher Hilfe, mit dem internationalen Marxismus-Leninismus, der als universal-humanitäre Fortschrittsideologie das messianische Bewußtsein von Moskau als dem Dritten Rom in das technisch-industrielle Zeitalter hinüberführt[109]). Durch ihn hat die Sowjetunion die osteuropäischen Nationalwirtschaften unter das sozialistische Prinzip der Verteilung gestellt, das sie hegemonial anwendet. Auf den jährlichen Tagungen seines Ministerrats mit einem Ständigen Vertreterausschuß wird nicht nur die Pflicht zum Absatz, sondern auch die Pflicht zur Investition und Produktion für das heutige, dritte Zentrum der Weltwirtschaft, den von Stalin so genannten Demokratischen Weltmarkt verteilt, indem die staatlichen Pläne der Mitglieder nach dem sozialistischen Gesetz internationaler Arbeitsteilung mit bindender Wirkung koordiniert werden[110]). Die planende und verwaltende Arbeit leisten ein in Moskau sitzendes Ständiges Sekretariat mit ei-

---

[107]) Dokumente zum Warschauer Vertrag, Berlin-Ost 1961; B. Meissner (Hrsg.), Der Warschauer Pakt, 1962.

[108]) SEW (Sowjet Economitscheskoj Wsaimopomoschtschi) oder COMECON (Council for Mutual Economic Assistance) genannt. Zum Folgenden H. O. Bräutigam, Die wirtschaftliche Zusammenarbeit der Ostblockstaaten im Rat für gegenseitige Wirtschaftshilfe, Ztschr.f.ausl.öffentl.Recht u. Völkerrecht, Bd. 21 (1961), S. 667 ff. und H. Bülck, Der Aufbau der osteuropäischen Wirtschaftsgemeinschaft, Festgabe f. R. Laun, 1962, S. 25 ff. (Jahrbuch f. Intern. Recht, Bd. 11) mit weiteren Nachweisen.

[109]) Vgl. das naturhistorische Buch des Fürsten Kropotkin gegen den Darwinismus: Gegenseitige Hilfe in der Tier- und Menschenwelt, deutsch 1910, worin er die Idee des Kampfes ums Dasein, also des Wettbewerbs, mit der Erhaltung von Tierarten durch Solidarität und Zusammenarbeit zu widerlegen sucht.

[110]) Stalin, Ökonomische Probleme des Sozialismus in der UdSSR, 1952, S. 31. Dazu G. Kohlmey, Entwicklungsprobleme des sozialistischen Weltwirtschaftssystems, 1958 und K. Pritzel, Die wirtschaftliche Integration der sowjetischen Besatzungszone Deutschlands in den Ostblock und ihre politischen Aspekte, 1962. Eine bisher fehlende Chronik der Ratstagungen und ihrer Ergebnisse gibt jetzt H. Bräker, Osteuropa-Recht, Bd. 7 (1962), S. 50 ff., S. 132 ff.

nem sowjetischen Beamten als Direktor, dem sieben Stellvertreter zur Seite stehen, so daß jedes Land vertreten ist, sowie eine Reihe integrierter Sachverständigen-Kommissionen für die einzelnen Wirtschaftszweige, denen eigene Weisungs- und Vollzugsrechte zustehen und die auf die Hauptstädte der Mitgliedstaaten verteilt sind, z. B. für Chemie in Ost-Berlin. Eine zentrale Rolle spielt die Fachkommission für ökonomische Fragen, die das sowjetische Prinzip der wirtschaftlichen Rechnungsführung auf die zwischenstaatliche Ebene hinaufhebt, indem sie ein Kennziffersystem für den Entwicklungsgrad und den Nutzeffekt der internationalen Spezialisierung und Kooperation entwickeln soll — ein Versuch, die Spannung von Plan und Erfüllung aufzuheben, d. h. das ökonomische Gleichgewicht zwischen den integrierten Staatswirtschaften zu steuern[111]). Die Abwicklung der zentral abgestimmten acht Staatspläne nach unten vollzieht sich über die zweiseitigen Mehrjahres-Warenabkommen, die sie konkretisierenden zwischenstaatlichen Jahresprotokolle, die dann folgenden Lieferverträge zwischen den Außenhandelsorganisationen und die anschließenden Liefer- und Abnahmeverträge innerhalb der jeweiligen Staatswirtschaften bis hinunter zum letzten Industriewerk und der letzten Kolchose, wobei die Verträge jeder Stufe standardisiert sind.

Die Rechts- und Föderativformen einer Planwirtschaftsgemeinschaft entziehen sich weithin dem Zugriff durch die überlieferten Kategorien. Hier bestimmen nicht mehr die Teile ihre Funktion, sondern das Ganze bestimmt die Funktion der Teile. Der völkerrechtliche und privatrechtliche Vertrag als Mittel zur selbstverantwortlichen Gestaltung der Lebensverhältnisse des Staates oder des einzelnen ist ein Instrument geworden, mit dem eine von der Gesamtheit her als zweckmäßig-produktiv verfügte und damit auch gerechte Ordnung durchgesetzt wird[112]). Die Konsequenz dieses Systems verbietet es deshalb auch, für die verschiedenen Wirtschaftszweige selbständige Organisationen zu bilden. Eine funktionale Gewaltenteilung, wie sie die internationalen und westeuropäischen

---

[111]) Aus der Arbeit einiger Ständiger Kommissionen des Rats für Gegenseitige Wirtschaftshilfe, Außenhandel (Ost-Berlin), Bd. 10 (1960), S. 5 ff. und W. Förster, Chosrastschot, Osteuropa-Wirtschaft, Bd. 1 (1956/57), S. 107 ff.

[112]) Vgl. G. Pflicke, Die Bedeutung der Rechtsanwendung für die Entwicklung der Technologie — dargestellt am Beispiel der Anwendung des Wirtschaftsvertrages zur Durchsetzung der Mitrofanow-Methode, Staat und Recht (Ost-Berlin), Bd. 11 (1962), S. 245 ff. „Efficace, cela se fait; juste, cela se dit", J. Ellul, La Technique ou l'enjeu du siècle, 1954, S. 255.

Wirtschaftsgemeinschaften kennzeichnet, läßt eine zentrale Verwaltungswirtschaft nicht zu. Um die Jahrhundertwende, als sich das europäische Staatensystem zum universalen Staatensystem ausweitete und sich damit gleichzeitig die europäische Gemeinsamkeit der Privatrechtsordnungen nationalstaatlich aufzulösen begann, entdeckten Kahn und Bartin den Qualifikationskonflikt[113]). Heute, wo sich das universale Staatensystem regional zurückbildet, wenn auch auf neuer, sekundärer Ebene, wird der privatrechtliche Konflikt zu einem völkerrechtlichen Qualifikationskonflikt gesteigert und gleichzeitig innerhalb der neuen Regionalsysteme aufgehoben[114]).

## Die Freie Welt

13. Im Unterschied zum Ostblock muß die Nordamerikanische Union als westliche Hegemonialmacht die alten Nationalstaaten und ihre pluralistischen Gesellschaften liberal-sozialer Herkunft in freiheitlicher Ordnung zusammenfassen[115]).

---

[113]) F. Kahn, Gesetzeskollisionen, Iherings Jahrbücher, Bd. 31 (1891), S. 1 ff.; E. Bartin, De l'impossibilité d'arriver à la suppression définitive des conflits de lois, Journal du Droit International, Bd. 24 (1897), S. 225 ff., S. 466 ff.

[114]) „Im Vergleich zum Prinzip der friedlichen Koexistenz als eines Prinzips des allgemeinen Völkerrechts, geht das Prinzip des proletarischen Internationalismus bedeutend weiter. Es ist das Prinzip des neuen, höheren Typus der Beziehungen und bedeutet die brüderliche Freundschaft, enge Zusammenarbeit und gegenseitige Hilfe der sozialistischen Staaten", G. I. Tunkin, Der XXI. Parteitag der KPdSU und das Völkerrecht, Sowjetstaat und Recht, 1959, S. 48 ff. (russ.), zitiert nach Meissner, aaO., S. 58 mit weiteren Nachweisen, daß die sowjetische Völkerrechtslehre den Rechtscharakter dieses neuen Prinzips immer stärker betont. Vgl. auch oben Anm. 92.

Entsprechendes wie beim international-öffentlichen Recht zeigt sich beim internationalen Privatrecht; auch dieses wird im intersozialistischen Recht aufgehoben. Vgl. I. S. Peretersk i und S. B. Krylow, Lehrbuch des Internationalen Privatrechts, 1962.

[115]) Vgl. statt vieler F. G. C. Northrop, European Union and United States Foreign Policy, 1954; R. N. Gardner, Sterling-Dollar Diplomacy, 1956; H. J. Morgenthau, In Defence of the National Interest, 1950. Für die geschichtliche Verknüpfung M. Silberschmidt, Die Vereinigten Staaten von Amerika — Die Großmacht zwischen Europa und Asien, Hist.Ztsch., Bd. 187 (1959), S. 594 ff.

Über Reichsbildungen mit föderativ-übernationalen Zügen, wie sie J. Seeley und die Imperial Federation League plante und wie sie Lord Balfour im British Commonwealth verwirklichte vgl. Th. Schieder, Idee und Gestalt des übernationalen Staates seit dem 19. Jahrhundert, Hist.Ztschr., Bd. 184 (1957), S. 736 ff., S. 354 ff. Im Näheren zuletzt H. E. Bärtschi, Die Entwicklung vom imperialistischen Reichsgedanken zur modernen Idee des Common-

Im militärisch-politischen Bereich haben sie gemeinsam ein mehrgliedriges System von Verteidigungsorganisationen aufgebaut: die NATO, CENTO und SEATO, wie die von Grönland bis Südostasien reichenden Bündnisse in der Sprache des verwalteten Krieges heißen[115a]. Diese Föderationen haben die alte Form der Militärallianz zu einem regionalen System kollektiver Sicherheit weiterentwickelt, um das funktionsunfähige System universaler Sicherheit zu ersetzen[116]. Freilich ist die große Koalition heute nicht mehr die Ausnahme, sie ist die Regel. Denn ohne gemeinsame Verteidigung können in der heutigen Weltsituation kleine und mittlere Staaten ihre territoriale Unversehrtheit nicht bewahren, wie auch umgekehrt die Großmächte selbst auf die gemeinsame Hilfe ihrer Gefolgsstaaten angewiesen sind. Das ius foederum, das dem ius belli früher nur fall- und zeitweise verbunden war, ist mit dem Verbot des Angriffskrieges zum konstituierenden Element einer dauernden Friedensordnung geworden[117]. Die neuen Föderationen gehen über die alten Staatenbünde hinaus, weil sie sich nicht damit begnügen können, die Kontingente der Mitgliedstaaten erst im Kriegsfalle zu einem Bundesheer zusammenzuziehen. Die moderne Kriegstechnik und Rüstungswirtschaft macht eine gemeinsame Verteidigung nur wirksam, wenn sie vorher strategisch und ökonomisch-administrativ geplant und organisiert wird. Das geschieht besonders in der NATO durch ein hegemoniales Organ, die sogenannte

---

wealth im Lebenswerk Lord Balfours, 1957. Doch gilt es festzuhalten, daß dieser Föderationsprozeß herrschaftliche Macht auflöste und nicht stiftete.

115a) North Atlantic Treaty Organisation, Central Treaty Organization (früher Bagdadpakt), South East Asia Treaty Organization. K. Korn, Sprache in der verwalteten Welt, 1959, S. 112 nennt die Abkürzungen — vom Primärsystem her konsequent — „Namen der Anonymität". Vgl. dagegen über den Konsenswert abstrakter Symbole R. M. Cyert und J. G. March, A Behaviorial Theory of Organizational Objectives, in: M. Haire (Hrsg.), Modern Organization Theory, 1959, S. 76 und N. Luhmann, Wahrheit und Ideologie, in: Der Staat, Bd. 1 (1962), S. 431 ff., 445.

116) Die Entwicklung begann schon zur Völkerbundszeit, z. B. mit der Kleinen Entente, obwohl Art. 21 der Satzung die Regionalpakte als „entangling alliances" eigentlich nicht zuließ. Vgl. P. Barandon, Das System der politischen Staatsverträge seit 1918. Die Notwendigkeit solcher Verteidigungsbündnisse hat sich in den Vereinten Nationen über den nur als Aushilfe gedachten Art. 51 der Satzung voll entwickelt. Vgl. U. Scheuner, Die kollektive Sicherung des Friedens im gegenwärtigen Völkerrecht, Berichte der Deutschen Gesellschaft für Völkerrecht, Heft 2, 1958, S. 1 ff., 9. f.

117) F. A. von der Heydte, Ein Beitrag zum Problem der Macht im „klassischen" und im „neuen" Völkerrecht, Rechtsfragen der Internationalen Organisation, Festschrift für Hans Wehberg, 1956, S. 172 ff., S. 199.

Standing Group der Stabschefs der drei militärisch führenden Mächte, der USA, Großbritanniens und Frankreichs, der als föderatives Organ ein Ausschuß der Generalstabschefs aller Mitgliedstaaten gegenübersteht[118]). Die Dreiergruppe in Washington hat Befehlsgewalt über einige Regionalkommandos, von denen das wichtigste das europäische in Paris ist. Die Stäbe sind integriert, d. h. aus Offizieren der Mitgliedstaaten in der Art zusammengesetzt, daß ihr Verhältnis der Stärke der dem Kommando unterstellten Streitkräfte ihrer Nationalität entspricht, so daß sich die Stabsfunktion nach dem Verteidigungsbeitrag bemißt, dessen Art und Höhe ein häufig tagender Ministerrat der Mitgliedstaaten beschließt. Die Offiziere verbleiben in ihrem nationalen Dienstverhältnis, sind jedoch in ihrer Amtsführung ausschließlich der NATO verpflichtet, ähnlich wie die Streitkräfte selbst, die den NATO-Kommandos zum Teil schon unterstellt oder für den Kriegsfall „earmarked" sind, wie es mit anschaulichem Doppelsinn heißt. Ihre operative Führung steht der NATO zu, ebenso wie die Kontrolle ihrer Ausrüstung und Ausbildung. Diese und auch die geistig-disziplinäre Führung ist Sache des Heimatstaates, in dessen Dienstverhältnis, will sagen Diensten, der Soldat bleibt. Der NATO-Wehrdienst ist also nationaler Dienst mit übernationaler Funktion, nämlich zur Verteidigung, wie die Vertragspräambel sagt, der persönlichen Freiheit, der Demokratie und der Rule of Law. Eine solche national-übernationale Verteidigungspflicht, die auf einer allgemeinen Wehrpflicht beruht, mit der nationale Staaten seit der revolutionären levée en masse nationale Armeen rekrutiert haben, ist bei jenen Völkern von besonderer Problematik, die ihre nationale Einheit verloren haben. Doch ist soldatische Tapferkeit hoher Abstraktion fähig. Neue Inhalte, d. h. Sinnbezüge, wie sie eine existenzielle Inpflichtnahme voraussetzt, sind schwerer zu gewinnen. Ungeteilte Nationen, wie Frankreich, in denen der einzelne seine persönliche Freiheit noch mit der Freiheit seiner Nation zugleich verteidigt, haben sich jedenfalls einer weiteren Entnationalisierung ihrer Wehrpflicht widersetzt, wie die französische Ablehnung der nach dem Muster der Montan-Union funktionalisierten Europäischen Verteidigungsgemeinschaft zeigt. „Le sang des Français appartient à la France"[119]).

---

118) Vertrag vom 4. 4. 1949, BGBl. 1955 II, S. 289 ff.; auch bei Krüger-Rauschning, Die Gesamtverfassung Deutschlands, aaO., S. 440 ff. Zum folgenden F. W. Engel, Handbuch der NATO, 1957.

119) Vgl. J. L. Talmon, Political Messianism, 1960, S. 476 ff. Nach einer persönlichen Mitteilung des Verfassers handelt es sich um ein politisches Schlagwort aus der Revolution von 1848, das wahrschein-

Den übernationalen Zügen der NATO entsprechen überterritoriale. Als bewaffneter Angriff im Sinne des Vertrages gelten nur Kriegshandlungen gegen die Gebiete, Stützpunkte, Schiffe und Flugzeuge der Vertragspartner nördlich des Wendekreises des Krebses. Angriffe auf die überseeischen Besitzungen der Parteien, also jenseits der atlantischen Schutzlinie, lösen keine Beistandspflicht aus, worin der alte Gedanke der kolonialen amity-line wiederauflebt, freilich im Zeichen endender Kolonialherrschaft mit neuer Bedeutung. Im Unterschied zu den alten Staatenbünden oder auch zu neuen, wie der Organisation der Amerikanischen Staaten, kann der Ministerrat nicht selbst kraft Mehrheit die Verteidigung beschließen. Dazu reicht die Homogenität der Mitglieder nicht aus, die sich die Entscheidung über ihre existenzielle Selbstbehauptung, d. h. über den casus foederis und den Einsatz ihrer Streitkräfte, trotz aller militärischen Gemeinsamkeit vorbehalten haben, wie denn auch die USA und Großbritannien ihre atomaren Bomber- und Raketenwaffen mit überkontinentaler Reichweite der NATO von vornherein nicht unterstellt haben.

14. In das Nordatlantische Verteidigungssystem, das den westlichen Industriegesellschaften den über die Kraft ihrer Nationalstaaten hinausgehenden Schutz vor fremder Herrschaft durch Angriffe von außen garantiert, ist ein kleineres, europäisches eingeschoben, die Westeuropäische Union. Sie hat tiefe Wurzeln im alten europäischen Staatensystem und macht dadurch den Unterschied der neuen Funktionalorganisationen zur alten Ordnung deutlich. Primäre Strukturen sind territorial radiziert und bei besonderer Tradition symbolisch verortet. 1713 mußte Frankreich im Utrechter Frieden England die Zerstörung des Hafens von Dünkirchen versprechen[120]). 1940, kurz nach der Flucht des englischen Expeditionsheeres über Dünkirchen, schlug England Frankreich vor, sich mit ihm in einem einzigen Staat zu vereinigen[121]). 1947, wenige Jahre

---

lich von Guizot stammt. Text des von der Bundesrepublik Deutschland ratifizierten Vertrages in BGBl. 1954 II, S. 342 ff.

[120]) Art. 9 des englisch-französischen Vertrages vom 11. 4. 1713, K. Strupp, Urkunden zur Geschichte des Völkerrechts, Bd. 1, 1911, S. 32. Näheres bei H. Stegemann, Deutschland und Europa, 1932, S. 275 ff.

[121]) Vorschlag vom 16. Juni 1940: „Désormais la France et la Grande-Bretagne ne sont plus deux nations, mais une nation franco-britannique indissoluble. Une constitution d'union sera redigée, prévoyant des organes communes... Chaque citoyen britannique devient un citoyen français; chaque citoyen français jouira immédiatement de la nationalité anglaise...", L. Noël, Le projet d'union franco-britannique de juin 1940, Revue d'Histoire de la Deuxième Guerre Mondiale, Bd. 6 (1956), S. 21 ff., S. 25.

vor der fünfzigsten Wiederkehr der Entente Cordiale, schlossen beide Nationen in Dünkirchen einen Verteidigungsvertrag gegen Deutschland, dem später auch die Beneluxstaaten beitraten[122]). Diese Allianz änderte mit den Pariser Verträgen, die die deutsche Bundesrepublik wieder aufrüsteten und in die NATO einbezogen, ihr Gesicht. Sie wurde zur Westeuropäischen Union, deren wesentlicher Zug die Kontrolle der deutschen Rüstung, besonders der schweren Waffen, ist, wie dies ähnlich, wenn auch heute in föderativ abgeschwächter Form, der Versailler Vertrag vorgesehen hatte[123]). Im Unterschied zur NATO, die auf Aufrüstung drängt, ist die Westeuropäische Union, die auf Abrüstung hält, eine Art Rückversicherungsvertrag gegenüber dem alten europäischen Staatensystem mit Deutschland in der gewohnten Mittlerstellung zwischen Ost und West, für die Rapallo das Stichwort ist. Eine Rückversicherung kennt auch die Warschauer Verteidigungsorganisation. Hier beruht sie auf einem Netz von zweiseitigen Bündnissen zwischen der Sowjetunion und den osteuropäischen Staaten, die Deutschland ausdrücklich als möglichen Angreifer nennen, die Rüstung der „Nationalen Volksarmee der Deutschen Demokratischen Republik" aber nicht kontrollieren[124]). Das macht, wie es heißt, die brüderliche Gleichheit überflüssig. Doch wird man sich auf Orwells Vermutung verlassen können, daß auch in einer Gesellschaft von Gleichen „einige gleicher sind als andere".

15. Im Gegensatz zur zentralistischen Planwirtschaftsgemeinschaft des Ostblocks hat sich die westliche Welt zu einer Vielzahl voneinander weitgehend unabhängiger Wirtschaftsgemeinschaften zusammengeschlossen. Sie sind alle Fortbildungen der alten Meistbegünstigungssysteme und entsprechen damit der angelsächsischen Hegemonie und Freihandelstradition;

---

122) Vertrag vom 4. 3. 1947, Archiv des Völkerrechts, Bd. 1 (1948/49), S. 111 ff. und Brüsseler Vertrag vom 17. 3. 1948, ebenda, S. 113 ff., auch bei Krüger-Rauschning, aaO., S.404 ff

123) Verträge vom 23. 10. 1954, BGBl. 1955 II, S. 256 ff. Einzelheiten bei E. Menzel, Die Rüstungskontrolle der Westeuropäischen Union und das NATO-System, Europa-Archiv, Bd. 12 (1957), S. 9767 ff.

124) Texte bei B. Meissner, Das Ostpakt-System, 1955, S. 22 ff.

125) Zum folgenden W. A. Brown, The United States and the Restoration of World Trade, 1950; A. Predöhl, Von der alten zur neuen Weltwirtschaft, in: Wirtschaftsfragen der Freien Welt, Festgabe für Ludwig Ehrhard, 1957, S. 507 ff.; ders., Das Ende der Weltwirtschaftskrise, 1962.

Im besonderen G. Erler, Grundprobleme des internationalen Wirtschaftsrecht, 1956; G. Dahm, Völkerrecht, Bd. 2, S. 579 ff.; und für die materialen Rechtsprinzipien H. Bülck, Zur Syste-

freilich zu früher mit einem prinzipiellen Unterschied und in durchaus verschiedenem Grad[125]).

Nachdem in der Weltwirtschaftskrise von 1931 die liberale Wettbewerbsordnung zwischen den Nationalwirtschaften mit ihrem automatischen Ausgleich der Zahlungsbilanzen zusammengebrochen ist, müssen sich die Staaten zu neuen, festeren Gemeinschaften verbinden, um das arbeitsteilige Gleichgewicht zwischen ihren Wirtschaften kraft Wettbewerbs wiederherzustellen und gleichzeitig für Vollbeschäftigung und Preisstabilität zu sorgen. Um ihren Industriegesellschaften eine gesicherte Freiheit zu geben, versuchen sie heute das konjunkturelle Auf und Ab der liberalen Weltwirtschaft durch eine antizyklische Konjunkturpolitik in einen Prozeß stetiger Produktionssteigerung bei sicheren Arbeitsplätzen und festen Preisen zu überführen. Das ist das „magische Dreieck", mit einem funktionalen Peaceful Change, das die Vertragspräambeln aller westlichen Wirtschaftsgemeinschaften verkünden[125a]). Der Grad, in dem die Staaten auf dieses Ziel hin gemeinschaftlich zusammenwirken, d. h. das Marktgleichgewicht lenken, ist verschieden. Dieser Unterschied rechtfertigt es trotz aller Übergänge, zwei Arten von Lenkungsgemeinschaften zu unterscheiden[126]).

Bei der ersten Art begnügen sich die Staaten damit, gemeinschaftlich ihre Zölle herabzusetzen und ihre Kontingente zu beseitigen, d. h. die Märkte zu liberalisieren. Doch bewahren sie sich nicht nur die allgemeine Freiheit ihrer Wirtschafts- und Konjunkturpolitik, sondern auch das handelspolitische Recht bei Bilanzkrisen, d. h. bei Wettbewerbsstörungen zum Schutz der Arbeitsplätze und Einkommen wieder auf Kontingente oder Zollerhöhungen zurückzugreifen, d. h. zu entliberalisieren. Zu solchen Liberalisierungsgemeinschaften gehört das Allgemeine Zoll- und Handelsabkommen

---

matik der Europäischen Wirtschaftsgemeinschaften, Berichte der Deutschen Gesellschaft für Völkerrecht, Heft 3, 1959, S. 66 ff.

[125a]) Klar normiert in Art. 104 EWG-Vertrag. Die Wendung zum Peaceful Change besonders deutlich im Montanvertrag: „entschlossen, an die Stelle der jahrhundertealten Rivalitäten einen Zusammenschluß ihrer wesentlichen Interessen zu setzen, durch die Errichtung einer wirtschaftlichen Gemeinschaft, den ersten Grundstein für eine weitere und vertiefte Gemeinschaft unter Völkern zu legen, die lange Zeit durch blutige Auseinandersetzungen entzweit waren". Damit wird die Schutzfunktion der interalliierten Ruhrbehörde als territoriale Herrschaft durch eine funktionale Föderation aufgehoben, d. h. beseitigt und gleichzeitig bewahrt.

[126]) Vgl. H. Bülck, Verwaltungsgemeinschaften, in: Strupp-Schlochauer, aaO., S. 564 ff.

(GATT)[127]) und die jüngst gegründete Organisation für wirtschaftliche Zusammenarbeit und Entwicklung, zu der die USA und Kanada die alte europäische Wirtschaftsorganisation, die OEEC, erweitert haben, um der Dollardiskriminierung zu begegnen und die wieder leistungsfähig gewordenen Wirtschaften Westeuropas zur Entwicklungshilfe heranzuziehen[128]). Sie ist als nunmehr atlantisch gewordene Gemeinschaft die wirtschaftliche Ergänzung der NATO, ebenso wie das GATT mit dem Weltwährungsfonds, der Internationalen Finanzkorporation und der Weltbank, die ökonomische Ergänzung aller politisch-militärischen Bündnisse und Organisationen der Freien Welt ist — im ganzen ein „system of combinations, consolidations, trusts, realized at home, and realizable abroad", wie es Präsident MacKinley um die Jahrhundertwende plante, als Amerikas Aufstieg zur Weltmacht begann[129]). Auch die jüngst geschaffene Wirtschaftsföderation unter der Führung Großbritanniens, zu der auch Österreich und die Schweiz gehören, ist noch eine Liberalisierungsgemeinschaft, obwohl sie einen Schritt weitergeht, indem sie die Binnenzölle zwischen ihren Mitgliedswirtschaften stufenweise aufheben will und deshalb eine Freihandelszone ist[130]). Alle drei Organisationen entsprechen nach ihrer Struktur und Funktion den internationalen Verwaltungsgemeinschaften, wenn auch mit Mehrheitsbeschlüssen und sachverständigen Kontrollausschüssen schon Übergänge zu der zweiten Art, den supranationalen Gemeinschaften, bestehen.

---

127) Vertrag vom 30. 10. 1947, RGBl. 1951 II, Anl. Bd. I—III und 1957 II, S. 75 ff., 606 ff. und 1286 ff. Dazu G. Jaenicke, Das Allgemeine Zoll- und Handelsabkommen, Archiv des Völkerrechts, Bd. 7 (1958/59), S. 371 ff.

128) Vertrag vom 14. 12. 1960 (BGBl. 1961 II, S. 1151 ff.). Dazu H. J. Hahn, Die Organisation für wirtschaftliche Zusammenarbeit und Entwicklung (OECD), Ztschr.f.ausl.öff.Recht und Völkerrecht, Bd. 22 (1962), S. 49 ff.

129) Siehe H. Adams, The Education of Henry Adams, 1918, S. 423 f., der zusammen mit seinem Bruder Brooks erstmals von einer atlantischen Gemeinschaft sprach und es als amerikanische Aufgabe ansah, den Kern des atlantischen Systems aus Großbritannien und den USA durch Aufnahme Frankreichs zu erweitern und dann auch Deutschland in diese „coal-power combination" einzugliedern, damit es sich nicht mit Rußland zu einer „gun-powder combination" verbinde. Vgl. auch T. Dennett, John Hay. From poetry to politics, 1933, S. 324 ff. und neuestens die US-Senatsdrucksache Problems and Trends in Atlantic Partnership, 87th Congr. 2nd Sess. Doc. 132, 1962.

Über das im Sekundärsystem mit der Durchdringung von Staat und Gesellschaft auftauchende Problem neuer Rechtssubjekte vgl. H. Mosler, Die Erweiterung des Kreises der Völkerrechtssubjekte, Ztschr. f. ausl. öffentl. Recht und Völkerrecht, Bd. 22 (1962), S. 1 ff.

17. Das sind die Europäische Wirtschaftsgemeinschaft, die Montan- und die Atomgemeinschaft, in denen die sechs um den schwerindustriellen Kern des europäischen Gravitationsfeldes gelagerten Mitgliedstaaten ihre Volkswirtschaften oder einzelne Zweige in „Gemeinsamen Märkten" aufheben und deren Gleichgewicht gemeinsam steuern. Auf den Gemeinsamen Märkten, die für die Montan- und Atomgemeinschaft schon bestehen, für die Europäische Wirtschaftsgemeinschaft (EWG) aber noch in planmäßigem Aufbau geschaffen werden sollen, werden alle Handelshemmnisse beseitigt, die Freizügigkeit von Kapital und Arbeit eingeführt und durch gemeinschaftlichen Außentarif eine Zollunion begründet. Auch werden private Wettbewerbsbeschränkungen durch Kartelle und marktbeherrschende Unternehmen verboten. Es herrscht Inländer- statt Ausländerparität; die nationalen Staatsbürger werden als europäische Wirtschaftsangehörige Rechtssubjekte der Gemeinschaft. Die gemeinsame Lenkung des arbeitsteiligen Marktgleichgewichts ist in den drei Gemeinschaften verschieden. In der großen EWG betrachten die Mitgliedstaaten ihre Konjunkturpolitik als eine „Angelegenheit gemeinsamen Interesses", wie der Vertrag etwas unbestimmt sagt (Art. 103), ihre Wirtschaftspolitik, vor allem aber ihre Währungspolitik, wollen sie koordinieren[131]). Das handelspolitische Recht, ihre Wirtschaften bei Bilanzkrisen durch Entliberalisierung zu schützen, geht auf die Gemeinschaft über. Bei der Montan- und Atomgemeinschaft ist das gemeinsame Zusammenwirken, wie schon ansatzweise bei den Rohstoffgemeinschaften, zu Investitionslenkung, Verbrauchssteuerung, Preisüberwachung und -festsetzung, gemeinsamer Verteilung in Krisenlagen und sogar zu europäischem Gemeineigentum an bestimmten radioaktiven Stoffen gesteigert, die diesen Gemeinschaften ein stark sozialrechtliches Gepräge geben.

Der Aufbau solcher übernationalen Märkte, die Ordnung des Wettbewerbs auf ihnen und ihre gemeinsame Lenkung nach liberalen und sozialen Rechtssätzen haben auch die Institutionen der internationalen Gemeinschaften zu supranationalen fortentwickelt. In dem föderativen Organ, dem Ministerrat, werden die Mitgliedstaaten für alle wesentlichen Mehrheitsbeschlüsse nicht absolut, sondern nur relativ gleich behandelt. Sie werden nach dem Gewicht ihrer Wirtschaften, nach ihrer

---

[130]) Text im Europa-Archiv, Bd. 14 (1959), S. D 265 ff.

[131]) E. Kantzenbach, Möglichkeiten und Grenzen der Konjunkturpolitik in der Europäischen Wirtschaftsgemeinschaft, 1959 und H. Besters, Staatliche Autonomie und internationale Konjunkturpolitik, in: Wirtschaft, Gesellschaft, Kultur, Festgabe für A. Müller-Armack, 1961, S. 243 ff.

funktionalen Reputation, berechtigt und verpflichtet, freilich im Unterschied zu den Rohstoffgemeinschaften mit erheblicher Rücksicht auf ihre politisch-territoriale Gleichheit. So haben die drei führenden Industriestaaten je vier Stimmen, während die beiden kleineren Königreiche und das Großherzogtum über je zwei bzw. eine Stimme verfügen. Auch werden diese Beschlüsse mit qualifizierter Mehrheit gefaßt, so daß eine Majorisierung der großen Mitglieder erschwert ist. Doch ist für alle grundsätzlichen Entscheidungen, die die Mitgliedswirtschaften in ihrer Substanz erfassen, wie etwa den jüngst vollzogenen Übergang in die zweite Planstufe der EWG mit der Verabschiedung der europäischen Agrarmarktordnungen, Einstimmigkeit erforderlich. Das neue droit de convenance kann nicht zu einem alten droit de bienséance werden. Auch ist in so engen Föderationen jedes Mitglied an jeder Sache interessiert; es bedarf nicht mehr einer invitation formelle. Diese wird vielmehr vorausgesetzt, so daß nun umgekehrt bestimmt werden muß, daß ein einstimmig zu fassender Beschluß auch bei Stimmenthaltung eines ausnahmsweise nicht interessierten Mitglieds gültig ist; das ist die abgeschwächte Einstimmigkeit.

Dem föderativen Organ tritt in den supranationalen Gemeinschaften erstmals ein unitarisches gegenüber. Das sind die beiden Kommissionen bzw. die Hohe Behörde in der Montanunion. Die Kommission verbindet die fachlich-administrativen Funktionen der alten Sekretariate und Sachverständigenausschüsse mit den politisch-fachlichen Steuerungsaufgaben der internationalen Verwaltungsräte zu einem neuartigen Organ, das unabhängig von den Mitgliedstaaten für die Durchsetzung der Gemeinschaftszwecke zu sorgen hat. Sie ist also ein überstaatliches, ein supranationales Organ. Im Hinblick auf diese, im Völkerrecht ungewohnte unitarische Machtfülle haben sich jedoch die Staaten das föderative Recht vorbehalten, die Kommissare gemeinschaftlich zu ernennen. Auch besteht sie aus neun Kommissaren; auf bloß fünf konnten sich die sechs Mitgliedstaaten nicht einigen, weil die drei kleineren Staaten es auf einen holländischen Stuhltanz, bei dem ein Mitglied keinen Stuhl erhält, nicht ankommen lassen wollten. Das schien Luxemburg nur bei der Atomgemeinschaft erträglich, weil es eine eigene Atomindustrie nicht planen kann, womit Kleinstaaten, die aus den territorialen Gleichgewichtskämpfen der alten europäischen Ordnung hervorgegangen sind, gleichsam funktional absorbiert werden. Auch die überstaatliche Macht der Kommission ist föderativ begrenzt. Sie hat — jedenfalls in der EWG — lediglich das Recht, dem Ministerrat Vorschläge für Gesetze und Verwaltungsakte zu machen. Doch ist der Rat verpflichtet, diese Vorschläge anzunehmen; will er sie ändern, so muß er das einstimmig tun. Dieses föderative Verwerfungsrecht hat man als „negative Supranationalität" bezeichnet[132]), ohne zu bedenken, daß es nicht nur eine Diktatur der Tugend, sondern auch eine Diktatur des Sachverstandes geben kann[133]). So könnte die neue Phase der politisch-industriellen Revolution aus dem demokratischen Wohlfahrtsausschuß von 1793 ein funktionales Comité de salut public européen machen, womit sich die revolutionäre „dictature parisienne", d. h. die zentralistische Kommissionsherrschaft zur Beseitigung von Autonomie und Föderalismus[134]) in einer stationären „dictature bruxelloise" wiederholen würde. Im Gegensatz zu solchen Perspektiven sind die europäischen Wirtschaftsgemeinschaften deutlich auf ein föderatives Zusammenwirken von Rat und Kommission angelegt; darüber hinausgehende supranationale Rechte der Hohen Behörde zeigen die Tendenz sich zurückzubilden, nämlich zu einem Vorschlagsrecht nach Art der EWG-Kommission, indem sich die Hohe Behörde bei allen wichtigeren Entscheidungen des Einverständnisses des Ministerrats versichert[135]). Nur beide zusammen sind berechtigt,

---

132) Vgl. D. S. Constantopoulos, The European Economic Community, a „Real Union", 1958, S. 10.

133) Vgl. F. A. Hayek, The Counterrevolution of Science, deutsch: Mißbrauch und Verfall der Vernunft, 1959, S. 143 ff.; G. A. Iggers, The Cult of Authority. The Political Philosophy of the Saint-Simonians, 1958, und die zahlreichen Arbeiten von W. Röpke, z. B. oben Anm. 46; dazu J. Stohler, Neoliberalismus und Europäische Integration, Europa-Archiv, Bd. 17 (1962), S. 99 ff.

134) Vgl. C. Schmitt, Die Diktatur, 1928, S. 165.

135) Vgl. den 6. Gesamtbericht über die Tätigkeit der Montanunion, Bd. 2 (1958), S. 16. Diese Rückbildung zu einem stärkeren Föderalismus hat eine Parallele in der Entwicklung der internationalen Verwaltungsgemeinschaften. Nach Art. 5 der Satzung der Internationalen Ernährungs- und Landwirtschaftsorganisation von 1943 waren die Mitglieder des Exekutivausschusses weisungsfreie Delegierte der Konferenz. Die Revision von 1947 hat den Exekutivausschuß zu einem Verwaltungsrat zurückgebildet und die Mitglieder wieder zu weisungsgebundenen Vertretern ihrer Regierungen gemacht. Alte und neue Fassung des Art. 5 bei M. Wicharz, Die Ernährungs- und Landwirtschaftsorganisation der Vereinten Nationen, 1953, S. 15.

Die Kommission selbst strebt nach einer Verstärkung ihrer Funktionen nur, wenn gleichzeitig die demokratische Kontrolle durch das Europäische Parlament verstärkt wird. Vgl. von der Groeben, Vier Jahre Gemeinsamer Markt, Bericht für die IX. Table Ronde des Problèmes de l'Europe in Straßburg, Mai 1962, hektogr. Abdruck, S. 28.

Die Abhängigkeit der supranationalen Gemeinschaften vom Primärsystem betonen grundsätzlich G. Leibholz, Volk, Nation und Staat im 20. Jahrhundert, 1958, S. 22 f.; ders., Volk, Nation,

von den weitreichenden Befugnissen Gebrauch zu machen, die ihnen der Vertrag zur Lenkung des Gemeinsamen Marktes überträgt; vor allem das durchaus neuartige, für einen übernationalen Markt aber konsequente Recht, europäische Verordnungen und Verwaltungsakte zu erlassen, die die Gemeinschaftsbürger unmittelbar, also über ihren Staat hinweg, verpflichten. Diese Rechtsetzungsbefugnis ist weitreichender Art. Sie beruht in der Bundesrepublik auf Art. 24 GG, von dem das Brüsseler Witzwort sagt, daß er nicht die Hälfte von Art. 48, sondern das Doppelte ist. Das ist richtig, denn die über hundert Verordnungen der EWG, besonders die wichtige Kartellverordnung und die Marktordnungen für Getreide, Fleisch, Geflügel usw.[136]) konnten ohne förmliche Zustimmung der nationalen Parlamente erlassen werden. Der deutsche Ratsvertreter ist dem Bundestag lediglich zur Information verpflichtet[137]). Die Gemeinschaftsgesetzgebung löst sich damit von ihrer national-konstitutionellen Grundlage; sie wird zu sekundärer Gesetzgebung[138]).

Dem sekundären Charakter verwaltender Gesetzgebung oder gesetzgebender Verwaltung, was dasselbe ist, nämlich eine laufende administrative Steuerung, entspricht die gesteigerte Bedeutung der Bürokratien. Sie bilden mit dem Sitz im ehemals neutralisierten Brüssel und Luxemburg den Kern der supranationalen Organisationen. Der Vertreterausschuß des Ministerrates der EWG z. B., der ein eigenes Sekretariat von 500 Mitarbeitern hat, tagt zwei- bis dreimal wöchentlich, in letzter Zeit auf der Ebene von Ministerialdirektoren. Die Kommission hat sogar die internationale Sekretariatsverfas-

---

Reich, aaO. (Anm. 79), S. 53 und F. Rosenstiel, Le Principe de „Supranationalité“, Essai sur les Rapports de la Politique et du Droit, 1961.

136) VO Nr. 17 vom 6. 2. 1962, Amtsblatt 204/62; VOe Nrs. 19—24 vom 4. 4. 1962, Amtsblatt 933/62—989/62.

137) Art. 2 des Zustimmungsgesetzes zum EWG-Vertrag vom 27. 7. 1957, BGBl. 1957 II, S. 753.

138) Vgl. Botschaft des Bundesrates über die Beteiligung der Schweiz an der Europäischen Freihandelsassoziation, Bundesblatt 1960, I, S. 859: „Ein Beitritt zur EWG würde unser System der direkten Demokratie und teilweise auch die föderalistische Struktur unseres Landes tangieren. Jedenfalls wäre es mit der verfassungsmäßig festgelegten demokratischen Willensbildung in unserem Lande unvereinbar, wenn die Wahrung der Interessen des Schweizervolkes in Bezug auf die Handels-, Sozial-, Arbeitsmarkt-, Agrar- und Fiskalpolitik an Organe, die ihm nicht verantwortlich sind, übertragen würde“. Vgl. ferner D. Schindler, Supranationale Organisationen und Schweizerische Bundesverfassung, Schweizerische Juristenzeitung, Bd. 57 (1961), S. 197 ff.

Zum Begriff der sekundären Gesetzgebung vgl. H. Bülck, Der Strukturwandel der internationalen Verwaltung, 1962, S. 22 ff.

sung durch eine übernationale Ministerialverfassung abgelöst, indem sie ihren bürokratischen Unterbau in neun Generaldirektionen mit über 2000 Bediensteten aufgegliedert hat. Rat und Kommission bilden zusammen Arbeitsgruppen, in denen die nationalen Ressortbeamten, die internationalen Ratsbeamten und die übernationalen Kommissariatsbeamten ständig zusammenarbeiten. Ihre Aufgabe ist es, wie die Brüsseler Formel lautet: assister au plan technique et intellectuel. Das geschieht in der Fachsprache der Statistiker, Ökonomen und Juristen auf Französisch[139]). Gegenüber diesen mit Sachverstand und Sachenergie arbeitenden Lenkungsbürokratien gilt es jedoch festzuhalten — wie einst gegenüber der statistischen Kommission des Wiener Kongresses —, daß Autorität nicht allein auf der Sachkunde von Experten beruht. Autorität wird auch in den europäischen Wirtschaftsgemeinschaften durch die Erwartung begründet, daß ihre Organe in der Ausübung der ihnen anvertrauten Gewalt das erreichbare Höchstmaß sozialethischer Richtigkeit zu verwirklichen vermögen[140]),

[139]) Über die Fachsprache, die die Trennung von Fachmann und Laien endgültig macht, vgl. A. Gehlen, Kulturelle Kristallisation, 1961, S. 8. Die „Verordnung Nr. 1 zur Regelung der Sprachenfrage für die Europäische Wirtschaftsgemeinschaft" (Amtsblatt 1958, S. 385 ff.), nach der Deutsch, Französisch, Italienisch und Niederländisch die Gemeinschaftssprachen sind, gehört dagegen dem Primärsystem an. Ebenso wie die Ausführungen von L. Weisgerber, Sprachenrecht und europäische Einheit, 1959.

Über mathematisch-quantifizierende Methoden im politischen und ökonomischen Verkehr zwischen Staaten vgl. K. W. Deutsch u. a., The Actions and Interactions of States: Research Techniques and Orientations, in: Rosenau, aaO. (Anm. 6), S. 449 ff. und L. B. Savage, The Foundations of Statistics, 1954. Zur Bedeutung der Statistik für die Machtbalance und die Handelsbilanz vgl. schon L. Fallati, Einleitung in die Statistik, 1843. Für die EWG vgl. R. Wagenführ, L'importanza della statistica nella Communitá, in: La Communità Economica Europea, 1960, S. 97 ff. Bemerkenswert auch die erstmalige „Konjunkturbefragung bei den Unternehmern der Gemeinschaften — Methoden und Ergebnisse" (Bericht der EWG-Kommission 1963), die künftig alle 4 Monate durchgeführt werden soll.

Zum Ganzen H. Freyer, Über das Dominantwerden technischer Kategorien in der Lebenswelt der industriellen Gesellschaft, 1960.

[140]) Vgl. G. Stratenwerth, Verantwortung und Gehorsam, 1958, S. 105 ff., 108. Der amerikanische Versuch, ethische Probleme zu „verwissenschaftlichen", führt in die Irre. A. Edel, Ethical Judgment. The Use of Science in Ethics, 1955 und R. B. Braithwaite, Theory of Games as a Tool for the Moral Philosopher, 1955. Dagegen mit Recht F. Heinemann, Ethik, in dem von ihm herausgegebenen Sammelband: Die Philosophie im 20. Jahrhundert, 1959, S. 450 ff.

womit sich für die neuen Gemeinschaften das alte Eliteproblem mit besonderer Dringlichkeit stellt[141]).

Die administrative Aktion[142]) wird durch eine parlamentarische und justizielle Reaktion balanciert. Dem Rat und der Kommission, zwischen denen die horizontale Gewaltenteilung vertikale Züge annimmt, tritt die Kontrolle durch ein Parlament und einen Gerichtshof gegenüber. Beide Organe haben unitarisch-sekundären Charakter. Zwar wird die Zahl der Abgeordneten des sich selbst so nennenden „Europäischen Parlaments" den Verträgen gemäß nach national-territorialen Maßstäben zugunsten der kleineren Staaten bemessen, doch haben sich inzwischen politische Fraktionen gebildet, die über die nationalen Unterschiede hinweg die Gemeinsamkeit der sozialökonomischen Interessen der Organisationsangehörigen repräsentieren[143]). Freilich bedeutet dieses Recht vertraglich nicht mehr als die Befugnis, den jährlichen Gesamtbericht der Kommission zu diskutieren, in gewissen Fällen auch gehört zu werden und die Kommission sogar durch ein Mißtrauensvotum zu stürzen. Indes ist die übernationale Kommission als unitarisches und damit hegemoniefeindliches Organ weniger durch das Parlament, als durch die Regierungen bedroht, wofür die Rücktritte der Kommissare französischer Nationalität bezeichnend sind. Die Kommission stützt sich eher umgekehrt gegenüber den Regierungen und dem Ministerrat auf das Parlament, so daß dieses seine bloße Nachkontrolle der Kommissionstätigkeit zu einer Vorkontrolle entwickeln konnte, d. h. zu der Gewohnheit, vor allen wichtigen Entscheidungen ge-

141) Vgl. H. Bruns, Das Beamtenstatut der Europäischen Gemeinschaften, Zeitschrift für Beamtenrecht, Bd. 10 (1962), S. 310 ff., 341 ff.

142) Vgl. Memorandum der (EWG-) Kommission über das Aktionsprogramm der Gemeinschaft für die zweite Stufe, 1962. Dazu Bulletin der EWG, Bd. 5 (1962), S. 5 ff. und Bd. 6 (1963), S. 8 ff. „Das Memorandum Allgemeine Ziele ‚Stahl' ", eine Art neoliberaler Perspektivplan bis 1970 gemäß Art. 46 Abs. III, Ziff. 3 des Vertrages, ist abgedruckt im Zehnten Gesamtbericht über die Tätigkeit der Europäischen Gemeinschaft für Kohle und Stahl, 1962, S. 374 ff. Dort auch (S. 365 ff.) über die administrativen und ökonomischen Planungsmethoden in der Montanunion. Vgl. auch P. Malvestiti, Für eine Europäische Wirtschaftsprogrammierung, 1962. Allgemein H. von der Groeben, Die ersten vier Jahre der Europäischen Wirtschaftsgemeinschaft, Betriebsberater, Bd. 17 (1962), S. 569 ff. und W. Hallstein, Wirtschaftspolitik als Gemeinschaftsaufgabe, Betriebsberater, Bd. 18 (1963), S. 3 ff.

143) P. Wigny, L'Assemblée Parlementaire dans l'Europe des Six, 1958 und jetzt G. Kapteyn, L'Assemblée Commune de la Communauté Européenne du Charbon et de l'Acier, 1962. Vgl. auch G. Dahm, Die Stellung des Menschen im Völkerrecht unserer Zeit, 1961, S. 39.

hört zu werden[144]). Der sekundäre Charakter des Parlaments wird auch darin deutlich, daß die Abgeordneten nur mittelbar gewählt werden, nämlich von den nationalen Parlamenten. Zwar ist eine unmittelbare Wahl vertraglich vorgesehen, doch würde sie die Stellung des Parlaments eher schwächen als stärken, da es dann seinen Einfluß auf den Rat über die nationalen Parlamente verlöre. Jedenfalls hat das Europäische Parlament kein Gesetzgebungsrecht, was bisher als Essenz dieser Institution angesehen wurde, so daß ihm die Franzosen auch seinen Namen nicht zugestehen wollen und es bei der schlichten Vertragsbezeichnung assemblée commune belassen.

Der Schwäche der demokratischen Konstitution entspricht eine Verstärkung der funktionalen Jurisdiktion. Die internationale Gerichtsbarkeit, wie sie sich unter angelsächsischem Einfluß im ökonomisch-administrativen Bereich entwickelt hatte, ist mit einem für die drei Organisationen gemeinsamen Gericht von sieben Richtern zu einer supranationalen Rechtskontrolle ausgebaut worden, die stark ins Politische hinübergreift. Die neue Gerichtsbarkeit erster und letzter Instanz ist obligatorisch, hat neue Klagarten — konsequenterweise auch solche auf administrative Aktivität —, erlaubt es nicht nur den Mitgliedstaaten wegen Vertragsverletzung gegeneinander zu klagen, sondern auch gegen Rat und Kommission, wie es umgekehrt auch der Kommission zusteht, gegen vertragsbrüchige Mitglieder Klage zu erheben. Vor allem aber soll das Gericht den Gemeinschaftsangehörigen, weil sie der überstaatlichen Gewalt unmittelbar unterworfen sind, Rechtsschutz gewähren, von dem eine reiche Judikatur, besonders im Montanrecht, Zeugnis ablegt[145]). Trotz der sekundären Züge des Gerichtshofs darf bei ihm so wenig wie bei den Administrationen die starke Verbindung mit dem Primärsystem übersehen werden, die sich nicht nur in der gemeinschaftlichen Ernennung der Richter und Kommissare durch die Mitgliedstaaten zeigt, sondern vor allem darin, daß das funktionale Organisationsrecht in der Tradition gemeinsamer europäischer Rechtsüberzeugung steht, deren national-territoriale Vielfalt in einem neuen ius publicum europaeum aufgehoben und bewahrt wird[146]).

---

[144]) G. Bebr, The Balance of Power in the European Communities, European Yearbook, Bd. 5 (1959), S. 53 ff.

[145]) H. W. Daig, Die Gerichtsbarkeit in der Europäischen Wirtschaftsgemeinschaft und der Europäischen Atomgemeinschaft, Archiv des öffentlichen Rechts, Bd. 83 (1958), S. 132 ff. und G. Bebr, Judicial Control of the European Communities, 1962, mit Bibliographie.

[146]) Vgl. Artt. 100 ff., 215 Abs. 2 EWG-Vertrag; E. Wohlfarth, in: Wohlfarth/Everling/Glaesner/Sprung, Die Europäische Wirt-

Die supranationale Organisation bildet also ein elliptisches System, in dem eine zwischenstaatlich-überstaatliche Administration den freiheitlich-sozialen Rechtsgrundsätzen des jeweiligen Vertrages gemäß das Gleichgewicht zwischen Produktion, Einkommen und Preisen zu stabilisieren versucht, wobei eine überstaatlich-zwischenstaatliche Kontrolle die vertragliche und sachliche Richtigkeit zu prüfen hat.

In diesem Föderalisierungsprozeß, in dem sich die Staaten und die überstaatlichen Organisationen durchdringen und damit auch institutionell angleichen[147]), ist der Pluralismus der sekundären Staatenbünde, d. h. die funktionale Gewaltenteilung trotz horizontaler und vertikaler Machttrennung innerhalb der einzelnen Organisationen, die neue und wohl wirksamste Teilung möglicher Gewaltenballung[148]). Diese durch ein gemeinsames Gericht und Parlament unitarisch zusammengefaßte Form des funktionalen Föderalismus, die nicht wie in den Organisationen selbst ein internationales, sondern ein interfunktionales Ordnungsprinzip ist, legitimiert sich gegenüber den Tendenzen supranationaler Zentralisierung, der Integration der Teilintegrationen, wie man sagt, an der

---

schaftsgemeinschaft, Kommentar, 1960, Art. 164 Anm. 4. Grundsätzlich P. Guggenheim, Das ius publicum europeum und Europa, Jahrbuch des öffentlichen Rechts der Gegenwart, Bd. 3 (1954), S. 1 ff., S. 9 ff., J. H. Kaiser, Zur gegenwärtigen Differenzierung von Recht und Staat. Staatstheoretische Lehren der Integration. Öster. Ztschr. f. öffentl. Recht, Bd. 10 (1959/60), S. 413 ff. und H. Bülck, Zur Dogmengeschichte des europäischen Verwaltungsrechts, in: Festschrift für Herbert Kraus (im Druck), S. 29 ff.

147) Vgl. oben Anm. 37 und H. Bülck, Der Strukturwandel der internationalen Verwaltung, aaO., S. 26 ff., wobei noch auf die konvergierende Wendung zum Jurisdiktionsstaat hinzuweisen ist, die in der Bundesrepublik Art. 19 Abs. IV GG zu einer zentralen Verfassungsnorm gemacht hat. Vgl. auch R. Zippelius, Kirche und Staat und die Einheit der Staatsgewalt, Ztschr. f. evangelisches Kirchenrecht, Bd. 9 (1962), S. 42 ff., bes. S. 53 ff.

148) Über den Stand der Koordinierung oder richtiger Föderalisierung vgl. R. Socini, Rapports et conflicts entre organisations européennes, 1960; im besonderen Ch. Janssens' Bericht im Namen des Ausschusses für politische Angelegenheiten und institutionelle Fragen des Europäischen Parlaments über die Koordinierung der drei Europäischen Gemeinschaften, Dok.Nr. 14, 1958. Dazu gehört auch die Einrichtung der „Jahreskolloquien zwischen den Institutionen der Gemeinschaften“, vgl. Bulletin der EWG, Bd. 6 (1963), S. 8 ff. Über die Koordinierung der Haushalte für die gemeinsamen Organe und des dafür vorgesehenen Koordinationsausschusses vgl. F. Markull, Probleme der Haushalte der Europäischen Gemeinschaften, in: Gegenwartsprobleme des öffentlichen Haushalts, Bd. 12 der Schriftenreihe der Hochschule Speyer, 1962, S. 95 ff., S. 98 ff.

personalen Freiheit, wie einst der Föderalismus Frantzens und Proudhons gegenüber der nationalen Zentralisierung.

Die freiheitlich-sozialen Lenkungsgemeinschaften, mit denen sich die industrielle Gesellschaft in neuen supranationalen Formen organisiert, haben die funktionalen Grenzen der internationalen Gemeinschaften sowohl erweitert als auch differenziert. Nach genau spezifizierten Listen werden Kohle, Stahl und Schrott einbezogen; was nicht in den Listen steht, gehört nicht zur Zuständigkeit der Montanunion. Das gilt besonders für die Listen der Atomgemeinschaft, deren funktionale Grenzen, wenn etwa von Bortrifluorid oder Szintillatoren die Rede ist, ein schlichter Jurist nicht mehr erkennen kann. Doch erheben sich die funktionalen Organisationsgrenzen nicht nur sachlich, sondern nunmehr auch persönlich über die national-territorialen Grenzen. Die Freizügigkeitsverordnung etwa für Montanfacharbeiter[149]) überhöht die nationale Staatsangehörigkeit und schafft eine funktionale Organisationszugehörigkeit, ein Prozeß, der dazu führen kann, daß der einheitliche Staatsbürger in verschiedene Organisationsangehörige pluralisiert und reduziert wird.

18. Einem solchen System sekundärer Polyarchien[150]) tritt die politische Bewegung entgegen, die seit dem vorigen Jahrhundert die Vereinigten Staaten von Europa schaffen will. Sie hat nach dem Zweiten Weltkrieg aus dem ideologischen Gegensatz zum Kommunismus kräftigen Auftrieb erhalten, muß sich dadurch allerdings auf die Hälfte Europas beschränken. Ihr national-demokratischer Grundzug ist derselbe geblieben. Der Nachfolger von Cloots und Lemonnier ist heute Coudenhove-Kalergi und seine Europäische Parlamentarier-Union. Die „europäische Nation", wie er die europäischen Völker nennt, solle eine verfassunggebende Versammlung einberufen, die ein europäisches Parlament mit einer demokratisch-repräsentativen Volks- und Länderkammer einzusetzen hätte, dem die gesetzgebende Gewalt zustünde und das mit einer abhängigen Regierung, einem Obersten Gerichtshof und europäischen Bundesbürgern eine Bundesrepublik Europa darstellen

[149]) BGBl. II 1956, S. 599 ff.

[150]) Über Hegels Begriff der „Polyarchie" für die pluralistische Machtverteilung auf die vielgestaltigen politischen Gebilde des Mittelalters, die territorial verschwommen waren und als Personenverbände nur lose zusammenhingen, vgl. H. Heller, Staatslehre, 1934, S. 126 ff. Die aufgezeigte Rechtsentwicklung legt eine Auseinandersetzung nahe mit den Lehren Duguits und Laskis und der Theorie vom service public international. Vgl. H. Bülck, Zur Dogmengeschichte des europäischen Verwaltungsrechts, aaO.

würde[151]). Dem französischen Nationsbegriff war auch der Plan einer Europäischen Politischen Gemeinschaft verbunden, der 1952 mit der Verteidigungsgemeinschaft zusammen entstanden und untergegangen ist. Er sah eine parlamentarische Repräsentativverfassung vor, hatte aber als staatenbündisches Element einen Ministerrat für die Außenpolitik[152]).

---

[151]) R. N. Coudenhove-Kalergi, Die europäische Nation, 1953. In einem Memorandum von 1949 knüpfte er an die englisch-französische Unionsidee von 1940 an: „Von nun an sind Frankreich, Großbritannien, Italien, Belgien usw. nicht mehr souveräne Nationen, sondern eine einzige, unauflösliche, europäische Nation". Vgl. Auswärtiges Amt (Hrsg.), Europa, Dokumente zur Frage der Europäischen Einigung, 1953, S. 240 f. Über die Verfassungsprojekte der Europäischen Parlamentarier-Union, ebenda, S. 104 ff., 289 ff. Auf ähnlicher Linie liegt die Union Europäischer Föderalisten von Henry Brugmans. Ihre Verfassungspläne, Auswärtiges Amt, aaO., S. 87 ff., 276 ff. Sie schlug 1948 vor: „Die politische Willensbildung in der Bundesrepublik (sc. Europa) soll gemeinschaftlich durch ein vom ganzen Volke gewähltes Parlament und einen, das Länderparlament vergegenwärtigenden Bundesrat erfolgen", zitiert nach E. von Puttkammer, Historische Pläne europäischer Verfassungsbildung, Festschrift für Carl Bilfinger, 1954, S. 345 ff., S. 368.

Die Pläne Coudenhove-Kalergis gehen auf sein Buch Paneuropa, 1923, zurück, in dem er Großbritannien noch nicht zu Europa rechnete. Nunmehr denkt er an eine stufenweise Verwirklichung des europäischen Bundesstaats: eine deutsch-französische „Doppelrepublik" mit gemeinsamen Organen für die Außenpolitik, die Verteidigung, die Wirtschaft usw. soll als „Europäische Eidgenossenschaft" den Kern für eine Union Charlemagne bilden, einen „Karlsbund" zwischen den Mitgliedern der Sechser-Gemeinschaften, den er 1950 in Aachen vorschlug und der das Reich Karl des Großen im Geiste des 20. Jahrhunderts erneuern soll. Vgl. H. Kraus, Probleme des Europäischen Zusammenschlusses, 1956, S. 36.

[152]) Text bei H. Eberhard, Die Europäische Politische Gemeinschaft, 1953. Dazu H. Ridder, Der Entwurf einer Satzung der Europäischen Gemeinschaft, Juristen-Zeitung, Bd. 8 (1953), S. 289 ff., 332 ff. Die europäischen Föderationspläne nach Nationalstaatsmodell sind heute, ähnlich wie schon im 19. Jahrhundert und nach dem Ersten Weltkrieg (J. Lambert, Les Etats-Unis d'Europe et l'Exemple Americain, Rev. Gén. de Droit Intern. Public, Bd. 34 (1929), S. 397 ff.; E. Herriot, Vereinigte Staaten von Europa, 1930, S. 257 ff.), am amerikanischen, kanadischen, australischen, schweizerischen und deutschen Vorbild ausgerichtet. Vgl. hierzu die von der Europäischen Bewegung und dem American Committee on United Europe geförderten Studien zum Föderalismus von R. R. Bowie, C. F. Friedrich u. a., Probleme einer europäischen Staatengemeinschaft, 1954; dasselbe in sieben Bänden: Etudes sur le fédéralisme, 1952/53. Vgl. auch die genannten Verfasser in: A. W. McMahon (Ed.), Federalism, 1955, S. 493 ff. Kritisch im Hinblick darauf, daß die Bundesstaaten des 19. Jahrhunderts aus politisch-nationalen Gemeinschaften hervorgegangen sind und sich nicht aus alten souveränen Nationalstaaten zusammengefügt haben, der eng-

Der östliche Nationsbegriff und Bluntschlis Plan sind mit ihrem liberalen Teil nach Westen abgewandert. Hier war es besonders Churchill und die von ihm geführte United Europe Movement, die eine europäische Staatenunion vorschlug[153]). Dies führte zum Europarat im deutsch-französischen Straßburg, dem 16 Staaten angehören, die das europäische Erbe national-demokratischer Herkunft gemeinsam bewahren. Sein Ministerrat, ein internationales Organ, dem keine ratifikationslose Beschlußkraft zusteht, beansprucht den unbedingten Vorrang. Doch hat eine, von England ursprünglich abgelehnte Versammlung mittelbar gewählter Parlamentarier ihre beratende Stellung inzwischen verstärkt[154]). Seine eigentliche Leistung besteht in der Europäischen Menschenrechtskonvention, die die klassischen Freiheitsrechte kodifiziert hat und über deren Einhaltung eine Kommission und ein Gerichtshof mit Erfolg wachen[155]). Auch eine Konvention europäischer

---

lische Theoretiker des Föderalismus K. C. Wheare, Federalism and the Making of Nations, in: McMahon, aaO., S. 28 ff., 40 ff.; H. J. Morgenthau, aaO. (Anm. 5), S. 482 ff. und D. Schindler, Der Zusammenschluß der Schweiz zum Bundesstaat und die Einigung Europas in: Hunold (Hrsg.), Europa — Besinnung und Hoffnung, 1957, S. 203 ff. Eine realistische Analyse des Entwurfs der Europäischen Politischen Gemeinschaft gibt G. Jaenicke, Bundesstaat oder Staatenbund, Zur Rechtsform einer europäischen Staatengemeinschaft, Festschrift für C. Bilfinger, aaO., S. 71 ff.

Der demokratische Bundesstaatsgedanke reicht im Weltstaatensystem des 20. Jahrhunderts weit über eine europäische Bundesrepublik hinaus. Vgl. etwa J. B. Scott, The United States of America: A Study in International Organization, 1920; R. Wilbrandt, Aufbruch zum Weltbundesstaat, 1946 und G. Clark und L. B. Sohn, World Peace through World Law, 1958, 2. Aufl. 1960, jetzt auch in deutscher und französischer Übersetzung, mit einem Revisionsplan für die Vereinten Nationen, nach dem unter anderem die Sitze in der Vollversammlung nach der Bevölkerungszahl der Staaten verteilt werden sollen; alle anderen Maßstäbe seien „largely the result of geography und history" und bedeuteten eine „anachronistic and unjust discrimination (S. 25). Das gehört zur „Anatomie des Friedens" (siehe das gleichnamige Buch von E. Reeves, deutsch 1947), die Ausdruck jenes auflösend-herstellenden Denkens ist, das Hobbes erstmals auf das menschliche Zusammenleben übertrug und das seinen Landsmann und Zeitgenossen R. Burton zu seiner „Anatomy of Melancholy", 1621, ermutigte.

[153]) Auswärtiges Amt (Hrsg.), Europa, aaO., S. 84 ff., 109 ff., 117 ff. („Europäische Bewegung" ohne Coudenhove-Kalergis Parlamentarier Union).

[154]) Näheres bei K. Carstens, Das Recht des Europarats, 1956, S. 112 ff., 160 ff.

[155]) H. Golsong, Das Rechtsschutzsystem der Europäischen Menschenrechtskonvention, 1958. Freilich zeigt auch die demokratisch-liberale Homogenität der Mitglieder Risse, am auffälligsten wohl darin, daß die Menschenrechtskonvention von allen Mitgliedstaaten des Europarats ratifiziert worden ist, nur nicht von Frank-

Sozialrechte ist vor kurzem hinzugekommen, deren Kontrolle aber naturgemäß schwächer ist[156]). Fragen der Großen Politik treten zurück; Verteidigungsfragen sind durch die Satzung ausgeschlossen. Versuche, den Europarat zu einer politischen Union mit Legislative und Exekutive oder auch nur zu einer lockeren Dachgemeinschaft über den Sechser-Organisationen auszubauen, sind gescheitert[157]). Dagegen rückt die Kulturpolitik und die Rechtsangleichung, allerdings nur in den überkommenen Formen ratifizierter Staatsverträge, ebenso wie das Bemühen des Rats, den Zusammenhang zwischen den Sechs und den anderen Mitgliedstaaten zu halten, in den Vordergrund. Das alles und der jüngst vollzogene Beitritt der neutralen Schweiz sind Zeichen für eine Neuordnung des Primärsystems, aber auch für die Schwierigkeit, aus dem Europa der Vaterländer ein Vaterland Europa zu machen. Trotz oder gerade wegen aller Schwäche sollte man die Bedeutung des Europarats nicht unterschätzen. Er ist ein Gegengewicht zu der personalen und regionalen Reduktion, wie sie die funktionalen Föderationen notwendig bewirken. Ihre eigentlichen Widerlager bleiben jedoch die nationalen Staaten, da sie als politisch-historische Individualitäten nicht bloß Zweckverbände sind, sondern Sinneinheiten, die den Menschen als ein Ganzes, als Person erfassen[158]).

Ein letzter, wenn auch kein neuer Versuch zu einer politischen Föderation in Europa zu gelangen, ist der gegenwärtige Fouchet-Plan, der neben einem Rat der Regierungschefs der sogenannten kerneuropäischen Staaten eine parlamentarische

---

reich, der Mutter der Menschenrechte. Dafür stellt Frankreich den Vizepräsidenten des Gerichtshofes für Menschenrechte, also eine Art supranationalen Honorar-Richter als Gegenstück zum nationalen Ad-hoc-Richter.

156) Text in Mitteilungen des Europarats Nov. 1961, Beilage zum Bundesanzeiger Nr. 226 vom 24. 11. 1961.

157) Vgl. A. H. Robertson, The Council of Europe, 1956, S. 85 ff. (Mackay-Plan); S. 98 ff. (Eden-Plan).

158) Den Wert der Tradition betont neuerdings H. G. Gadamer, Wahrheit und Methode, 1960, S. 264 ff., 279 ff., S. 266: „Bewahrung aber ist eine Tat der Vernunft, freilich eine solche, die durch Unauffälligkeit ausgezeichnet ist. Darauf beruht es, daß die Neuerung, das Geplante sich als alleinige Handlung und Tat der Vernunft ausgibt. Aber das ist ein Schein. Selbst wo das Leben sich sturmgleich verändert, wie in revolutionären Zeiten, bewahrt sich im vermeintlichen Wandel aller Dinge weit mehr vom Alten, als irgendeiner weiß, und schließt sich mit dem neuen zu neuer Geltung zusammen. Jedenfalls ist Bewahrung nicht minder ein Verhalten aus Freiheit, wie Umsturz und Neuerung es sind". Vgl. auch R. Wittram, Tradition und Geschichte, in seinen gesammelten Aufsätzen: Das Interesse an der Geschichte, 1958, S. 95 ff. und J. Pieper, Über den Begriff der Tradition, in: Tradition im Industriezeitalter, 1959.

Versammlung und eine politische Kommission hoher Diplomaten vorsieht, mit Sitz in Paris[159]). Dieser Plan liegt auf der Linie des alten Briand-Memorandums und des französischen Unionsvorschlages von 1936 unter der ausdrücklichen Überschrift: „Pas d'hégémonie"[160]). Belgien und die Niederlande lehnen ihn ab, solange Großbritannien nicht Mitglied ist. Diese Politik ist über 300 Jahre alt[161]).

19. Ob und wie sich die europäischen Staaten zu einer übergreifenden politischen Sinn- und Handlungseinheit und damit zu einer neuen Primärordnung verbinden werden, vielleicht sogar durch demokratisch legitimierte Zusammenfassung funktionaler Teilverbände, muß dahinstehen. Das ist Zukunft, freilich eine Zukunft, die schon begonnen hat. Doch sollte man über allem nicht vergessen, daß im Völkerrecht, besonders in dem der Freien Welt, die Zukunft am spätesten beginnt.

---

159) Text des „Vertragsentwurfs zur Gründung einer Staatenunion" in: Informationsdienst des Deutschen Rates der Europäischen Bewegung, Bd. 12 (1961), Nr. 22/23.

160) Das Briand-Memorandum über eine „Organisation d'une Union Fédérale Européenne" von 1930 mit einigen Regierungsantworten, in: Auswärtiges Amt (Hrsg.), Europa, aaO., S. 30 ff. Dazu W. Hagemann, Die Europaidee bei Briand und Coudenhove-Kalergi. Ein Vergleich, in: Neue Geschichte und Politik, Festschrift für L. Bergsträsser, 1954, S. 153 ff. Der Plan von 1936, in: Ztschr.f.ausl.öffentl.Recht u. Völkerrecht, Bd. 6 (1936), S. 557 ff.; dazu H. Triepel, Hegemonie, 1938, S. 211.

161) W. Hahlfeld, Barriere — Gleichgewicht — Sicherheit, Hist.Ztschr., Bd. 187 (1959), S. 54 ff.; G. Beyerhaus, Die Europapolitik des Marschalls Foch, 1942 und K. Epting, Charles de Gaulle und die deutsche Wiedervereinigung, in: G. Franz (Hrsg.), Teilung und Wiedervereinigung, 1962, S. 220 ff.

## Leitsätze des Berichterstatters über: Föderalismus als internationales Ordnungsprinzip

1. *Als internationales Ordnungsprinzip wird der Föderalismus in der Gegenwart durch die funktionale Föderation bestimmt. Weder die dynastische Föderation, wie im 18. Jahrhundert, noch die nationale wie im 19., deren Leitbild der Bundesstaat war, geben den Staatenverbindungen im 20. Jahrhundert das Maß. Heute geht die Entwicklung auf die funktionale Föderation, d. h. auf internationale und supranationale Organisationen mit jeweils besonderen Aufgaben. Damit verbindet sich dem national-territorialen Primärsystem zwischen den Staaten ein funktional-föderatives Sekundärsystem über den Staaten.*

### *Im 18. Jahrhundert*

2. *Das europäische Staatensystem war seit seiner Entstehung auf Föderation angelegt: auf bündische Gemeinsamkeit aller Mitglieder unter hegemonialer Führung der Großmächte. Das Recht zu Bündnissen und zum Kriege sicherte die Freiheit dynastischer Territorialstaaten; den Gesamtwillen brachte das Konvenienzrecht zum Ausdruck. In den großen Friedensschlüssen wurde das Europäische Gleichgewicht jeweils neu gestiftet.*

### *Im 19. Jahrhundert*

3. *Das national-demokratische und das liberal-ökonomische Selbstbestimmungsrecht der politischen und industriellen Revolutionen bestimmte im 19. Jahrhundert den Föderalismus der christlichen Staatengemeinschaft Europas, die sich dadurch zur Weltstaatengemeinschaft der zivilisierten Nationen ausweitete.*
4. *Das Streben der Völker nach nationaler Einheit und Freiheit führte Europa zu einer Gemeinschaft territorialer Nationalstaaten. Das Europäische Konzert, das die Strukturelemente des alten Föderalismus verstärkt aufnahm, ordnete diese Gemeinschaft. Der konstitutionelle (Bundes-)Staat wurde ihr Leitbild. Der Deutsche Bund, die Nordamerikanische Konföderation und die Schweizerische Eidgenossenschaft wurden „historische Staatenbünde".*

5. *Das Streben nach wirtschaftlicher Selbstbestimmung vereinigte die bürgerliche Gesellschaft mit Hilfe der Nationalstaaten und doch über sie hinweg in neuen föderativen Ordnungen, die die liberale Weltwirtschaft bildeten. Flußkommissionen, Verwaltungsunionen und Meistbegünstigungssysteme sicherten den freien Wettbewerb, der nicht ein territoriales, sondern ein funktionales Gleichgewicht zwischen den Nationalwirtschaften schuf.*
6. *Das Selbstbestimmungsrecht der Völker führte zu politischen Plänen für die „Vereinigten Staaten von Europa": nach dem französischen Nationsbegriff zu einem Staat mit strenger Repräsentativverfassung (Lemonnier), nach dem deutschen zu einem Staatenbund mit Repräsentantenhaus (Bluntschli).*

*Im 20. Jahrhundert*

*Das Weltstaatensystem*

7. *Nach dem Ersten Weltkrieg vollendete das Selbstbestimmungsrecht die territoriale Ordnung Europas im nationaldemokratischen Sinn. Der Schutz des neuen nationalterritorialen Gleichgewichts wurde dem Völkerbund anvertraut, zu dem das Europäische Konzert organisiert worden war: die Hegemonie der Großmächte im Rat, die Gemeinschaft der Mitglieder in der Versammlung; zur Streitschlichtung und Kriegsverhütung war ein bündisches Zusammenwirken, das System kollektiver Sicherheit vorgesehen.*
8. *Nach dem Zweiten Weltkrieg ist der neue Völkerbund der Vereinten Nationen über die zwiespältige Verwandlung des Selbstbestimmungsrechts der Völker in freiheitliche und kommunistische Rechte der Menschen entzweit. Ihr Schutz ist kein gemeinsames Ordnungsprinzip der Vereinten Nationen. Die überlieferten Strukturelemente: Sicherheitsrat der Großmächte, Vollversammlung und kollektives Schutzsystem sind deshalb ohne bündische Kraft. Die beiden Weltmächte sind unfähig, gemeinsam den Frieden zu stiften. Die globale Ordnung beruht auf dem „Gleichgewicht des Schreckens".*
9. *Über der alten Territorialordnung der Nationen erheben sich, selbst über den ideologischen Bruch hinweg, die neuen Funktionalföderationen, mit denen die Staaten die Bedürfnisse ihrer industriellen Gesellschaft befriedigen. Die Verwaltungsunionen sind in allen Zweigen der wissenschaftlich-technischen Zivilisation zu universalen Son-*

*derorganisationen geworden (Luftfahrt, Gesundheit, Atomenergie usw.). Ihre funktionalen Züge sind verstärkt, vor allem durch einen Verwaltungsrat mit einem unabhängigen Sekretariat. Doch bleibt ihre Tätigkeit ordnende Einflußverwaltung und wird nicht zu einer die Staaten oder gar den Einzelnen bindenden Entscheidungsverwaltung. Ansätze zu solcher Verwaltung, die lenkende und verteilende Funktionen übernimmt, finden sich in den internationalen Rohstoffgemeinschaften für Weizen, Zukker, Kautschuk usw., in denen nicht mehr der Territorialwert der Mitglieder, sondern nur noch ihr Funktionalwert Rechte und Pflichten in der Gemeinschaft bestimmt.*

*10. Der Versuch, alle Verwaltungsgemeinschaften in einer Dachorganisation zu zentralisieren, ist gescheitert. Der Pluralismus funktionaler Föderationen ist die neue Form der territorialen Gewaltenteilung. Unter dem Namen Koordinierung zeichnet sich in diesem Pluralismus bereits ein neues Zusammenwirken der einzelnen Gemeinschaften ab, womit der internationale Föderalismus interfunktionale Züge erhält.*

### *Die beiden regional-ideologischen Staatensysteme*

### *Der kommunistische Ostblock*

*11. Die Sowjetunion hat sich mit ihren Gefolgstaaten im kommunistischen Ostblock zusammengeschlossen. Die Warschauer Verteidigungsorganisation stabilisiert das territoriale Gleichgewicht Ostmitteleuropas mit „integrierten" Streitkräften unter sowjetischem Oberbefehl.*

*12. Der Rat für gegenseitige Wirtschaftshilfe (COMECON) koordiniert durch einen Ministerrat und verschiedene Fachkommissionen die einzelstaatlichen Wirtschaftspläne nach dem Gesetz sozialistischer Arbeitsteilung; er steuert das funktionale Gleichgewicht zwischen den integrierten Staatswirtschaften.*

### *Die Freie Welt*

*13. Die USA hat sich mit den ihr zugewandten Staaten zur Freien Welt vereint. Ein mehrgliedriges System von Verteidigungsorganisationen, von denen die NATO die wichtigste ist, schützt ihre Mitglieder vor kriegerischen Angriffen von außen, indem sie schon im Frieden für den Verteidigungsfall gemeinsam planen und rüsten. Das obliegt einem Ausschuß aller Generalstabschefs und einer funktional-hegemonialen „Standing Group" der Stabs-*

*chefsvertreter der USA, Großbritanniens und Frankreichs. Die NATO-Kommandos und -Streitkräfte sind „integriert", d. h. nationale Einheiten unter internationaler Führung und Kontrolle. Über Höhe und Art der Beiträge zur gemeinsamen Verteidigung beschließt ein Ministerrat.*

14. *Die in die NATO eingeschobene Westeuropäische Union soll im wesentlichen die deutsche Rüstung kontrollieren; sie ist damit dem alten europäischen Nationalstaatensystem verhaftet.*

15. *Die Meistbegünstigungssysteme der liberalen Weltwirtschaft sind im Zeichen des „magischen Dreiecks" vom Gleichgewicht der Zahlungsbilanzen, von Vollbeschäftigung und Preisstabilität zu gelenkten Wettbewerbsgemeinschaften geworden. Zwei Arten sind trotz starker Übergänge zu unterscheiden:*

16. *Internationale Liberalisierungsgemeinschaften, mit denen die Mitglieder den Wettbewerb zwischen ihren Nationalwirtschaften vergrößern, sich aber die Freiheit ihrer Wirtschafts- und Konjunkturpolitik vorbehalten. Hierzu gehören das Allgemeine Zoll- und Handelsabkommen (GATT), die atlantische Organisation für wirtschaftliche Zusammenarbeit und Entwicklung (OECD) und die Europäische Freihandelsvereinigung (EFTA). Sie sind internationale Verwaltungsgemeinschaften, deren funktionale Züge durch Sachverständigenausschüsse und Kontrollrechte auch institutionell verstärkt sind.*

17. *Supranationale Wirtschaftsgemeinschaften, mit denen die Staaten ihre Nationalwirtschaften oder einzelne Zweige in „Gemeinsamen Märkten" aufheben, d. h. in übernationalen Märkten kraft Inländerparität, indem sie ihre Wirtschafts-, Währungs- und Konjunkturpolitik koordinieren und auch zu unmittelbarer Lenkung und Verteilung übergehen. Hierzu gehören die Europäische Wirtschaftsgemeinschaft (EWG), die Europäische Gemeinschaft für Kohle und Stahl und die Europäische Atomgemeinschaft. Die Institutionen der internationalen Verwaltungsgemeinschaften sind zu supranationalen fortentwickelt. Dem Ministerrat als föderativem Organ tritt ein unitarisches gegenüber, die unabhängige Kommission (Hohe Behörde). Beide zusammen lenken die Gemeinschaft durch unmittelbare Rechtsetzung nicht nur gegenüber den Mitgliedstaaten, sondern auch gegenüber den einzelnen Gemeinschaftsangehörigen (Europäische Verordnungen). Ein mittelbar gewähltes Parlament hat schwache Kontrollrechte.*

*Stark ausgebaut ist die Rechtskontrolle durch einen gemeinsamen Gerichtshof. Den Kern der Gemeinschaften bilden ihre Lenkungsbürokratien mit einer übernationalen Ministerialverfassung der Kommission. Durch das den drei Gemeinschaften gemeinsame Gericht und Parlament gewinnt der ihr Zusammenwirken ordnende funktionale Föderalismus unitarische Züge.*

18. *Der föderativen Funktionalisierung und Pluralisierung tritt die politische Bewegung für die Vereinigten Staaten von Europa entgegen. Sie hat nicht zu einem parlamentarischen Bundesstaat der „europäischen Nation" (Coudenhove-Kalergi) geführt, sondern zum Europarat, dessen Staatenversammlung (Ministerrat) von einem mittelbar gewählten Parlament beraten wird. Er schützt die liberalen Menschenrechte durch eine Kommission und einen Gerichtshof und wahrt die kulturelle Einheit Europas in ihrer Vielheit.*

19. *Ob und wie sich hieraus oder auch aus einer Umbildung der funktionalen Zweckverbände eine neue politische Sinn- und Handlungseinheit, eine das Nationalstaatensystem transzendierende Primärordnung bilden wird, ist eine offene Frage.*

## Föderalismus als nationales Ordnungsprinzip

2. Mitbericht von Professor Dr. Peter Lerche, Berlin

### I.

Im Jahre 1924 referierten zwei illustre Mitglieder der gegenwärtigen Vereinigung über den deutschen Föderalismus[1]). Das mir gestellte Thema ersetzt aber nicht zufällig das Wort „deutsch“ durch das Wort „national“. Die Vorherrschaft der deutschen föderalen Doktrin ist gebrochen[2]), das Doktrinäre zumal vom Thron gestoßen. Pragmatische Information mit theoretischem Dekor[3]) etwa in der Art von Wheare[4]) scheint sich bedächtig auszubreiten.

In Wirklichkeit ist das Doktrinäre in vielfältiger Gestalt höchst lebendig und gibt uns den klaren Widerstand. Von zwei Tendenzen im besonderen wird man sich nicht begleiten lassen dürfen. Die erste geht dahin, eine Art naturrechtlich beseligten Bundesmythos zu entwerfen und zu betreiben. Eingebettet in breite geistige Ströme weicht sie doch härteren Konflikten aus. Vor hier aus kann kein Blick in das Innere der föderalen Form gelingen. — Eine zweite Tendenz verstellt nicht minder den Weg, ist aber weit gefährlicher, weil scharf und klar. Sie zielt dahin — in jüngeren Bundesstaaten besonders bemerkbar —, den föderalen Beziehungsreichtum in starre Fächer zu zerlegen[5/6]) und von hierher zu interpretieren, als befände man sich noch in der schönsten Harmonie des

---

1) Anschütz und Bilfinger, Der deutsche Föderalismus, VVDStRL 1, 1924.

2) Thoma konnte noch 1930 bemerken, deutsche Gelehrte hielten in der bundesstaatlichen Theorie die Führung inne (Anschütz-Thoma, I, S. 171, Anm. 6).

3) Ganz entsprechend die Flucht ins Methodologische; vgl. z. B. die Beiträge von Aron, Landecker, Scott und Rappard in International Social Science Bulletin, IV, 1952, 45 ff. und die Feststellung Riveros ebendort S. 10.

4) K. C. Wheare, Federal Government, 3. Aufl., Oxford 1953.

5/6) So kennzeichnenderweise z. B. sogar noch Fleiner, Bundesstaatliche und gliedstaatliche Rechtsordnung, VVDStRL 6, 1929, S. 2 ff; kritisch aus dem jüngeren und jüngsten Schrifttum vor allem Imboden, Die staatsrechtliche Problematik des schweizerischen Föderalismus, Z.f.schweiz.Recht, n. F. 74 (1955), 209 ff., bes. 216 f., Scheuner, Struktur und Aufgabe des Bundesstaates in der Gegenwart, DÖV 1962, 641 ff.

Positivismus. Man erwartet sozusagen, daß sich die föderalen Konflikte entlang dieser Fächer emporranken werden. Aber das tun sie nicht; sie folgen eigenen Gesetzen, sie ziehen sich an eigenen Punkten zusammen, und ihre Wirkungen gehen querfeldein über alle Fächer hinweg.

Wenn sich — weit über Deutschlands Grenzen hinaus — eine bedenkliche Grundrechtsauslegung ähnlicher Schubfächermethoden bedient, wenn hier die Grundrechtssystematik die unterirdischen Konflikte eher verhüllt als spiegelt[7]), so ist das kein Grund, dieselbe Betrachtungsweise in den föderalen Bereich zu verlängern.

Die verfassungsgesetzlich gefällte Kompetenzentscheidung wird damit nicht gleichgültig; aber sie muß als Gegenzug zur Konfliktsbewegung verstanden werden. Das ist der Grund, warum ich vorschlage, den Weg zu den typischen Konflikten und ihrer vernachlässigten Begriffsbildung zu gehen und nicht den Weg zu den Kompetenzfächern und mechanischen Bildern[8]).

---

[7]) Die herrschende Systematik wird im Grundrechtsbereich vor allem folgender Tendenz nicht gerecht: Auf der einen Seite treten manche „Institutionen" in einer Weise hervor, daß sie sich nicht mehr in nur einzelne Grundrechtsfächer einbetten lassen (Beispiel: Vertrag); auf der anderen Seite ist es heute nicht mehr so wichtig, ob eine einzelne Konfliktsituation dem einen oder dem anderen geschichtlich gewordenen Grundrecht zugehört, sondern welchem verfassungsgesetzlichen Typ von Konfliktlösung sie zuzuordnen ist (z. B. der Schranke der „allgemeinen" Gesetze bei — m. E. sämtlichen! — Kommunikationsgrundrechten); ganz entsprechend auch die Abschleifung der Unterschiede zwischen objektiver und subjektiver Grundrechtsnorm (Näheres in meinem Übermaß und Verfassungsrecht, 1961, bes. S. 263 ff., 271, 274 f.).

[8]) Von einer Rückführung der föderalen Probleme auf die Schemata: „Überordnung — Unterordnung" oder „Gleichordnung" wird man daher nicht sonderlich viel erwarten dürfen. Da jedes föderale Gebilde auf eine gewisse Selbständigkeit der Glieder angewiesen ist, kann zwar in einem unproblematischen Bezirk auf das Bild der Gleichordnung nie ganz verzichtet werden. Alle problematischen Fragen entstehen indes erst im Konkreteren, wozu dann diese Feststellung meist unergiebig bleibt, namentlich auch kaum mehr als auslegungsleitender Faktor in Betracht kommt. Richtig und wichtig ist aber die negative, d. h. die kritisch-reinigende Funktion der grundsätzlichen Zurückführung auf „Gleichordnung" als Ausdruck einer bestimmten staatlichen Situation eines bestimmten Bundesstaates, wie sie jüngst Walter Schmidt (Das Verhältnis von Bund und Ländern im demokratischen Bundesstaat des Grundgesetzes AöR 87, 1962, 253 ff.) in hervorragender Weise zu danken ist. Einzelne Institute, z. B. das der Bundesaufsicht, werden dadurch aus ihrer verfälschenden Verkettung mit dem Gedanken der Subordination gelöst und auf ihren heutigen wirklichen Standort gerückt (vgl. Schmidt aaO. bes. S. 280 ff., 282 ff., 289 ff.).—Gegen allzu räum-

Mag sich dabei auch einiger Flugsand des eigentlich Bündischen auf der Hand sammeln: Mit vollem Motor auf dieses wesentlich Bündische unmittelbar und ausschließlich lossteuern — wenn auch mit Krügerschem Treibstoff! — das hieße man doch ein zu tolles, ein zu spekulatives Unternehmen.

## II.

1. Seit langem freilich sind klar gesehen[9]) die Bedingtheiten zwischen Staatsform und Föderalstruktur, insbesondere die Schwierigkeiten zwischen parlamentarischem Regierungssystem und Föderalstruktur; ebenso die Konzentrationskraft, die die industrielle Entwicklung im egalitären Zuge der Demokratie veranlaßt; die Konzentration zu großräumigen Funktionsgemeinschaften, Krisenrecht und Kriegsfolgen, sozialpolitische und grundrechtliche Standards, die im Nationalstaat nur einheitlich aufleuchten können, die Umsetzung in das Gehäuse des Verbändestaats; kurz, wie es die Gesellschaft selbst ist, die die staatliche Apparatur in die Rolle der Konzentration hineinstößt und daraus nicht mehr entläßt[10]).

Wie feinfühlig der Verfassungsboden auf diese Tatsache anschlägt, zeigt die Beobachtung, daß ganze Verfassungsmassen von Bundesstaaten verwandten positiven Entwurfs aber an-

---

liche Bilder und Schematisierungen wendet sich jetzt auch W. Geiger, Mißverständnisse um den Föderalismus, 1962, bes. S. 9, 11 f.

[9]) Speziell zum Zusammenhang zwischen Staatsform und Föderalstruktur vgl. aus der deutschen Literatur bes. O. Mayer, Republikanischer und monarchischer Bundesstaat, AöR, 18, 1903, 337 ff.; E. Kaufmann, Bismarcks Erbe in der Reichsverfassung, jetzt in Gesammelte Schriften, I, 1960, S. 143 ff., bes. S. 195 ff.; Forsthoff, Die öffentliche Körperschaft im Bundesstaat, 1931, S. 92 ff.; O. Hintze, Das monarchische Prinzip und die konstitutionelle Verfassung, in: Gesammelte Abhandlungen, I, 1941, bes. S. 369; u. a. m.

[10]) Am eindringlichsten in der Zusammenschau — neben zahllosen Untersuchungen zu Einzelaspekten und kurzen Gesamtbewertungen — wohl Köttgen, bes. in: Innerstaatliche Gliederung und moderne Gesellschaftsordnung in OLG Celle-Festschrift 1961, S. 79 ff., sowie etwa in: Der soziale Bundesstaat in: Neue Wege der Fürsorge, Muthesius-Festgabe, 1960, S. 19 ff. Treffend auch die parallele Formel Carletons, Centralization and the Open Society, Political Science Quarterly 75 (1960), 246. Vgl. auch schon — etwas modifiziert — aus dem früheren Schrifttum Forsthoff, Körperschaft aaO. bes. S. 180 ff. und aus dem heutigen: Kirchheimer, The Decline of Intra-State Federalism in Western Europe, World Politics, 3, 1951, 281 ff. Es fehlen freilich weithin speziellere Untersuchungen über die einzelnen Aspekte der „Hintergründe", etwa in der (nicht unproblematischen) Art des ehedem aufsehenerregenden Buchs von Ch. A. Beard, An Economic Interpretation of the Constitution of the United States, neue Ausgabe, New York, 1961.

dersartigen Verfassungsdenkens auf höchst verschiedenen Wegen doch zu sehr gleichsinnigen Ergebnissen gelangen[11]). So etwa im Vergleich der Schweiz zu Australien, dessen Verfassungsgesetz bewußt viele schweizerischen Züge aufgenommen hat. Im klaren Gegensatz zur Schweizer Bundesverfassung mit ihren zahlreichen Teilrevisionen[12]) blieb die Verfassungsfassade des australischen Commonwealth[13]) fast unversehrt. Seit 1900 haben zwar über zwanzig Änderungsversuche die Schwellen beider Häuser des Parlaments passiert, die meisten zwecks Stärkung der Zentrale, aber nur einige wenige vermochten den Widerstand einer Bevölkerung zu überwinden, die laut Meinungsrundfragen ein unitarisches System sogar eher vorzieht, aber zu konkreten Punkten aufgerufen, fast immer ihr Nein sagt[14]). — Gleichwohl ist die materielle australische Verfassung — und darauf kommt es an — heute kaum minder umgeschmolzen als die der Schweiz, nur daß sich dies wie in anderen Staaten weithin außerhalb des Verfassungstextes vollzieht: über die Nebenwege der Konventionen und Subventionen und über den der Schweiz nicht direkt verfügbaren Hauptweg der Judikatur eines High Court, insbesondere seit dem Engineer-Fall von 1920[15]).

2. Auf weltweiter Bühne hat die föderale Doktrin aus dieser ganzen Entwicklung einen Doppelschluß gezogen. 1: Die

---

[11]) Es bleibt also nicht bei der Formel P. A. Freunds (A Supreme Court in a Federation: Some Lessons from Legal History, in Columbia Law Review 53, 1953, 603): „Like produces unlike; unlike produces like".

[12]) Jüngste Gesamtdarstellungen etwa bei Imboden, Die staatsrechtliche Problematik des schweizerischen Föderalismus aaO. 209 ff. (zahlreiche weitere Arbeiten Imbodens beschäftigen sich namentlich mit der eidgenössischen Finanzordnung); D. Schindler, Die Entwicklung des Föderalismus in der Schweiz, Jahrb.d. öff.Rechts n. F. 9, 1960, 41 ff., bes. 44 ff.; sowie denselben, Entwicklungstendenzen des schweizerischen Föderalismus, Schweizer Monatshefte 1959, 697 ff.; Katzenstein, Die föderale Struktur der Schweiz, o. J. (abgeschl. 1959), bes. S. 67 ff.

[13]) Zum Problem der Vefassungsänderung in Australien z. B.: Livingston, Federalism and Constitutional Change, Oxford 1956, S. 110 ff.; W. A. Wynes, Legislative, Executive and Judicial Powers in Australia, 2. Aufl., Sydney, 1956, S. 687 ff.; K. C. Wheare, Federal Government aaO., S. 223 ff.; einige weitere Literatur bei Loewenstein, Verfassungslehre, 1959, S. 326, Anm. 27.

[14]) Vgl. Livingston, Federalism and Constitutional Change aaO. S. 167. Nicht ohne Interesse die entsprechenden Meinungsumfragen in Deutschland, die das Emnid-Institut für Meinungsforschung regelmäßig durchgeführt hat (vgl. die Zahlen in den vom Bundesrat herausgegebenen „Presseveröffentlichungen über den Bundesrat" 1962, Nr. 138, S. 1 f.).

[15]) Amalgamated Society of Engineers v. Adelaide Steamship Co., 1920, 28 C. L. R. 129.

unitarisch-konzentrischen Kräfte sind stärkstens angewachsen, die Gliedstaaten fügen sich bisweilen nur noch in die Rolle bloßer Kontrapunkte[16]) oder gar mehr bürokratischer Bastionen; das alles freilich in vielfältigster Brechung je nach dem Entwicklungsstand der einzelnen Staaten. 2: als häufig reale Reaktion oder doch als Postulat: Umstellung der Gewichte, Einflußstärkung der Glieder bei der Gesamtwillensbildung[17]) als eine der Spezialitäten des cooperative federalism[18]); und

[16]) Den Ausdruck „Kontrapunkt" verwendet Köttgen (im HWB der Sozialwissenschaften, Artikel „Selbstverwaltung" a. E.) für die Selbstverwaltung.

[17]) Das hat in Deutschland bekanntlich besonders Bilfinger, Der Einfluß der Einzelstaaten auf die Bildung des Reichswillens, 1923, frühzeitig unterstrichen. Vgl. aber auch etwa schon E. Kaufmann, Bismarcks Erbe aaO., S. 193. Zum Einfluß der Länder auf die Bundesgesetzentwürfe zuletzt die Bonner Diss. von Fundis, Der Einfluß der Länder auf die Gesetzgebung des Bundes, 1958, S. 45 ff. Für die Schweiz etwa H. J. Meyer, Die Mitwirkungsrechte der Bundesglieder in der Schweizerischen Eidgenossenschaft, Diss. Basel, 1957; Katzenstein, Die föderale Struktur der Schweiz aaO. S. 71 ff.; besonders und grundlegend aber die recht kritisch urteilende Arbeit Imbodens, Die staatsrechtliche Problematik des schweizerischen Föderalismus aaO. bes. S. 231 ff.; aus dem älteren Schrifttum etwa M. Veith, Der rechtliche Einfluß der Kantone auf die Bundesgewalt, Diss. Straßburg, Schaffhausen, 1902, bes. S. 30. Allgemein vgl. etwa auch Ch. Durand, L'État fédéral en Droit positif in: G. Berger u. a., Le Fédéralisme, Paris 1956, bes. S. 197 ff.

[18]) Der allgemeine Begriff des „Cooperative federalism" ist freilich weiter und erfaßt alle Formen der Stärkung der gegenseitigen Zuordnung und Zusammenarbeit zwischen Bund und Gliedern (vgl. dazu etwa W. Anderson, Federalism and Intergovernmental Relations, Chicago, 1946, bes. S. 118 ff.; A. H. Birch, Federalism, Finance and Social Legislation, Oxford, 1955, bes. S. 39 ff., 290 f., 304 ff.; F. G. Carnell, Political Implications of Federalism in New States in: U. K. Hicks u. a., Federalism and Economic Growth, London, 1961, S. 20; J. P. Clark, The Rise of a New Federalism, Federal-State Cooperation in the United States, New York, 1938; J. A. Corry, Constitutional Trends and Federalism, in Lower u. a., Evolving Canadian Federalism, Durham and London, 1958, S. 95 ff., Ehmke, Wirtschaft und Verfassung, 1961, S. 113 ff., 156 mit weiteren Belegen in Anm. 235. H. Finer, The Future of Government, 2. Aufl., London 1949, S. 137 f.; M. A. Mathiot, Le Fédéralisme aux États-Unis, in: G. Berger u. a., Le Fédéralisme, Paris 1956, bes. S. 295 ff.; S. Seabury, The New Federalism, London 1950, bes. S. 138 ff.; Scheuner, Struktur und Aufgabe des Bundesstaates aaO. 642 in Anm. 13 mit weiteren Belegen; M. J. C. Vile, The Structure of American Federalism, London, 1961, bes. S. 66 f., 193 ff., aber auch etwa kritisch E. W. Weidner, Decision-Making in a Federal System in: Federalism, Mature and Emergent (Herausg. A. W. Macmahon), Garden City, 1955, S. 363 ff. und (für Amerika ebenfalls zurückhaltend) P. H. Merkl, Executive-Legislative Federalism in West Germany, The American Political Science Review 53, 1959, 732. Nur in diesen weiteren Rahmen

zwar bemerkenswerterweise vielfach auch in jenen Bundesstaaten, die nicht dem mitteleuropäischen Typ angehören.

Indessen darf man sich nicht darüber täuschen, daß dahinter ein weitergreifender Vorgang verborgen ist. Der Einbruch in die traditionelle Welt des föderalen Staates ist radikaler anzusetzen.

Betroffen ist nicht so sehr der Umfang gliedstaatlicher Kompetenz. Entscheidend ist das, was man vielleicht das Verblassen der mittleren Entscheidungszone nennen könnte. Wir stehen vor einem eigenartigen inneren Auseinandertreten der Staatlichkeit: Wohl stärker als je zuvor ist auf der einen Seite das Element der Besonderheit, also staatlicher Individualmacht, in der Zone weichenstellender Entscheidungen geworden. Das ist die Zone zu politischer Grundsatz- und Andersentscheidung, breitflächiger Sozialwirksamkeit[19]), Statusordnung[20]), DM-Eröffnungsbilanz. So vielgestaltig diese moderne Zone heute ist, so wenig ist das eine föderale Vielgestaltigkeit im klassischen Sinn. Ähnlich den Grundrechten wird hier der Bürger im Gegenteil auf ein „Allgemeines" eingezwungen, nur daß dieses Allgemeine, anders als bei den Grundrechten, auch ein vorübergehend Allgemeines sein kann und daher immer wieder neu definiert werden muß, und das heißt wieder: unter Anspannung auch der gliedstaatlichen Kräfte und Verwertung ihres Erfahrungsguts. Schon deshalb Cooperation.

Der Ablauf nach diesen Weichenstellungen erfolgt in einer zweiten Zone; aber ebenfalls nicht mehr in einer Luft mittlerer liberaler Beweglichkeit, die doch die Lebensluft des

---

gehört das Anwachsen der sogenannten bundesstaatlichen „Gemeinschaftsaufgaben", die voraussetzen, daß sich die Beteiligten körperschaftlich (nicht organschaftlich) gegenüberstehen, vgl. F. Klein, Verfassungsrechtliche Grenzen der Gemeinschaftsaufgaben, in: Gemeinschaftsaufgaben zwischen Bund, Ländern und Gemeinden, 1961, S. 126; Köttgen, Der Einfluß des Bundes auf die deutsche Verwaltung und die Organisation der bundeseigenen Verwaltung, Jahrb.d.öff.Rechts n. F. 3, 1954, S. 67 ff., bes. 140 ff. jetzt auch ebda n. F. 11 (1962), 173 ff.; neuerdings besonders auch Geiger, Mißverständnisse um den Föderalismus aaO. S. 24 ff. und Maunz NJW 1962, 1641 ff. u. a.

19) Den Ausdruck „massenwirksame Sozialentscheidung" verwendet Scheuner, Das Wesen des Staates und der Begriff des Politischen in der neueren Staatslehre, in: Smend-Festgabe, 1962, S. 238, Anm. 51.

20) Zum „Staatsführungsgehalt" gewisser statusordnender Normen im Gegensatz zur Maßnahmegesetzgebung vgl. in einem spezielleren Zusammenhang Ridder DÖV 1957, 511 und Lerche in Die Grundrechte, IV/1, 1960, S. 462.

alten Föderalismus war[21]), sondern mehr nach sachrationaler Uniformität. Sie steht im Zeichen formaler Gleichheit, linearer Folgerichtigkeit[22]) und technischen Maßnehmens.

Wer heute diese Tendenz extrem beschleunigt, leugnet die föderale Staatszielbestimmung. Wer im Zeichen eines mißverstandenen Rechtsstaats jedes Verwaltungsermessen ausmerzt, widersetzt sich der Föderalstruktur[23]). Daß aber dieser naheliegende Einwand kaum je vorgetragen wird, ist nicht paradox, sondern symptomatisch. Die Tendenz ist ein Faktum. Und wenn das BVerfG in einem der Ladenschlußurteile[24]) ziemlich still und unbemerkt die Voraussetzungsbegriffe der konkurrierenden Gesetzgebung zu Rechtsbegriffen ausstaffierte, aber die Einschränkung machte, daß die Vermutung für den Bund spricht, wenn und weil er handelt, so scheint mir das nicht nur Symptom, sondern geradezu Symbol (auch wenn dies ganz anders gemeint war). Die „Vermutung" spricht immer für den jeweils Handelnden, sei es Land sei es Bund[25]). Welche Staatlichkeit im heutigen Bundesstaate aktiv wird, das ist gleichgültiger geworden; unter dem Zwange sach-

---

[21]) Den Föderalimus aber direkt als Ergebnis liberalen Denkens zu kennzeichnen (vgl. etwa Köttgen Der soziale Bundesstaat aaO. S. 21), scheint mir zu weit zu gehen. Das gilt erst recht für den Föderalismus als gesellschaftsorganisches Prinzip. Soweit sich Liberalismus als nationalstaatlicher Konstitutionalismus liest, hatten schon klassische föderalistische Denker dieser Richtung die Gegnerschaft zum Föderalismus ausgesprochen (zu C. Frantz und Proudhon vgl. in diesem Sinn etwa Grewe, Antinomien des Föderalismus, 1948, S. 14 f.), und umgekehrt bemerkt E. Kaufmann, Bismarcks Erbe aaO. S. 194 zu den Beratungen der Verfassung des Kaiserreichs, daß die eigentlichen Wortführer der Nationalliberalen keinen Blick gehabt hätten für die Notwendigkeit, die unitarischen Kompetenzbestimmungen der Verfassung durch den föderalistischen Bundesrat erträglich und möglich zu machen.

[22]) Zur Konkurrenz von formaler Gleichheit und linearer Folgerichtigkeit vgl. etwa Imboden, Der Plan als verwaltungsrechtliches Institut, VVDStRL 18, 1960, S. 114 ff.

[23]) Das verstärkt sich dann, wenn zu diesen schein-rechtsstaatlichen Motiven unabweisbare sozialstaatliche Bedürfnisse, etwa in Gestalt des Maßnahmegesetzes, treten. Auf die Gefahren, die durch das Maßnahmegesetz dem föderativen Staatsaufbau drohen, weist bes. Zeidler, Maßnahmegesetz und „klassisches" Gesetz, 1961, S. 204 ff. hin und ergänzt damit C. Schmitts Bemerkungen in Verfassungslehre, 1928, S. 153 f.; auch H. Schneider in C. Schmitt-Festschrift 1959, 159.

[24]) Vgl. U. v. 29. 11. 1961 E 13, 233 f.

[25]) So schon mein in derselben Sache erstattetes Rechtsgutachten zu Art. 72 Abs. 2 GG.

rationaler Uniformierung wird — in Karikatur gesprochen[25a]) — jedermanns Handeln parallel. Die Staatlichkeit wird nicht paralysiert — im Gegenteil —, aber sie wird parallelisiert. Anders in der Zone der weichenstellenden Entscheidungen.

Das ist der innere Grund, warum die föderalen Grenzen heute nicht mehr so recht verlaufen zwischen Bundeshaus und Landtag, sondern zwischen weichenstellender Entscheidung, wo immer sie getroffen wird, wenn auch nur in horizontaler Abstimmung, die alle Kräfte der Landesspitzen zur Richtungsbestimmung anfordert, — und allen anderen Abfolgeentscheidungen, wo immer sie getroffen werden, die der linearen Logik der Sache folgen. Und das ist der Grund, warum heute das BSozialhilfe-Gesetz und die Änderungen des Jugendwohlfahrtsgesetzes auf hohe föderale Empfindlichkeit stoßen müssen, weil und soweit sie dem Gemeinderecht sozusagen eine neue Drehung geben, nicht so sehr weil sie sich im Gemeinderecht bewegen[26]).

Mit dem Auseinanderfallen der mittleren Entscheidungszone versinkt gleichzeitig und folgerichtig die unmittelbare Bedeutung regionaler Besonderheit. Das aber heißt: Es geht nicht um Gewichtsverschiebungen zugunsten des Unitarischen, die durch organisatorischen Umbau unter dem Stichwort der Cooperation ins Lot gebracht werden[27]), sondern darum, daß der klassische Bezug föderalen Denkens zur Frage geworden ist.

3. Zur Frage geworden ist damit die Legitimation heutiger Bundesstaatlichkeit.

Man hat hierzu verschiedene Gedanken entwickelt, doch scheint mir der vielleicht treffendste Aspekt nach sehr frühen Anklängen wieder verlorengegangen zu sein.

a) mit Recht wird betont das verbleibende Eigenleben der Territorien als unerläßliche Rückendeckung der

---

25a) Stärkste Einschränkungen und Gegenentwicklungen natürlich eingerechnet; bekannt etwa die Divergenz über Zweckmäßigkeit und Umfang der Wirtschaftsplanung zwischen Gesamtstaat und Provinzen in Kanada.

26) Dazu etwa v. d. Heydte und Köttgen, Vorrang oder Subsidiarität der freien Jugendhilfe? (Hamburger Öffentlich-rechtliche Nebenstunden, 7, 1961) sowie z. B. mein Gutachten: Verfassungsfragen um Sozialhilfe und Jugendwohlfahrt, 1963.

27) Zumal gerade die Einflußstärkung der Territorien bei der Gesamtwillensbildung häufig zur Schwächung des politischen Eigenlebens der Territorien führt, vgl. etwa Neunreither, Der Bundesrat zwischen Politik und Verwaltung, 1959, S. 123.

föderalen Form[28]). Zugewandt der besonderen Sache bleibt alter Föderalismus noch spürbar, in personeller Sachnähe und in der Vielfältigkeit der Anreize[29]), die Erfahrung und Erprobung liefern. Ohne einen gewissen territorialen Rückhalt wird jede föderale Form, die überhaupt mit territorialen Spitzen arbeitet, zur Künstelei.

Entgegenzutreten ist aber den Auffüllungen dieses Gedankens aus dem gesellschaftsorganischen Ideengut, etwa in Gestalt des Subsidiaritätsprinzips, oder aus sonstigen Vorstellungen des Primats der kleineren Einheit, die — ideengeschichtlich weit ausgreifend — auch im anglo-amerikanischen, besonders anglikanischen Bereich beheimatet sind[30]). Die Prinzipien des gesellschaftsföderalen Denkens[31]) haben gewiß eine

---

28) Vgl. jetzt bes. Scheuner, Struktur und Aufgabe des Bundesstaates aaO. bes. 646, 648, der einerseits die Forderung nach historisch-politischer Legitimation der Bundesglieder wachhält, sich andererseits aber auch auf andere als nur regionale Besonderheiten bezieht.

29) Dazu Herbert Krüger in VVDStRL 19, 1961, S. 158 („die Selbständigkeit, die Vielfalt der Initiativen"). Die „Initiative" betont auch etwa S. Seabury, The New Federalism aaO. S. 134 ff.

30) Dazu die belegreiche Studie von K. Dockhorn, Der Föderalismus in der angelsächsischen Staatslehre der Gegenwart, Z.f.d. ges.Staatswissenschaft 106 (1950), 123 ff., bes. 135 ff., 145 f. Im übrigen reichen derartige Vorstellungen bekanntlich in die verschiedensten Bezirke, vom Neoliberalismus über katholische und evangelisch-lutherische wie reformierte Auffassungen bis zum westlichen Sozialismus.

31) Knappe Übersicht etwa bei Jerusalem, Die Staatsidee des Föderalismus, 1949, S. 5 ff. Allgemein zu föderativen Theorien die ausführliche Darstellung von S. Mogi, The Problem of Federalism, 2 Bände, London 1931; über deutsche föderative Theorien früherer Jahrhunderte namentlich Eulau, Theories of Federalism under the Holy Roman Empire, The American Political Science Review 35 (1941), 643 ff. Aus der heutigen deutschen Literatur betont föderalistischer Richtung vgl. etwa die Beiträge von Süsterhenn, Franz Meyers, Geiger, v. d. Heydte in Föderalistische Ordnung, herausgegeb. von Süsterhenn, o. J.; ferner z. B. W. Kägi, Selbstbestimmung und Mitverantwortung, Schweizer Monatshefte 1959, 686 ff., jüngst bes. auch Geiger, Mißverständnisse um den Föderalismus, aaO. S. 1 ff., vgl. ferner die Hinweise in Anm. 32 sowie etwa Brugmans, Panorama de la Pensée fédéraliste, Paris, 1956. Manches Material auch in dem Sammelwerk: G. Berger u. a., Le Fédéralisme, Paris, 1956; hierin namentlich der Beitrag zur Proudhon-Forschung von I. J. Chevallier, Le Fédéralisme de Proudhon et de ses Disciples aaO. S. 87 ff. Zum Verhältnis Föderalismus-Sozialismus vgl. im allgemeinen etwa Aron und Marc, Principes du Fédéralisme, Paris, 1948, S. 9 ff., sowie M. G. Vedel, Les grands Courants de la Pensée politique et le Fédéralisme in Le Fédéralisme aaO., bes. S. 77 ff.

Über die vielfältigen Brechungen des gesellschaftsföderalen Denkens vgl. etwa Schnur, Der Föderalismus als politisches Pro-

erstklassige ideengeschichtliche Mächtigkeit erlangt, aber sie sind auf staatlichen Föderalismus nicht übertragbar[32]). Die Zusammengliederung paralleler Gebilde, so wie sie der Größe nach anstehen, nach einer Tabulatur, die das Siegel des Althusius trägt, diese Zusammengliederung stößt nur in die Zone der „Organisation", nicht in die der „Föderation"[33]),

blem, Neue politische Literatur 1960, S. 862 ff. Als Denkstränge der ausgebreiteten modernen angelsächsischen Lehre vom gesellschaftlichen Föderalismus erweisen sich nach K. Dockhorn (Der Föderalismus in der angelsächsischen Staatslehre der Gegenwart aaO.) besonders der hegelianische Idealismus (und Personalismus), die germanistische Rechts- und Verfassungsgeschichte, endlich die spekulative Theologie der Kirche von England (124 ff.).

[32]) Das staatlich-föderative Prinzip mag an einigen Stellen von diesen Ideologien inspiriert sein, aber es lotet ihre Tiefen nicht aus. Unterschiede und Gemeinsamkeiten von Subsidiaritätsprinzip und schweizerischem Föderalismus bei Stadler, Subsidiaritätsprinzip und Föderalismus, Freiburg/Schw., 1951; vgl. allgemein auch etwa G. Messmer, Föderalismus und Demokratie, Diss. Zürich 1946, S. 99 ff.; über die engen soziologischen Grenzen einer Verwirklichung des Subsidiaritätsprinzips im Gemeindebereich vgl. Köttgen, Sicherung der gemeindlichen Selbstverwaltung, 1960, S. 22 f. Wie schütter die soziologischen Grundlagen für eine kraftvolle Entfaltung des Subsidiaritätsprinzips sind, macht z. B. folgende Bemerkung Schelskys deutlich: „Die sozialen Chancen sind in einem so hohen Maße differenziert und daher zu individuellen Interessenlagen kombinierbar, daß ein globales soziales Zusammengehörigkeitsbewußtsein nur noch in sehr kleinen Gruppen wie etwa der Familie realistisch entwickelt werden kann" (Die Bedeutung des Klassenbegriffes für die Analyse unserer Gesellschaft, Jahrb.f.Sozialwissenschaft 12, 1961, 257). Einige weitere Belege für eine allgemein mehr zurückhaltende und eingeschränkte Deutung des Subsidiaritätsprinzips jüngst bei W. Thieme, Subsidiarität und Zwangsmitgliedschaft, 1962, S. 20 f. Auf meine Literaturangaben in Übermaß und Verfassungsrecht, aaO. S. 200 ff. darf hingewiesen werden. Vgl. zuletzt insbesondere auch die Kritik zur Ideologie des Subsidiaritätsdenkens von Rendtorff, Kritische Erwägungen zum Subsidiaritätsprinzip, Der Staat 1962, 405 f., bes. 409 ff., 413 ff., 423 ff.

[33]) Vgl. auch Forsthoff, Körperschaft aaO., S. 36. Deshalb halte ich es auch für unmöglich, eine alle Sonderbegriffe des „Föderalismus" umspannende Generalformel zu finden, die über Gemeinplätze („Vielheit in der Einheit" u. ä.) hinausreicht. Auch die Krügersche Formel (Regierung ohne Einsatz von Herrschaft) entgeht diesen Bedenken nicht, da sie voraussetzt, daß vom Gesamtstaat her gedacht wird; ein Kennzeichen territorialen Föderalismus kann jedoch gerade das Gegenteil sein; m. a. W.: die Formel paßt für die Zone der Organisation (Blickpunkt: Gesamtstaat), nicht notwendig aber für die der (staatlich-territorialen) Föderation. Hier kann im Einzelfall zwar auch vom Gesamtstaat her gedacht werden (vgl. z. B. unten Anm. 88 zum organisatorischen Aufgliederungsakt der Schaffung der BRD), aber es muß dies nicht der Fall sein. Die strukturelle, unüberbrückbare Verschiedenheit wird vielleicht am deutlichsten, setzt man der genannten Krügerschen Formel: Föderalismus heißt „Regieren ohne

auch nicht der klassischen regionalen Föderation, die es doch mit individuellen Schicksalsträgern zu tun hat[34]).

Ideologische Aufladungen dieser Art müssen denn wieder entladen werden, selbst wenn es Funken gibt. Die Neigung, Welterklärungsformeln in eine positive Verfassung einzugießen, um hernach bestimmte Produkte auszufällen, diese Neigung ist freilich verbreitet, in Deutschland Mode; sie führt bis in technische Bezirke, wie z. B. dahin, die Erschöpfung des Rechtswegs vor Verfassungsbehelfen als Ausprägung des Subsidiaritätsgedankens zu begreifen und von hier aus einen Kontakt zur föderalen Staatsform herzustellen. In der Tat hat ein deutsches LVerfG so erstaunlich argumentiert[35]). Eine vielleicht anwachsende Richtung, vorzüglich auch innerhalb

---

Herrschaft" die Formel J. M. Murrys (The Free Society, 1948, S. 199) entgegen: Gegenüber der Gesetzgebung nehmen die freiwilligen Gruppen die soziale Erziehung vorweg, die die „free society" erfordert; der eigentliche Zweck ihrer Autonomie ist es, „Zentren des Gewissens zu sein: dem Gesetz voraus zu sein" (Zitat und Übersetzung nach K. Dockhorn, Der Föderalismus in der angelsächsischen Staatslehre der Gegenwart aaO. 144 f.).

Im übrigen wird im Schrifttum vielfach die Verschiedenheit der Begriffe über „Föderalismus" unterstrichen, auch wenn man nicht mit W. P. Maddox, The Political Basis of Federation, The American Political Science Review 35 (1941), 1120 „federation" glattwegs als „a popular catch-word" bezeichnen wollte; vgl. z. B. Nawiasky, Zum Begriff Föderalismus, Schweizer Rundschau 1945/46, 801; O. Nyman, Der westdeutsche Föderalismus, Stockholm, 1960, S. 38; von der Gablentz, Die Chancen des Föderalismus in der gegenwärtigen Gesellschaft, in: Bund und Länder, 1959, S. 142 ff.; gegen Überdehnungen des Begriffs bis zur Assimilierung mit dem Demokratie-Begriff wendet sich mit Recht W. J. Wagner, The Federal States and their Judiciary, S'Gravenhage, 1959, S. 26 f. Die verschiedenen Begriffe des Föderalismus nur als mehr oder weniger strikt bzw. locker zu kennzeichnen, wie dies jüngst G. S. Duggar tut (Federalism and Self-Government in the United States: Urban Renewal as an Example, Jahrb. d.öff.Rechts n. F. 10, 1961, 527 f.), ist gewiß verfehlt.

[34]) Auch wenn Selbstverwaltung wesentlich als „Aktivierung der Beteiligten für ihre eigenen Angelegenheiten" gelesen wird (Köttgen, Artikel „Selbstverwaltung" im HWB der Sozialwissenschaften sub 3 [3]), so bleiben doch Grenzen zu bündischer Schicksalsbestimmung traditioneller Art bestehen. Vgl. auch etwa A. Manuel, Le Fédéralisme suisse du Point de Vue romand, Schweizer Monatshefte 1959, 721. Die Grenzen verschwimmen bei Aufgliederung nach „Regionen" o. ä., vgl. z. B. einige — nur teilweise erfolgreiche — Bemühungen der italienischen Verfassung von 1947 (dazu etwa G. Sciascia, Die Verfassung der italienischen Republik usw. in Jahrb.d.öff.Rechts n. F. 8, 1959, bes. 165 ff., 187 f.).

[35]) Vgl. VerfGH Rh.-Pfalz E. v. 18. 11. 1957 DVBl. 1958, 359 (360); dagegen mit Recht Schäfer ebendort 363. Weitere Belege und Beispiele in meinem Übermaß und Verfassungsrecht aaO. S. 201, bes. Anm. 158.

der katholischen Soziallehre[36]), setzt sich von derartigem „Naturrechtspositivismus“ deutlich und besonnen ab.

Dazu sei noch eine sozusagen modellhafte Beobachtung in dieser Richtung gestattet.

Zu praktischem Ausdruck gelangen derartige Tendenzen vor allem dann, wenn sie es mit Verfassungsnormen zu tun haben, die nach Art unseres Art. 30 GG die kleinere Einheit für grundsätzlich zuständig erklären. Das ist — wie man weiß — in vielen Bundesstaaten der Fall. Wer daraus eine allgemeine „Vermutung“ gewinnen will oder gar eine Beweislastregel, übersieht[37]), daß das Gesicht solcher Normen[38]) der nackten Staatlichkeit der Glieder zugewandt ist und nicht der entscheidenden Seite der Kompetenz. Lassen Sie mich das verdeutlichen, und zwar durch Übertreibung. Mit Übertreibung[39]) kann man sagen: Art. 30 ist gar keine Kompetenznorm. Kompetenznormen sind weit mehr als formale Grenzziehungsnormen. Sie sind Einweisungen in Verantwortungsbereiche, schwerpunktmäßige Zuteilung von Aufgaben — so wie man das in einer erfahrenen föderalen Verfassung wie

---

[36]) Richtungsweisend jüngst bes. v. Nell-Breuning, Artikel „Subsidiaritätsprinzip“ im Staatslexikon.

[37]) So aber etwa im Einklang mit der in Deutschland noch überwiegenden Auffassung bes. Maunz-Dürig, GG, Rn. 1 zu Art. 30, deren Replik gegen vorhandene Kritik (insbes. v. Mangoldt-Kleins, Das Bonner GG, S. 752 f.) insoweit nicht überzeugt, als der von Maunz-Dürig behauptete — ohnehin ziemlich illusorische — Gegensatz von objektivem und subjektivem Recht hier schon deshalb unergiebig ist, weil sich (angeblich) subjektive Rechte auf objektive Verfassungssätze zurückführen lassen müßten. Richtig ist es freilich, daß „Vermutungen“ nicht nur bei tatsächlichem, sondern auch bei rechtlichem Zweifel denkbar sind. Ein „Zweifel“ aber muß stets vorliegen, und gerade hieran fehlt es: Entweder ist der Bund durch spezielle Norm für zuständig erklärt oder nicht. Nur bei der Auslegung der spezielleren Norm einschließlich der Frage, ob überhaupt eine solche anzunehmen ist, muß das Gewicht der Generalregel berücksichtigt werden; denn jede Verfassungsnorm wirkt auf alle anderen — wenn u. U. auch nur entfernt — ein. Aber — und das ist das Entscheidende — dieser Einfluß kann sehr wohl durch andere Regelungen, namentlich solche speziellerer Art, gemindert oder gar im Einzelfall ausgelöscht werden.

[38]) Wir sehen die Blickrichtung solcher Verfassungsaussagen also gerade nicht als Zeichen besonderer Stärke der Bundesglieder (zur entgegengesetzten Deutung Calhouns vgl. in diesem Zusammenhang Carl Schmitt, Verfassungslehre aaO. S. 374, vgl. auch S. 367).

[39]) Selbstverständlich ist Art. 30 GG insofern Kompetenznorm, als es um den Kern der Länderbefugnisse geht. Aber sein Verständnis als Kompetenznorm versagt in den bestrittenen und problematischen Randgebieten, und das ist entscheidend.

der der Vereinigten Staaten seit jeher gesehen hat[40]). Zuteilung von Aufgaben kann aber nur heißen: Zuteilung konkreter Aufgaben, sonst ist das nicht faßbar. Generalregeln nach Art des Art. 30 bieten daher nur formale Grenzziehungen, vielleicht Auslegungsakzente, aber nicht mehr[41]). Sie lassen die eigentliche Seite der Kompetenz unter den Tisch fallen: die Zuweisung sachlich umrissener, festgemachter Aufgaben.

b) Eine zweite Rechtfertigung heutiger Bundesstaatlichkeit scheint wesentlich ergiebiger. Sie ist in Deutschland gegenwärtig vor allem Herrn Hesse[42]) zu danken, allerdings nicht ohne die jetzige Einschränkung durch Herrn Scheuner in der Ihnen vorliegenden Abhandlung[43]). Hesse sieht die Lebendigkeit des Bundesstaates in einer erregenden Tatsache: Der Stoff, der in den heute realen politischen Zentralkräften versammelt ist, wird dadurch aufgelockert, daß er sich im Gehäuse des Bundesstaats bewegt[44]). Die modernen Ge-

40) Zu diesem Kompetenzverständnis vgl. vor allem jetzt Ehmke, Wirtschaft und Verfassung, 1961, bes. S. 111. Dort (S. 91 ff.) eine genaue Schilderung der föderativen Entwicklung der amerikanischen Wirtschaftskompetenzen. Vgl. ferner auch etwa P. Schneider DÖV 1961, 856 (Leitsatz 6 d). Etwas positivistisch abgeschwächt auch H.-W. Bayer, Die Bundestreue, 1961, S. 60 ff.

41) Die direkte Verkehrung der Generalformeln in ihr Gegenteil wird ebenso folgerichtig immer dort aufgehalten, wo eine geschlossene Materie durch das Verfassungsgesetz in einzelne Zentralkompetenzen gewissermaßen „aktionenrechtlich" (Ausdruck von Köttgen, Der soziale Bundesstaat aaO. S. 44) zerlegt ist. Daraus folgt aber nicht notwendig eine lückenfüllende Zuständigkeit der Gliedstaaten, vielmehr kann insoweit gerade der (materiellrechtliche) Ausschluß jeden Gesetzgebers gewollt sein. Umso stärker erheben sich dann rechtspolitische Gegenforderungen (so verlangt auch Köttgen aaO. „im Zweifel" eine „sozialrechtliche Generalvollmacht" des Bundes). — Mit Recht hebt neuerdings Bullingers Studie, Die Mineralölfernleitungen, 1962, S. 55 (vgl. auch S. 74) den Einfluß der Unterscheidung zwischen offenen und perfektionierten Verfassungen (vgl. Triepel, Die Kompetenzen des Bundesstaats und die geschriebene Verfassung, in Laband-Festgabe, 1908, S. 250 f.) auf die Auslegung der Kompetenznormen hervor und wendet sich mit gleichem Recht gegen die Ausnahme-Konstruktion der Bundeszuständigkeiten (Art. 70 GG).

42) Hesse, Der unitarische Bundesstaat, 1962.

43) Struktur und Aufgabe des Bundesstaats aaO. bes. S. 645 f.

44) Von Hesse aaO. veranschaulicht am Modell des deutschen Bundesstaats. Natürlich sind diese Erscheinungen nicht auf Deutschland beschränkt; vgl. etwa ein Beispiel in Kaiser, Die Repräsentation organisierter Interessen, 1956, S. 109. Eine abgewogene, auch die Grenzen berücksichtigende Studie zum Einfluß der Föderativstruktur auf die politischen Parteien bei D. B. Truman, Federalism and the Party System, in: Federalism, Mature and Emergent (Herausg. A. W. Macmahon), Garden City, 1955, S. 115 ff.; dazu auch O. Kirchheimer, The Decline of

walten balancieren einander, indem sie die föderale[45]) Sprache sprechen und sprechen müssen: d. h., auf eine Formel gebracht, Rechtfertigung des Bundesstaats durch und wegen Gewaltenteilung[46]).

Herr Ridder[47]) hat vor kurzem mit demselben Pfeil eine aktuelle Bestimmung im Entwurf des Vereinsgesetzes aufgespießt, wonach das Verbot überregionaler Vereine in die Hand des Bundes gelegt werden soll. Die föderalistische Vielseitigkeit in der möglichen Handhabung des Verbietens wird damit in der Tat beseitigt. Darin sieht Ridder eine

---

Intra-State Federalism in Western Europe aaO. 291 f.; Loewenstein, Verfassungslehre aaO. S. 305 f. und bes. Fraenkel, Das amerikanische Regierungssystem, 1962, 2. Aufl., S. 147 ff. Über die inhaltliche Stellung politischer Parteien zum Föderalismus vgl. z. B. die vergleichende Übersicht von M. Duverger, Les Partis politiques et le Fédéralisme en Europe, in: G. Berger u. a., Le Fédéralisme, Paris 1956, S. 149 ff.; Flechtheim, Bund und Länder in der Sicht der Parteien, in Bund und Länder, 1959, S. 33 ff.; vgl. auch Anm. 46.

45) Zur „Brechung ungehinderter Machtbetätigung" der modernen Machtträger, die auf das Medium der Staatsapparatur angewiesen sind, durch die kunstvoll komplizierte Form dieser Apparatur siehe im Blick auf die Gewaltenteilung W. Weber, Die Teilung der Gewalten als Gegenwartsproblem, in Carl-Schmitt-Festschrift, 1959, S. 263.

46) Hinweise auf ähnliche Gedankengänge auch aus der Frühzeit des föderalen Staates jetzt bei Scheuner, Struktur und Aufgabe des Bundesstaates aaO. 645 mit Anm. 44. Mit aller Deutlichkeit wurde der Gedanke bereits ausgesprochen von C. Schmitt, Verfassungslehre aaO. S. 389, 65, wobei aber die Betonung sichtbar auf daß „bloß" Organisatorische fiel; (ähnlich jetzt z. B. Kreutzer, Bund und Länder in der BRD, in Bund und Länder, 1959, S. 7 f.); wesentlich positiver formulierte C. Schmitt in: Das Problem der innerpolitischen Neutralität des Staates, jetzt in: Verfassungsrechtliche Aufsätze, 1958, S. 53. Aus dem heutigen Schrifttum vgl. dazu vor allem noch Neunreither, Der Bundesrat aaO. bes. S. 107 ff., 114. ff., 133; sowie dessen konzise Darstellung derselben Fragen in Politics and Bureaucracy in the West German Bundesrat, The American Political Science Review 53, 1959, 713 ff.; jüngst besonders auch Walter Schmidt, Das Verhältnis von Bund und Länder etc. aaO. 265 ff.; vgl. auch neuestens Geiger, Mißverständnisse um den Föderalismus aaO. S. 31; Schnur, Der Föderalismus als politisches Problem, Neue Politische Literatur 1960, 874. Den Gedanken referiert u. a. auch etwa W. Weber, Fiktionen und Gefahren des westdeutschen Föderalismus, in: Spannungen und Kräfte im westdeutschen Verfassungssystem, 2. Aufl., 1958, S. 72 ff.; Fraenkel, aaO. S. 104 ff. A. J. Heidenheimer, Federalism and the Party System: The Case of West Germany, The American Political Science Review 52, 1958, 809 ff. beurteilt freilich die Balancierungserwartungen als „largely illusory" (aaO. 828).

47) Ridder, Von Ursachen und Folgen föderalistischer Mißverständnisse, Blätter für deutsche und internationale Politik, 1962, S. 515 ff.

Streichung der gewollt hemmenden Wirkung föderaler Gewaltenteilung. Indessen würde ich schon hier meinen Vorbehalt andeuten und nicht so sehr von gewollt hemmender Wirkung der Föderalstruktur als doch eher von gewollter Erprobungsweite, von Experiment sprechen.

Dieselbe Frage bewegt in sehr viel heftigeren Konturen eine stattliche Zahl junger Staaten[48]). Das föderale Modell wird hier bisweilen ganz beherrschend in den Dienst der Gewaltenteilung gestellt. Allerdings rücken hier teilweise wieder die Gewalten in den Vordergrund, die territorial radizierbar sind; und vielfach geht es mehr um Gewaltenseparierung als um Gewaltenzusammenführung; ein Musterbeispiel — darf man einiger Information vertrauen — mag Nigeria[49]) sein.

Von da aus kann aber ein Spezifikum des Bundesstaatlichen nicht gewonnen werden[50]); auch in einheitsstaatlichen Formen ließe sich eine ähnliche Chance des Wechsels und der Kontrolle politischer Herrschaft erzeugen; und vor allem: Der Bundesstaat wird damit zu einem bloß technischen Kunstgriff unter vielen anderen zur Erzeugung rechtsstaatlichen Gleichgewichts. Nichts bliebe sonst übrig. Denn Gewaltenteilung und Föderalstruktur sind in der Tendenz durchaus verschiedene Größen.

Das Gegenteil wird allerdings fast allgemein als evident unterstellt. Das physikalische Modell[51]) des Gleichgewichts (als

---

[48]) Dazu jetzt näher Herbert Krüger, Grundzüge der Verfassungsbildung in den neu entstehenden Staaten in: Deutsche Landesreferate zum VI. Internationalen Kongreß für Rechtsvergleichung in Hamburg 1962, 1962, S. 315 ff., der auf Schwierigkeit und Bedeutung territorialer Radizierbarkeit der gegebenen Besonderheiten hinweist. Vgl. auch die Andeutungen etwa Ronnebergers, Das Verfassungsproblem in den Entwicklungsländern, Der Staat 1962, bes. S. 63.

[49]) Vgl. dazu die Darstellung von Kalu Ezera, Constitutional Developments in Nigeria, Cambridge, 1960; manches Material ferner in U. K. Hicks u. a., Federalism and Economic Growth in Underdeveloped Countries, London, 1961; vgl. auch A. H. Birch, Federalism, Finance and Social Legislation, aaO. S. 296 ff.; K. C. Wheare, Die Bundesstaaten im britischen Commonwealth, Schweizer Monatshefte 1959, 744, 746; R. C. Pratt, Die Zukunft des Föderalismus in Britisch-Afrika, Schweizer Monatshefte 1959, S. 832 f.; neuerdings Herbert Krüger, Grundzüge der Verfassungsbildung in den neu entstehenden Staaten, aaO. S. 315.

[50]) Daher könnten zu diesen bloß gewaltenteilenden Zwecken auch ganz andere als territorial-föderale Formen verwendet werden; erinnert sei an das von Herbert Krüger aaO. herangezogene Beispiel Zyperns.

[51]) Darüber, daß diesen und ähnlichen Begriffen (einschließlich des Organismus-Begriffs) für die Sozialwissenschaften nur beiläufiger Modellwert zukommt, vgl. allgemein etwa v. Kempski, Artikel „Sozialphilosophie" im HWB der Sozialwissenschaften.

Gewaltenteilung, Harmonie, Kompromiß) umschmeichelt die föderale Theorie als ständige Begleiterin seit ihren Ursprüngen[52]). Im Federalist erlangt sie bereits eine Schlüsselstellung[53]). Umgekehrt wird föderale Ideologie überall als vorzüglicher Fortschritt in der geistigen Bewältigung des Verfassungsstaates gepriesen[54]). Aber schon das scheinlogische Gewand dieser Parallelschaltung von Föderalismus und Gewaltenteilung[55]) macht sie verdächtig. In der Tat verfehlt sie Ursprünglichkeit, Geschichte[56]) und Sinn föderalen Zusammenschlusses oder föderaler Aufgliederung.

Dieser Sinn heißt politische Ökonomie[57]), Staatsräson, Kunst des Möglichen, Potenz und zunächst nichts anderes. Man kann

Zum amerikanischen föderalen „Gleichgewicht" als „Versuch zur Transponierung der Newtonschen Physik in die Welt des Gesellschaftlichen und Politischen" vgl. Loewenstein, Verfassungslehre aaO., S. 298. Ein Beispiel für Überschätzung (in mehr politischer Richtung): Tannenbaum, The Balance of Power versus the Coordinate State, Political Science Quarterly, Bd. 67, 1952, S. 173 ff., bes. S. 192.

52) Vgl. im Zusammenblick Carl Schmitt, Die geistesgeschichtliche Lage des heutigen Parlamentarismus, 3. Aufl., 1961, S. 50 f.

53) Am deutlichsten wohl in Nr. 31 (Hamilton).

54) Wenn C. J. Friedrich, Der Verfassungsstaat der Neuzeit, 1953, S. 750 meint, die Zuordnung des föderativen Prinzips zum Konstitutionalismus sei neuartig (vgl. auch S. 749, 216 ff.), so ist dies eine holde Täuschung.

55) Diese Scheinlogik ist über den Erdball verbreitet und findet sich namentlich auch in der föderal so erfahrenen Schweiz: vgl. etwa Imboden zuletzt in Die politischen Systeme, Basel 1962, S. 20 ff., bes. S. 78. In ähnlicher Richtung liegen die Versuche (einige schweizerische Belege etwa bei Stadler, aaO. S. 161, Anm. 13), Föderalismus und Demokratie sozusagen in Parallellage zu sehen. Weitaus differenzierender argumentiert man bisweilen französischerseits, z. B. Aron, A Suggested Scheme for a Study of Federalism, International Social Science Bulletin, IV, 1952, bes. S. 48. Kritisch auch (eine recht seltene Stimme aus dem anglo-amerikanischen Rechtskreis): F. L. Neumann, Federalism and Freedom: A Critique, in: Federalism, Mature and Emergent (Herausg. MacMahon), Garden City, 1955, S. 44 ff., vgl. auch Loewenstein, Verfassungslehre aaO., bes. S. 319; sehr zurückhaltend mit Recht auch Carleton, Centralization and the Open Society aaO. 256 ff. Dagegen rückt neuerdings F. Morley, Freedom and Federalism, Chicago, 1959, das Freiheitsproblem wieder in den beliebten Mittelpunkt.

56) Dazu die einleuchtenden Unterscheidungen von R. Nürnberger, Wesen und Wandel des Föderalismus im modernen Staatsleben, in G.-Ritter-Festschrift, 1950, S. 429 ff.

57) Man kann Imboden, z. B. in Die politischen Systeme, aaO. S. 78 (ähnlich für viele etwa die psychologische Behauptung Riveros, Introduction to a Study of the Development of Federal Societies, International Social Science Bulletin, IV, 1952, 41 sub 2) wohl kaum zustimmen, wenn er meint, das „Zweckmäßige" in

dies ideengeschichtlich mindestens bis in den pietistischen Lebensbegriff zurückverfolgen[58]). Welche Art der Organisation dieser Räson, dieser Ökonomie am günstigsten ist, ob gleichgewichtig oder nicht, ist nicht Sache des Begriffs. Erinnert sei an den Vorschlag des Halleschen Professors Lamprecht 1784[59]), alle Städte gleich groß und gleich rechtwinklig zu machen. Wo immer vorgefaßte Gleichgewichtsbilder[60]) das

---

einem der Daseinsvorsorge verschriebenen Funktions-System sei stets das Vereinheitlichte. Die Erprobung, das Experiment kann zweckmäßig sein. Gerade der Ökonomie-Gehalt des Föderalismus vermag die Wandlung des Staates zur Funktionsgemeinschaft zu überdauern; materielle Inhalte, die einen „wahren" Föderalismus ausmachen sollen, vermögen dies kaum. — Natürlich darf das ökonomische Moment nicht allzu technisch gedacht werden (insoweit überzeugend die Kritik Smends, Verfassung und Verfassungsrecht, jetzt in Staatsrechtliche Abhandlungen, 1955, S. 223 an Haenel); aber die (teilweise) Auflösung in „Dynamik" (etwa bei Dennewitz, Der Föderalismus, 1947, S. 21, 81 f.) stimmt nicht minder vorsichtig.

58) Vgl. dazu die Andeutung von Dockhorn, Der Föderalismus in der angelsächsischen Staatslehre der Gegenwart aaO. 148 anläßlich der Erörterung des bekannten Werkes von R. M. Mac-Iver, The Web of Government, 1947, wo der Gedanke der „efficiency" deutlich unterstrichen ist. Die Verbindung mit dem pietistischen Lebensbegriff der Oetinger und Bengel sieht Dockhorn vor allem über Hegel hergestellt.

59) Nach Hartung, Statsbildende Kräfte der Neuzeit, 1961, S. 158.

60) Wie etwa bei K. C. Wheare, Federal Government, aaO. S. 2 f., und zwar im Verhältnis der Gliedstaaten zum Bunde. Diese abstrakte Gesamt-Gleichgewichtigkeit ist auch für die USA praktisch nicht meßbar; das Gegenteil kann also mit gleichem (Un-) Recht behauptet werden (siehe etwa Loewenstein, Verfassungsrecht und Verfassungspraxis der Vereinigten Staaten, 1959, z. B. S. 88, S. 116 ff.). Um eine entsprechende Vertauschung von Existenz (Begriff) und Typ geht es, wenn aus der existentiellen Gleichordnung der Gliedstaaten untereinander ohne weiteres ihre faktische Gleichgewichtigkeit postuliert wird (hier äußert sich K. C. Wheare aaO. S. 52 f. vorsichtiger). Vielfach wird eine faktische Gleichgewichtigkeit zwar nicht als begriffswesentlich, indessen doch als (ohne weiteres) wünschenswert bezeichnet; diese Unterscheidung bewußt gemacht z. B. bei W. J. Wagner, The Federal States and their Judiciary aaO. S. 35 f. mit Anm. 70 (Hinweis auf Wade); vgl. auch etwa A. W. Macmahon, The Problems of Federalism: A Survey, in: Federalism, Mature and Emergent (Herausg. A. W. Macmahon), Garden City, 1955, S. 5.

Ähnlichen Bedenken, wie sie einseitiger Betonung faktischer Gleichgewichtigkeit entgegenstehen, begegnet die Überbetonung existientieller „Gleichordnung", was schon oben Anm. 8 angedeutet wurde. Existentielle Gleichordnung ist trotz der Bedeutung, die ihr insbesondere auch in der Praxis des Supreme Court beigelegt wird, ebensowenig zur Lösung der eigentlichen Konflikte geeignet wie etwa das leidige föderative Souveränitätsproblem (über dessen Ausmerzung bei R. v. Mohl und später H. Preuss vgl. etwa

föderale Denken überlagern, leidet die Anschauung der politischen Ökonomie, erschwert sich der Zugang zu den typischen Konfliktslagen. Bilfinger hat für Weimar nur einem hegemonischen deutschen Bundesstaat Chancen gegeben[61]), und noch Jacob Burckhardt konnte der überaus feingliedrigen Verfassung der Vereinigten Niederlande mit ihrem deutlichen praktischen Übergewicht der Grafschaft Holland „wirkliche Lebenskraft" nachrühmen, während sie neuerdings Gerhard Ritter mehr als „eine Art organisierter Anarchie" empfindet[62]).

Allgemein — so wird man sagen müssen — kann das föderale Prinzip nicht von der Vorstellung der Gewaltenteilung, also der Freiheit her abstrakt legitimiert werden:

Was für die Lehre von der Gewaltenteilung — wie Montesquieu[63]) sehr deutlich gespürt hat — ein betriebstechnischer Hintersinn ist, nämlich eine innere Wohlverteilung der Gewalten, damit sie betriebsklar funktionieren, das wird im föderalen Denken zum ersten Sinn, zum Zweck schlechthin; und umgekehrt wird die Frage des Ausgleichs, der Machtentschärfung[64]) zum bloß betriebstechnischen Instrument. In einer Formel gesagt: „Maß" — föderal gelesen — heißt primär nicht „Mäßigung", nicht Machtentschärfung[65]), sondern „Ausgemessenheit", politische Kraft.

---

die Übersicht bei C. J. Friedrich, Der Verfassungsstaat der Neuzeit aaO. S. 749; gleichwohl hält eine ausgedehnte Literatur immer noch an derartigen Fragestellungen fest, vgl. z. B. Usteri, Theorie des Bundesstaates, Zürich 1954, bes. S. 85 ff.).

[61]) Bilfinger, Der deutsche Föderalismus aaO.

[62]) Die Zitate Burckhardts und G. Ritters und ihre Gegenüberstellung sind entnommen aus Hartung, Der ständische Föderalismus der Neuzeit als Vorläufer des Bundesstaates, in Schweizer Beiträge zur Allgemeinen Geschichte, 18/19, Bern 1960/61, S. 347 ff., 367 f.

[63]) Herausgehoben von Forsthoff DRZ 1948, 407 f., Lerche in Die Grundrechte, IV/1, S. 532.

[64]) als erster Sinn der Gewaltenteilung. Wer dagegen den ersten oder wahren („tieferen" o. ä.) Sinn der Gewaltenteilung in der Ökonomie sieht oder in der Teilhabe an der politischen Macht (so z. B. Werner Weber, Die Teilung der Gewalten als Gegenwartsproblem, aaO. S. 255 f. mit weiteren Belegen), anstatt hierin nur eine Voraussetzung oder einen Nebensinn zu erkennen, verwischt die Unterschiede, auf die es gerade ankommt.

[65]) Zutreffende Kritik dieser und ähnlicher Vorstellungen vor allem bei Herbert Krüger, Der Verfassungsschutz im Bundesstaat, DÖV 1960, 725 ff., 727; ebendort die überzeugende Ablehnung des klassischen Mißverständnisses A. V. Diceys, Introduction to the Study of the Law of the Constitution, jetzt 10. Aufl., 1960, S. 171: „Federal government means weak government" (allerdings etwas korrigiert in Anm. 1 aaO.; aber der schiefe Akzent bleibt). In ähnlich unzutreffender Richtung liegt es, den Kompromiß-Cha-

c) Der Rückführung moderner Bundesstaatlichkeit auf Gewaltenteilung ist also nur beschränkt zu folgen. Damit sind die Bemühungen um eine Rechtfertigung moderner Bundesstaatlichkeit jedoch nicht erschöpft. Man versucht eine mehr ethische Fundierung[66]). In Deutschland hat diese Auffassung eine sehr moderne Formulierung gefunden. Und zwar erblickt Herr Köttgen[67]) die Aufgabe innerstaatlicher Gliederung darin, daß — wie er sagt — nur durch territorial vervielfältigte Möglichkeiten eines Engagements für das Gemeinwohl der Funktionalisierung des Staates Einhalt geboten werden könne. Aber — ist das durchführbar? Besteht noch eine ausreichende Entfernung zwischen Gemeinwohl und Vielfalt gesellschaftlicher Patronage? Wird man nicht sagen müssen: Zwischen der Buntheit der möglichen Interpretationen des Gemeinwohls einerseits und der Selbstneutralisation gesellschaftlicher Patronage andererseits ist nur noch ein hauchdünner Trennungsstrich?

4. Ich würde daher auch hier eine weniger materielle[68]) Betrachtung als vielleicht realistischer vorziehen. Also einen Schritt näher zum Verfahren[69]), zum tatsächlichen Pro-

---

rakter der bündischen Entscheidungen überzubetonen, wie etwa Triepel, Unitarismus und Föderalismus im Deutschen Reiche, 1907, S. 122 f. Vgl. auch zutreffend Herbert Krüger, Verfassungswandlung und Verfassungsgerichtsbarkeit, in: Smend-Festgabe, 1962, S. 159 mit Anm. 28; F. G. Carnell, Political Implications of Federalism in New States, aaO., S. 18 f. Zu schwach bleibt es wohl sogar noch, die Bundesverfassung als „Bestandteil" der Gliedverfassungen anzusprechen (so etwa Carl Schmitt, in Verfassungslehre aaO. S. 368 oder in Das Reichsgericht als Hüter der Verfassung, jetzt in: Verfassungsrechtliche Aufsätze, 1958, S. 71.), auch wenn diese Auffassung schon weit über jene verfehlten Deutungen dringt, die sich die einzelnen Verfassungsbereiche im Bunde wie Tortenstücke nebeneinander denken.

[66]) Über Toleranz, Generosität, Verantwortungsgefühl u. ä. als ethische Grundlage der Föderationen verbreiten sich föderalistische Studien häufig; dazu zuletzt z. B. M. G. Berber, Introduction psychologique et philosophique aux Problèmes du Fédéralisme, in: Le Fédéralisme, Paris 1956, S. 27 ff.; G. de Reynold, La Tradition fédéraliste dans l'Histoire européenne, Schweizer Monatshefte 1959, 790; das ethische Moment betont auch etwa S. Seabury, The New Federalism, S. 140 ff. und neuerdings Herbert Krüger, Grundzüge der Verfassungsbildung in den neu entstehenden Staaten aaO. 317. Über die gesellschaftsföderale Formel J. M. Murrys („Zentren des Gewissens") vgl. schon oben Anm. 33.

[67]) Innerstaatliche Gliederung aaO. S. 96 f. Vgl. jetzt auch Geiger, Mißverständnisse um den Föderalismus aaO. S. 31.

[68]) Wer den sozialen Bundesstaat materiell erklären wollte, braucht jene Mischung von Verbindlichkeit von Maßstäben und Liberalität im einzelnen, die es heute nicht mehr gibt; er verbleibt — wie W. Weber in Fiktionen und Gefahren etc. aaO. bes. S. 70 sagt — im Bereich der Fiktionen.

zeß. Das Wichtige und Handfeste scheint mir zu sein, daß die Föderalstruktur alle lebendigen Gewalten in einen realen Status hineinzwingt, der mit einer vorläufigen Formel als „Homogenität im Verfahren" bezeichnet werden mag.

Hier scheint mir ein Schlüssel zu liegen. Der Begriff darf näher erläutert werden. Denn nichts hat er gemein mit dem gängigen Begriff föderaler Homogenität, der sich seit Carl Schmitt in eine Extremstellung gedrängt sieht[70]). Fast allgemein — nicht nur in Deutschland — wird unter Homogenität ja nur ein Mindeststandard an Gleichförmigkeit verstanden,

---

[69]) Die Betonung des Verfahrens entspricht meiner grundsätzlichen Überzeugung (vgl. DVBl. 1961, 690 ff.), daß in einer Zeit ohne verbindliche gemeinsame Staatsanschauung die Verfahrensformen das Wichtige, das Eigentliche werden. Nach zwei Seiten gilt es aber dies abzugrenzen. Einmal ist dies anders gemeint als bei Forsthoff (z. B. in Carl-Schmitt-Festschrift, 1959, S. 35 ff.), wo das (behauptete) Verfahrensniveau einer einzigen Epoche (des bürgerlichen Rechtsstaats) logifiziert wird. Das Wesentliche sehe ich vielmehr in dem ständigen, gleitenden Fortentwickeln der Verfahrenselemente. Nicht minder entfernt ist die hier vorgenommene Deutung von der Smendschen Integrationstheorie, namentlich auch in Gestalt der „funktionellen" Integration. Ohne allgemeinen Sachbezug (Einheit, Einheitserlebnis) ist keine Form der Integration denkbar. Dieser Sachbezug interessiert uns gerade nicht. Als sachliche Legitimation (nicht Tendenz) der föderalen Organisationen wird sich — wie alsbald zu zeigen — eine speziellere Erscheinung ergeben, nämlich die eigenartige Verbindung mit der verfassungsgebenden Gewalt. Infolgedessen sehe ich auch die Einzelprobleme anders als vom Standpunkt der Integrationstheorie; das wird sich z. B. bei der Frage der „Bundestreue" (unten Anm. 84) herausstellen.

Im angelsächsischen Schrifttum wird der Verfahrensgesichtspunkt gelegentlich sehr feinsinnig an Einzelpunkten gewürdigt; so wenn z. B. Livingston aaO. S. 168 f. anläßlich der Änderungen der australischen Verfassung bemerkt, nach längerem Funktionieren habe der Änderungsprozeß selbst „taken its place within the context of society; it has become part of the sociological pattern that is federalism. What in 1900 was a mere means has half a century later become an end in itself" (vgl. auch aaO. bes. S. 9, ebenso denselben in A Note on the Nature of Federalism, Political Science Quarterly, Bd. 67, 1952, 95).

[70]) Vgl. Carl Schmitt, Verfassungslehre aaO., bes. S. 375 ff. Forsthoff, Die öffentliche Körperschaft im Bundesstaat aaO. S. 29 ff., 93 ff., benützt zwar dieselbe Terminologie, rückt aber in der Sache von der Ausschließlichkeit dieser Homogenitätsvorstellung bereits ab. Einschränkend (in bezug auf nationale Homogenität) in anderer Weise O. Kirchheimer, The Decline of Intra-State Federalism in Western Europae aaO. 287. Einige weitere Literatur etwa bei Erler, Das Grundgesetz und die öffentliche Gewalt internationaler Staatengemeinschaften, VVDStRL 18, 1960, S. 38, Anm. 58, der selbst die Homogenität S. 39 ebenfalls existentiell auffaßt.

sozusagen ein Mindestgleichsein des politischen Habitus. Diese Homogenität soll den Eintritt des extremen Konfliktsfalls unmöglich machen, sie ist m. a. W. den existentiellen Konflikten zugeordnet. In dieser gängigen Homogenität gründet — von allzu Aktuellem zu schweigen — das delikate Interventionsrecht des indischen Staatspräsidenten bei Zusammenbruch eines einzelstaatlichen Verfassungsapparats[71]); sie paßt zur Ausnahmesituation[72]). Diese aber paßt am allerwenigsten zum faßbaren Föderalen, d. h. zu dem in Funktion gesetzten Bund. Der Ausnahmefall ist für den Staat mit kennzeichnend, für den Bund als Staatsform nur grenzenbezeichnend. Die „Antinomien" Carl Schmitts sind daher keine Furchungen in der Struktur des Bundes, sondern bloß negativ Aussparungen dessen, was an Konflikten eben nicht da sein darf, soll ein Bund existieren können.

So ist denn auch diese geläufige Homogenität nichts besonders Bündisches, sie ist Vorbedingung jeder stabilen Ordnung; man trifft sie auf allen Schauplätzen, z. B. dem demokratischen. Setzt man sie absolut, so allerdings fließen demokratische Homogenität und föderale Homogenität in eins[73]),

---

71) Dazu ausführlich Durga Das Basu, Commentary on the Constitution of India, 3. Aufl., Kalkutta, 1955/56, Bd. II, S. 535, 542 ff.; knapp V. V. Chitaley und S. Appurao, The Constitution of India, 1. Aufl., 1954, Bd. IV, S. 3659 ff.; vgl. auch Ch. H. Alexandrowicz, Föderalismus in Indien, Schweizer Monatshefte 1959, 760.

72) Aus ihrem Blickfeld heraus ist daher z. B. der Frage näherzukommen, ob jeder der im Bunde vereinigten Teile für den Schutz der Verfassung jedes anderen Teiles besorgt zu sein hat und zur geordneten Abhilfe kompetent ist. Freilich ist auch dies nur ein Aspekt des Ganzen, vgl. dazu Herbert Krüger, Der Verfassungsschutz im Bundesstaat aaO. bes. 725 f., aber auch 727.

73) Vgl. statt vieler Carl Schmitt, Verfassungslehre aaO., S. 388 f. Es ist klar, daß diese Argumentation nicht schlüssig ist. Sowohl die Demokratie als auch der Bund beruhen — sagt Schmitt — auf der „Voraussetzung" (!) einer (!) Homogenität. Bildet sich nun ein Bund demokratischer Staaten, so sei es die „notwendige" Folge, daß diese Homogenitäten zusammenfließen und „deshalb" in natürlicher Entwicklung die homogene Einheit des Volkes über die politischen Grenzen der Gliedstaaten hinweggeht und eine durchgängige Einheit herstellt. — Warum „notwendige" Folge? Warum „deshalb"? In dieser dünnen Luft scheinbar „realistischer", in Wahrheit durchaus doktrinärer Begrifflichkeit vermag eine Frage nicht entschieden zu werden, die ohne Bedachtnahme auf die weitaus kompliziertere Welt beweglicher Wirklichkeit nicht entschieden werden kann. Die Koppelung zweier materieller Selbstverständlichkeiten allein (= der beiden Homogenitätsvoraussetzungen) gibt keine Erklärung — abgesehen davon, daß in manchen Staatenbünden diese „bündische" Homogenität bisweilen recht schütter war (wie es z. B. die verschiedenen Staatsformen innerhalb der Schweizerischen Eidgenossenschaft lehren). Eine Vorbedingung

und der Bund wird zu einem paradoxen Zwischenprodukt aus — wie man sagt — „horse-and-buggy-days"[74]); ein Produkt, das demokratischer Luft nicht ausgesetzt werden dürfe, gleichwohl auf anderen als demokratischen Fluren nicht gedeihen könne. Der Bund wird unmöglich.

Ich meine, man hält sich besser an die Konflikte des täglichen Betriebs[75]). Positiv gewendet: Es muß vorhanden sein eine Mindestgeschlossenheit der gegebenen politischen Zentren im Verfahren der Auflösung dieser normalen Störungen. Diese Gleichgestimmtheit[76]) im Typ der Konfliktsbewältigung, das ist föderale Homogenität. Sie ist nicht zentrale Durchgestimmtheit wie im Einheitsstaat, und sie ist auch nicht partielle Abgestimmtheit wie im bloßen Bündnis. Dazu bedarf es nur einer kurzen gedanklichen Probe. Verdichten sich die einzelnen Schlichtungsinstanzen von Bündnispartnern zu der Geschlossenheit der hier gemeinten Homogenität, so wird aus dem Bündnis ein Bund, der nur verfaßt zu werden braucht, d. h. mit Funktionsmechanismus versehen werden muß. Das Bestehen dieser Homogenität scheint mir der moderne Unterschied zwischen Bündnis und Bund zu sein, wenn wir alle Einkleidungen hinter uns lassen und die Sache vom Verfahren her betrachten.

Die föderale Verfassung wird infolgedessen den Schlichtungsinstanzen eine beherrschende Stellung geben und die Suprematie des Verfassungsrechts betonen. Aber das ist ein Punkt, an dem die Verfassungsgeber an Phantasie verlieren müssen. Die Gleichgestimmtheit im Typ der Konfliktsbewältigung muß vor, neben, hinter und trotz der Verfassung und einer etwaigen Verfassungsgerichtsbarkeit bereitstehen. Sie

---

kann man jedenfalls nicht aus ihrer Selbstverständlichkeit heben und zur Hauptsache machen.

74) Vgl. — referierend — F. G. Carnell, Political Implications of Federalism in New States, aaO. S. 18, der selbst eine abgewogene Stellungnahme bietet.

75) Vgl. auch — wesentlich zum internationalen Föderalismus — Landecker, The Dynamics of Political Integration in Federal System, International Social Science Bulletin, IV, 1952, 59 f. Allgemein gilt die feine (zu Dahrendorfs Konflikttheorie entwikkelte) soziologische Bemerkung Schelskys, Die Bedeutung des Klassenbegriffes aaO. 260: „Integration und Konflikt konstituieren nicht zwei verschiedene, in sich jeweils geschlossene Strukturen unserer Gesellschaft, sondern sie treten in jeder strukturwichtigen Beziehung der sozialen Verfassung gemeinsam und in jeweils spezifischer Weise in Erscheinung".

76) Zu schwach bleiben in dieser Hinsicht auch die klassischen Notizen von J. St. Mill, Considerations on Representative Government, Ausgabe New York 1958, S. 237 ff. über das, was Mill mutual sympathies of political institutions nennt.

kann dann sogar gewisse Brüche in der geläufigen Homogenität überdecken. Wenn der kanadische Bundesstaat funktionierte, obwohl es an Rechtsbahnen zur Konfliktslösung (via Verfassungsänderung) weithin mangelte, so ist das einer unpositivierten, ja juristisch kaum artikulierten Verfahrenshomogenität zu verdanken, die die Sonderstellung namentlich Quebecs letztlich respektierte[77]). Keine föderale Verfassung **ersetzt diese Homogenität**[78]), und in einem wieder größeren Deutschland könnte sie zu einer bedeutsamen Frage werden. —

5. Ausschließlich von diesem Verfahrensgedanken her sehe ich denn auch den Zusammenhaltsbegriff des Bundes, die sogenannte Bundestreue, und nicht aus der Sicht mystisch-materialer Tiefen. Eben deshalb mag man vielleicht anspruchsloser von „Bundessinn" sprechen an Stelle von Bundestreue; und zwar, um erstens allen nibelungenhaften Beigeschmack nach der Speisenkarte germanischer Genossenschaften zu entfernen, um zweitens die Distanz zu entstehungsgeschichtlichen Hypotheken wie Bundesvertragstreue[79]) zu achten und um endlich drittens auch gewisse begrenzte Entsprechungen in der ausländischen Praxis[80]) vorsichtig einzuholen. Vielleicht also besser Bundessinn als Bundestreue.

---

[77]) Dazu aus der Fülle des Schrifttums etwa F. R. Scott, A Survey of Canadian Federalism, International Social Science Bulletin, IV,1952, 85 ff., bes. 88 sub 8; W. S. Livingston, Federalism and Constitutional Change, aaO. bes S. 16 ff. (mit Belegen und Bibliographie); E. McWhinney, The Canadian Constitution, Jahrb.d.öff.Rechts, n. F. 8, 1959, 436 f. mit Angaben über Verhandlungsberichte. Grundlegend zum Verständnis föderativer kanadischer Probleme: Report of the Royal Commission on Dominion-Provincial Relations, Ottawa, 1940 (wichtige Auszüge z. B. im Case-Buch B. Laskin, Canadian Constitutional Law, 2. Aufl. Toronto, 1960, S. 1ff.; kurze Übersicht etwa bei L. Gettys in The American Political Science Review, XXXV, 1941, 100 ff.); vielfältige einschlägige Aspekte vermitteln auch die Beiträge von A. R. M. Lower, Theories of Canadian Federalism — Yesterday and Today, F. R. Scott, French-Canada and Canadian Federalism, J. A. Corry, Constitutional Trends and Federalism u. a. in Evolving Canadian Federalism, London und Durham, N. C., 1958.

[78]) Ihre Geschlossenheit korrespondiert der potentiellen Geschlossenheit der Staatsgewalt der Neuzeit; kennzeichnenderweise ist auch diese Potenz nicht auf bestimmte Inhalte festgelegt; vgl. zuletzt im Zusammenhang mit föderativen Problemen Erler, Das Grundgesetz und die öffentliche Gewalt internationaler Staatengemeinschaften, VVDStRL 18 (1960), S. 21.

[79]) Dazu Näheres bei H.-W. Bayer, Die Bundestreue aaO., bes. S. 4 ff., 10 f.

[80]) Material bringt jetzt Rupp, Zum Problem der Bundestreue im Bundesstaat in Carlo-Schmid-Festgabe, 1962, S. 146 ff.; vgl. auch E. McWhinney, Föderalismus und Bundesverfassungsrecht, 1962, bes. S. 21 f., 58 ff.

Von hier aus geht meine These dahin, daß der Begriff des Bundessinns seine ganze Prägnanz aus dem Gedanken geschlossener Verfahrenshomogenität, Gleichgestimmtheit im Typ des Entstörungsverfahrens, bezieht und nur aus ihm. Es ist für den Bundessinn nicht gleichgültig, wenn sich zwischen Zentrale und Landesspitzen plötzlich durch horizontale Vereinbarungen eine Art „staatenbündische Schicht"[81]) einschiebt, falls sie den bisherigen Typ der Konfliktslösung wider Willen der Zentrale[82]) verändert. Verfassungsgemäß kann das immer noch sein: Erst in der Mißbrauchszone wird Bundessinn zum Rechtsbegriff, gleichwohl auch hier nicht überflüssig[83]), weil der Mißbrauchsgedanke für jede eigenständige Sachwelt der verdichtenden Zwischenformel bedarf. — Um materielle Dinge aber, wie etwa um Verständigung auf ein Gesamtinteresse[84]), geht es hier nicht. Die Berufung auf das Gesamtinteresse ist zwar eine sehr beliebte Behauptung, man sieht darin das Wesen der Bundestreue, aber nichts ist falscher als das: Was dem Bundesganzen dienlich oder nicht, das entscheidet sich nicht nach einem Bundesmythos[85]), sondern von Verfassungs-

---

81) Der Ausdruck wird verwendet von Ridder, Von Ursachen und Folgen föderalistischer Mißverständnisse aaO. 521.

82) Darin liegt der rechtliche (nicht nur politische) Sinn von Vorbehalten der Zentrale gegenüber derartigen Vereinbarungen, auch wenn die Zentrale darauf verzichtet, ihre Bedenken gerichtlich klären zu lassen. Denn bei Hinnehmen der Vereinbarungen entsteht u. U. neues Verfassungsrecht. — Nicht unwesentlich anders wird das Problem neuerdings gesehen von Maunz NJW 1962, 1641 ff.

83) Insoweit stimme ich den radikalen Kritiken des Begriffs der Bundestreue (vgl. zuletzt bes. Hesse, Der unitarische Bundesstaat aaO. S. 6 ff. mit weiteren Belegen; zurückhaltend auch etwa Spanner, Zur Rechtskontrolle des bundesfreundlichen Verhaltens, DÖV 1961, 481 ff., 485) nicht zu. Inwieweit aus dem Begriff des „Bundessinns" selbständige Hilfspflichten als Verfahrenspflichten erwachsen können, bleibe dahingestellt; vgl. dazu u. a. auch Herbert Krüger, Verfassungsschutz aaO. 728 (mit weiteren Stimmen), aber ohne Abscheidung des materiellen Rechts.— Daß eine klare Grenze zwischen Verfahrensrecht und materiellem Recht nicht besteht, will nicht als Nachteil erscheinen.

84) Die nachhaltige Deutung der Bundestreue durch Smend, Verfassung und Verfassungsrecht, jetzt in Staatsrechtliche Abhandlungen aaO. ist daher wohl in doppelter Beziehung zu extrem: Mit der inhaltlichen Fixierung auf das Gesamtinteresse (aaO. S. 272 im Anschluß an Bilfinger) ist nach dem Gesagten nichts gewonnen, andererseits heißt Bundessinn nicht Verständigungsverfahren auf allen möglichen Wegen (siehe aaO. S. 271, vgl. aber auch S. 272), sondern Beachtung des Verfahrens*typs*, der den jeweiligen Bundesstaat auszeichnet.

85) Erst recht darf (auch) die bundesstaatliche Verfassung nicht als „Entscheidung" für irgendein sachlich folgerichtiges politisches Denksystem verstanden werden (vgl. allgemein die Kritik

punkt zu Verfassungspunkt danach, wessen Meinung jeweils von der Verfassung für die maßgebliche erklärt wird. Es hat denn auch einen guten Grund, den Rechtsgehalt des Bundessinnes nicht zu strapazieren, d. h. ihn zugunsten freier politisch-ethischer Anreize und Spielräume offen zu lassen.

Ein Riß in der Verfahrenshomogenität, im Bundessinn ist daher etwas vollständig anderes als ein Schönheitsfehler und ein bißchen Tücke im Spiel des politischen Machtkampfes[86]). Das sind allenfalls föderale Kavaliersdelikte. Die politische Freiheit in der Auswahl der Druckmittel wird von der Verfahrenshomogenität getragen, aber nicht beschnitten.

6. Dennoch ist die Einladung in diese Verfahrenshomogenität ein wesentlich disziplinierender Vorgang; sie ist mehr als Appell zur Einigung, aber doch weniger als Zwang; die deutsche Sprache hat hier eine Lücke; das Wort „Last" — es geht um eine Art Einigungslast — betont wohl zu sehr das Negative. — Vielleicht weht in dieser Verfahrenshomogenität nichts anderes als die Luft ursprünglicher Verfassungsgebung. Ich meine das nicht utopisch. Wie anders soll die Last ständig erneuerter Einigung auf den Typ der Konfliktslösung begriffen werden? Und ist das nicht ein Stück stetig erneuerter Legitimation der Staatlichkeit schlechthin? Und ist das nicht mehr als ein Kunststück des Bundes: ein Stück Kunst der föderalen Form, das keine andere Staatsform in dieser Weise bereithält, das daher auch beim Verblassen der territorialen Staatlichkeiten seinen Wert behalten kann, freilich nach wie vor territorialer Wahlen und Abstimmungen als Stütze bedarf? Und ist das nicht Chance und Risiko der jungen Staaten?

Und ist diese Legitimation durch fortwährendes Aufeinander-Einstellen nicht der tiefere Grund der sogenannten dualistischen[87]) Struktur des Bundes? Und sollte man nicht

---

Schmitts durch Smend, Bürger und Bourgeois im deutschen Staatsrecht, jetzt in Staatsrechtliche Abhandlungen aaO., S. 320 in Anm. 15).

[86]) Dazu jetzt u. a. Scheuner, Struktur und Aufgabe des Bundesstaates in der Gegenwart aaO. bes. S. 646 in Am. 52 (mit weiteren Belegen).

[87]) Es wird daran gezweifelt werden dürfen, ob der Streit um die Zwei- oder Dreigliedrigkeits-Konzeption tatsächlich derart intensiv und unmittelbar „weltanschaulich" geführt werden sollte, wie dies heute der Fall ist. M. E. kann ein gedankliches Auseinandertreten von „Gesamtstaat" und „Zentrale" in prozessualtechnischer Beziehung u. U. von Nutzen sein. So habe ich schon 1960 in einem Vortrag vor der Wiener Rechts- und Staatswissenschaftlichen Fakultät auf die Parallele verwiesen, die sich aus der auch heute noch (vor allem verfahrensrechtlich) vorge-

gerade deshalb besser von einer multiplen Struktur sprechen, je nach der Zahl der politischen Zentren? — Das ist ganz ohne jeden einseitig staatenbündischen Akzent gemeint.

Ebenso klar dürfte aber sein, daß das Ganze in einem Bundesstaat mehr staatenbündischer Grundlage wesentlich anders aussehen wird als in einem Bundesstaat wie der BRD, der durch einen einzigen demokratischen Aufgliederungsakt[88])

nommenen Unterscheidung von Fiskus und Hoheitsstaat als selbständigen Zurechnungspolen ergibt. Eine derartige Technik, die an der grundsätzlichen dualistischen Struktur des Bundes nichts ändert, mag sich vor allem in jenen Bundesstaaten empfehlen, die das reiche und komplexe Verhältnis zwischen „Zentrale" und „Gesamtstaat" nach positivem Verfassungsrecht in einzelne Rechtsbeziehungen auflösen. Unter dieser Voraussetzung sind z. B. Rechtspflichten von Zentralorganen denkbar, die nur gegenüber dem „Gesamtstaat", nicht aber gegenüber einzelnen Gliedstaaten (oder deren Gesamtheit) bestehen (dazu mein in BVerfGE 13, 54 ff. teilweise referiertes Gutachten). Nur mit dieser prozeß-technischen Beschränkung vermag ich den Verdikten der Dreigliedrigkeitslehre (Imboden: „völlige Abstraktion von der Wirklichkeit", Kaiser: „Gedankengebilde ohne irgendeine Entsprechung in der wirklichen Welt", Scheuner: „Luftschloß ohne Realitätsgehalt" u. a. m.) zu folgen. Daß insbesondere die Einsetzung politischer oder gerichtlicher Entscheidungsinstanzen auf die sachlichrechtliche Lage abfärben muß (z. B. Smend, Verfassung und Verfassungsrecht, jetzt in Staatsrechtliche Abhandlungen aaO. S. 214) ist wohlbekannt. Eine andere Frage ist es freilich, ob die — unterstellte — Verfassungsentscheidung für Verrechtlichung der föderalen Beziehungen eine gute oder eine schlechte Sache ist. Vielfach wird sie die Flüssigkeit des Ganzen stören. Alle anderen Vor- oder Nachteile der Zwei- bzw. Dreigliedrigkeitslehren sind nur scheinbar. „Einfacher" z. B. ist die dualistische Theorie gewiß nicht; entbehrt doch ihr chamäleonhaftes Wechseln, je nachdem, ob der Bund den Ländern gegenübergesetzt oder als ihre Zusammenfassung gedacht wird, ebenfalls der edlen Einfalt schöner Einfachheit.— Ich würde daher vorschlagen, die ganze Frage nicht — wie man es fast allerorten sieht — als Problem des Begriffs vom Bundesstaat, sondern nur als Sekundärproblem seiner Typik, genauer: als Sache feinerer typgerechter technischer Konstruktion zu betrachten.— Neuestens sieht Walter Schmidt, Das Verhältnis von Bund und Ländern etc. aaO. 274 ff. die Lösung auf dem Boden der dualistischen Theorie darin, Bund und Länder als „Teilstaaten" innerhalb der bundesstaatlichen Ordnung (die keinen Gesamt„staat" ergibt!) zu begreifen, während Geiger, Mißverständnisse um den Föderalismus aaO. S. 10 ff. in anderer Weise zu einer mehr technischen Bedeutung der gedanklichen Aufgliederung gelangt. In der Unterscheidung je nach Blickrichtung des Bundes (nach innen — nach außen) treffen sich beide Auffassungen. Aber auch diese Unterscheidung wird sich mit der Zeit allmählich technisch noch mehr auflösen, als es gegenwärtig bereits der Fall ist. Mit Recht wird jedenfalls vielerorts bemerkt, daß es an der Zeit sei, die bislang einseitig vom Einheitsstaat her konzipierten Lehren der Allgemeinen Staatslehre zu überprüfen.

88) So jüngst vor allem — im wesentlichen Anschluß an Ridder (z. B. Die Bundesstaatlichkeit der BRD [Föderalismus], Arbeit und

getragen wird. Daraus kann indessen nicht gefolgert werden, daß der Bundessinn dort schwächer hier stärker zu postulieren ist. Sieht man näher zu, so kann sich geradezu eine Umkehrung der Tendenzen ergeben. Ein Bundesstaat auf vertraglich-bündischer Grundlage wird vielfach — in den Worten des BVerfG[89]) — zu stetiger „Festigung" des „Bündnisses" angehalten sein. Dieses der monarchischen Zeit entlehnte Modell paßt nun aber — im genauen Gegensatz zur Auffassung des Gerichts — ganz und gar nicht[90]) auf den einzigen demokratischen Aufgliederungsakt, der die BRD trägt. Hier gibt es kein Bündnis, hier ist die Frontrichtung umgedreht[91]), sie geht zur Auflockerung der einen, einzigen homogenen Schicht.

7. So gefaßt scheint mir endlich der Begriff der Verfahrenshomogenität hinreichend stabil wie flexibel zu sein, um die Lebendigkeit auch nicht-territorial orientierter politischer Gewalten mittelbar in sich aufzunehmen. Die Gruppengewalten können im Bundesstaate technisch nur dann zur Sprache und Macht gelangen, wenn sie sich auf diese Homogenität einstellen, sich in die Abgestimmtheit aller Reaktionsmöglichkeiten in etwa einfügen. Das läuft zwar immer noch über die territorialen Spitzen; aber das ist kein bloßer technischer Kunstgriff mehr; vielmehr kann die disziplinierende, spezifisch föderale Kraft, die von dieser Verfahrenshomogenität auf die Gruppengewalten ausgeht, nicht gering angesetzt werden. In der veröffentlichten[92]) Haushaltsdebatte des baden-württembergischen Landtags vom Oktober 1961 über die Frage der Informationspflicht der Landesregierung gegenüber der Oppositionspartei über ihre Politik im Bundesrat wird dieses Moment sehr anschaulich. Ich sehe diese Funktion moderner Bundesstaatlichkeit also nicht so sehr in der Teilung und Auflockerung der politischen Gruppen, auch nicht in einer vagen Gemeinwohlbindung, sondern in ihrer verfahrensmäßigen Disziplinierung, Homogenisierung, ohne den harten Zugriff einheitsstaatlicher Einordnung.

Gleichwohl haben wir auch insofern dort zu bleiben, wo wir bleiben wollten, nämlich am Boden. Sind auch die modernen Gruppengewalten mit dieser „Homogenität im Verfahren" konfrontiert: Ein gruppenbündisches „System" entsteht damit

---

Leben 1960, 51 ff., bes. 53) — Walter Schmidt, Das Verhältnis von Bund und Ländern etc. aaO. bes. 258 f., 260 f., 265.

89) z. B. E. v. 21. 5. 1952 E 1, 315; E. v. 26. 3. 1957 E 6, 361.

90) Übereinstimmend Walter Schmidt aaO. 260, Anm. 16.

91) Walter Schmidt aaO. 265 ff., bes. 286 f.

92) In den vom Bundesrat herausgegebenen „Presseveröffentlichungen über den Bundesrat", 1961, Nr. 132, S. 45 ff.

nicht[93]). Wer heute von einem Bund der Verbände spricht, verkennt, daß es hier schon an der geläufigen Homogenität mangelt, an der Homogenität im politischen Habitus[94]). Der moderne Staat sucht zwar zu harmonisieren, und in der verfassungsmäßigen Ordnung wird in der Tat ein gemeinsamer Nenner zur Respektzone gemacht. Aber diese Harmonisierung aufs Negative hin ist noch lange keine Homogenisierung, kein Gleichförmigkeitsstandard der Gruppen. Die Organisation mag sich zwar vielfach gleichen. Bei aktiver politischer Zielrichtung verlangt wirkliche Homogenisierung aber ein festeres gemeinsames Leitbild, das nicht da ist, das in Deutschland auch die Sozialstaatsklausel wohl nicht zu offerieren vermag. Zweckverbände oder Kontokorrentverhältnisse im Zeichen des Proporzes[95]) ergeben keinen neuen materiellen Föderalismus.

8. Das stellt die Frage nach dem Verhältnis dieser Tatsache zur Lehre von der Formenadäquanz.

Wilhelm von Humboldt hat 1813 speziell unter dem föderalen Aspekt in seiner Denkschrift zur deutschen Verfassung bemerkt, daß alle dauerhaften Verfassungen eine gewisse Form in ihrer Zeit vorfänden, an welche sie sich bloß anschlössen. Damit war ein sehr alter Gedanke in den hier

---

[93]) Daher dürften Eschenburg, Herrschaft der Verbände?, 1955, S. 87; von der Gablentz, Die Chancen des Föderalismus aaO. S. 151 ff.; Kaiser, Die Repräsentation organisierter Interessen, aaO., S. 18; Werner Weber, Die Teilung der Gewalten etc. aaO. S. 266 ff., u. a. die Stärke der Tendenz zu einem gruppenbündischen System überschätzen. Kritisch mit Recht z. B. F. L. Neumann, Federalism and Freedom aaO. S. 47; einige klare Fragen stellt in dieser Richtung W. Anderson, Federalism and Intergovernmental Relations aO. S. 35 f.; allgemein vgl. auch etwa zum Ineinanderspielen von territorialer und funktionaler Basis des „Neuen Föderalismus" — in viel zu scharfer Konturierung — S. Seabury, The New Federalism aaO. S. 139 f.

[94]) In Bundesstaaten, in denen Staat und Gesellschaft nur in geringerem Maße als Pole gedacht werden und die Gegenübersetzung eher: „politisches Gemeinwesen" und „government" heißt oder doch hieß (vgl. Ehmke, „Staat" und „Gesellschaft" als verfassungstheoretisches Problem in: Smend-Festgabe, 1962, S. 23 ff., bes. S. 45 f.), modifiziert sich natürlich auch dieser Aspekt. Vgl. im Zusammenhang mit der Föderativstruktur auch etwa A. A. Berle, Evolving Capitalism and Political Federalism in: Federalism, Mature and Emergent (Herausg. A. W. Macmahon), Garden City, 1955, bes. S. 73. Zur Urban Renewal insoweit auch G. S. Duggar, Federalism and Self-Government etc. aaO. 527 ff.

[95]) Zu Österreich vgl. z. B. Katzenstein, Die föderale Struktur der Bundesrepublik Österreich, o. J. (abgeschl. 1957), bes. S. 88; zur österreichischen föderalen Geschichte vgl. etwa die Bibliographie in R. Schlesinger, Federalism in Central and Eastern Europe, London, 1945, S. 315 ff.

interessierenden Zusammenhang gestellt worden. Für die Gegenwart scheint er nicht minder wichtig. Die modernen politischen Gruppen werden in eine Verfahrenshomogenität eingebunden, obwohl sie selbst nicht homogen sind. Und sie sind in ein territoriales System eingebunden, obwohl sie primär keine territorialen Gewalten sind. Doppelt stellt sich also die Frage nach der Formenadäquanz.

Allein hier zeigt sich nur die Schwäche dieser Lehre. Staatsrechtlich ohnehin von schwachem Knochenbau reiht sie zwei Gegenbegriffe fugenlos aneinander: optimale Formengerechtheit einerseits — verwerflichen Formenmißbrauch andererseits. Daß das nicht genügt, wird hier klar. Denn die Funktionen, die der Bundesstaat heute in dieser Richtung leistet, fallen weder in den einen noch in den anderen Topf hinein. Optimale Formengerechtheit ist gewiß nicht erreicht. Das folgt schon aus dem bisher Gesagten. Und es fehlt an geplanter Formung, an Formenklarheit[96]), an Bildhaftigkeit. Das Ganze ist aber auch nicht umgekehrt formenmißbräuchlich[97]): Denn in dieser Art und Weise der Disziplinierung von Gruppengewalten zeigt sich ja gerade eine Seite moderner Hilfe, die die föderale Form leistet[98]). Infolgedessen kann unsere Erscheinung nur durch einen selbständigen Begriff gedacht werden; für ihn sei die Bezeichnung „Formenhilfe" vorgeschlagen.

Das ist zwar wieder und folgerichtig ein Verfahrensbegriff; aber der Bund lebt nur in seinem Verfahren; darin ist nach meinem Gefühl nichts Sekundäres. Ist es nicht nur die schon von Gneist[99]) gerügte Unterschätzung des Verfahrensdenkens, die dem deutschen Beobachter hier emotionale Schwierigkeiten macht?

---

96) Vgl. W. Weber, Fiktionen aaO., S. 95.

97) Abgesehen von manchen Abdrängungen in Seitenwege (vgl. Neunreither, Der Bundesrat aaO., S. 125, 128) und mancher pluralistischen Versteifung; so bemerkte z. B. schon Forsthoff, Körperschaft aaO. S. 185, die föderativen Formen der Verfassung seien zu einem wichtigen Teil in den Dienst der pluralistischen Herrschaftsweise getreten.

98) Auch die „kontinuierliche Fortentwicklung der Bewußtseinslage", wie sie Imbodens psychologische Deutung der föderativen Struktur beimißt (Die Staatsformen, Basel, 1959, S. 85), erweist sich als positives Element: „Wo die Bilanz täglich gezogen wird, kann keine zu einer katastrophalen Überraschungsbewegung führende Unterbilanz entstehen" (Imboden aaO.).

99) z. B. in Verwaltung, Justiz, Rechtsweg, 1869, S. 353; weiteres in meinen Bemerkungen DVBl 1961, 695.

III.

Die automatisch einsetzende[100]) Formenhilfe in ein Plansystem zu bringen, bedürfte allerdings der Anstrengung des Verfassungsgebers[101]). Ihre Erfolgschancen sind höchst zweifelhaft. Immerhin sei der Bereich bewußter Fortentwicklung der föderalen Verfassungen, losgelöst von dieser Einzelfrage, wenigstens mit einigen ganz knappen Worten berührt.

Bisherige Beobachtung (etwa in der sorgfältigen Art Livingstons[102])) sieht das Problem der Fortbildung föderaler Verfassungen ziemlich unter denselben Maßstäben wie die Änderung sonstiger Verfassungen; also in Schubfächern, die nach Flexibilität und Stabilität aufgeteilt sind, weniger als Suche nach typischen Konfliktsbewegungen, um die es uns durchwegs geht.

1. Aber schon einige erste Punkte der föderalen Verfassungstexte machen stutzig. Sie wollen sich nicht recht in das Schema rigider oder flexibler Verfassungen fügen, sie entziehen sich überhaupt dem geläufigen Bild der Verfassungsänderung.

Man betrachte z. B. die einschlägige Klausel des British North America Act, No. 2. Mit ihr sollte 1949 der kanadischen Verfassung in föderaler Hinsicht eine größere Beweglichkeit vermittelt werden. Sie beginnt mit den Worten: Sache der Zentrale sei „the amendment from time to time of the Constitution etc. ...“. Die Veränderung ist hier, wie man sieht, nicht mehr Ausnahme zur Regel, notwendiges Übel, sie erhöht sich selbst zur wünschenswerten Norm. Gleichwohl bleibt das noch in den ungefähren Grenzen angemessener Fortbewegung jeder gesetzten Verfassung.

100) nicht: „abgestimmte“, vgl. in etwa schon Carl Schmitt, Das Problem der innerpolitischen Neutralität des Staates aaO. S. 53.

101) Die Frage der Staatlichkeit der Länder wäre auch dabei ratsamerweise auszusparen, sozusagen zu hintergehen. In diesem Punkt ist man über Forsthoffs Studien von 1931 (Körperschaft aaO., S. 91 ff., bes. 95 f.), die an die Begriffsbildung Lorenz von Steins anknüpften, wohl noch nicht recht hinausgekommen. Die gegenwärtige Auslegungssituation der tragenden Normen des Bund-Länder-Verhältnisses findet sich hier in der BDR in einem derartigen Zustand des Verdeckens der gegensätzlichen Auslegungstendenzen, daß man weit zurückgreifen muß, um eine irgend vergleichbare Auslegungssituation anzutreffen (unerreichtes Musterbild eines derartigen „Dissimulierens“: die Auslegungsbemühungen um den Augsburger Religionsfrieden; vgl. M. Heckel, Autonomia und Pacis Compositio, ZRG kan. Abt. 76, 1959, bes. 185).

102) Federalism and Constitutional Change aaO.

2. Ein zweiter Schritt führt zu den föderalen Eigentümlichkeiten schon näher hin. Man bemerke einige normative Bestimmungen in der Art etwa des Art. 107 GG alter Fassung. Wenn hier die endgültige Verteilung wichtiger Steuern durch einfaches Bundesgesetz in Aussicht genommen war, so konnte das Herr Maunz in Hamburg[103]) als mögliche „Fortsetzung der verfassungsgebenden Kraft" begreifen, also nicht als bloße Verfassungsadaption. In der Tat ist dies eine Materie, deren Regelung dem ursprünglichen Verfassungsentscheid obgelegen hätte. In ähnlicher Weise versuchte ich dann im hessischen Neugliederungsstreit[104]) nachzuweisen, daß Art. 29 GG nur formalistisch als „vorweggenommene Verfassungsänderung"[105]) erscheint; in Wirklichkeit handelt es sich auch bei Art. 29 um einen Ergänzungsakt der Verfassungsschöpfung; genauer: um eine zeitlich nachgesetzte Mitwirkung von verfassungsgeschaffenen Organen am Vorgang der Verfassungsgeburt. Die hier beanspruchten gesetzgebenden Organe werden gleichsam zu Verfassungshelfern. Deshalb sehe ich Art. 29 denn auch nicht als Schwäche des föderalistischen Gedankens[106]), sondern als weiträumige Chance[107]), jene Formenhilfe, die der bundesstaatliche Gedanke heute leistet, vorsichtig zu rationalisieren[108]) [109]).

---

[103]) Maunz, Die Finanzverfassung im Rahmen der Staatsverfassung, VVDStRL 14, S. 58 (M. will diese Konstruktion aber nur als möglich in Betracht ziehen und neigt selbst zu einer anderen Ausgangsposition); vgl. auch ebendort die weiteren Stimmen zu Art. 107 a. F. GG.

[104]) Vgl. BVerfGE 13, 54 ff.

[105]) Vgl. etwa Hamann, Das Grundgesetz, 1. Aufl., S. 206, vgl. aber auch 2. Aufl., S. 244; kritisch v. Mangoldt-Klein, Das Bonner Grundgesetz, aaO. S. 731.

[106]) So aber Scheuner, Die föderalistische Ordnung in den Vereinigten Staaten und der Schweizerischen Eidgenossenschaft in: Föderalistische Ordnung, o. J., S. 68, vgl. auch denselben, Erfolge und Schwächen des erneuerten deutschen Föderalismus, Schweizer Monatshefte 1959, 724.

[107]) Es ist klar, daß sehr kühne Vorschläge, Bundesstaaten mit traditionell gefestigterer Einzelstaatlichkeit grundsätzlich ökonomisch-regional umzubauen (vgl. etwa W. Y. Elliott, The Need for Constitutional Reform, London, 1935, S. 182 ff., bes. 191 f., 207), nur geringe Erfolgserwartung haben können (vgl. auch etwa Ehmke, Wirtschaft und Verfassung aaO., S. 157 in Anm. 235; C. J. Friedrich, Verfassungsstaat aaO., S. 228; Loewenstein, Verfassungslehre aaO., S. 307 u. a.). — Zur deutschen Situation, insbesondere dem „Traum vom einheitlichen Ländertyp" vgl. auch etwa A. Brecht, Föderalismus, Regionalismus und die Teilung Preußens, 1949, S. 146 ff. (amerik. Originalausg.: Federalism and Regionalism in Germany. The Division of Prussia, New York, 1945).

[108]) Die föderalistische Seite des Art. 18 WV betonten bes. Anschütz aaO. in VVDStRL 1, S. 19; Carl Schmitt, Ver-

Mochten diese Fälle unterstreichen, wie sehr sich bewegliche föderale Richtnormen dem Denkschema normaler Verfassungsänderung entziehen, so ist das allein immer noch nichts ausschließlich Föderales; in ähnlicher Weise müssen wohl gewisse organische Gesetze ausländischer Verfassungen[110]), Teile des Geschäftsordnungsrechts u. a. m. gesehen werden. Die typisch föderalen Konflikte stellen die Frage nach eigener Rechtsform noch hörbarer.

3. Daher ist ein dritter Schritt zu unternehmen, um die föderale Struktur bloßzulegen. Dieses Eigentliche sehe ich darin, daß die Normierung gerade der empfindlichsten föderalen Konfliktslagen darauf angelegt ist, als fortwährende Erneuerung jenes Vertrauensstandes begriffen zu werden, der den verfassungsgebenden Akt getragen hat. An diesen Gelenkstellen der Föderationen geht es nicht nur darum, daß ein Ergänzungsakt der Verfassungsgebung aus mehr technischen Gründen auf einen späteren Termin verschoben wird; sondern daß die Verfassungsgebung in erleichterten, aber föderal betonten Formen stetig erneuert wird.

Unter diesen Gelenkstellen sind praktisch jene Konfliktslagen gemeint, die eine fortgesetzte Reibung, eine fortgesetzte Beweglichkeit in allen Richtungen ausmachen. Sie finden sich daher am häufigsten in der sensibelsten Materie, im Finanzbereich[111]).

Man darf es nicht schlankweg als Dauerdepot von Sprengstoff verurteilen, wenn Art. 106 Abs. 4 GG neuer Fassung ein Element stetiger Beweglichkeit beim Beteiligungsverhältnis wichtiger Steuern eingebaut hat. Und nicht viel anders wird z. B. die durch Verfassungsergänzung legitimierte Ein-

---

fassungslehre aO. S. 390; Forsthoff, Körperschaft aaO., S. 98. Daß die Möglichkeit der Existenzvernichtung einzelner Länder nichts dafür hergibt, die Machtmöglichkeiten des Bundes gegenüber einem Lande zu beurteilen, solange dieses besteht, unterstreicht mit Recht Herbert Krüger, Völkerrecht im Bundesstaat, in Kaufmann-Festgabe, 1950, S. 243.

109) Erst mit Erfüllung des Art. 29 wird auch Art. 79 Abs. 3 GG Genüge getan sein; denn Art 79 Abs. 3 GG ist nicht nur Garantie, sondern zunächst Gebot: nämlich Gebot zur Perfektionierung jenes gleichgewichtigen Typs von formenhelfendem Bundesstaat, der dann gegen substanzielle Veränderungen gefeit sein soll.

110) z. B. der gegenwärtigen französischen Verfassung.

111) Das materialreiche Buch von A. H. Birch, Federalism, Finance and Social Legislation aaO beginnt mit dem etwas zugespitzten, das Emotionale allzu ausschaltenden Satz: „The problem of finance is the fundamental problem of federalism“. Vgl. auch die Materialzusammenstellung etwa in R. R. Bowie und C. J. Friedrich (Herausg.), Studies in Federalism, Boston, 1954, S. 358 ff.

richtung des australischen Loan Council[112]) zu sehen sein, an dem die Gliedstaaten beteiligt sind und der zu einem permanenten Ausgleichs- und Kontrollfaktor der föderalen Ordnung dieses Landes geworden ist. Die schweizerische Gepflogenheit, dem Bunde die Kompetenzen zur Erhebung direkter Bundessteuern befristet zu übertragen[113]), dürfte dasselbe Bild — allerdings nur sehr entfernt und schwach — berühren. Die Verwendung befristeter oder sachlich bedingter Kompetenzformen ist darüber hinaus zu einer häufigen Fingerübung föderaler Verfassungstexte geworden[114]).

Das Ganze wird allerdings dort ein wenig verdeckt, wo der Verfassungsschub in erster Linie durch Richterspruch oder Konvention erfolgt. Aber auch hier mögen sich im ferneren ähnliche Kräfte regen. Das Verständnis so mancher föderaler necessary-and-proper-Klausel ist nicht als übliche Fortentwicklung des Verfassungstextes zu begreifen, sondern als richterliche Artikulation ursprünglicher Vertrauenssituation, die in der Zeit und für die Zukunft erhalten werden soll; und das erklärt mit die oft eigenartig wechselvollen, auch rückläufigen Geschicke solcher Bestimmungen[115]).

Allerdings wird man nicht überall erhoffen dürfen, daß die in richterliche Verfassungsfortbildung gesetzte Erwartung so hoch honoriert wird wie etwa in den Vereinigten Staaten

---

[112]) Dazu z. B. G. Greenwood The Future of Australian Federalism, Melbourne, 1946, S. 84 ff; W. S. Livingston, Federalism and Constitutional Change aaO. S. 132 f.; K. C. Wheare, Federal Government aaO. bes. S. 104, 242 f.

[113]) Vgl. dazu die oben in Anm. 12 Aufgeführten.

[114]) Zur „general practice to include in federal constitutions so-called 'temporary' or 'transitional' provisions" speziell auch im Hinblick auf den Finanzbereich vgl. R. R. Bowie und C. J. Friedrich (Herausg.), Studies in Federalism aaO. S. 796; vgl. auch K. C. Wheare, Federal Government aaO. S. 247 f. Einige im weiteren Zusammenhang einschlägige Bemerkungen zur Möglichkeit einer „schmiegsamen Revisionsprozedur" der französischen Communauté bei R. Pinto, Die Communauté in der französischen Verfassung von 1958, Schweizer Monatshefte 1959, 817, 818, 823, 827. — Die Luft speziell föderalistischer Beweglichkeit atmen etwa auch folgende GG-Normen: Art. 87b Abs. 2, 87c, 87d Abs. 2, 89 Abs. 2 S. 3/4, 90 Abs. 3, 120a Abs. 1 u. a. m.

[115]) Zur necessary-and-proper-Klausel des Art. I Sec. 8 der USA-Verfassung vgl. zusammenfassend etwa Willoughby, The Constitutional Law of the United States, 2. Aufl., 1. Bd., 1929, S. 83 ff; Corwin, The Constitution of the United States of America, 1953, S. 307 ff.; dens., The Constitution and what it means today, 10. Aufl., 1948, S. 67 f.— Entsprechende Wendungen („necessary-or-proper") in anderen Zusammenhängen finden sich nicht selten, vgl. z. B. Sec. 132 der British North America Act.

oder in Australien[116]). Das Bewußtsein von normativen Möglichkeiten der beschriebenen Art bietet dann einen vielleicht nicht immer irrealen Ausweg. Das heißt technisch, daß die föderale Verfassung: 1. ihre Gelenke von den anderen Verfassungsteilen sichtbar abzuheben hat, daß sie 2. diesen Gelenken ein erleichtertes aber föderal betontes Fortbildungsverfahren zur Verfügung stellt und daß 3. die Produkte dieses Verfahrens derselben Korrekturmöglichkeit unterworfen bleiben.

Welche technischen Wege beschritten werden, ist eine sekundäre Frage. Wichtig aber sicherzustellen, daß hier in den Bahnen eines gegenüber sonstiger Verfassungsänderung erleichterten, gleichwohl föderal abgeschirmten Verfahrens fortgesetzt eine ähnliche Situation geboten wird, wie sie zur Einigung im Sinne der ursprünglichen Verfassungsgebung angehalten hat. An den damaligen Vertrauensstand wird appelliert.

Das aber heißt doch nichts anderes als erneut: Appell an die Verfahrenshomogenität der ursprünglichen Situation. Und hier ist der Kreis geschlossen. Die Verfassung selbst schafft Raum, um die elementare Atmosphäre der Verfassungsschöpfung wieder spüren zu lassen. Das erklärt auch, warum in einem Bundesstaate mehr vertraglicher Basis — wie wir ihn ganz gewiß nicht haben —, manche Vertragszüge legal weiterwirken, obwohl man doch meinen möchte und meint, daß sich der einmal entstandene Bundesstaat von seinem Zeugungsakt rechtlich und logisch loslöst[117]). Umgekehrt kann sich die

---

[116]) Dazu zuletzt etwa die Beiträge von P. A. Freund, Umpiring the Federal System, und H. M. Hart, The Relations between State und Federal Law, in: Federalism, Mature and Emergent (Herausg. A. W. Macmahon) Garden City, 1955, S. 159 ff., 177 ff.; insbesondere auch R. R. Bowie und C. J. Friedrich (Herausg.), Studies in Federalism, aaO., S. 106 ff.; P. A. Freund, A Supreme Court in a Federation aaO. 597 ff. mit weiteren Belegen; H. E. Archdale, Lessons of Australien Federalism aaO. 174 ff.; O. Kirchheimer, The Decline of Intra-State Federalism in Western Europe aaO. 289. Zu den organisatorischen Grundlagen vgl. bes. die materialreiche vergleichende Studie von W. J. Wagner, The Federal States and their Judiciary aaO.; ferner etwa K. C. Wheare, Federal Government aaO. S. 68 ff. Einge streng ausgewählte bibliographische Hinweise zur amerikanischen föderalen Gerichtsbarkeit bietet neuerdings etwa C. J. Friedrich, Origin and Development of the Concept of Federalism in the United States, Jahrb.d.öff.Rechts n. F. 9, 1960, 39; dazu noch etwa H. M. Hart und H. Wechsler, The Federal Courts and the Federal System, Brooklyn, 1953.

[117]) Vgl. statt vieler zuletzt etwa: Erler, Das Grundgesetz und die öffentliche Gewalt internationaler Staatengemeinschaften, aaO.,

föderale verfassungsgebende Gewalt, gerade weil sie in Prozeß gesetzt gedacht wird, allmählich[118]) auf eine andere, z. B. mehr unitarische Grundlage umstellen[119]).

Es scheint mir ausgemacht — und mit dieser Bemerkung darf ich ohne weiteren Schnörkel zu Ende kommen —, daß in diesem Moment der Fortführung eines eingeschlossenen, gehegten, befriedeten Raumes elementarer Beweglichkeit innerhalb eines festeren Gehäuses die eigentliche Logik der föderalen Struktur beschlossen ist; eine sehr reale Logik politischen Genies, der sich zahlreiche Flächen des Erdballs unterworfen haben.

S. 14; neuerdings auch Münch, Föderalismus, Völkerrecht und Gemeinschaften DÖV 1962, 649. Wieder anders sieht es Carl Schmitt, Verfassungslehre aaO. S. 65 f.

118) In der BRD könnte jedoch in der Tat eine vorübergehende „Schonzeit zur Festigung der bundesstaatlichen Struktur" angebracht sein; vgl. Neunreither, Bundesrat aaO., S. 130 f.; N. selbst sieht den Föderalismus mit Recht „als Prozeß und als Funktion", aaO. S. 142.

119) Auch die umgekehrte Entwicklung ist denkbar (kritisch aber etwa Apelt, Zum Begriff Föderalismus, in Kaufmann-Festgabe, 1950, S. 13 f.).

## Leitsätze des Mitberichterstatters über: Föderalismus als nationales Ordnungsprinzip

*I.*

1. *Der föderalen Wirklichkeit können weder eine beharrend-statische Konstruktion noch ein materieller Bundesmythos Herr werden; weit eher eine bewegliche Einstellung auf typische Konfliktsituationen.*

2. *Erneuerter föderaler Doktrinarismus blickt eng auf die gegebene Kompetenzfächerung. Die entscheidenden Konflikte entwickeln sich nach eigenen Gesetzen quer unter diesen Fächern hindurch und verlangen nach formgerechter Begriffsbildung.*

*II.*

3. *Die modernen (vor allem industriellen) Bewegungen ließen im In- und Auslande beobachten:*

   *a) fast ausnahmslos: Verstärkung der unitarischen Tendenzen;*

   *b) als häufigen Gegenzug (Realität oder Postulat): Anwachsen der gliedstaatlichen Mitsprache bei der Gesamtwillensbildung und sonstiger Erscheinungsformen des „cooperative federalism".*

4. *Hinter den internen Gewichtsverschiebungen steht eine radikalere Umformung der Staatlichkeit: sachrationale Uniformierung in allen Kompetenzbereichen außer in der Zone weichenstellender Entscheidungen, die ihrerseits den Bürger auf ein jeweils „Allgemeines" zwingen.*

   *Zugespitzt: Die Frage, „wer" handelt, wird gleichgültig, wenn sich der mögliche Inhalt des Handelns parallelisiert.*

5. *Für ein kritisches Fortführen der Formalstruktur des föderalen Staates sprechen verschiedene Gesichtspunkte. Von nur sekundärer, nicht einseitig herausziehbarer Bedeutung sind:*

   *a) die verbleibende Rechtfertigung aus dem (geschwächten) Gedanken der Besonderheit territorialer Einheit;*

*Einschränkung: Entgegenzutreten ist ideologischen Auffüllungen aus gesellschaftsorganischem Föderalismus („Subsidiarität"). Generalregeln nach Art des Art. 30 GG liefern keine eigengewichtigen „Vermutungen" (erst recht keine Beweislastregeln); denn „Kompetenz" heißt Einweisung in konkrete Verantwortungsbereiche;*

*b) die zunehmende Rechtfertigung aus dem Gedanken modifizierter Gewaltenteilung (Kontrolle, Tolerierung, Auflockerung gerade auch solcher Gewalten, die nicht territorial orientiert sind). In jungen Staaten rückt diese Einsatzform oft in den Vordergrund und kompliziert sich weiter;*

*Einschränkung: Gewaltenteilung und Föderalstruktur sind nicht parallele Größen. „Maß" — föderal gelesen — heißt primär nicht „Mäßigung", sondern „Ausgemessenheit" (politische Ökonomie);*

*c) die ethisch belichtete Rechtfertigung aus dem Gedanken territorialer Vervielfältigung der Anreize zum Engagement für das Gemeinwohl (als Gegengewicht zu funktionalisierenden Kräften);*

*Einschränkung: Zwischen der Vielfalt der Interpretationen des Gemeinwohls und dem Selbstausgleich gesellschaftlicher Patronage bleibt nur eine dünne Wand.*

6. *Von ausschlaggebender Bedeutung kann das föderale Wagnis sein, alle lebendigen politischen Gewalten in eine spezifische „Homogenität im Verfahren" hineinzuführen.*

7. *Diese Verfahrenshomogenität ist nicht — wie der gängige Begriff föderaler Homogenität — den existentiellen Konflikten (der Ausnahmesituation) zugewandt; sie heißt: Mindestgeschlossenheit der vorhandenen politischen Zentren im jeweils typischen Lösungsweg der normalen Konflikte.*

   *Unter politischen Zentren sind die territorialen Zentren einschließlich der Zentrale des Bundes zu verstehen.*

8. *Als Verfahrenselement vermag diese Homogenität ebenso auf der Grundlage eines einzigen demokratischen Organisationsaktes (z. B. BRD) zu leben wie auf mehr staatenbündischer Grundlage. Andererseits unterscheidet sie den Bund vom Einheitsstaat, aber auch vom Bündnis, ist mehr als Appell und weniger als Zwang zur Einigung, genauer: ist unmittelbare Fortführung des Vertrauensstandes der verfassungsgebenden Situation in die Zeit hinein.*

*In ihr ruht daher ein Stück fortwährender Legitimation von Staatlichkeit, das keine andere Staatsform in dieser Weise bereithält. Sie muß hinter der geschriebenen Bundesverfassung bereitstehen und trägt, aber beschadet nicht die wohlverstandene Freiheit in der Auswahl politischer Machtmittel.*

9. *Der Begriff der Bundestreue (besser „Bundessinn", da nur in der Mißbrauchszone Rechtsbegriff) ist auf diese Homogenität zu konzentrieren. Materielle Inhalte fließen ihm nicht zu: Die Frage, was dem Gesamtinteressse dienlich oder nicht, entscheidet sich ausschließlich danach, wessen Meinung von Punkt zu Punkt für maßgeblich zu gelten hat. Politisch-ethische Freiräume werden in der föderalen Ordnung Deutschlands zunehmend schonungsbedürftig.*

10. *Die faktische Einbindung politischer Gruppen in die Verfahrenshomogenität führt nicht zu einem „gruppenbündischen System".*

11. *Unter dem Lichte der (ausbaubedürftigen) Lehre von der Formengerechtheit wird dieser Vorgang weder vom Begriff optimaler Formenadäquanz noch vom Gegenbegriff des Formenmißbrauchs aufgenommen; als ergänzender Begriff könnte „Formenhilfe" eingeschoben werden.*

*III.*

12. *Fortbildungen der föderalen Verfassungen zwecks größerer Konfliktgerechtheit entziehen sich weithin dem geläufigen Vorstellungsbild stiller oder ausgesprochener Verfassungsänderungen:*

   a) *Auf einer ersten, noch wenig eigentümlichen Stufe werden sie nicht als Ausnahme, sondern als wünschenswerte Norm empfunden (vgl. z. B. British North America Act, No. 2).*

   b) *Auf einer zweiten, bereits deutlicheren Stufe stellen sie sich dar als zeitlich nachgesetzte Ergänzungsakte der Verfassungsschöpfung, nicht aber als bloße Verfassungsadaption (vgl. z. B. Art. 107 a. F. GG; auch Art. 29 GG, der nicht als Schwäche, sondern als Stärke des föderalen Gedankens gelesen werden sollte).*

   c) *Eine dritte Stufe läßt das spezifisch föderale Moment am klarsten hervortreten; hier erscheinen die Fortbildungen als stetige Erneuerung der Einigungslast ursprünglicher Verfassungsgebung in elastischeren, aber föderal betonten Formen; d. h.: unmittelbarster Appell an die föderale Verfahrenshomogenität.*

*Damit werden besonders die Gelenkstellen der föderalen Verfassungen angesprochen, z. B. finanzielle Konfliktslagen (vgl. in verschiedenen Reinheitsgraden: die Einrichtung des australischen Loan Council; Art. 106 Abs. 4 n. F. GG; im ferneren: schweizerische Befristungen der Kompetenzzuweisung für direkte Bundessteuern u. a. m.).*

13. *Bewußt gemacht empfehlen sich organisatorische Möglichkeiten dieser Art vor allem dort, wo das Vertrauen in den Verfassungsschub durch Richterspruch und Konvention (noch) nicht hinreichend gefestigt ist.*

    *Auch bei dominierend richterlicher oder konventionsmäßiger Verfassungsfortbildung werden entsprechende Eigentümlichkeiten nur verdeckt, aber nicht ausgelöscht.*

14. *In höherem Maße als andere Verfassungstypen sieht sich die föderale Verfassung auf diesem Wege selbst „in Verfahren" gesetzt.*

# Föderalismus
# als nationales und internationales Ordnungsprinzip

## Aussprache und Schlußworte

**Krüger** (Diskussionsleiter): Der Vorstand hat sich Gedanken darüber gemacht, wie er die Aussprache über den Gegenstand „Föderalismus" — selbstverständlich zwanglos — in die Bahnen möglichst großer Fruchtbarkeit bringen könne. Wir schlagen zu diesem Zwecke vor, die Diskussion in zwei Abschnitten durchzuführen, von denen der erste dem Grundsätzlichen, der zweite den Einzelfragen gewidmet sein sollte. Wenn z. B. einer von uns hinsichtlich des Subsidiaritätsprinzips oder der Artikel 30 und 105 Grundgesetz anderer Meinung sein sollte als Herr Lerche, dann wäre nach vorheriger Klärung der Grundsatzfragen die beabsichtigte Erörterung gewiß fruchtbarer als ohne eine solche. Eine solche Abfolge würde zugleich im Sinne derjenigen Erwägungen liegen, die den Vorstand zur Wahl dieses Themas bestimmt haben: Nicht die Klärung aktueller Fragen der bundesstaatlichen Demokratie wie auf der ersten Tagung unserer Vereinigung im Jahre 1924, sondern das Eindringen in das Wesen des Föderalismus als einer sowohl und zugleich nationalen wie internationalen Idee sollte der Sinn unserer Bemühungen sein.

Die Vorträge haben die unseren Erwägungen zugrundeliegende Annahme bestätigt, daß es ein einheitliches Prinzip „Föderalismus" gibt, also nicht einen Föderalismus des Staatsrechts und einen Föderalismus des Völkerrechts je für sich. Es wäre sicherlich zu begrüßen, wenn in der Diskussion noch etwas zur Substantiierung und Befestigung dieses Ergebnisses gesagt werden könnte. Wenn wir allerdings das Thema so weit spannen, dann werden wir es wohl nur dann im Griff behalten können, wenn wir mindestens zwei Versionen der föderalistischen Idee außer Betracht lassen.

Damit ist einmal angesprochen, was ich den „schwärmerischen Föderalismus" nennen möchte. In jedem Föderalismus scheint ja mehr oder weniger ein Sentiment mitzuschwingen, die alte Sehnsucht nach der Wiederherstellung des verlorenen paradiesischen Zustandes der Herrschaftslosigkeit, in dem nicht Überordnung und Unterordnung, nicht Befehl und Gehorsam, sondern klare Einsicht und guter Wille das Zusammenwirken Aller bewerkstelligen. Diesem schwärmerischen Föderalismus hat

Jean Paul poetischen Ausdruck verliehen: „Das Ideal eines Staates wäre, daß die kleinsten Föderativstaaten, die sich immer freie Gesetze geben, sich in Föderativdörfer — dann in Föderativhäuser — und zuletzt in Föderativindividuen zerfälleten, die in jeder Minute sich ein neues Gesetzbuch geben könnten". Föderalistisch auch ein wenig im Sinne von Herrschaftslosigkeit ist der Natur der Sache nach der Bundesstaat mit der Pflicht der bundesfreundlichen Gesinnung. Zum Unterschied hiervon will auf vollständige Herrschaftslosigkeit hinaus etwa P. J. Proudhons „Principe Fédératif": hier sollen der Staat und vor allem jegliche Herrschaft durch eine lockere Assoziation von Produktivgenossenschaften ersetzt werden.

Zweitens sollte man nicht behandeln jenen Föderalismus, der zwar keineswegs Staat und Herschaft ausmerzen, wohl aber den Staat in eine Reihe von nichtstaatlichen Herrschaftskörpern auflösen will. Es handelt sich hierbei um jenen Föderalismus, der durch das Stichwort „Pluralismus" gekennzeichnet werden kann und der praktisch zum Ständestaat, zur Verbandsdemokratie u. ä. m. führen kann.

Insgesamt: Föderalismus sollte nicht behandelt werden als ein Institut der Staatsüberwindung oder der Staatsauflösung, sondern als staatsbildende und staatsstärkende Kraft, und zwar beides unter schwierigeren Umständen als sie der Einheitsstaat zu bewältigen in der Lage ist. Inwiefern aber der Föderalismus eine solche „integrierende" Leistung zu erbringen vermag, ist dunkel, um von dem Fehlen anerkannter Definitionen ganz zu schweigen. Die Leistungsfähigkeit des Modells „Föderalismus" zur Überwindung von Verschiedenheiten und Gegensätzen aller Art im nationalen und im internationalen Bereich, und zwar wechselseitig eines durch das andere —, dies scheint mir das wichtigste und fruchtbarste zu sein, was es weiter zu klären gilt.

**Kaiser**: Darf ich, Herr Vorsitzender, in Anknüpfung an das, was Sie soeben ausgeführt haben, in einem weiteren Anlauf den Versuch machen, die Einheit des Gegenstandes beider Referate skizzenhaft zu umreißen? Es ist, wie mir scheint, tatsächlich die Frage, ob der Föderalismus als ein klar bestimmbares Strukturprinzip unserer politischen Ordnung heute, und zwar sowohl im staatlichen wie zwischenstaatlichen Bereich, gestaltende Kraft besitzt. Weiterhin wäre zu fragen, ob wir unter diesem, in einer langen Begriffsgeschichte klar geschliffenen und profilierten Begriff neuartige Erscheinungen, und zwar unseres innerstaatlichen wie unseres zwischenstaatlichen Lebens, heute sinnvoll begreifen können. Und ich würde drittens gern die Frage hinzufügen, ob diese neuartigen Erscheinungen unseres Staatslebens und des häufig „überstaatlich" genannten Bereichs in dem politischen Bewußtsein unserer Gegenwart dort legitimiert sind oder nicht legitimiert sind, wo noch Überzeugungen von dem Wert des Föderalismus als eines Strukturprinzips einer im übrigen wie immer auch beschaffenen Rechtsgemeinschaft gegeben sind.

Föderalismus als ein Prinzip territorial bestimmter Gliederung eines politischen Ganzen ist in beiden Referaten zurückgetreten zu Gunsten der Möglichkeit, Föderalismus als ein Strukturprinzip eines funktional gegliederten Ganzen zu verstehen. Was den innerstaatlichen Raum angeht, so wird man unter funktionalen Aspekten tatsächlich sogleich an die Verbändestruktur denken, aber da dieser Bereich aus der Diskussion ausgeklammert ist, will ich darauf nicht beharren.

Mit vollem Recht ist Herr Lerche von der Schwächung der territorialen Differenzierungen innerhalb der Bundesrepublik Deutschland ausgegangen. Aber mir scheint, diese Schwächung ist doch nicht ein Phänomen, das für den gesamten Bereich der Wirksamkeit dieses Prinzips, insbesondere auch im überstaatlichen Raum, behauptet werden könnte. — Herr Bülck hat das Füllhorn der europäischen Geschichte der letzten 200 Jahre über uns ausgeschüttet: Gewiß erscheint es mir sinnvoll, an historische Gebilde anzuknüpfen, aber ich fürchte, das Füllhorn könnte sich in unserer Diskussion als Büchse der Pandora erweisen: Ich meine, daß von den verschiedenen Arten der Verbindungen von Nationalstaaten für das Prinzip des Föderalismus nur enger bestimmte und begrenzte Phänomene reklamiert werden können, als in der Übersicht über die zahlreichen Erscheinungen geschehen ist. Sonst verliert der Begriff seine Konturen.

Ich stimme der Auffassung zu, daß die Integration zu einem großen Teil funktional bestimmt ist — in Montanunion und Euratom zum Beispiel. Aber ich meine, auch dort, wo man sich auf internationaler oder supranationaler Ebene funktional integriert, sind es doch die territorial bestimmten Nationalstaaten, die das föderalistische Prinzip in diesen Phänomenen weiterhin darstellen und in ihrer Mitwirkung realisieren.

Nun zu der Frage der Dichotomie von Wirtschaft und Politik. Sie ist sehr alt. Herr Bülck hat Constantin Frantz genannt, und Herr Krüger hat Proudhon zitiert. Bei Frantz ist es das Politische, das im Vordergrund steht. Proudhon hat den Föderalismus vor allem als ein Gliederungsprinzip zur Lösung der ökonomischen Ordnung angesehen. Es scheint mir nun eine starke Vereinfachung durch Herrn Bülck zu sein, daß er die Gemeinschaften supranationaler Art als Zweckeinheiten bezeichnet und ihnen die Staaten als Sinneinheiten entgegensetzt. Wenn ich ihn darin richtig verstehe, dann erscheint mir das als ein Rückschritt noch hinter Proudhon. Auch in den funktional bestimmten, auf das Wirtschaftliche beschränkten Formen der Integration wird Sinn verwirklicht. Der Sinn einer politischen Ordnung wird heute nicht mehr monopolisiert durch den Nationalstaat. Ich rufe in Erinnerung, daß ein deutsches Gesetz im materiellen Sinn, nämlich eine Verordnung im Bereich der Ordnung unserer Getreidemärkte vor kurzem durch Verordnung der europäischen Kommission revidiert worden ist. In einem solchen Akt sehe ich das unverdeckte Hervortreten eines politisch wie wirtschaftlich qualifizierten föderalistischen Elements. Viel weniger ist die Gleichheit der Staaten in der UN-Vollversammlung die Ausprägung eines föderalistischen Prinzips im Sinne der hergebrachten Begriffsbildung; und ich würde auch die Versammlung der Staatschefs in der Nato weniger als bündisch qualifizieren.

**Kafka**: Ich habe die Warnung, das Thema der Verbände anzuschneiden, so verstanden, daß das Thema: „Staat und Verbände" nicht behandelt werden soll. Ich glaube, daß die Antwort auf die Frage, was eigentlich Föderalismus ist, von den beiden Referenten gewissermaßen vorausgesetzt worden ist — Herr Lerche hat im Grunde genommen eine Legitimitätslehre des Föderalismus unter heutigen Aspekten geben wollen, wenn ich ihn richtig verstanden habe —, daß aber die Frage: Was ist Föderalismus?, nicht ganz ohne Bedacht darauf gelöst werden kann, daß es sich nicht nur um ein staatliches, sondern um ein gesellschaftliches Problem handelt. Die gleichen Gründe, die zum Föderalismus innerhalb eines Bundesstaats oder im Sinne eines funktionellen Föderalismus zu einer internationalen partikulären Ordnung führen, führen auch sonst in der Gesellschaft zu föderalistischen Verbindungen. Es klingt ein bißchen verwegen, wenn ich Sie darauf aufmerksam mache, daß die Gründe, die seinerzeit zum Zusammenschluß zur schweizerischen Eidgenossenschaft geführt haben, im Grunde genommen denen sehr ähnlich sind, die zur Gründung des Schweizerischen Gewerkschaftsbundes geführt haben. Und wenn ich ein deutsches Beispiel für Föderalismus auf gesellschaftlicher Grundlage geben will, so ist wiederum der DGB dafür gut geeignet; lauter selbständige Gewerkschaften, die sich zusammenschlossen zu einer übergewerkschaftlichen Organisation, die man, wollte man staatliche Begriffe analog anwenden, mit einem „Staatenbund" vergleichen müßte; der Bund, die Zentrale ist ja wesentlich schwächer als die einzelnen Industriegewerkschaften. Der ÖGB ist dagegen eher ein (ziemlich zentralistischer) „Bundesstaat": hier sind die Einzelgewerkschaften nicht einmal juristische Personen. Warum also

Föderalismus? Die Antwort scheint zu sein: Darum, weil die einzelnen Gemeinschaften, die sich in irgendeiner Form zusammenschließen, einerseits sie selbst bleiben, selbst ihr Eigenwohl verwirklichen, auf der anderen Seite aber die Vorteile genießen wollen, die eine größere Gemeinschaft in sich schließt. Die meisten föderalistischen Gebilde in der Staatenwelt haben ihren Ursprung darin, daß man sich gegen einen gemeinsamen Gegner zusammenschließt, dem man einzeln nicht gewachsen wäre. Der österreichische Föderalismus z. B. erklärt sich nicht allein aus historischen Traditionen. Daß wir in Österreich eine föderalistische Verfassung haben, ist weitgehend aus der Angst der „Bürgerlichen" in den Bundesländern vor der Majorisierung durch die Sozialisten mit dem Schwergewicht in Wien zu erklären. Die ratio essendi eines föderalistischen Gebildes besteht jedenfalls in der Kombination der Vorteile relativ kleinerer und relativ größerer Rechts- und Aktionsgemeinschaften.

**Münch**: In den Referaten ist von Föderalismus gesprochen worden, ohne den Gegenstand genau zu umreißen. Jedenfalls sollten wir hier uns auf staatliche Aspekte begrenzen und nicht von dem Föderalismus der Gesellschaft im allgemeinen sprechen. Es ist notwendig, daß wir die Grenzlinien abstecken. Die äußersten Eckpfosten sind m. E. auf der einen Seite der Einheitsstaat und auf der anderen Seite der völkerrechtliche Bereich, und zwar derart, daß die normale klassische, völkerrechtliche, internationale Organisation auch nur zur Kooperation gehört und noch nicht zum Föderalismus. Das ist, glaube ich, in den Referaten nicht sehr klar zum Ausdruck gekommen. Wenn wir im internationalen Bereich von jeder Kooperation der Staaten als von Föderalismus sprechen und im innerstaatlichen Bereich von jeder Teilnahme irgendwelcher politischer Potenz an der Staatswillensbildung desgleichen, dann sprechen wir vom Föderalismus in einem sehr weiten Sinne, aber das sollten wir m. E. nicht.

Wenn man sagt, daß Föderalismus der Zusammenschluß von Staaten ist, dann bleiben wir im territorialen Aspekt stecken, und das ist das, was Herr Lerche eigentlich nicht wollte. Doch könnte man auch davon ausgehen, daß das Typische am Staat die Ausübung von staatlicher Hoheit ist, und daraus folgern, daß überall dort von Föderalismus zu sprechen ist, wo einer Organisation von Staaten Hoheitsrechte zustehen. Internationale Organisationen mit Hoheitsrechten wären also föderale Elemente in einem Bereich, den man sonst dem Völkerrecht zuordnet. Danach fragt sich, ob wir die europäischen Gemeinschaften als „internationale Organisationen mit starkem föderalen Einschlag" benennen, oder von „internem Staatengemeinschaftsrecht" sprechen und dieses zum Föderalismus rechnen sollen.

**Fuß:** Ich meine, daß die vertikale Gewaltenteilung sowohl im nationalen wie im vergemeinschafteten Bereich heute eine ganz besondere Rolle spielt. Für den nationalen Bereich brauche ich nicht viel zu sagen, weil Herr Hesse in seiner Schrift[1]) die einschlägigen Gesichtspunkte umfassend dargelegt hat. Und wenn ich Herrn Scheuner[2]) recht verstanden habe, so stimmt er Hesse im wesentlichen zu, wenn auch mit gewissen Einschränkungen. Herr Lerche unterstreicht dagegen die „Verfahrenshomogenität". Müssen wir dann aber nicht überlegen, ob dieser Effekt nicht auch mit ganz anderen Strukturen hergestellt werden könnte, als gerade durch die föderale Struktur? Ich bitte um Vergebung, Herr Schneider, daß ich die Frucht unseres Mittagsgespräches hier schon vorwegnehme, aber wir haben eben darüber gesprochen, daß dies auch durch eine besondere Art der Dezentralisation und Selbstverwaltung verwirklicht werden könnte, etwa entsprechend dem Local Government im angelsächsischen Bereich. Das entscheidende des Föderalismus, der föderalen Struktur ist doch — Herr Scheuner, Sie haben das in Ihrem Aufsatz besonders deutlich gemacht —, daß zwei verschiedene Entscheidungszentren nebeneinander stehen, nämlich des Bundes und der Länder. Und zwar nicht nur für eine ganz allgemeine Entscheidungsmöglichkeit, das wäre beim Local Government ja auch der Fall, sondern es besteht als zweites Entscheidungszentrum ein voll ausgebildeter Staat, der sofort wirksam werden könnte, wenn das erste Entscheidungszentrum einmal ausfallen sollte, und der nicht nur Verwaltungsakte erlassen kann, sondern auch Gesetze geben kann, und zwar demokratisch legitimierte Gesetze, und der auch Rechtsschutz durch Gerichte geben kann.

Ich darf nun noch kurz andeuten, warum die vertikale Gewaltenteilung im vergemeinschafteten Bereich m. E. besonders wichtig ist. Weil wir eine horizontale Gewaltenteilung bei den europäischen Gemeinschaften nur in den ersten Ansätzen kennen. Wir haben zwar eine Kontrolle durch einen unabhängigen Gerichtshof, aber wir haben sonst kaum Gewaltenteilung und Gewaltenkontrolle. Und das wohl Bedenklichste ist, daß ein und dasselbe Organ, nämlich die Räte und die Exekutiven, also die Hohe Behörde und die Kommissionen, allgemeine Vorschriften, Rechtssätze, erlassen können und diese selben Rechtssätze, ich nenne sie organgeschaffene Normen, auch durch

[1]) Konrad Hesse, Der unitarische Bundesstaat, 1962.
[2]) Ulrich Scheuner, Struktur und Aufgaben des Bundesstaats in der Gegenwart, DÖV 1962, 641—648.

Einzelakte ausführen können. Und hier greift nun nach meiner Meinung eine Gewaltenteilung zwischen den Gemeinschaftsorganen auf der einen Seite und den Mitgliedstaaten auf der anderen Seite ein. Wir können drei Möglichkeiten des Einflusses der Mitgliedstaaten unterscheiden: einmal unmittelbar, indem in den Verträgen den Mitgliedstaaten neben den Organen gewisse Befugnisse vorbehalten sind, nicht zuletzt die Möglichkeit, den Gerichtshof anzurufen und damit entweder sich selber oder aber dem unterworfenen Staatsbürger zu helfen. Aber es gibt auch noch andere unmittelbare Kontrollbefugnisse. Das zweite ist die mittelbare Einflußnahme auf die Gemeinschaften, indem die Mitgliedstaaten die Mitglieder der Räte und, von der Ausnahme des Art. 10 Abs. 1 Satz 2 EGKS-Vertrag abgesehen, auch die Angehörigen der Exekutiven wählen und bestellen. Bei den Räten ist dies besonders wichtig, weil man hier wohl eine Instruktionsbefugnis der einzelnen Staaten gegenüber dem von ihnen entsandten Minister annehmen muß. Und nun das Letzte, wohl das Wichtigste, auch für Rechtsschutz und Gewaltenteilung: Die Mitgliedstaaten führen zu einem großen Teil das organgeschaffene Recht aus, auch die Verträge selbst, und vor allem sind sie es, die auf den Plan treten, wenn sich der Unterworfene, das Unternehmen oder der Einzelbürger, widersetzt. Denn die Gemeinschaftsorgane besitzen keine Exekutivmöglichkeiten, sie sind auf den starken Arm der Staaten angewiesen; und das scheint mir mit der wesentlichste Gesichtspunkt für eine vertikale Gewaltenteilung zwischen Gemeinschaften und Mitgliedstaaten zu sein. Deshalb glaube ich, daß dieser Gesichtspunkt nicht soweit in den Hintergrund treten dürfte, wie es in den Ausführungen und den Leitsätzen von Herrn Lerche geschehen zu sein scheint.

**Pfeifer:** Ich will nur ganz kurz etwas zu dem staatsrechtlichen Gebilde des Bundesstaates sagen. Ein Blick in die Geschichte zeigt uns „historische Individualitäten", ein Wort, das Herr Bülck bereits gebraucht hat, und das die Theorie des konstitutionellen Staatsrechts gerade für die österreichischen Kronländer angewendet hat. Diese „Staatsfragmente" sind die Vorläufer unserer späteren Bundesländer geworden, nachdem sich Österreich 1920 endgültig in einen Bundesstaat umgebildet hat. Wenn wir hier einen Vergleich ziehen, tritt vielleicht das föderalistische Prinzip deutlicher in Erscheinung. Das Kronland hatte seine eigene Landesgesetzgebung und eigene — wenn auch beschränkte — Landesverwaltung. Aber trotzdem war diese österreichische Reichshälfte noch kein Bundesstaat, weil das Kronland nicht teilhatte — auch nicht vertretungsweise — an der Gesetzgebung des österreichischen Staates, weil ferner der

Kaiser als solcher und nicht als Landesherr unter Gegenzeichnung seiner Minister die Landesgesetze sanktionierte und weil endlich die allgemeine politische Verwaltung in den Kronländern und die gesamte Gerichtsbarkeit rein staatlich waren und von kaiserlichen Beamten besorgt wurden. Also war damals noch kein Bundesstaat vorhanden, wohl aber ein ausgesprochen dezentralisierter Einheitsstaat mit Kronländern als historischen Individualitäten.

Österreich hat sich in einen Bundesstaat in dem Augenblick verwandelt, als diese Kronländer einerseits in ihrer Gesetzgebung wirklich voll autonom wurden und ihnen von Bundesseite aus nicht mit Hilfe einer Sanktion hineingesprochen werden konnte. Die Bundesregierung erhielt gegenüber der Landesgesetzgebung nur ein Einspruchsrecht zur Wahrung der Bundesinteressen, das aber bloß suspensiv ist, und andererseits haben die nun entstandenen Bundesländer über den neu geschaffenen Bundesrat ein freilich sehr bescheidenes Mitspracherecht bei der Gesetzgebung des Bundes bekommen. Wir haben also bei uns eine ganz andere Entwicklung als in Deutschland, wo von selbständigen Staaten zu einem Bundesstaat übergegangen wurde. In Österreich war es umgekehrt. Hier ist aus dem dezentralisierten Einheitsstaat ein Bundesstaat geworden. Herr Kafka hat bereits erwähnt, daß bei der Schaffung des Bundesrats politische Momente mitgespielt haben. Das ist richtig. Der Bundesrat war seiner Zusammensetzung nach so konstruiert, daß die Länder mit christlich-sozialer Mehrheit das Übergewicht hatten und auch bis heute noch ein ganz geringes Übergewicht behalten haben. Die allgemeine staatliche Verwaltung in den Ländern wurde behördenmäßig Landesverwaltung.

Ich möchte dann noch einen Punkt berühren, über den das Referat des Herrn Lerche noch nicht völlige Klarheit gegeben hat, nämlich die Frage der Homogenität des Verfahrens. Ich nehme wohl an, daß hier in erster Linie an das Gesetzgebungsverfahren gedacht ist. Ich weiß es nicht, ich bitte das dann vielleicht als Frage aufzufassen und zu beantworten. Ich jedenfalls denke an das Gesetzgebungsverfahren und will dazu folgendes sagen: Als die österreichische Bundesverfassung geschaffen wurde, gab es über die Form des föderalistischen Systems, die zu schaffen sei, verschiedene Meinungen. Die Sozialdemokraten wollten überhaupt nur das Einkammersystem haben; die Christlich-Sozialen und Großdeutschen haben aber darauf bestanden, daß ein Bundesstaat geschaffen werde mit einer gleichwertigen Vertretung der Länder bei der Bundesgesetzgebung. Sie kam nicht zustande, sondern der Bundesrat erhielt nur eine sehr schwache Stellung; er hat nur ein Einspruchsrecht mit suspensiver

Wirkung. Der Nationalrat kann einen Beharrungsbeschluß fassen, und damit ist der Einspruch erledigt.

Im Laufe der Entwicklung der Zweiten Republik Österreich hat sich allerdings im Hinblick auf die Parteien etwas Neues ergeben. Es besteht bekanntlich in Österreich seit 1945 bis zur Gegenwart eine Parteienkoalition, eine große Koalition der ÖVP und SPÖ. Diese wirkt sich auch auf das Gesetzgebungsverfahren aus, nicht nur im Nationalrat, sondern auch im Bundesrat. Der Bundesrat ist an sich dazu da, nach dem föderalistischen Prinzip die Interessen der Länder zu vertreten. Wir müssen aber feststellen, und wir kommen auf diesem Wege zu einem anderen Begriff der Homogenität des Verfahrens, als Sie, Herr Lerche, es gemeint haben, daß durch das Koalitionssystem die föderalistische Funktion des Bundesrates lahmgelegt worden ist. (Ursprünglich hatte sich der Koalitionspakt nicht nur auf die Bundesebene, sondern auch auf die Landesebene und die Gemeindeebene erstreckt, die späteren Koalitionspakte haben sich formell auf die Bundesebene beschränkt.) In der abgelaufenen und in der vorvorletzten Gesetzgebungsperiode hat es keinen einzigen Einspruch des Bundesrates gegen Beschlüsse des Nationalrates gegeben, auch dann nicht, wenn Interessen der Länder verletzt wurden und selbst wenn die Vertreter einzelner Länder im Bundesrat erklärt haben, sie könnten es vor ihrem Gewissen nicht verantworten, diesem Gesetz zuzustimmen, weil es in unnötiger Weise die verfassungsmäßigen Interessen der Länder verletze. Also es hat diese starre Koalition der großen Parteien, die ja auch ein Bündnissystem darstellt, das andere System, daß im Bundesstaat durch den Bundesrat die Mitwirkung der Länder an der Gesetzgebung gewährleistet werden soll, derartig geschwächt, daß die Abgesandten der Länder im Bundesrat die eigentliche, ursprüngliche Aufgabe des Bundesrates, die Wahrung der Interessen der Länder im Gesamtstaat, nicht mehr wahrnehmen können.

**Scupin**: Darf ich eine Präzisierungsfrage stellen? Können wir das, was Sie am konkreten Beispiel des österreichischen Bundesstaates entwickelt haben und was Sie zu Anfang in die Fragestellung kleideten: Wo liegt der Unterschied zwischen einem dezentralisierten Einheitsstaat und einem Bundesstaat? noch einmal nunmehr genauer zusammenfassen? Darf ich vielleicht formulieren: Ist der Unterschied darin zu sehen, daß der Bundesstaat dann beginnt, wenn die Gliedstaaten 1. eine autonome Gesetzgebungshoheit und Verwaltungshoheit von sich aus haben, so daß ihnen also von Bundes wegen nicht reingeredet werden kann, wenn sie 2. eine Beteiligung an der Gesetzgebungshoheit des Gesamtstaates haben, mag diese sich auch auf ein Veto beschränken, und endlich darin, daß sie, wenn auch nur in schwachem Maße, über ein Organ verfügen, welches die Interessen der Bundesglieder gegenüber dem Gesamtstaat zu vertreten befugt ist?

**Pfeifer:** Die Beteiligung der Länder liegt auf dem Gebiete der Gesetzgebung des Bundes. Auf die Bundesverwaltung können die Bundesländer in Österreich verfassungsrechtlich nur durch Anfragen und Entschließungen des Bundesrates einen schwachen Einfluß nehmen. Faktisch stünde ihnen ein stärkerer Einfluß auf die Bundesverwaltung dadurch zu, daß die Mitglieder der Bundesregierung aus den verschiedenen Bundesländern entnommen werden. Doch die meisten Minister und Staatssekretäre sind in Wien beheimatet; insbesondere alle sozialistischen. Das sieht man in den übrigen Bundesländern nicht gerne und steht im Widerspruch zum föderalistischem Prinzip.

**Krüger:** Von meiner Seite würde ich hierzu lediglich bemerken, daß der Föderalismus nicht als ein Prinzip mißverstanden werden darf, das auf die Bewältigung organisatorischer Probleme gemünzt ist. Organisatorische Überlegungen können nicht weiterführen als bis zum dezentralisierten Einheitsstaat. Der Bundesstaat hingegen ist mehr und etwas anderes als bloß eine perfektere Lösung von Organisationsfragen: Ihm kommt es darauf an, trotz Verschiedenheiten aller Art, ja gerade aus ihnen staatliche Einheit und staatliche Kraft entstehen zu lassen. Der dezentralisierte Einheitsstaat ist ein Versuch, eine vorgegebene Einheit zweckmäßig zu gliedern und zu verfassen. Der Bundesstaat hingegen unternimmt es, unter sehr komplexen Umständen eine staatliche Einheit erst zustande zu bringen. Nicht der dezentralisierte Einheitsstaat, sondern allein der Bundesstaat darf somit dem föderalistischen Prinzip zugerechnet werden.

**Dürig:** Darf ich anknüpfen, Herr Krüger? Herr Lerche, auf die Homogenität des Verfahrens werden Sie heute noch oft festgenagelt werden. Die ließe sich doch am besten erreichen, d. h. dann kann man von einer Homogenität nicht mehr sprechen, sondern von einer Unigenität — oder wie Sie das nennen wollen — in einem Einheitsstaat. Damit rechtfertigen Sie doch den Föderalismus nicht. Es ist ja auch keine Rechtfertigung, wenn man sagt — das haben Sie auch nicht getan — wir haben ihn eben vorgegeben vorgefunden durch Octroy der Besatzungsmacht. Wir brauchen doch zur Rechtfertigung andere Argumente. Herr Fuß, das ist ein Argument, diese zwei Entscheidungsinstanzen, aber ich würde Herrn Krüger recht geben, das ist mir auch noch zu organisatorisch. Meine Herren, Sie kommen, wenn Sie den Föderalismus rechtfertigen und bejahen wollen, nicht um eine geistige Tat herum. Und die Tat ist eben die geistige Vorstellung vom Staatsaufbau von unten nach oben, von der kleinen Gemeinschaft zur großen Gemeinschaft; Zusammenschluß, und zwar nicht wie beim Staatenbund in Form einer Addierung — der Staatenbund ist so stark wie die Summe seiner Teile — sondern zu einem Bund, wo etwas Neues entsteht, ein Aliud entsteht, das stärker ist als die Summe seiner Teile. Ich glaube, rechtfertigen können wir den Föderalismus nur durch das Subsidiaritätsprinzip, denn das ist m. E. ein echtes juristisches Vorrangprinzip. Es entspricht auch der soziologischen Seinsgegebenheit, daß sich die menschliche Gesellschaft, und damit auch der Staat, aufbaut von kleinen Gemeinschaften zu größeren. Sein und Sollen stimmen also überein. Ich behaupte, daß die Lebenswirklichkeit es ist, die die normative Entscheidung für einen föderalistischen Staatsaufbau letzlich rechtfertigt.

**Merk:** Im Gegensatz zu einem Einheitsstaat mit einer einzigen und einheitlichen Staatsgewalt werden wir unter einem Bundesstaat nach wie vor zu verstehen haben eine rechtliche Vereinigung mehrerer Staaten zu einem Gesamtstaat mit einem Gesamtstaatsvolk, einem Gesamtstaatsgebiet und einer unabhängigen und höchsten staatlichen Herrschaftsgewalt, nach dessen Verfassung diese Staaten als Gliedstaaten oder Länder einerseits eine eigenständige, von dem Gesamtstaat nicht abgeleitete, staatliche Hoheitsgewalt besitzen und an der Willensbildung des Gesamtstaates in einem obersten Willensträger beteiligt sind, andererseits im Bereiche der Zuständigkeit des Gesamtstaates dessen Herrschaftsgewalt unterworfen sind. Es fragt sich m. E., ob für unser Volk dieser Bundesstaatsgedanke in der Zukunft dauernd Geltung behalten wird oder ob nicht vielleicht an Stelle des Gedankens der Eigenstaatlichkeit der Länder und ihres bündischen Zusammenschlusses zufolge der volksherrschaftlichen Grundlage unseres Staatswesens der Gedanke der Selbstbestimmung und Selbstverwaltung im Rahmen und i. S. eines gegliederten Einheitsstaates bei einer Neugestaltung der Verfassung Ausdruck zu finden hätte. Müssen wir unbedingt für alle Zukunft an dem Gedanken von Herrschaftsrechten kraft eigenen Rechts für die Länder auf Kosten eines einheitlichen deutschen Staatsgedankens festhalten?

Das Grundgesetz hat bekanntlich in dieser Hinsicht keine klare Regelung getroffen. Einerseits hat einmal nach dem Vorspruch das „Deutsche Volk" in den Ländern Baden usf. „kraft seiner verfassungsgebenden Gewalt" das GG erlassen. Von einem „foedus", einem Bündnisvertrage, ist hier keine Rede, wie denn auch das GG nach Annahme durch die Volksvertretungen in zwei Dritteln der deutschen Länder zustande kommen sollte und auch von ihnen allen mit Ausnahme Bayerns angenommen worden ist. Nur 3 Länder, nämlich Bayern, Bremen und Hamburg, können auf eine Überlieferung aus der früheren Zeit zurückblicken, während die anderen, die „neuen Länder", vor allem auf Zweckbestimmungen und Belangen der Besetzungsmächte beruhen. Es sind so „Großblockländer" geschaffen worden, die mit ihrer übermäßigen Größe mehr in den Rahmen eines lockeren Staatenbundes passen, aber weder unter dem Gesichtspunkt der Reichseinheit noch unter dem der Selbstverwaltung als zweckmäßige Untergliederungen bzw. Selbstverwaltungskörperschaften eines Bundesstaates oder Reiches angesehen werden können. Denken wir nur daran, daß z. B. Nordrhein-Westfalen mit rd. 17 Mill. Einw. etwa ein Drittel der Gesamtbevölkerung des Bundes aufweist. Ohne näher auf die Zuständigkeiten des Bundes hinsichtlich der Neugliederung und der Gebietsänderungen der Länder nach Art. 29 GG, einzugehen, sei weiter daran erinnert, daß wir nur eine einheitliche deutsche Staatsangehörigkeit besitzen, wie auch jeder Deutsche in jedem Lande die gleichen staatsbürgerlichen Rechte und Pflichten hat. Sodann geht die Staatsgewalt vom Volke, d. h. vom deutschen Volke, aus, indem alle Deutschen in allen Ländern wie im Bunde zu den Wahlen und Abstimmungen berufen sind und aus den so gewählten Volksvertretungen die Regierungen der Länder wie des Bundes hervorgehen. Dabei ist noch zu erwähnen, daß die Parteien als die politischen Machtträger sich auf das ganze Bundesgebiet erstrecken, also Bundesparteien sind. Dazu kommt die Befugnis des Bundes, den Umfang seiner Hoheitsrechte, ggfs. auf Kosten der Länder, im Rahmen des Art. 79 GG selbst zu bestimmen. Das Verhältnis von Bund und Ländern hat sich seit dem Erlaß des GG schon sehr geändert; der Bund hat immer mehr Aufgaben in seine Hand genommen. Die Länder sind in zunehmendem Maße auf die Ausführung von Bundesgesetzen nach Art von Selbstverwaltungskörperschaften verwiesen worden, sei es im eigenen Namen unter Rechtsaufsicht, oder i. S. der Auftragsverwaltung unter der Weisungsbefugnis des Bundes. Auf der anderen Seite geht das GG in Art. 30 davon aus, daß die Ausübung der „staatlichen Befugnisse" und die Erfüllung der „staatlichen Aufgaben" Sache der Länder ist, soweit das GG keine andere Regelung trifft oder zuläßt, was noch besonders bezüglich der Gesetzgebung und der Ausführung der Bundesgesetze in Art. 70

und 83 bestimmt ist. Entsprechen diese noch aus der Besetzungszeit stammenden und unter starker Einwirkung der Besatzungsmächte zustande gekommenen Bestimmungen des GG über die überragende Stellung der Länder noch der politischen Wirklichkeit und den vorhandenen Bedürfnissen und Anschauungen? Von einer umfassenden eigenen Staatsgewalt der Länder kann nach alledem keine Rede sein; die Länder erscheinen nicht in erster Reihe oder überwiegend als Träger einer eigenständigen staatlichen Gewalt. Sollten wir nicht endlich einmal zu der Auffassung gelangen, daß das deutsche Volk in seiner Gesamtheit die große natürliche, geschichtliche, kulturelle, wirtschaftliche und rechtliche Einheit ist, dessen Staat das Reich bzw. vorläufig der Bund ist, von dem die Länder ihre Hoheitsbefugnisse unter weitgehender Selbstbestimmung und Selbstverwaltung in einer zweckmäßigen Neugliederung in nicht zu große Gebilde herleiten? Die Wahrnehmung der öffentlichen Aufgaben wäre dabei in der Weise von unten nach oben aufzugliedern, daß im allgemeinen die Angelegenheiten, die mehr nur örtliche Bedeutung haben, von den Gemeinden und Gemeindeverbänden, und die, welche nur den Bereich eines Landes betreffen, von den Ländern besorgt werden, wogegen die Angelegenheiten, die das ganze Volk angehen, Sache des Reiches bzw. des Bundes sind, und zwar auf allen Gebieten, wofür ein Bedürfnis besteht, wie z. B. auch der Kulturhoheit über die bisherige Zuständigkeit nach Art. 74 Ziff. 13 GG hinaus. Überall aber ist es das deutsche Volk, das sich selbst regiert, sei es im ganzen oder in seinen Teilgliederungen.

Was den zwischen- und überstaatlichen Bereich angeht, so wird man damit rechnen müssen, daß der wirtschaftliche und politische Zusammenschluß aller freien Staaten Europas nicht so einfach und schnell vor sich gehen wird, wie es zunächst nach dem Kriege z. T., vor allem in Deutschland, erhofft worden ist. Man kann da auch nur vor übereilten Schritten warnen. Es bleibt zu bedenken, daß die europäischen Staaten eine lange selbständige kulturelle und politische Entwicklung hinter sich haben und, jedenfalls z. Z., zumeist nicht gewillt sind, davon unter Preisgabe von nationalen Hoheitsrechten abzugehen. Es ist doch Tatsache, daß man insbes. z. B. in England und in Frankreich nicht daran denkt, das eigene Volkstum und den eigenen Staat zugunsten eines größeren politischen Gebildes aufzugeben, sondern allenfalls in einem solchem Gebilde eine Vorherrschaft anstrebt. Man kann sich auch einer gewissen Besorgnis nicht erwehren, daß bei einem politischen Zusammenschluß zunächst der sechs Staaten der EWG von bekannter Seite beabsichtigt wird, hinter den rechtlichen Formen eine politische Vorherrschaft herbeizuführen und in einseitiger Weise eigene Belange zu verfolgen. Ich bin der Meinung, daß wir auf voller Gleichberechtigung der Mitgliedsstaaten bestehen müssen. Gewiß, ein zwingendes Bedürfnis für einen Zusammenschluß der freien Staaten Europas auf wirtschaftlichem, militärischem und politischem Gebiet in enger Verbindung mit Nordamerika als der führenden Weltmacht des Westens läßt sich nicht in Abrede stellen insbes. angesichts der drohenden Gefahr durch die kommunistische Staatenwelt des Ostens. Aber über die bereits bestehenden einzelnen Zweckgemeinschaften für bestimmte Bereiche hinaus wird m. E. nach den vorliegenden Verhältnissen vorerst bestenfalls ein politischer Zusammenschluß nach Art eines Staatenbundes, sei es im engeren oder im weiteren Rahmen, in Frage kommen.

**Krüger:** Vielen Dank, Herr Merk. Ich kann mich nach Ihren Worten des Eindrucks nicht erwehren, daß Föderalismus auf dem Wege über ein Hegemoniestreben in die Gefahr geraten kann, sich dem Machiavelismus zu nähern.

**Bachof:** Ich hoffe, nicht die vom Diskussionsleiter gezogenen Grenzen zu überschreiten, wenn ich trotz der Mahnung, nicht auf speziell deutsche Probleme einzugehen, doch ein solches Problem als Beispiel benutze; ein Problem, von dem ich glaube, das es sich um ein allgemeines Problem des Föderalismus als eines nationalen Ordnungsprinzips handelt: Ich meine das, was Herr Lerche als das „Einschieben staatenbündischer Schichten" zwischen Gesamtstaat und Gliedstaaten bezeichnet hat. Man muß fragen, ob und wieweit sich ein solches Einschieben mit dem Prinzip des Föderalismus überhaupt verträgt. Wir sehen in der Bundesrepublik zur Zeit eine ständige Zunahme von — wenn ich es einmal so ausdrücken darf — permanenten Homogenisierungs- oder Koordinierungseinrichtungen, die sich regelrecht institutionalisieren: Einrichtungen, die sich „ständige Konferenzen" oder ähnlich nennen, die einen eigenen Verwaltungsapparat ausbilden, und die sich weitgehende Entscheidungskompetenzen selbst zulegen. So entsteht also, wenn ich den Ausdruck von Herrn Scheuner verwenden darf, zwischen den beiden „Entscheidungszentren" gewissermaßen ein drittes Zentrum; oder genauer gesagt, es entsteht eine Vielzahl von — jeweils partiellen — dritten Entscheidungszentren. Ich darf aus einem Bereich, der uns als Hochschullehrer besonders angeht, die Ständige Konferenz der Kultusminister erwähnen. Vor einiger Zeit wurde ein Entwurf eines Staatsvertrages über die Neuregelung dieser Konferenz veröffentlicht, dem zufolge die Konferenz sich sogar einen eigenen Staatssekretär zulegen will[3]); dieser soll zwar pro forma, da die Konferenz nicht dienstherrnfähig ist, Beamter des Sitzlandes sein, wäre aber seiner Funktion nach natürlich ein ausschließliches Organ der Konferenz, mit einem entsprechenden Unterapparat. Es erheben sich hier drei Fragen.

Die erste Frage: Sind nicht die Entstehung solcher ständigen Koordinierungsorgane und das offenbare Bedürfnis danach Anzeichen für eine nicht sachgerechte Kompetenzverteilung? Eine richtige Kompetenzverteilung beruht doch wohl — ich darf an Herrn Dürig anknüpfen — trotz des schier zu Tode gerittenen Subsidiaritätsprinzips auf dem Grundsatz, daß die kleineren Einheiten zwar alles, aber auch nur das tun sollen, was sie zu tun in der Lage sind. Nun mögen zwar gelegentliche, punktuelle und ad hoc vorgenommene Koordinierungen zwischen den Gliedern eines föderativen Staates nicht nur nützlich, sondern sogar notwendig sein. Wenn aber die Notwendigkeit und das Bedürfnis nach ständigen Koordinierungsgremien in großer Zahl besteht, so scheint mir das zu zeigen, daß an der Kompetenzverteilung etwas nicht in Ordnung ist: daß nämlich die kleinere Einheit offenbar nicht, oder jedenfalls nicht allein ohne Mithilfe der größeren Einheit, in der Lage ist, die ihr zugewiesenen Aufgaben zu erfüllen.

Die zweite Frage: Wird nicht durch eine solche Einschiebung staatenbündischer Schichten zwischen den Gesamtstaat und die Gliedstaaten die Kompetenzordnung unterlaufen, indem Bindungen der Gliedstaaten bewirkt werden, die im Verfassungsrecht keine Legitimation haben? Zwar könnte man entgegnen, selbstgeschaffene Bindungen seien keine echten Bindungen, da sie ja jederzeit wieder abgestreift werden könnten. Auch könnte man vielleicht darauf hinweisen, daß diese Bindungen in der Regel nur durch einen einstimmigen Beschluß herbeigeführt werden können. Aber das wären keine schlüssigen Einwendungen. Denn gerade jenes Prinzip der Einstimmigkeit ist durchaus ambivalent: was man einstimmig beschlossen hat, das kann oft — so etwa nach der Regelung der Kultusministerkonferenz — auch nur einstimmig wieder aufgehoben werden. Weil nun diese einstimmigen Regelungen nicht selten durch einen durchaus unzulänglichen Verwaltungsapparat schlecht vorbereitet werden und dann von den Ministern im Eiltempo und mitunter ohne rechte Kenntnis der Tragweite beschlossen werden, so erleben wir den grotesken Zustand, daß die Entscheidungen zwar mitunter schon nach wenigen Tagen von

---

[3]) Art. 9 des Entwurfs eines Staatsvertrages des Länder über die Koordinierung der deutschen Kulturpolitik. Bayer. Landtag, 4. Legislaturperiode, Beilage 2880.

manchen ihrer Erzeuger bereut werden, daß man aber nicht wieder davon wegkommt, weil die auch für die Aufhebung wieder erforderliche Einstimmigkeit nicht zustande zu bringen ist. Dazu wieder ein uns berührendes Beispiel: Vor etwa drei Jahren hat, auf Betreiben von zwei über gewisse Änderungen der Struktur der Europäischen Rektorenkonferenz verärgerten Ministerialbeamten, die Kultusministerkonferenz beschlossen, den Hochschulen die Beitragszahlung an die Europäische Rektorenkonferenz zu verbieten; und zwar wurde die Zahlung selbst solcher Beträge untersagt, die in den von den Parlamenten beschlossenen Haushaltsgesetzen ausdrücklich vorgesehen waren. Als die Kultusminister, die den Beschluß offenbar innerhalb weniger Minuten während einer Sitzung gefaßt hatten, von den Rektoren auf die folgenschweren Konsequenzen hingewiesen und über die sonderbaren Hintergründe aufgeklärt wurden, haben sie — jedenfalls war es in unserem Lande so — zwar die Unsinnigkeit des Beschlusses eingesehen. Aber es ist bis heute nicht gelungen, diesen törichten Beschluß wieder umzustoßen, weil die erforderliche Einstimmigkeit dafür nicht zu erreichen war. Im Ergebnis findet hier also eine Verschiebung der Kompetenzen statt, ein Eingriff in den Verantwortungsbereich der einzelnen Länder und ihrer Minister oder sogar ihrer Parlamente. Man mag darüber streiten können, ob solche Beschlüsse die verfassungsrechtlich festgelegte Verantwortlichkeit der Minister für ihren Geschäftsbereich de iure zu überspielen vermögen; m. E. können sie es nicht. D e f a c t o tun sie es aber auf eine äußerst effektive Weise, und das scheint mir das zu sein, worauf es hier ankommt.

Schließlich drittens: Wie steht es mit dem Verhältnis der eingeschobenen staatenbündischen Schichten zum demokratischen Prinzip und zur Parlamentskontrolle? Wir sehen hier (das Problem besteht auch bei den internationalen Organisationen, hat dort aber andere Akzente) Entscheidungszentren entstehen — und zwar sehr effektive Entscheidungszentren —, die praktisch jeder parlamentarischen Kontrolle entzogen sind!

**Thieme:** Ich verstehe das Thema des Beratungsgegenstandes nicht unter dem Gesichtspunkt der Rechtfertigung des Föderalismus, sondern vielleicht mehr so, wie es Herr Krüger heute morgen angesprochen hat, daß man eigentlich hinter die Worte „Föderalismus als Ordnungsprinzip" ein Fragezeichen setzen muß. Vor allem in dem Vortrag von Herrn Lerche ist dieses Fragezeichen auch recht deutlich herausgekommen. Die Erörterung darf sich nicht so sehr an das positive Recht anschließen und hat das bisher auch nicht getan, sondern muß als verfassungs p o l i t i s c h e Frage gestellt werden. Ich finde das

Wort von den Entscheidungszentren sehr glücklich, aber hinter diesem Wort muß doch noch ein weiteres stehen: daß es sich um eine territoriale Gliederung, um Entscheidungszentren auf territorialer Basis handelt. Wenn ich auch Herrn Merk nicht ganz zustimme, daß es nur drei Länder gibt, in denen sich so etwas wie ein Landesbewußtsein bildete, sondern daß das auch woanders vorkommt — wie ich selbst es zum Beispiel im Saarland erlebt habe, daß die 40jährige Eigenständigkeit dieses Gebietes ein Gemeinschaftsbewußtsein hervorgerufen hat — so ist aber doch zu betonen, daß neben diesem territorial-regionalen Prinzip der Zusammengehörigkeit in viel stärkerem Maße eine Integration auf ganz anderen Grundlagen, nämlich auf ständischer Basis, auf der Basis der sozialen Gruppen erfolgt, und daß bei einem starken sozialen, wirtschaftlichen und kulturellen Verbund — ich möchte hier nur von der Bundesrepublik sprechen — jene anderen Beziehungen, die zweifellos da sind, sehr stark in den Hintergrund treten. Und hier scheint mir nun gerade das Grundgesetz die politische Wirklichkeit erheblich verzeichnet zu haben, indem es diesem territorialen Prinzip einen derartig starken Vorrang gegeben hat gegenüber den anderen sozialen Einheiten, die im politischen Raum wirken; denn diese Situation kann dazu führen, daß die Verfassungswirklichkeit sich nicht mehr mit dem Verfassungsrecht in Übereinstimmung befindet.

**Kaiser:** Mit Herrn Thieme stimme ich darin überein, Föderalismus als verfassungsrechtliches Prinzip territorial zu qualifizieren. Ich halte es für ein Abgehen von dieser Natur des Föderalismus, wenn er mit dem Prinzip der Gewaltenteilung in enge Verbindung gebracht wird. Herr Fuß hat diesen Gedanken aufgegriffen. Mir scheint aber, daß Herr Lerche hier mit vollem Recht von einer Scheinlogik gesprochen hat. Ich meine, daß der Versuch, diese föderalistische, d. h. territorial bestimmte Verschiedenheit der Entscheidungszentren mit der Gewaltenteilung zusammen zu sehen, darauf hinausläuft, nachträglich die föderalistischen Elemente in unserer bundesstaatlichen Ordnung zu rechtfertigen, nachdem ihre eigentliche territoriale Verwurzelung zum Teil abgestorben ist. Die Problematik dieses Versuches scheint mir auch darin zum Ausdruck zu kommen, daß in dem Begriff vom „unitarischen Bundesstaat" zwei Begriffselemente verkoppelt werden, die sich kontradiktorisch zueinander verhalten. Das gilt nicht nur für den Bereich der innerstaatlichen Ordnung, sondern auch für den Versuch, die territoriale Gliederung der Entscheidungszentren in den europäischen Gemeinschaften mit dem Begriff der Gewaltenteilung zu belegen. Historisch sind Föderalismus und Gewaltenteilung unverwechselbare und verschieden motivierte Strukturprinzipien, und die Väter der Verträge der europäischen Gemeinschaften haben das Abwägen der einzelnen Kompetenzen zwischen Gemeinschaftsorganen und nationalen Instanzen nicht nach den Prinzipien der Gewaltenteilung vorgenommen, sondern da haben ganz andere, konkretere Fragen wie Aspekte der nationalen Politik, Erfordernisse des Verkehrs, der Landwirtschaft etc. eine Rolle gespielt. Der Versuch, nachträglich die Unterscheidung von Befugnissen der europäischen Kommission und der nationalen Kartellbehörden, also beispielsweise im Bereich des Wettbewerbsrechts, nach Ideen der Gewaltenteilung zu konstruieren, hat keinerlei Erkenntniswert. Darum sollten Föderalismus und Gewaltenteilung, wenn sie beide auch effektiv eine Polarisierung und Balancierung politischer Kräfte bewirken können, doch nach wie vor voneinander unterschieden werden.

**Krüger:** Ich darf hierzu nur eines zu bedenken geben: Ist die Mehrheit der Entscheidungszentren Ursache oder Wirkung des Föderalismus —, wobei mir zweifelhaft ist, ob für den ersten Fall der Ausdruck „Föderalismus" am Platze wäre.

**Scheuner:** Das Phänomen des Föderalismus kann niemals allein vom Gesamtstaat her erklärt werden. Eine Auffassung, die ihn nur als eine zweckmässige Einrichtung vom Standpunkt des Ganzen her ansieht, verletzt bereits das Grundprinzip des Föderalismus. Sie entzieht ihm die historische Legitimation, die er aus dem Bestande der Einzelglieder zieht. Das entscheidende Moment des Föderalismus ist ein historisch-politischer Tatbestand, in dem die Verschiedenheit der Entscheidungszentren vorgegeben — noch gegeben oder schon gegeben — ist. Es begegnen sich hier zwei verschiedene Quellen der Legitimation, die sich miteinander verbinden. Immer dort, wo man ein Prinzip der Aufgliederung eines Einzelstaates — und die Gewaltenteilung ist ein solches — zur Rechtfertigung des Föderalismus heranzieht, stellt man — meine Auffassung deckt sich hier durchaus mit den Ausführungen von Herrn Kaiser — im Grunde klar, daß der Föderalismus seine eigentliche Legitimationsbasis verloren hat. Ich möchte an der Auffassung festhalten, daß der Föderalismus seine Grundlage in der territorialen Differenzierung hat. Der Gedanke eines nur funktional zu rechtfertigenden Föderalismus erscheint mir nicht vollziehbar. Der Versuch von Herrn Hesse [1]) stellt eine Analyse des in der Bundesrepublik vorzufindenden Tatbestandes dar, der ich weitgehend zustimme, aber ich vermag seinem Versuch nicht zu folgen, für das bundesstaatliche Gefüge eine Rechtfertigung in dem Gedanken ihrer Einwirkung auf die Gewaltenteilung zu finden.

Vom Bunde kann man nur dort sprechen, wo historisch-politische Tatsachen das Nebeneinander nationaler und regionaler Entscheidungszentren hervorgerufen haben. Der Sinn des Föderalismus liegt darin, daß er eine gegebene territoriale Gliederung staatsrechtlich zum Ausdruck bringt.

Den von Herrn Lerche in den Mittelpunkt gerückten Gedanken der Verfahrenshomogenität halte ich nicht für vollauf befriedigend. Für ein föderales Gebilde genügt nicht eine Einheit des Verfahrens, ein Zusammenbleibenwollen, sondern es muß ein gemeinsames nationales Erlebnis, ein historischer Vorgang des Zusammenwachsens hinzutreten. Wo dies Erlebnis noch nicht eingetreten ist, kann man noch nicht von einem föderalen Gebilde sprechen; das gilt heute etwa im europäischen Bereich, wo dieser Schritt noch nicht vollzogen ist.

Auch in Einzelfragen, wie bei der „Bundestreue", reicht der Gedanke einer bloßen Verfahrenshomogenität nicht aus, um die gemeinsamen Kräfte und gemeinsamen Anschauungen zu konstituieren, auf denen das Bundesgefüge ruht. Die Einheit muß materiell und nicht nur verfahrensmäßig begründet sein. So gehört es etwa in der Eidgenossenschaft zu dieser materiellen Grundlage, daß die nationale und konfessionelle Eigenart der Kantone gesichert ist. Es kann auch Grundfragen geben, in denen in einem Bundesstaate eine solche Gemeinsamkeit noch nicht erreicht ist. Die Frage der Gleichstellung der farbigen Bevölkerung in den USA kann hierfür ein Beispiel abgeben. Wenn ich den Blick nun auf den internationalen Bereich richte, der uns hier auch vorgeführt wurde, so gehört die funktionale Zusammenarbeit der Staaten nicht in den Bereich unseres Themas. Sie kann höchstens als eine Antizipation eines kommenden Weltstaates aufgefaßt werden, von dem wir aber noch weit entfernt sind. Eher läßt sich eine breitere Basis in materiellen Anschauungen bei den Vereinten Nationen behaupten; aber auch sie entbehren föderaler Züge. Ganz anders liegt das Problem bei den Europäischen Gemeinschaften. Wir stehen hier vor einem präföderalen Entwicklungsstande. Das bündische Stadium ist noch nicht erreicht, weil zwar das Entscheidungszentrum der Gemeinschaften bereits einen weiten Bereich funktionaler Zusammenarbeit umfaßt, aber noch nicht die Möglichkeit hat, aus sich selbst heraus ohne die Mitwirkung der nationalen Instanzen seine Macht zu erweitern. Bei den Gliedern dieser Zusammenschlüsse, ich denke besonders an die Einstellung der französischen Regierung, ist der Wunsch noch so stark, gegenüber der europäischen Integration die wirkliche Entscheidung in nationalen Händen zu behalten, daß man hier erst von einem präföderalen Stadium sprechen kann. Man darf nicht übersehen, daß der moderne Staat für den Staatsbürger eine

Lebensverantwortung in dem Sinne einer umfassenden Daseinsvorsorge — wenn ich das von Herrn Forsthoff gebrauchte Wort einmal in diesem weiteren Sinne verwenden darf — trägt, von dem jeder einzelne abhängt. Der Schritt ist noch nicht vollzogen, daß die Europäischen Gemeinschaften diese grundlegende soziale Versorgung und Lebensführung der Bevölkerung übernehmen. Der Übergang zu einem föderalen Stadium kann sich nicht gewissermaßen unbemerkt wie beim Überschreiten einer nicht markierten Grenze vollziehen. Er muß vielmehr in einem bewußten Entschluß begründet sein, in klarer Erkenntnis des zu vollziehenden Wandels. Die europäischen Völker werden, wenn sie eine wirkliche politische Einheit Europas schaffen, diesen Weg zu gehen haben. Damit werden sie aber nicht die bestehende Struktur des internationalen Rechts ändern. Sie werden innerhalb der Völkerrechtsordnung einen Bund schaffen, wie das auch früher schon geschehen ist. Ganz anders würde es bei der Bildung einer Weltregierung aussehen; aber das ist eine Frage weiter Zukunft, die wir hier beiseite lassen dürfen.

**Kaiser:** Darf ich eine Frage an Herrn Scheuner stellen? Was ist gemeint mit dem Ausdruck, die europäischen Gemeinschaften seien „präföderale" Gebilde? Wenn damit gesagt ist, sie seien nicht Bundesstaaten, würde ich völlig zustimmen. Sie sind deshalb nicht Bundesstaaten, weil sie nicht das Universum staatlicher Aufgaben in sich bergen. Aber wenn, um bei dem schon genannten Beispiel zu bleiben, ein staatliches Gesetz von einer europäischen Instanz revidiert wird, dann sehe ich darin einen Vorgang, der dem Prinzip „Bundesrecht bricht Landesrecht" durchaus analog ist. Und das, meine ich, rechtfertigt zu sagen, daß wir zwar keinen europäischen Bundesstaat haben, aber doch bundesstaatliche Elemente in den europäischen Gemeinschaften nachweisbar sind.

**Scheuner:** Wenn ich darauf mit einem Satze antworten darf. Was Sie ausführen, ist eben das, was ich mit dem Wort „präföderale Elemente" auszudrücken versucht habe. Es handelt sich um das Vorliegen bundesstaatlicher Elemente, aber noch nicht um einen Bundesstaat.

**Drath:** Wir haben es mit einem methodischen Problem zu tun: Der deutsche Bundesstaat ist aus kleineren politischen Einheiten über die wirtschaftliche Organisation des Zollvereins entstanden. Wenn das auch in Österreich, wie wir gehört haben, anders verlaufen ist, so ist doch geschichtlich w i r t s c h a f t l i c h e r Zusammenschuß einmal der Keim bundes s t a a t l i c h e r Organisation gewesen. Damit haben wir die föderalistische Betrachtung zunächst nur wirtschaftlicher Zusammenschlüsse politischer Einheiten geistig „zur Hand“ und können auch gegenwärtige Vorgänge unter dem Gesichtspunkte ihrer Bedeutung für eine Föderalisierung untersuchen; denn man kann auch heute wirtschaftlichen Zusammenschluß betreiben in der Hoffnung und mit dem Ziel — vielleicht mit der sogar ungewollten inneren Gesetzlichkeit —, daß der politische Föderalismus „nachwachsen“ wird, einschließlich einer föderalistischen Gesinnung auch der Bürger. Demgegenüber würde die Betonung, daß das Territorialprinzip entscheidend sei, nichts besagen, weil seine Bedeutung für den Begriff „Föderalismus“ nicht ausschließt, heutige Vorgänge und Gebilde daraufhin zu prüfen, wieweit sie zu einem erst künftigen Föderalismus führen können. Auch partielle Zusammenschlüsse auf einzelnen Gebieten der Wirtschaft brauchen dafür nicht ungeeignet zu sein, besonders wenn es sich um wichtige Wirtschaftszweige handelt. Wir brauchen all das also keineswegs aus methodischen oder begrifflichen Gründen aus unserer heutigen Diskussion auszuklammern.

**Scheuner:** Hierauf möchte ich antworten: Das territoriale Element muß sowohl beim Glied wie beim Ganzen gegeben sein. Die Entwicklung in einem Bundesstaat wird in der Regel die sein, daß zunächst das Schwergewicht in der unteren Stufe liegt und erst allmählich auf die höhere Ebene sich verlagert. Die grundlegenden Entscheidungen für das Zusammentreten zu einem Bunde können freilich nicht ohne das Vorliegen eines bestimmten emotionalen historischen Gefühls getroffen werden. Eine reine Konstruktion kann diesen Vorgang nicht ersetzen. Auch beim Zusammenkommen der Europäischen Gemeinschaften sind jedenfalls emotionale Momente stark beteiligt gewesen.

**Klein:** Auf Grund der bisherigen Diskussion habe ich den Eindruck, daß die Mahnung des Herrn Vorsitzenden, doch mal etwas schärfer über den Begriff des Föderalismus nachzudenken, nur zu berechtigt gewesen ist. Als ich die Nachricht über die Themen unserer diesjährigen Tagung bekam und die Formulierung für die beiden heutigen Themen las: „Föderalismus als nationales Ordnungsprinzip“ und „Föderalismus als internationales Ordnungsprinzip“, fragte ich mich: Föderalismus als internationales Ordnungsproblem? Was heißt das überhaupt? Meint der Vorstand, wenn er die beiden Formulierungen ansetzt, ein und denselben Begriff „Föderalismus“ für das eine und das andere? Wenn nein, dann erwartet er ja wohl, daß uns die Referenten belehren, wo die Unterschiede zwischen Föderalismus auf der nationalen Seite und Föderalismus auf der internationalen Seite zu sehen sind. Ich muß offen bekennen, ich weiß das bisher nicht und habe es auch nicht erfahren.

Ich will aber noch folgendes weitere berichten: Ich habe mir damals den gerade erschienenen Band der neuesten Auflage des Wörterbuchs des Völkerrechts hergenommen und das Stichwort „Föderalismus" gesucht: vakat. Auch in irgendeiner adjektivischen Verbindung fehlt es dort. Da wurde ich hellhörig und gespannt auf das, was Herr Bülck dazu darlegen würde. Herr Bülck, ich habe erwartet, daß Sie das bieten, was Sie geboten haben. Verzeihen Sie, daß ich das so sage. Sie konnten ja nicht anders. Sie mußten ja etwas bieten, von den internationalen Flußkommissionen bis hin zur UNO und zu einem sich abzeichnenden, vielleicht doch nie kommenden Weltstaat. Was ist nun eigentlich der Föderalismus auf der internationalen Ebene?

Ich habe mir dann auch die Verhandlungen unserer Vereinigung aus dem Jahre 1926 in Jena hergenommen und dort die Eingangssätze von Anschütz nachgelesen. Meine Herren, ich bin mir bewußt, daß das, was der verehrte Kollege Anschütz damals gesagt hat, heute nicht mehr hundertprozentig zuzutreffen braucht. Die Dinge haben sich weiterentwickelt. Und es ist sicher nicht mehr berechtigt, nur noch von einem so gefaßten Föderalismus zu sprechen, wie Anschütz das damals getan hat. Immerhin hat er uns zwei Dinge sichtbar gemacht: Wenn man über den Föderalismus spricht, darf man den Gegenbegriff nicht aus den Augen lassen, den Unitarismus. Ich meine, darüber heute noch nichts Bestimmteres gehört zu haben. Ich weiß nicht, ob das nicht doch notwendig wäre. Weiterhin hat Anschütz damals dezidiert gesagt: Beide Begriffe setzen den Begriff des Bundesstaates voraus. Und es ist höchst bezeichnend, daß in der bisherigen Aussprache fast nur vom Bundesstaat geredet wurde. Was also heißt „Föderalismus als internationales Ordnungsprinzip"? Ich muß offen bekennen, mir liegt es noch nicht, den Ausdruck „Föderalismus" auf die internationale Ebene anzuwenden. Ich möchte gar nicht erst von „übernational" sprechen. So sehr dieses Wort in der politischen und gelehrten Diskussion überstrapaziert sein mag — in den Verträgen der Europäischen Gemeinschaften steht es an einer Stelle: In Art. 9 des Montanunionsvertrages heißt es nur „übernationale" Hohe Behörde. Die Montanunion selbst hat sich nicht „übernational" genannt, geschweige denn die anderen Organisationen. Also kurzum, ich vermeide den Ausdruck mit Herrn Fuß, der von „Vergemeinschaftung" spricht.

Ich wäre sehr dankbar, wenn in den Schlußvorträgen darüber etwas gesagt werden könnte, was „Föderalismus im internationalen Bereich" bedeutet. Wie gesagt, ich beharre nicht auf der Anschütz'schen Formulierung, daß Föderalismus nur als eine Erscheinungsform des Bundesstaates begriffen werden könne. Aber ich hätte doch gern eine begriffliche Präzisierung dessen, was Sie, Herr Bülck, im internationalen Bereich unter Föderalismus verstehen, und wäre dankbar, wenn Herr Lerche das auch für den nationalen Bereich täte.

**Ipsen:** Gestatten Sie mir bitte eine Zusatzfrage. Wie ist Art. 24 GG zu verstehen? Öffnet Art. 24 GG den Weg zu „präföderalen" Gebilden oder aber nur zu „funktionellen" Bildungen, von denen Sie, Herr Bülck, gesprochen haben? Oder ist Art. 24 GG insofern überhaupt nicht bestimmt orientiert und läßt das alles offen?

**Krüger:** Herr Klein hat gefragt, was der Vorstand sich gedacht habe, als er die Themen formulierte. Zweierlei war hierfür bestimmend. Einmal wird „Föderalismus" immer mehr in anderen Kontinenten und für das Völkerleben als eine Lösung empfohlen, die selbst unter zerrissensten und gegensätzlichsten Verhältnissen noch Einheit zu stiften vermag, ohne daß man allerdings dieses Prinzip definierte oder etwas über seine Wirkungsweise sagte. Zum zweiten haben wir gemeint, daß man in das Wesen eines so wenig greifbaren Gegenstandes nur dann einzudringen vermag, wenn man ihn in seinem ganzen Umfang, d. h. als nationales und als internationales Phänomen, in Untersuchung nimmt, und zwar um so mehr als es sich hierbei offenbar nur um zwei Seiten ein und derselben Sache handelt. Wir sind auch nicht die ersten, die den Föderalismus in solchen Zusammenhängen sehen. Für C. Frantz z. B. ist der Föderalismus das leitende Prinzip für die soziale, staatliche und internationale Organisation.

**Menzel:** Ich möchte die Bedenken, die Herr Klein ausgesprochen hat, noch unterstreichen: Auch mir erscheint es fraglich, ob man von einem Föderalismus auf der internationalen Ebene, von einem „internationalen Föderalismus", sprechen kann.

Sicher wäre es ein falscher Weg, von dem staatsrechtlichen Begriff des Föderalismus zu abstrahieren, ihn gewissermaßen zu einer Vorstellung der allgemeinen Staats- und Organisationslehre zu machen und dann wieder rückwärts zu folgern: Weil es einen allgemeinen Begriff des Föderalismus gibt, muß es ihn auch auf der internationalen Ebene geben. Dies zu dem letzten Wort unserer Diskussion.

Nun zum Referat: Im ersten Teil des Referats war völlig klar, was mit „Föderalismus" gemeint war. Jeder hatte wohl das Empfinden. dort fiel das richtige Wort am richtigen Platz. Dies war z. B. der Fall, als die historischen Vorgänge, die Vision eines europäischen Zukunftsstaates schon im 18. und 19. Jahrhundert, erwähnt wurden. Hierbei gab es in der Tat die Alternative zwischen Einheitsstaat und Föderativstaat, zwischen stark ausgebauter Zentralgewalt und stark ausgebauter Gliedstaatlichkeit.

Im zweiten Teil des Referats kam es dann aber zu einer Ausdeutung des Begriffs „Föderalismus", der m. E. bedenklich ist. Hier wurde er zu weit gefaßt.

Zunächst: Die internationale Zusammenarbeit als solche ist noch kein Föderalismus. Daß mehrere Staaten kooperieren, begründet noch kein foedus. Deshalb erscheinen eine Reihe der genannten Beispiele, insbesondere aus dem letzten Teil des Referats, keine Fälle des Föderalismus zu sein. Der im Referat mehrfach gebrauchte Ausdruck „funktionaler" oder „funktioneller" Föderalismus umschrieb eigentlich nur die Formen einer möglichst zweckmäßigen Kooperation. Es handelt sich doch um ganz rationale und der Emotionen völlig entbehrende Formen und Organisationsstrukturen. Soweit es sich nur um dieses zweckhafte Zueinander, dies „laßt es uns doch gemeinsam machen", handelt, können wir m. E. den Begriff „Föderalismus" nicht anwenden. Wir würden ihn verwässern und verflachen. Denn schließlich ist die amerikanische Formel des „let's do it together" von niemandem als „Föderalismus" verstanden worden.

Gerade weil in unserem Staat der wirkliche Föderalismus als staatliches Gestaltungsprinzip eine Rolle spielt, sollten wir uns bemühen, diesem Begriff Prägnanz zu geben. Er ist untrennbar mit dem Staatlichen verbunden. Wo die Alternative einheitlich oder föderalistisch nicht gegeben ist, besteht auch nicht die Frage des Föderalismus. Daraus folgt, daß im internationalen Bereich von Föderalismus nicht gesprochen werden sollte.

Nun hat Herr Scheuner auf die europäische Integration und ihre organisatorische Vorstufe hingewiesen. Hier sind sicher emotionale und keineswegs nur zweckhafte Elemente vorhanden. Herr Scheuner hat von einem „Prä-Element" gesprochen. Ich stimme ihm durchaus zu. Hier ist ein echter Föderalismus gewollt, wenn er auch noch keine organisatorische Gestalt gefunden hat. Die europäischen Organisationen erheben sich gerade hierdurch über die eigentlichen internationalen Organisationen. Eine Organisation wie diejenige für Meteorologie oder selbst für Ernährung und Landwirtschaft hat doch eine ganz andere Struktur. Hier bleibt es bei der fachlich-rationalen

Aufgabe. Sie ragen nicht in den Raum der politischen Integration hinein. Deshalb erscheint es berechtigt, im Rahmen der europäischen Integrationsbestrebungen von Föderalismus zu sprechen, nicht aber bei den anderen Organisationen.

Ein weiteres Mißverständnis gilt es zu klären: Weil der Föderalismus in den nicht-unitarischen Staaten als eine Art zweite Gewaltenteilung wirkt — es ist hier von einem „horizontalen" und „vertikalen" Gewaltenteilungssystem gesprochen worden —, wird vielfach angenommen, daß ein Föderalismus in internationalen Organisationen immer dort bestehe, wo es eine solche „zweite Bremse", eine Kontrolle gegen Machtmißbrauch, gibt. Dies scheint mir ein falscher Schluß zu sein. Aber er ist auch schon deshalb hinfällig, weil es ein echtes Gewaltenteilungssystem in internationalen Organisationen gar nicht geben kann. Das Gewaltenteilungssystem jedenfalls Montesquieu'scher Prägung setzt eine Legislative voraus. Es spielt für diese Überlegungen keine Rolle, welche Beschränkungen wir für dieses Prinzip im modernen Staat gelten lassen. Entscheidend ist, daß eine echte Legislative nur im Staat möglich ist, weil nur dort eine echte Allkompetenz gegeben ist. Der Gesetzgeber sieht sich neuen Situationen gegenüber und greift ein. Bei internationalen Organisationen fehlt zunächst diese Aufgabe der absoluten Daseinsvorsorge. Ferner kann eine Tätigkeit nur entfaltet werden, wenn der entsprechende Vertrag es gestattet. Die Befugnisse sind dort festgelegt, die internationalen Organisationen sind daran gebunden. Deshalb ist die legislative Funktion bei internationalen Organisationen notwendigerweise verkümmert. Selbst wenn parlamentsähnliche Einrichtungen vorhanden sind, besitzen sie nur eine eng begrenzte Zuständigkeit, ihnen fehlt jedenfalls die Allkompetenz, die den staatlichen Gesetzgeber auszeichnet. Die Zweckbestimmung in den Verträgen wirkt hier als absolute Barriere. Das Parlament im Staate hat viel weiterreichende Aufgaben als im internationalen Bereich, es erfüllt andere Funktionen. Deshalb gibt es auch keine echte Gewaltenteilung bei internationalen Organisationen. Mithin kann auch hieraus keine Rechtfertigung für die Annahme eines Föderalismus abgeleitet werden.

Ferner sei noch darauf hingewiesen, daß von „Föderalismus" nicht gesprochen werden sollte, wenn „Regionalismus" gemeint ist. Der internationale Bereich kennt Regelungen, denen die Vorstellung einer regionalen Repräsentanz zugrunde liegen. Die Monroe-Doktrin wurde schon in der Völkerbundsatzung so gekennzeichnet. Der Internationale Gerichtshof soll mit Richtern aus verschiedenen geographischen Regionen und Rechtskreisen besetzt sein. Aber auch dieser Grundsatz der regionalen Proportionalität stellt keinen Föderalismus dar, weil er keinerlei Kompetenzaufgliederung enthält.

Solange und soweit der zwischenstaatliche Bereich nicht auf einen staatlich-politischen Zusammenschluß abzielt — und der „Weltstaat" ist in der gegenwärtigen Situation eine nicht einmal ernsthaft gewollte Illusion —, ist für den Föderalismus in internationalen Organisationen allenfalls dort Platz, wo es um eine politische Integration geht. Sieht man von diesem Sonderfall ab, gibt es dort keinen Föderalismus, auch nicht im Sinne der „Prä-Klausel", mit der Herr Scheuner ja eindeutig auf die europäische Integration abgezielt hat. Deshalb sollten wir nicht mit falschen Etiketten arbeiten. Ich kann mich daher des Gefühls nicht ganz erwehren, daß der im Referat gebrauchte Begriff „funktioneller Föderalismus" den wirklichen Sachverhalt mehr zu verdecken als ihn zu kennzeichnen geeignet ist.

**Zacher:** Ich wollte noch einmal auf die Rechtfertigung des Föderalismus zurückkommen. Und zwar glaube ich, daß es nicht richtig wäre, den Föderalismus von der Subsidiarität und von der Gewaltenteilung zu lösen. Der Föderalismus steht im Dienste beider Prinzipien. Nur kommt für den Föderalismus, wenn wir nicht jede Gliederung, jede bündische Aufteilung darunter verstehen wollen, etwas Spezifisches hinzu. Dieses Spezifikum ist, daß die Aufteilung sich im Bereich der Staatsmacht bewegt. D. h. also im Vergleich zur sonstigen Gewaltenteilung: Nicht Aufteilung auf Organe ein und desselben ungeteilten Staatswesens, sondern Aufteilung auf Organe verschiedener Staatseinheiten. Im Vergleich zur sonstigen Subsidiarität: Nicht Aufteilung auf Gemeinschaften schlechthin, sondern Aufteilung auf Gemeinschaften, die Staatscharakter haben. (Dazu braucht man sich nicht mit einer bestimmten Bundesstaatstheorie einzulassen. Das läßt sich schlechthin mit jeder Bundesstaatstheorie in Einklang bringen. Allerdings beim internationalen Föderalismus bleibt hier ein offenes Problem, was die zentrale Gewalt betrifft.) Nur durch dieses Spezifikum kann dieses Höchstmaß an Effektivität erreicht werden, das der Föderalismus verwirklichen soll. Nur im regionalen System ist dieser Föderalismus so auch möglich. Denn nur die regionale Einheit kann entsprechend zumindest staatsähnlich sein. Hinzu kommt ein weiterer Effekt, der im Subsidiaritätsprinzip liegt, daß den vorhandenen Einheiten, regionalen Einheiten, ein Eigenleben gestattet werden kann. Es kann aber auch, wie Herr Draht gesagt hat, umgekehrt sein, daß man im Interesse von Subsidiarität und Gewaltenteilung regionale Einheiten schafft, die in ihre Funktion hineinwachsen sollen. Bis hierher können Subsidiarität und Gewaltenteilung in gleicher Weise mit dem Föderalismus in Einklang gebracht werden. Nun aber muß man für das Weitere eine Trennung im Auge behalten: Subsidiarität bedeutet nämlich, daß die höhere Einheit wahrnimmt, was die niedrigere, die engere Einheit nicht wahrnehmen kann. Bei der Gewaltenteilung liegt ein ganz anderes Ziel vor: Nämlich soviel Gewaltenteilung, als mit dem Funktionieren der Einheit überhaupt verträglich ist, also soviel Auseinandergliederung zu schaffen als möglich. Bei unserer gegenwärtigen Krisensituation des Föderalismus in der Bundesrepublik kommt gerade dieser Unterschied zum Tragen. Das, was wir im gegenwärtigen Zeitpunkt haben und was vor allem nach dem Fernsehurteil des Bundesverfassungsgerichts so deutlich geworden ist, nämlich dieses Zwischenschieben von Länderinstanzen, dieser zweite Weg zum Zentralismus, daß die Länder besondere Gremien schaffen, in denen sie nun einheitliche Regelung gestalten, das kann mit dem Subsidiaritätsprinzip nicht gerechtfertigt werden. Denn wenn diese Aufgaben wirklich nur einheitlich wahrgenommen werden können, müßten sie nach dem Subsidiaritätsprinzip nach oben, nämlich zu dem Zentralstaat — oder wie man ihn sonst nennen will — abwandern. Diese Entwicklung kann nur noch unter dem Gewaltenteilungsgesichtspunkt gesehen werden. Und hier müssen wir uns nun fragen: Verträgt sich diese Entwicklung, diese dritte regionale Gewalt, diese dritte föderative Gewalt, verträgt sich die mit dem Wesen sinnvoller Gewaltenteilung, daß die Gewaltenteilung nur soweit vorangetrieben werden kann, wonach das ordnungsgemäße Funktionieren des Ganzen nicht darunter leidet? Und wie Herr Bachof schon richtig angedeutet hat, sind gerade diese Zwischeninstanzen, die sich zwischen Einheitsstaat und Gliedstaaten geschoben haben, hier sehr bedenkliche Hemmschuhe möglicherweise und Fehlerquellen für das Funktionieren des Bundesstaates im ganzen.

**Salzwedel:** Ich möchte mich zu dem Thema „Föderalismus als nationales Ordnungsprinzip" äußern, und zwar in dreifacher Hinsicht.

Erstens darf ich zu dem Referat von Herrn Lerche sagen, daß es mir doch etwas mißlich erscheint, das Wesen des Föderalismus in einer beweglichen Einstellung auf typische Konfliktsituationen zu sehen. Ich glaube, daß das ganze Referat hindurch nicht immer ganz deutlich geworden ist, ob bei den jeweiligen Konfliktsituationen, die in der Form einer verfahrensmäßigen Homogenisierung gelöst werden sollen, jeweils politische Konflikte oder verfassungsrechtliche Konflikte vorliegen. Es muß doch danach scharf unterschieden werden, ob es politische Streitigkeiten sind, in denen letzten Endes

Bundestag und Bundesrat zur Entscheidung berufen sind, oder ob es sich um verfassungsrechtliche Fragen handelt, die letzten Endes das Bundesverfassungsgericht zu beurteilen hat. So habe ich in diesem Zusammenhang die Erwähnung des Artikels 106 Abs. 3 des Grundgesetzes nicht ganz verstanden. Denn wenn ich richtig sehe, handelt es sich doch darum, daß der politische Streit, wie das Steueraufkommen zwischen Bund und Ländern verteilt werden soll, jeweils im Gesetzgebungsverfahren eine Lösung finden soll. Aber das ist nicht eine spezifisch verfassungsrechtliche Frage, die dann von Fall zu Fall juristisch entschieden werden müßte, sondern das ist eine Frage des politischen Zusammenlebens und Sich-Zusammen-Raufens von Bund und Einzelstaaten. Hier wäre also wohl eine scharfe Trennung der rein politischen von den rein staatsrechtlichen Konflikten angebracht. Für beide gibt es einfach keine gemeinschaftliche Kategorie.

Zweitens gestatten Sie mir bitte einige Bemerkungen zu der Frage, ob Föderalismus etwas mit Gewaltenteilung zu tun hat. Ich bin mit Herrn Scheuner vollkommen davon überzeugt, daß es Föderalismus ohne einen politisch-historischen Ausgangstatbestand nicht geben kann. Aber das bedeutet nicht, daß sich nicht eine zusätzliche Rechtfertigung des einmal geschichtlich gewachsenen bundesstaatlichen Gebildes aus dem Gesichtspunkt der Gewaltenteilung ergeben könnte. Ein Spezifikum des nationalen Föderalismus liegt wohl gerade in dem Gedanken des Minderheitenschutzes. Es werden vielfach Bevölkerungsgruppen in einem größeren Ganzen zusammengeschlossen, die untereinander große kulturelle und möglicherweise auch sprachliche Unterschiede aufweisen. Diese Bevölkerungsgruppen haben eine verschiedene Geschichte gehabt und tragen diese gewissermaßen in sich noch fort. Ihre berechtigte Furcht richtet sich gegen eine Uniformierung durch das Majoritätsprinzip, dem sie sich mit dem Zusammenschluß in einem einheitlichen Staat unterworfen haben. Der Sinn der Gliedstaatlichkeit ist demnach der, daß die nationalen Eigenarten der Bevölkerungsgruppen vor zentralstaatlicher Gleichmacherei bewahrt werden. Insofern wird die Staatsmacht vertikal geteilt, es entstehen Entscheidungszentren auf zwei verschiedenen, voneinander unabhängigen Herrschaftsebenen. Ich sehe eigentlich nicht ein, warum man das nicht mit dem Gedanken der Gewaltenteilung in Zusammenhang bringen soll. Denn Gewaltenteilung bedeutet doch gerade, daß aus einer zunächst umfassend gedachten zentralen Staatsgewalt Herrschaftsbefugnisse ausgesondert und daß dadurch immer mehr Selbständigkeiten begründet werden. Auf diese Weise versucht man — diesen Gedanken jetzt auf den Bundesstaat übertragen —, nun eben gleichermaßen Eigenheiten der jeweils in Gliedstaaten zusammengefaßten Bevölkerungsgruppen vor gesamtstaatlicher Überfremdung zu schützen.

Als Drittes möchte ich den Punkt aufgreifen, den Herr Bachof in die Debatte eingeführt hat, nämlich jene „intermediäre Nebenbundesordnung“, die jetzt so vielfältig durch Verwaltungsabkommen der einzelnen Länder zustande kommt. Ich glaube, daß das Problem nicht so sehr unter dem Aspekt gesehen werden darf, daß sich zwischen Länder und Bund irgendeine dritte Ebene schiebt. Die Frage, wie Herr Bachof sie auch ganz richtig zugespitzt hat, ist einfach die, ob es noch im Rahmen der verfassungsrechtlichen Entscheidungsfreiheit der Länder liegt, wenn sie sich durch solche Abkommen in wesentlichem Umfang ihrer politischen Dispositionsfreiheit für die Zukunft begeben. Das ist, glaube ich, der eigentliche kritische Punkt. Daß man dabei eine ständige Konferenz bildet, daß man Sekretärinnen engagiert, möglicherweise auch einen Staatssekretär, das sind alles sekundäre Angelegenheiten, sie machen nicht das eigentliche Problem aus. Das Entscheidende ist, daß die einzelnen Gliedstaaten vom Grundgesetz als in ihrer Entscheidungsfreiheit nach außen und nach innen unbeschränkte politische Körperschaften konzipiert sind. Wenn die Länder sich nun untereinander immer stärker binden, so daß sie letzten Endes politisch nicht mehr frei agieren können, dann unterliegt dies im Hinblick auf die staatsrechtliche Struktur der Bundesrepublik u. U. zunehmenden Bedenken.

**Fuß:** Ich darf an das anknüpfen, was Herr Klein soeben ausgeführt hat. Ich möchte aber im Gegensatz zu ihm nicht versuchen, den Begriff des Föderalismus zu definieren, sondern nur darauf aufmerksam machen, daß in verschiedenen Schriften, die zur Vorbereitung der Tagung erschienen sind, u. a. auch in der Abhandlung von Herrn Scheuner[4]) mit Recht darauf hingewiesen worden ist, daß nur bestimmte Tatbestandsaufnahmen vorgenommen werden können, daß es aber kaum möglich ist, einen allgemein gültigen Begriff durch Abstraktion zu gewinnen.

Ich muß Herrn Kaiser widersprechen, wenn er meint, daß der Gesichtspunkt der Gewaltenteilung völlig außerhalb unseres Gesichtskreises liegt, wenn wir über den Föderalismus sprechen. Herr Salzwedel hat dazu schon sehr Wesentliches gesagt. Sicher, historisch gesehen, bedeuten Föderalismus und Gewaltenteilung

---

[4]) Struktur und Aufgaben des Bundesstaats in der Gegenwart. DÖV 1962, 641—648 (Anm. d. Red.).

etwas völlig anderes. Aber gerade die Ausführungen von Herrn Scheuner haben gezeigt, daß er es bezweifelt, daß eine wesentliche Voraussetzung des Föderalismus — wenn er territorial aufgefaßt wird — nämlich ein Landesstaatsbewußtsein, bei den deutschen Ländern und ihrer Bevölkerung gegeben ist. Wenn ich also die Gedanken von Herrn Scheuner weiterführe, dann müßte ich zu dem Ergebnis kommen, daß der Bundesstaat in der Bundesrepublik nur ein leeres Formgebilde ist, hinter dem keine Materie steckt. Dieses Vakuum, diesen fehlenden Sinn, könnte aber der Gedanke der vertikalen Gewaltenteilung ausfüllen. Und in diesem Zusammenhang möchte ich noch etwas präzisieren, was ich vorhin angedeutet habe: Die vertikale Gewaltenteilung im vergemeinschafteten Bereich ist nur eine Übergangslösung und, wie mir scheint, keine schlechte; denn die wahre Gewaltenteilung muß natürlich die horizontale bleiben, und die werden wir eines Tages auch erreichen. Aber in dem gegenwärtigen „präföderalen" Zustand scheint mir doch die vertikale Gewaltenteilung außerordentlich nützlich zu sein.

Ich weiß nicht, Herr Menzel, ob ich Sie recht verstanden habe, ob Sie meinen, es gäbe im Gemeinschaftsbereich keine Gewaltenteilung oder es sei keine Gewaltenteilung nötig. Wenn Sie das letztere meinen, dann muß ich Ihnen entschieden widersprechen. Denn Gewaltenteilung ist doch in erster Linie, auch in Montesquieu'scher Sicht, dazu da, die Macht zu entschärfen. Die Organe der Europäischen Gemeinschaften besitzen aber sehr einschneidende Machtbefugnisse. Denken wir nur an die Zuständigkeit der Hohen Behörde, einem Unternehmen die Zahlung eines Millionenbetrages als Schrottverbrauchsumlage aufzuerlegen.

Ein letztes Wort zu der Frage von Herrn Ipsen, ob der Art. 24 GG eine ausreichende Rechtsgrundlage dafür sei, daß sich die Bundesrepublik einem europäischen Bundesstaat anschließt. Wenn es einmal soweit ist, daß die europäische Gemeinschaft einen wirklichen Bundesstaat darstellt, mit zumindest potentialer Allzuständigkeit, ist das gar nicht mehr eine Frage der Übertragung von Hoheitsrechten, sondern ein soziologischer Vorgang der Schaffung eines neuen Staates. Diesen Vorgang erfaßt die Regelung des Art. 24 GG aber nicht. Deshalb kommt es auf eine Legitimation nach Art. 24 GG nicht mehr an, sondern es handelt sich um einen Akt originärer Verfassungsbildung.

**Menzel:** Ich meine folgendes: Eine Gewaltenteilung im Sinne des Art. 20 GG mit den damit verbundenen historischen Elementen gibt es in den europäischen Gemeinschaften nicht. Daß es Machtkontrollen gibt, geben muß und, so würde ich sagen, noch zu wenig gibt, steht auf einem anderen Blatt. Wenn wir also unter Gewaltenteilung das historische System der innerstaatlichen Anwendung in Anlehnung an die Montesquieu'sche Formel verstehen, so finden wir es in den europäischen Gemeinschaften nicht. Das hängt mit dem Fehlen einer echten Legislative zusammen. Sie fehlt, weil der entsprechende Vertrag die Kompetenzen festlegt, mithin keine All-Kompetenz vorhanden ist, die das Kennzeichen der staatlichen Legislative bildet. Wir können daher das Gewaltenteilungssystem nicht einfach auf internationale Organisationen übertragen. Man braucht Machtkontrollen auch in internationalen Organisationen, sie müssen aber andere Formen haben als diejenigen, die innerhalb des Staates wirksam sind.

**Scheuner:** Im internationalen Bereich handeln grundsätzlich die Staaten als ein geschlossenes Ganzes. Doch gibt es hiervon Ausnahmen. Bei der internationalen Arbeitsorganisation kennen wir bereits den Fall, daß in deren Organen auch innerstaatliche Verbände — Arbeitgeber und Gewerkschaften — vertreten sind, neben den Regierungsvertretern. Auch ist es heute bereits an anderer Stelle möglich, daß im völkerrechtlichen Bereich Parlamente oder parlamentsähnliche Gebilde bestehen. Das zeigt, daß sich auch von der Seite des modernen internationalen Rechts her die alte Geschlossenheit der Staaten auflockert.

**Münch:** Ich habe vorhin das Wort ergriffen, weil ich fand, daß die beiden Referate von einem viel zu breiten Begriff des Föderalismus ausgehen. Ich hatte versucht, diesen Begriff einzuschränken. Inzwischen haben Herr Klein und Herr Menzel es so dargestellt, als ob es den Föderalismus nur im Bundesstaat gebe. So habe ich es auch gelernt; aber ich habe mich inzwischen doch davon überzeugen müssen, daß auch Wörter ihre Geschichte haben und daß man die Geschichte der Wörter nicht vernachlässigen darf. Wenn Kant den ewigen Frieden unter dem Völkerrecht — das meint er hier sicher in dem sehr vervollkommneten Sinne des Völkerrechts, das den Krieg verhindert — gründen will auf einen Föderalismus freier Staaten, können wir nicht gut sagen: Kant war kein Jurist und insbesondere kein Staatsrechtler, deshalb müssen wir über diesen Lapsus linguae hinwegsehen. Für Constantin Frantz, der immer noch als der Kirchenvater des Föderalismus bei uns gilt, ist Föderalismus mehr als Bundesstaat. Er sieht einmal die Verwandlung des deutschen Bundes in einen Bundesstaat und dann außerdem noch die Angliederung anderer Staaten an dieses Deutsche Reich. „Föderalismus“ ist also auf uns in einer breiteren Bedeutung überkommen als bloß im Sinn von Bundesstaat. Ein französischer Autor behauptet, die klassische Auffassung des Föderalismus umfasse Bundesstaat, Staatenbund und verschiedene Arten von „unions des Etats“, die nicht weiter klassifiziert sind.

**Klein:** Ich habe nicht gesagt, daß ich den Begriff des Föderalismus nur auf den Bundesstaat beschränke. Ich habe ausdrücklich darauf aufmerksam gemacht, daß ich der Meinung bin, daß sich die Anschütz'sche Formulierung weiterentwickelt hat, daß wir sie so nicht mehr begreifen dürfen, wie er sie damals gemeint hat. Ich habe nur darum gebeten, daß Herr Bülck uns freundlicherweise sagen möge, was er für den internationalen Bereich unter Föderalismus versteht.

**Münch:** Dann bitte ich Sie um Entschuldigung.

Die Gewaltenteilung, von der hier soviel gesprochen worden ist, macht uns auch noch begrifflich sehr viel Schwierigkeiten. Ich glaube, daß wir sie am besten dann verstehen, wenn wir von der Verteilung von Hoheitsrechten sprechen; so kann man es wohl für die innerstaatliche Gewaltenteilung ausdrücken. Im internationalen Bereich taucht das Problem auf, sobald einer internationalen Organisation oder gar überstaatlichen Organisation Hoheitsrechte zuerkannt werden. Hierbei tritt noch die weitere Frage auf, ob ein „transférer“ oder ein „conférer“ vorliegt. Ich erinnere an die Diskussion beim Wehrbeitrag. Offen bleiben kann die ganz andere Frage, ob diese Übertragung der Hoheitsrechte auf internationale Organisationen eine exklusive ist, die den Mitgliedstaat ganz inkompetent macht, was ich nicht glaube, oder ob nur konkurrierende Kompetenzen entstehen.

**Imboden:** Wir sind auf einer verzweifelten Suche nach der Substanz des Föderalismus begriffen. Ich habe eigentlich die gleiche Empfindung wie Herr Dürig: es fehlt die Tat. Wir haben die Formel von Herrn Scheuner als ausgezeichnetes Hilfsmittel aufgegriffen, daß es einer Mehrheit von Entscheidungszentren bedarf; aber eigentlich kann uns auch diese Formel noch nicht voll überzeugen. Nur ein Wesen mit verschiedenen Entscheidungszentren ist der Föderativstaat auch nicht. Wir haben gesehen, daß es einer philosophischen Fundierung bedarf. Aber wenn wir die Dinge dogmengeschichtlich beleuchten, dann erscheint es mir doch unverkennbar zu sein, daß der Gedanke des modernen Föderativstaates unlösbar in einer Kontroverse steht, die die Staatslehre des 17. und 18. Jahrhunderts ganz entscheidend erfüllt, nämlich die Frage: Großstaat — Kleinstaat. Der Kleinstaat ist als etwas qualitativ völlig anderes gesehen worden als der Großstaat. Das war ein Dilemma, aus dem etwa Rousseau sich nicht herauszufinden vermochte. Der Gedanke lag nahe, den Faden weiterzuverfolgen und nicht nur den Großstaat und den Kleinstaat als qualitativ verschiedene Dinge zu sehen, sondern auch eine natürliche Stufenordnung der Gemeinschaft anzunehmen: Polis, Territorialstaat, Nationalstaat und Universalstaat. Der Föderalismus ist gesehen worden als eine Möglichkeit, zugleich an zwei verschiedenen Einheiten teilzuhaben. Der moderne Bundesstaat — Herr Scheuner hat das mit Recht in seinem Aufsatz in den Vordergrund gekehrt — ist getragen von dem Gedanken: Im Innenverhältnis Polis, im Außenverhältnis Nationalstaat. Und hier wird dann sogleich das Verfälschende der Homogenitätsvorstellung erkennbar. Die Homogenitätsvorstellung ist richtig, insofern sie eine gewisse Übereinstimmung der verfassungsrechtlichen Struktur zwischen den Bundesgliedern verlangt. Aber sie ist verfälschend, wenn sie die gleiche Übereinstimmung auch verlangt zwischen der Struktur der Bundesglieder und zwischen der Struktur des Bundes. Ich würde im Gegenteil meinen, daß sich in allen Bundesstaaten — das gilt sogar für die Schweiz, ich möchte nicht auf Einzelheiten eingehen — entscheidende strukturelle Verschiedenheiten im Aufriß des Bundes und im Aufriß der Gliedstaaten feststellen lassen. In der Schweiz etwa liegen die Autoritätsverhältnisse doch ganz wesentlich anders im Bund als in den Kantonen. Und damit scheint mir auch eine brauchbare Formel gefunden zu sein, um zwischen föderativen Gebilden und dezentralisierten Gebilden zu unterscheiden. Ich möchte als Föderativstaat auch heute noch ein staatliches Gebilde verstehen, das versucht, an verschiedenen Stufenordnungen der Gemeinschaft teilzuhaben. Nun bleibt die klassische Formel des Föderalismus durchaus die der Überbrückung der Antithese von Territorialstaat und Nationalstaat. Ich glaube, die Formel der Zukunft wird weitgehend darin liegen, die Antithese von Nationalstaat und Universalstaat zu überbrücken. Insofern scheint mir die Möglichkeit eines echten Föderalismus für die Zukunft auf einer neuen Ebene geschaffen zu sein. Und insofern möchte ich annehmen, daß Föderalismus und Dezentralisation etwas anderes sind.

**Klein:** Was ist ein dezentralisierter Staat?

**Imboden:** Das ist ein Staat, der sich in verschiedenen Einheiten aufgliedert, ohne daß der Gedanke vorhanden ist, daß diese Einheiten qualitative Verschiedenheit besitzen.

**Krüger:** Es ist mir etwas unbehaglich bei dem Gedanken, Herrn Scheuners Formel von der „Mehrheit der Entscheidungszentren" könnte sich festsetzen und womöglich die Bedeutung einer Definition des Föderalismus erlangen. Ich bin unverändert der Meinung, daß mit solchen organisatorischen oder strukturellen Kennzeichnungen das Wesen der Sache nicht letztlich getroffen wird. Entscheidend für die theoretische Erkenntnis und für die praktische Bedeutung scheint mir zu sein, daß der Föderalismus in Anspruch nimmt, aus mehreren, entweder räumlich sehr weit verstreuten oder sehr verschiedenen, aus einem dieser Gründe sehr eigenständigen und eigenwilligen Elementen eine staatliche Einheit zustandebringen zu können —, also zu einer Leistung fähig zu sein, die der Einheitsstaat im allgemeinen, der Nationalstaat im besonderen nicht zu bewirken vermögen. Der Föderalismus weicht hierbei materiell insofern vom nicht-föderalistischen Staat ab, als er die Besonderheiten nicht ausklammert, sondern die staatliche Einheit zum mindesten auch aus ihnen hervorgehen läßt —, eine Eigenart, die es gerade im Bundesstaat notwendig macht, die Unerläßlichkeit eines Mindestmaßes von Homogenität hervorzuheben. Da der Moderne Staat an sich auf der Allgemeinheit beruht und das Besondere mittels des Instituts „Grundrechte" aus sich heraus hält, muß ein in den staatlichen Bereich dennoch einbezogenes Besonderes dadurch verallgemeinert werden, daß ein Staat für sich auf dieser Besonderheit aufgebaut und das Ganze aus solchen Staaten zusammengebildet wird. Die zweite Abweichung von einfachen Typus des Modernen Staates besteht in dem, was man das „bündische" Prinzip nennen kann. Im Bereich der Besonderheiten hat staatliche Herrschaft notwendig ein Ende. Will man dennoch aus je auf einer „allgemeinen" Besonderheit fußenden Staaten ein staatliches Ganzes machen, dann müssen weitgehend herrschaftslose Methoden, etwa Verständigung, eingeschaltet werden. Ob der Föderalismus jemals diese Voraussetzungen gefunden hat und ob er sie vor allem im staatsrechtlichen Bereich heute findet, das ist allerdings die Frage.

**Wolff:** Die Diskussion darf nicht zu Ende gehen ohne Hinweis darauf, daß der Föderalismus im Gleichheitsprinzip eine Grenze findet. Eine föderative Verfassung ist gerechtfertigt durch obwaltende Verschiedenheiten der staatlichen Bundes-Glieder. Soweit keine Verschiedenheit bestehen, hat er sein Recht verloren. Das Mißbehagen, das unser westdeutscher Föderalismus erweckt, beruht darauf, daß gleiche Sachverhalte aus föderativen Gründen verschieden behandelt werden.

**Mosler:** Ich glaube nicht, daß der Begriff des Föderalismus in der bundesstaatlichen Organisationsform oder wenigstens in der Zielrichtung zur Bildung eines Bundesstaats seine Begrenzung findet. In der internationalen Gesellschaft gibt es den Föderalismus, historisch gesehen — das hat Herr Bülck uns ausführlich auseinandergesetzt — nicht als Versuch der Errichtung von Herrschaftsverbänden; die Zusammenarbeit von den Verwaltungsunionen und Flußkommissionen angefangen bis zu den Vereinten Nationen ist ja Kooperation von unten. Aus solcher Kooperation kann, wenn sie zu regionalen Gruppierungen führt, ein föderales Gebilde im internationalen Bereich entstehen.

Herr Scheuner verlangt für die föderale Gemeinschaft nicht nur Zusammenarbeit, sondern einen „Schritt über die Schwelle". Diesem Bild möchte ich widersprechen. Hier kann nur die Schwelle zum staatlichen Verband gemeint sein oder, anders ausgedrückt, die Schwelle zu einer Gemeinschaft, die im Prinzip alle Lebensbeziehungen umfaßt, mag sie dies auch auf verschiedenen organisatorischen Stufen tun und mag sie auch nicht mehr Staat heißen. Versuchen wir nicht, in unzulässiger Weise aus unseren deutschen Vorstellungen, die historisch bedingt sind, etwas in die internationalen Formen hineinzutragen! Ich erinnere mich der ersten Überlegungen über die Konstruktion der Montanunion. Damals sprach man davon, ein neues politisches Ziel durch föderative Formen zu fördern. Wir sind mit unseren bundesstaatlichen Vorstellungen an diese Aufgabe herangegangen und mußten feststellen, daß die Franzosen und Italiener nicht verstanden, wovon wir sprachen. Wenn man den föderalen Gedanken in den internationalen Bereich hineintragen will, dann muß man auf das staatliche Element im Begriff des Föderalismus und damit auch auf das „Überschreiten der Schwelle" verzichten. Man muß den Vorgang nüchterner ansehen und sagen: Die Zusammenarbeit und das Zusammenstreben im internationalen Bereich wird an einem bestimmten Grad des Quantitativen zu dem, was man als „föderal" bezeichnen könnte. Dies ist dann der Fall, wenn eine Stufe erreicht ist, an der die Aussage zulässig ist: Hier ist ein wesentlicher Bereich öffentlichen Lebens auf Dauer so fest zusammengefaßt, daß die Verbindung — soziologisch gesehen — voraussichtlich nicht mehr zerreißen wird.

**Bachof:** Nachdem Herr Wolff die Diskussion nicht zu Ende gehen lassen wollte, ohne auf die Begrenzung des föderativen Prinzipes durch den Gleichheitssatz hinzuweisen, möchte ich die Diskussion nicht ohne Widerspruch gegen eine Äußerung Herrn Krügers ausklingen lassen: Er hat gemeint, das Prinzip und die Rechtfertigung des Föderalismus liege darin, daß aus der Not eine Tugend gemacht werde. Ich fühle mich zwar als Bremer sehr geehrt durch die Behauptung, die drei Länder

Bremen, Hamburg und Bayern seien — als einzige — noch echte gewachsene Staaten; ich glaube freilich nicht, daß das ganz richtig ist. Jedenfalls empfinde ich die historisch gewordenen Verschiedenheiten keineswegs nur als eine „Not", aus der man erst künstlich eine „Tugend" machen müßte. Vielmehr bin ich umgekehrt der Ansicht, daß jene gewachsenen Verschiedenheiten, gerade angesichts der heutigen Tendenz zur Uniformierung unseres ganzen politischen, kulturellen und gesellschaftlichen Lebens, schon von Haus aus echte Tugenden sind.

**Kaiser:** Bei der Umschreibung dessen, was Föderalismus im innerstaatlichen und im zwischenstaatlichen Bereich ist, möchte ich dem Kriterium des Herrschaftlichen einen etwas stärkeren Gehalt und ein etwas stärkeres Gewicht geben, als es in den letzten Beiträgen geschehen ist. Internationale Zusammenarbeit und Koordination sind, auch wenn sie institutionalisiert sind, meiner Meinung nach noch nicht ohne weiteres ein Phänomen des Föderalismus. Das europäische Konzert gehört nicht dazu, und so m. E. auch nicht einige der Beispiele, die uns Herr Bülck vorgetragen hat.

Ich möchte außerdem unterscheiden zwischen Föderalismus und Hegemonie. Auch hegemoniale Erscheinungsformen sind noch nicht solche des Föderalismus. Erst dann, wenn das Phänomen der Überordnung zwischen dem Ganzen und seinen Gliedern in Erscheinung getreten ist, das sich äußern kann in Befehlen gegenüber den Gliedern und in Normsetzungen und dergleichen, erst dann ist es berechtigt, von Föderalismus zu sprechen.

Da wir nun unstreitig solche Erscheinungen in den europäischen Gemeinschaften vor uns haben, halte ich es für nützlich, sich zu fragen, ob man diese Momente nicht doch mit der Kategorie des Föderalismus erfassen kann. Was daran von Herrn Klein, von Herrn Menzel und von Herrn Salzwedel ausgesetzt worden ist, steht, wie ich meine, zu sehr unter der Prämisse eines kategorischen Dualismus und einer scharfen Trennung von innerstaatlichem Bereich und Völkerrecht. Diese Prämisse würde ich für ebenso überlebt halten wie die Unterscheidung von Bundesstaat und Staatenbund Laband'scher Fixierung. Ich fürchte, wir würden in eine analoge Reduzierung des föderalistischen Prinzips hineingeraten, wollten wir Föderalismus nicht auch als ein Element des internationalen Bereichs verstehen.

**Lerche** (Schlußwort): Der Referent stand bei der fast grenzenlosen Weite des Themas im Grunde vor zwei Wegen oder zwei Möglichkeiten: Die ganze Thematik von einem Begriff des

Föderalismus her anzugehen, d. h. zu versuchen, den Föderalismus von Gegenbegriffen abzugrenzen, sich zu fragen, ob etwa Föderalismus mit Bildern wie „Überordnung", „Einheit in der Vielheit" oder umgekehrt zu erfassen ist, was, wie ich meinen möchte, von vornherein ein fruchtloses Beginnen wäre. Die Diskussion scheint mir genau das Gegenteil von dem zu ergeben, was die Mehrzahl der Diskussionsteilnehmer daraus geschlossen hat, nämlich daß es gerade nicht sehr sinnvoll ist, hier von einem irgendwie vorgefaßten Föderalismusbegriff auszugehen.

Der andere Weg, den der Referent gehen konnte, war, sich an die nüchterne Organisation, an das sozusagen nackte Verfahren zu halten, an das, wie es einfach passiert, und sich nun zu überlegen, ob nicht — auch unter den gänzlich veränderten sozialen Verhältnissen der Gegenwart — hier nicht doch ein Legitimationsgrund gefunden werden kann, der diesen großen Aufwand rechtfertigt. Hier allerdings kann man nun sehr ernsthaft zweifeln, ob man den Akzent mehr auf die territoriale Seite legen sollte oder etwa mehr auf die Seite der Gewaltenteilung oder etwa mehr auf die Seite, die ich als Homogenität bezeichnen würde, wobei ich hier gerade nicht die materielle Homogenität anspreche, auf die wohl Herr Imboden hinaus will, sondern dieses gewisse Sich - ständig - einstellen - aufeinander, das die Homogenität des Verfahrens begründet. Daran könnte man doch wohl sehr zweifeln, worauf hier der eigentliche Akzent zu legen ist. Und hier kommt, wie ich meine, nur eine komplexe Betrachtung der Sache durch. Es ist sicherlich nicht richtig, wenn wir den einen oder anderen Gesichtspunkt einseitig herausziehen. Deshalb auch meine Bedenken gegenüber dem modernen Versuch von Herrn Hesse, der alles auf die Gewaltenteilung stützt. Hier bin ich durchaus der Auffassung, die auch von einigen Diskussionsteilnehmern geteilt worden ist, daß das im Grunde zwei verschiedene Tendenzen sind. Aber als Hilfsmittel, als Kunstgriff ist auch der Gewaltenteilungseffekt wirkungsvoll und sinnvoll. Ebenso wird man nach wie vor, das habe ich ausdrücklich betont, die territoriale Grundlage nicht verlassen dürfen; sonst wird das Ganze zu spekulativ. Sieht man aber alles nur in dieser territorialen Grundlage, dann ist es nicht verständlich, warum nicht überhaupt tabula rasa gemacht wird mit dem großartigen Aufwand an föderalistischer Organisation, dann ist es nicht recht verständlich, warum man immer wieder von neuem positive Produkte des föderalistischen Aufbaues vor sich sieht, an denen man nicht vorübergehen kann. Ich sehe gerade das Positive dieser Produkte in der ständigen verfahrensmäßigen Reibung, in dem Aufeinander-sich-einstellen-können, was nicht möglich ist, wenn eine unitarische Durchgestimmtheit vorhanden ist. Deshalb bin ich auch nicht der Auffassung, die von einigen Diskussionsteilnehmern geäußert worden ist, daß diese Homogenität in einem Einheitsstaat auch nur annähernd erreicht werden könnte. Gerade das Gegenteil ist der Fall: Das Sich-zusammenfinden, das gerade unter Umständen Brüche mitveranlaßt, wonach der Bund nicht mehr so perfekt funktionieren kann, wie er an sich gedacht ist, was aber immer noch keine Verfassungswidrigkeit ausmachen muß, diese Chance des Gelingens, das Risiko des Mißlingens, darin sehe ich das positive Element des Föderalismus. Es rechtfertigt, die so außerordentlich stattliche Apparatur beizubehalten.

Im übrigen konnte ja bei dieser Weite des Themas ohnehin nach meinem Gefühl nichts anderes gegeben werden als einige Florettstiche. Aber unter den verschiedenen Kategorien des Irrtums scheint eine der versöhnlichsten diejenige des fruchtbaren Irrtums zu sein. Hat sich diese Kategorie des Irrtums im Laufe der Diskussion über den Föderalismus ausgebreitet, so würde ich meinen, hätten wir schon gewonnen; mehr aber, fürchte ich, werden wir nicht erreichen können.

**Bülck** (Schlußwort): Ein Referent sieht sich in seinem Schlußwort einer etwas eigenartigen Situation gegenüber, wenn er zu Diskussionsbeiträgen Stellung nehmen soll, die dahin gegangen sind, daß er über etwas geredet habe, was es gar nicht gibt. So ist von einigen Seiten, besonders von Herrn Kollegen Menzel, geäußert worden, daß der Föderalismus als internationales Ordnungsprinzip überhaupt nicht existiere. Auch im übrigen hat die Diskussion gezeigt, daß über den Begriff des Föderalismus im internationalen Bereich Unklarheiten vorhanden sind. Klarheit wird man, wie ich glaube, nur dann gewinnen können, wenn man den Föderalismus als wechselbezügliches System von Einheit und Vielheit in seiner jeweiligen historischen Verwirklichung sieht. Dabei zeigt sich in den verschiedenen Epochen, daß es sich immer um ein bündisches, d. h. ein auf Freiheit begründetes Zusammenwirken unter hegemonialer Führung handelt. In diesem Sinne habe ich in meinem zweiten Leitsatz versucht, eine Definition des Föderalismus als internationalem Ordnungsprinzip zu geben, wobei die Abwehr herrschaftlichen Zwanges eines oder auch mehrerer Staaten das wesentliche Moment bildet. So ist der Föderalismus geschichtlich gewachsen und so wird man ihn auch in seiner neuen Gestalt begreifen müssen. Dies ist im Laufe der Aussprache dahin akzeptiert worden, daß die hegemoniale Führung im Sekundärsystem funktionale Züge gewonnen und sogar unitarische Elemente aufgenommen hat. Dadurch werden vor allem die kleineren Staaten gegenüber den großen stärker geschützt, weil sie nicht nur eine rechtlich fest normierte Stellung innerhalb jeder Gemeinschaft erhalten, sondern weil auch die wirtschaftliche und politische Übermacht der großen durch die funktionale Verteilung auf mehrere Gemeinschaften zu Gunsten des gemeinsamen Interesses gebunden wird. Die Entwicklung ist somit in der Richtung verlaufen, in die Herr Krüger gewiesen hat.

Die eingangs erwähnten Mißverständnisse scheinen mir daher zu rühren, daß die Diskussion in einer spezifischen Abhängigkeit vom staatsrechtlichen Begriff des Föderalismus gestanden hat und zwar in einer doppelten Beziehung. Die deutsche föderalistische Entwicklung, so versuchte ich es auch darzulegen, war auf den nationalen Bundesstaat gerichtet; sie hat die zentralisierende Tendenz gehabt, jenes „zweite Entscheidungszentrum" zu schaffen, um mit Herrn Scheuner zu sprechen, das aus der Idee der nationalen Gemeinschaft seine Kraft und Verfassung gewann. Dies ist offenbar das hier vielfach beschworene irrationale Moment, das notwendig sei, damit man von einer bündischen Gemeinsamkeit, von Föderalismus, sprechen könne. Die zweite Richtung, in der die Diskussion — wenn auch im gegenläufigen Sinne — vom Staatsrecht abhängig war, geht auf Proudhon und Constantin Frantz zurück. Beide sind gegen die Tendenz des Nationalstaats zur Zentralisierung aufgetreten, die bekanntlich in der französischen Revolution jene Form des nationalen Zentralismus hervorgebracht hat, für den selbst der schwache Föderalismus der Gemäßigten etwas Verwerfliches war, so daß der Name fédéraliste in Frankreich ein Schimpfwort wurde. Gegen diesen Zentralismus haben sich Proudhon ebenso wie in Deutschland Constantin Frantz gewandt, um eine Aufgliederung in der Verschiedenheit gegen alle zentralistische Unterdrückung und Gleichmacherei durchzusetzen.

Mein Versuch nun ging dahin, in dem Prozeß grenzüberschreitender Expansion und Intensivierung der modernen Industriegesellschaft eine von der Sache her bedingte funktionale Aufgliederung deutlich zu machen, die man mit einem Begriff des Föderalismus erfassen kann, für den ein zweites Entscheidungszentrum, so wie es der national-konstitutionelle Bundesstaat geschaffen hat, nicht notwendig und gegenwärtig auch nicht möglich ist, da die tragende Sinnordnung der Entscheidung bei den Mitgliedstaaten liegt und es an einer übergreifenden Gesamtordnung fehlt. Man hält sich deshalb vorläufig am besten, wie Jakob Burckhardt einmal sagte, „einfach an den trockenen und harten Verstand". Jedenfalls bin ich mit Herrn Mosler der Meinung, daß der Integrationsprozeß die „Schwelle zur Staatlichkeit", wie er formulierte, bisher weder in den einzelnen Gemeinschaften noch in ihrer Zusammenfassung überschritten hat und es ist mir auch zweifelhaft, ob dies, wie einige Herren meinten, in den künftigen Jahren geschehen wird. Auch dürfte sich der supranationale Charakter der europäischen Wirtschaftsgemeinschaften ändern, wenn Großbritannien und die ihm zugewandten Staaten der EWG und den anderen Sechser-Gemeinschaften beitreten. Dann wird jene „Schwelle" noch schwerer überschritten und jenes zweite, zusammenfassende Entscheidungszentrum noch weniger leicht aufgebaut werden können als jetzt. Gegenwärtig scheint es mir einfach so zu sein, daß sozialökonomische Notwendigkeiten politisch und rechtlich koordiniert werden, um den heutigen Industriegesellschaften ein freies und vernünftiges Leben zu ermöglichen. Das mag aufs Ende zu einem europäischen Bundesstaat führen, der dann allerdings, ebenso wie seine Glieder, wesentlich andere Strukturen haben wird, als der nationale Bundesstaat konstitutioneller Prägung.

Zweiter Beratungsgegenstand:

# Die Öffentliche Sache

## 1. Bericht von Professor Dr. Werner Weber, Göttingen

### I.

Die öffentliche Sache hat im Begriffssystem des modernen deutschen Verwaltungsrechts — ähnlich wie der Verwaltungsakt oder die juristische Person des öffentlichen Rechts — ihren festen Platz; ihre Handlichkeit ist vielfältig erprobt. Diese Handlichkeit ist das Ergebnis eines langen Prozesses theoretischer Bemühungen, deren Weg die Monographie von Theodor Maunz[1]) und die gerafften Darstellungen der Verwaltungsrechtslehrbücher unserer Tage[2]) nachzeichnen. Es kann nicht der Sinn einer Gegenwartsbesinnung auf das Problem der öffentlichen Sache sein, rückwärtsgewendet noch einmal durch alle älteren Schichten von Zweifeln und variierenden Deutungsversuchen durchzustoßen, die wir glücklich hinter uns gelassen haben und unter die Maunz mit seiner Arbeit eine Art Schlußstrich gezogen hat. Das wäre vielmehr Aufgabe eines besonderen Kapitels der neueren Verwaltungsrechtsgeschichte und hätte insofern nur einen historischen Aufhellungseffekt. Bei allem Respekt vor der historischen Forschung oder gerade wegen dieses Respekts enthalte ich mich auch des Versuchs, den teils römischrechtlich-pandektistischen, teils kanonistischen und schließlich deutschrechtlichen Ursprüngen nachzugehen, in denen eine Art Vorgängerschaft der modernen Lehre von der öffentlichen Sache zu entdecken wäre. Die Lage ist hier ähnlich wie bei der Lehre von den juristischen Personen des öffentlichen Rechts, also den öffentlich-rechtlichen Körperschaften, Anstalten und Stiftungen. Dieser Lehre ist es im Zusammenwirken von Wissenschaft, Gesetzgebung und Rechtsprechung im Verlauf der letzten ein

---

1) Theodor Maunz, Hauptprobleme des öffentlichen Sachenrechts (1933).

2) Besonders Ernst Forsthoff, Lehrbuch des Verwaltungsrechts I (8. Aufl. 1961) S. 325 ff.; Hans J. Wolff, Verwaltungsrecht I (4. Aufl. 1961) S. 305 ff.; v. Turegg-Kraus, Lehrbuch des Verwaltungsrechts (4. Aufl. 1962) S. 176 ff.; Hans Peters, Lehrbuch der Verwaltung (1949) S. 207 ff.

bis zwei Menschenalter gelungen, eine große Vielfalt historischer Korporationen und Institutionen, teils sehr individueller Herkunft und Gestalt, der Gegenwartslage zu adaptieren und sozusagen in das moderne Verwaltungsrechtssystem zu inkorporieren. Bei der öffentlichen Sache hat sich eine vergleichbare konstruktive Inkorporation vollzogen. Was heute als öffentliche Sache begriffen wird, gehört, obwohl es rechtlich vielerlei historische Ursprünge haben kann, ganz dem gegenwärtigen Verwaltungsrechtssystem an; auch an der geistigen Beherrschungskraft, die der Abstraktion moderner juristischer Begriffsbildung eigen ist, nimmt der Begriff der öffentlichen Sache in vollem Maße teil. Deshalb werden die Bedingungen für die Entfaltung dieser Kraft dem Begriff der öffentlichen Sache vom System und der Praktikabilität des zeitgenössischen Verwaltungsrechts, nicht von den fernen historischen Ursprüngen her gesetzt. In diesem Sinne werden meine Darlegungen die öffentliche Sache ganz als Gegenwartserscheinung verstehen.

Sie werden freilich diese Betonung der Modernität nicht übertreiben. Denn so sehr jedem die großen Wandlungen gegenwärtig sind, denen Verwaltung und Verwaltungsrecht in unserer Zeit ausgesetzt sind, glaube ich nicht, daß die notwendigen Bemühungen, diese Wandlungen zu erfassen und ihnen gerecht zu werden, gerade am Begriff der öffentlichen Sache mit Umdeutungen und Umbildungen anzusetzen haben. Dies schon deshalb nicht, weil die einmal zur communis opinio erhobenen begrifflichen Fixpunkte der Rechtsdogmatik nicht aufgegeben werden können, ohne daß man den Boden für die geistige Meisterung der rechtlichen Ordnungs- und Gestaltungsprobleme ins Schwanken bringt. Sodann ist die rechtsstaatliche Rechtssicherheit bei den öffentlichen Sachen in hohem Maße mit im Spiele. Vor allem aber bietet die öffentliche Sache ihrer abstrakten Begrifflichkeit nach nur bescheidene Ansätze, Perspektiven für eine neue Sicht der Gegenwartsprobleme der Verwaltungsordnung zu öffnen. Diese Ausblicke müssen anderswo gesucht werden.

## II.

Wer von der öffentlichen Sache handelt, gerät leicht in die Versuchung, von der begrifflichen Konstruktion der öffentlichen Sache und ihren begrifflichen Elementen alsbald zu den verwaltungsrechtlichen Sachmaterien überzugehen, in denen vornehmlich mit der öffentlichen Sache operiert wird. Man ist dann bald beim Wasserrecht und dem Wegerecht und bei der anstaltlichen Nutzung öffentlicher Sachen, also beim Anstaltsrecht. Unbestreitbar müssen alle diese Materien zur Exemplifikation des Rechts der öffentlichen Sache herangezogen werden, und zwar gerade auch dort, wo, wie im Wasser- und Wegerecht, der Gemeingebrauch in Frage steht, in dem sich die Probleme der öffentlichen Sache in besonders charakteristischer Weise verdichten. Aber wenn man bedenkt, daß auch das ganze Verwaltungsvermögen des zivilen Verwaltungsdienstes, des Militärwesens und der kirchlichen Aufgabenerfüllung unter den Begriff der öffentlichen Sache fällt[3]), dann erweist sich schon deshalb eine ausschließliche Betrachtung unseres Gegenstandes unter den Aspekten etwa des Wegerechts oder Wasserrechts als zu eng. Überdies haben Wegerecht, Wasserrecht, Anstaltsrecht usf. jeweils eine eigene, in sich geschlossene Ordnung, die sich nicht in einer Paraphrasierung des Rechts der öffentlichen Sache erschöpft. Wer also, wie ich heute, nach dem Auftrag des Vorstandes unserer Vereinigung die Aufgabe hat, das Problem der öffentlichen Sache zu behandeln, der hat sich eben mit diesem Gegenstand zu beschäftigen und nicht die Probleme des Wasserrechts, Wegerechts und Anstaltsrechts als solche zu traktieren. Diese Materien stehen ihm nur als Feld der Belege und Anwendungsfälle offen, und er findet sein Demonstrationsmaterial keineswegs allein dort.

## III.

Den gegenwärtigen Stand der Lehre von der öffentlichen Sache findet man nächst der großen Monographie von Theodor Maunz vor allem in den neuesten Auflagen der Lehrbücher von Ernst Forsthoff, Hans J. Wolff und v. Turegg-Kraus[4]), auch in dem jüngst erschienenen Beitrag von Hans J. Wolff im Handwörterbuch der Sozialwissenschaften[5]) zu-

---

[3]) Etwas mißverständlich ist die Bemerkung von Ulrich Scheuner, Die Gemeinverträglichkeit im Rahmen des Gemeingebrauchs und der Nutzung öffentlicher Sachen, in: Festschr. f. Paul Gieseke (1958) S. 73 ff. (75), daß man die Kategorie der res sacrae, weil aus anderer Wurzel stammend, bei einem Katalog der öffentlichen Sachen beiseitezulassen habe. Gewiß hat hier die Staatsgarantie des Kirchengutes ihre eigene Bedeutung (darüber auch unten S. 151). Unabhängig davon ist aber den res sacrae der Charakter als öffentliche Sachen weder nach weltlichem noch nach kirchlichem Recht abzusprechen. Hierzu vor allem Ernst Forsthoff, Res sacrae, AöR NF 31 (1940) S. 209 ff.

[4]) Siehe Anm. 2.

[5]) Hans J. Wolff, Art. „Öffentliche Sachen", HdSW Bd. 8 (38. Lief. 1961). Zu nennen ist ferner der Beitrag von Theodor Maunz, Das Recht der öffentlichen Sachen und Anstalten, Heft 11 des Sam-

sammenfassend dargestellt. Daß dabei noch manche Einzelfragen problematisch sind, wird von diesen Autoren nicht verschwiegen. Vor allem beim Gemeingebrauch und beim Sondergebrauch und den Sondernutzungsrechten an Gemeingebrauchssachen ist einiges in Bewegung. Theoretisch umstritten ist nach wie vor auch die zivilrechtliche Konstruktion der Verkehrssicherungspflicht hinsichtlich der öffentlichen Sachen durch die Rechtsprechung der Zivilgerichte. Das alles trifft jedoch nicht den Kern der Lehre.

Indessen scheint auch in den Grundlagen der Lehre von der öffentlichen Sache noch eine gewisse Unsicherheit zu bestehen, jedenfalls kein volles Einverständnis zu herrschen. Das erkennt man beispielsweise daran, daß Forsthoff, Wolff und v. Turegg-Kraus, übrigens jeweils in einer bloß beiläufigen Bemerkung, auch die Elektrizität zu den öffentlichen Sachen rechnen[6]), daß ferner die Neigung besteht, auch den Luftverkehr, also die Benutzung des Luftraums außerhalb der vom Bodeneigentümer beherrschten Sphäre[7]), ferner den Besuch der Kirchengebäude[8]) als Gemeingebrauch aufzufassen und daß man die Belegung eines Friedhofes mit Gräbern gleichfalls als Gemeingebrauch am Friedhof und den Erwerb eines Erbbegräbnisses etwa als Begründung des Sondernutzungsrechts an einer Gemeingebrauchssache konstruiert findet[9]). Bei den Beispielen des Friedhofs und des Kirchenbesuchs ist natürlich nicht streitig, daß Kirche und Friedhof öffentliche Sachen sind. Aber es macht auch für den Begriff der öffentlichen Sache selbst einen Unterschied, ob man die Friedhofsbenutzung als Gemeingebrauch oder, was ich mit der wohl herrschenden Ansicht (vgl. BGHZ 25, 200) für eindeutig halte, als Anstaltsbenutzung auffaßt und ob man den

melwerks „Die Verwaltung" (4. Aufl. 1957) und Strickrock, Das öffentliche Sachenrecht, Der Betrieb 1958, 1119 ff. Die neue Arbeit von Jürgen Salzwedel, Gedanken zur Fortentwicklung des Rechts der öffentlichen Sachen, DÖV 1963, 241 ff. setzt sich schon mit den in Münster gehaltenen Referaten auseinander; sie bleibt deshalb hier außer Betracht.

6) Forsthoff, Lehrb. S. 328; Hans J. Wolff, Verwaltungsrecht I S. 307; v. Turegg-Kraus, Lehrb. S. 178; so auch Zippelius, DÖV 1958, 840 und die Begründung zum Entwurf einer Verwaltungsrechtsordnung für Württemberg (1931) S. 532, wo wahrscheinlich der Ursprung dieser Meinung liegt.

7) Forsthoff, Lehrb. S. 328; Hans J. Wolff, Verwaltungsrecht I S. 307, 324; Derselbe, HdSW Bd. 8 S. 37. Ebenso die Begründung zum EWVRO S. 532.

8) Forsthoff, Lehrb. S. 339; anders in seiner Abhandlung Res sacrae, AöR NF 31 (1940) S. 220 f.

9) Forsthoff, Lehrb. S. 339; Hans J. Wolff, Verwaltungsrecht I S. 329.

Kirchenbesuch als Gemeingebrauch qualifiziert oder nicht[10]). Eine Auflösung aller handlichen Vorstellungen von öffentlicher Sache anderseits bedeutet es, diesen Begriff auch auf die Elektrizität und den Luftraum oberhalb der durch § 905 BGB abgesteckten Einflußsphäre des Eigentümers zu erstrekken. Daß sich heute im Luftraum ein Verkehr abspielt, wie er cum grano salis vergleichbar auch auf den Straßen und Strömen stattfindet, macht den Luftverkehrsraum ebensowenig zur öffentlichen Sache, wie der Schiffsverkehr das hohe Meer zur öffentlichen Sache stempelt, und die Tatsache, daß die Elektrizität unter den verschiedensten Gesichtspunkten der Ordnung und daseinsnotwendigen Versorgung Gegenstand öffentlichen Interesses und verwaltungsrechtlicher Regelungen ist, reiht sie gleichfalls noch nicht unter die öffentlichen Sachen ein[11]).

Hier liegen Fehlschlüsse vor, denen schon an dieser Stelle die später noch zu begründende These entgegenzuhalten ist, daß die öffentliche Sache begrifflich in einem Zusammenhang, einer Spannung, einem Komplementärverhältnis — oder wie man es zunächst andeutend nennen will — zum privatrechtlichen Sachbegriff und dessen körperlichen Beherrschungsmöglichkeiten steht. Anders ausgedrückt: Öffentliche Sachen sind nur körperliche Gegenstände im Sinne der Sachdefinition des § 90 BGB oder doch im Sinne einer vom Gesetz angenommenen Eigentumsfähigkeit wie bei den Gewässern; sie wären bewegliche Sachen und Grundstücke unter der Privatrechtsordnung, wenn sie nicht den Status öffentlicher Sachen hätten. Die Zuerkennung des Status als öffentliche Sache dient gerade dazu, sie, jedenfalls soweit es für ihre öffentliche Indienststellung erforderlich ist, von den sonst für sie eintretenden Konsequenzen der sachenrechtlichen Privatrechtsordnung zugunsten eines stattdessen für sie maßgebenden öffentlich-rechtlichen Regimes zu eximieren. Wo deshalb die Fähigkeit, Sache im Sinne der Privatrechtsordnung zu sein, versagt, wie beim offenen Meer, dem hohen Luftraum oder gar der Stratosphäre und etwa der elektrischen Energie, hat auch das Reden von der öffentlichen Sache keinen Sinn, weil das ihr immanente kontrastierende und abgrenzende Moment entfällt. Mit Recht hat Ulrich Scheuner seine Erwägungen über das Prinzip der Gemeinverträglichkeit zwar auf den Luftverkehr und den Schiffsverkehr auf dem Meere ausgedehnt, dabei aber

---

[10]) Zum Kirchenbesuch unten S. 176 Anm. 62.

[11]) Noch weiter geht die Unsicherheit in der Abgrenzung bei Diether Haas, Die öffentlichen Sachen, DVBl. 1962, 653 ff.

für den hohen Luftraum, die Stratosphäre und das Meer nicht den Charakter als öffentliche Sache in Anspruch genommen[12]).

## IV.

Eine wirklichkeitsbezogene Erörterung unseres Problems wird sich im übrigen zunächst darüber Rechenschaft abzulegen haben, welche Fortentwicklung das Recht der öffentlichen Sache in der neueren, d. h. seit Gründung der Bundesrepublik ergangenen Gesetzgebung und Rechtsprechung erfahren hat.

1. Im Bereich der Gesetzgebung sind Bund und Länder daran in gleicher Weise beteiligt. Es ist unverkennbar, daß die neueren Gesetze eine viel bewußtere Haltung gegenüber dem Problem der öffentlichen Sache einnehmen, als es früher der Fall war.

a) In den jetzt einheitlichen Bestimmungen über die Zwangsvollstreckung gegen die öffentliche Hand (§ 882 a Abs. 2 ZPO, § 170 Abs. 3 VwGO) ist erklärt, daß die Vollstreckung unzulässig ist „in Sachen, die für die Erfüllung öffentlicher Aufgaben unentbehrlich sind oder deren Veräußerung ein öffentliches Interesse entgegensteht". Das deckt das Verwaltungsvermögen ganz[13]) und von den Sachen im Gemeingebrauch jedenfalls einen wesentlichen Teil, wenn auch nicht beispielsweise die Grundstücke der Privatgewässer, in die eine Zwangsvollstreckung den Gemeingebrauch am Wasser ohnehin nicht berührt. Ähnliches bestimmt § 39 Abs. 3 des Bundesbahngesetzes für alle Sachen, die für die Erfüllung der gesetzlichen Aufgaben der Bundesbahn unentbehrlich sind. Weniger eindeutig ist der Schutz gegenüber dem Enteignungszugriff positivrechtlich normiert. Ein Enteignungseingriff in Teile des Sondervermögens „Deutsche Bundesbahn" setzt nach § 39 Abs. 1 BundesbahnG die Zustimmung der Bundesregierung voraus, die, wenn sie die Zustimmung erteilt, darin eingeschlossen die etwa erforderliche Entwidmung ausspricht. § 24 des Straßengesetzes von Nordrhein-Westfalen vom 28. November 1961 (NW GVBl. S. 305) — ähnlich § 22 des Hessischen Straßengesetzes vom 9. Oktober 1962 (HessGVBl. S. 437) — läßt die Enteignung einer Straße nur insoweit zu, „als die mit der Enteignung angestrebte Benutzung weder im Widerspruch zur Widmung steht noch den Bestand der Sache beeinträchtigt". Das Landbeschaffungsgesetz (§ 16 Nr. 1 Buchst. a und d), das Bundesleistungsgesetz (§ 4 Abs. 2), das Flur-

---

12) Ulrich Scheuner, Festschr. f. Paul Gieseke (1958) S. 90 ff.

13) Dazu die Göttinger Dissertation von Werner Miedtank, Die Zwangsvollstreckung gegen die öffentliche Hand (1963).

bereinigungsgesetz (§ 45 Abs. 1 u. 2) und das Bundesbaugesetz (§ 90 Abs. 2 Nr. 2) lassen erkennen, daß die dort vorgesehenen Enteignungen, Anforderungen und Veränderungen keineswegs immer und grundsätzlich vor öffentlichen Sachen Halt machen. In den Kirchenverträgen Niedersachsens (Art. 18 Abs. 2), Schleswig-Holsteins (Art. 23 Abs. 1), Hessens (Art. 8 Abs. 2) und von Rheinland-Pfalz (Art. 9 Abs. 2) hat der staatliche Partner zugesichert: „Die Landesbehörden werden bei der Anwendung enteignungsrechtlicher Vorschriften auf die kirchlichen Belange Rücksicht nehmen“ (im Wortlaut etwas anders Art. 23 Abs. 2 des Kieler Vertrages). Offensichtlich ist damit aber nur die etwaige Enteignung kirchlichen Finanzvermögens gemeint, während dem Enteignungsakt kaum die Kraft zuerkannt werden soll, auch die kirchenamtliche Widmung kirchlichen Verwaltungsvermögens (einschließlich der res sacrae) beiseitezuschieben, also Kirchengut zu säkularisieren. Denn dem steht die in das Grundgesetz und durchweg auch in die Konkordate und Kirchenverträge rezipierte Garantieklausel des Art. 138 Abs. 2 WRV entgegen, in der mit Johannes Heckel gerade der Schutz der öffentlichen Funktion des Kirchengutes als zugesichert zu erblicken ist[14]). Im übrigen könnte auffallen, daß die neueren evangelischen Kirchenverträge (seit Loccum 1955) im Gegensatz zu den deutschen Konkordaten und älteren evangelischen Kirchenverträgen[15]) keine Widmungsgarantie im Sinne einer Zusicherung dahin mehr enthalten, daß kirchlichen Zwecken gewidmete staatliche Grundstücke und Gebäude diesen Zwecken auch weiterhin erhalten bleiben. Indessen liegt die Erklärung hierfür darin, daß nach den Auseinandersetzungsbestimmungen der neuen Kirchenverträge in deren Geltungsbereich nunmehr alles kirchlichen Zwecken dienende Landeseigentum auf die Kirchen selbst überführt ist.

b) Handfestere Beiträge zum Recht der öffentlichen Sache liefern die neuen Straßengesetze, voran das Bundesfernstraßengesetz von 1953 in der Fassung vom 6. August 1961 (BGBl. I S. 1742). Lehrbuchgerecht bestimmt § 2 dieses Gesetzes, daß eine Straße die Eigenschaft einer Bundesfernstraße durch Widmung erhält, der die Aufstufung einer öffentlichen Straße zur Bundesfernstraße im Ergebnis gleichsteht. Die Eigenschaft kann durch Abstufung oder Einziehung wieder verloren gehen. Widmung, Umstufung und Einziehung liegen

---

[14]) Johannes Heckel, Kirchengut und Staatsgewalt, in: Festschr. f. Rudolf Smend (1952) S. 103 ff.

[15]) RK Schlußprot. zu Art. 17, Art. 10 § 3 bayer. K, Art. 4 Abs. 2, 5 preuß. K, Art. V Abs. 2 bad. K, Art. 18 bayer. KV, Art. 6 Abs. 2 preuß. KV, Art. III Abs. 2 bad. KV.

in der Zuständigkeit der obersten Landesstraßenbaubehörde (§ 2 Abs. 6). Die Widmung wird, sofern der Träger der Straßenbaulast nicht selbst zur Verfügung über das Straßengrundstück berechtigt ist, als Akt vorgestellt, der die Zustimmung des Eigentümers oder eines sonst zur Nutzung dinglich Berechtigten voraussetzt (§ 2 Abs. 2). Weiter heißt es, daß durch privatrechtliche Verfügungen oder durch Verfügungen im Wege der Zwangsvollstreckung über die der Straße dienenden Grundstücke oder Rechte an ihnen die Widmung nicht berührt wird (§ 2 Abs. 3). Das alles sind klassische Grundsätze des Rechts der öffentlichen Sache. In dessen traditionellen Bahnen bleibt ferner die Vorschrift des § 8 Abs. 10, wonach die Einräumung von Sondernutzungsrechten am Straßenkörper der Bundesfernstraßen sich nach bürgerlichem Recht richtet, wenn sie den Gemeingebrauch nicht beeinträchtigt, wobei eine Beeinträchtigung von nur kurzer Dauer für Zwecke der öffentlichen Versorgung außer Betracht bleibt. Hier wird also an der Konstruktion festgehalten, daß der Status der Straße als öffentlicher Sache die privatrechtliche Eigentümerposition nur soweit verdrängt, als die Widmung reicht[16]).

Anderseits enthält das Bundesfernstraßengesetz zwei Neuerungen: Die eine ist in § 7 Abs. 1 Satz 4 enthalten, wonach die Erhebung von Gebühren für den Gemeingebrauch einer besonderen gesetzlichen Regelung bedarf. Daraus wird gelegentlich eine Bestätigung dafür entnommen, daß es — mindestens grundsätzlich — auch einen entgeltlichen Gemeingebrauch gebe[17]); damit geraten allerdings die Grenzen zwischen Ge-

[16]) Herbert Krüger, Grundfragen einer rechtsstaatlichen Wassergesetzgebung (1957) S. 134 f. polemisiert heftig gegen diese Regelung, ohne indessen, wie ich meine, die theoretische und praktische Folgerichtigkeit auf seiner Seite zu haben. Friedrich Schack sucht in seiner materialreichen Abhandlung „Das rechtliche Wesen der wegerechtlichen Sondernutzung nach altem und neuem Recht" (VerwArch 54/1963, 43 ff., 57 ff.) die Tragweite des § 8 Abs. 10 BFStrG wieder einzuschränken, worin ihm allerdings der BGH (Urteil vom 11. Juli 1962 — V ZR 175/60 —, Energiewirtsch. Tagesfragen 1962, 280) offensichtlich nicht zu folgen bereit ist. Arnold Köttgens tief ansetzende Kritik (Gemeindliche Daseinsvorsorge und gewerbliche Unternehmerinitiative, 1961 S. 24 ff.) wird der neuen Straßengesetzgebung insofern nicht ganz gerecht, als diese durchaus den „Mehrzweckcharakter" des Weges anerkennt und die Widmung des Weges erheblich über den Gemeingebrauch hinaus auf die Fälle des Sondergebrauchs ausdehnt, wenn auch nicht auf die Benutzungsarten, die jenseits der Verkehrsfunktion des Weges liegen.

[17]) So Forsthoff, Lehrb. S. 339. E. R. Huber, Zur Problematik des Gemeingebrauchs an öffentlichen Straßen, DÖV 1955, 129 ff., 135 ff.; Derselbe, Wegekosten und Kraftverkehr (1954) S. 31 f. Die Folgerung ist nicht zwingend, wie Herbert Krüger,

meingebrauch und Anstaltsordnung ins Fließen, wie übrigens schon früher von Köttgen und Herbert Krüger bemerkt worden ist[18]). Zum andern konstruiert § 8 des Bundesfernstraßengesetzes den Sondergebrauch an Bundesfernstraßen als ein öffentlich-rechtliches Rechtsverhältnis, das einer befristeten oder widerruflichen Gebrauchserlaubnis der Straßenbaubehörde (in Ortsdurchfahrten der Gemeinde), aber daneben nicht mehr der privatrechtlichen Zustimmung des Eigentümers als solchen bedarf[19]) und für das Sondernutzungsgebühren, also öffentlich-rechtliche Abgaben erhoben werden dürfen, bei deren Bemessung auch der wirtschaftliche Vorteil der Sondernutzung berücksichtigt werden kann. Hier ist also, um mit Arnold Köttgen[20]) zu reden, der Charakter der Wege als öffentlich-rechtlicher Mehrzweckinstitute klar anerkannt und ist innerhalb des Kondominiums von öffentlichem Recht und Privatrecht, das bisher für die Rechtsverhältnisse an öffentlichen Straßen kennzeichnend war, mithin eine Grenzkorrektur zugunsten der öffentlichen Sachherrschaft vorgenommen. In diesem Rahmen hält sich übrigens auch § 32 des Personenbeförderungsgesetzes vom 21. März 1961 (BGBl. I S. 241) für die Benutzung von öffentlichen Straßen durch Straßenbahnen. Das Verständnis für das Anliegen Otto Mayers bei seiner Lehre vom öffentlichen Eigentum, das zu überdenken jüngst wiederholt nahegelegt worden ist[21]), befindet sich danach offensichtlich im Vordringen.

Von den neuen Landesstraßengesetzen hält sich das zeitlich erste, das Berliner Straßengesetz vom 11. Juli 1957 (GVBl. S. 743), noch stark in den Bahnen des Konventionellen. Widmung und Entwidmung sind in der üblichen Weise geordnet (§§ 3, 4). Unter der Überschrift „Eigentum und Gemeingebrauch" bestimmt § 8 (Abs. 1): „Das Eigentum an öffentlichen Straßen ist Privateigentum, das durch die Bestimmung der

---

Gegen eine Entstaatlichung der öffentlichen Wege (1954) S. 21 f. mit Recht angemerkt hat. Dazu auch unten S. 179.

18) Arnold Köttgen, Öffentliches Sachenrecht, in: Deutsches Verwaltungsrecht, herausg. von Hans Frank (1937) S. 441 f.; Herbert Krüger, Gegen eine Entstaatlichung der öffentlichen Wege S. 23 ff.

19) Insoweit scheinen mir die Ausführungen von Klaus Stern, Zur Problematik des energiewirtschaftlichen Konzessionsvertrags, AöR 84 (1959) S. 137 ff., 273 ff. (hier S. 167 ff.), der bei allen über den Gemeingebrauch hinausgehenden „Sondernutzungen" den Eigentümer auch weiterhin für beteiligt hält, als der Überprüfung bedürftig.

20) Arnold Köttgen, Gemeindliche Daseinsvorsorge S. 28, 34.

21) Ernst Forsthoff, Lehrb. S. 329 ff. in dem Exkurs der Anm. 3; Peter Lerche, Zum Rechtsschutz im Recht der öffentlichen Sachen, DVBl. 1955, 283 ff. (286 f.).

Straße für den Gemeingebrauch beschränkt ist.“ Für jede Sondernutzung, d. h. den Gebrauch der öffentlichen Straßen über den Gemeingebrauch hinaus, ist die Zustimmung des Straßeneigentümers und eine straßenaufsichtliche Erlaubnis erforderlich (§ 10 Abs. 1), die im allgemeinen nur precario erteilt wird (§ 10 Abs. 4). Nutzungen für Zwecke der öffentlichen Versorgung, der öffentlichen Verkehrsunternehmungen, der Entwässerung usf. ist, wie sich versteht, eine größere Stabilität eingeräumt (§ 11). „Für Sondernutzungen“, so heißt es in § 10 Abs. 5 allgemein, „kann der Straßeneigentümer Entgelte erheben.“ Die Straßenordnung für die Stadt Bremen vom 10. Mai 1960 (GBl. S. 51), schon durch ihren Namen mehr als polizeiliche Regelung denn als Straßengesetz ausgewiesen, bringt nur die traditionelle Gegenüberstellung von Gemeingebrauch, Sondernutzung kraft Gebrauchserlaubnis und Verleihung von Sondernutzungsrechten, ohne sonst für das Problem der öffentlichen Sache neue Aufschlüsse zu liefern.

Eine weitere Gruppe von Landesstraßengesetzen, umfassend das Bayerische Straßen- und Wegegesetz vom 11. Juli 1958 (GVBl. S. 147)[22]) in der Fassung des Gesetzes vom 22. Dezember 1960 (GVBl. S. 298), das Straßengesetz des Landes Nordrhein-Westfalen vom 28. November 1961 (GVBl. S. 305), das Straßen- und Wegegesetz des Landes Schleswig-Holstein vom 22. Juni 1962 (GVBl. S. 237), das Hessische Straßengesetz vom 9. Oktober 1962 (GVBl. S. 437), das Niedersächsische Straßengesetz vom 14. Dezember 1962 (GVBl. S. 251) und das Landesstraßengesetz für Rheinland-Pfalz vom 15. Februar 1963 (GVBl. S. 57), ist das Ergebnis von Koordinierungsberatungen zwischen den beteiligten Ländern. Diese Gesetze stimmen infolgedessen in den uns hier interessierenden Fragen im wesentlichen überein. Sie suchen zugleich möglichst den Anschluß an das Modell des Bundesfernstraßengesetzes. Wie dieses gehen sie davon aus, daß in den öffentlichen Straßen und Wegen privatrechtlich verstandenes Eigentum und der Status als öffentliche Sache zusammentreffen. Widmung und Entwidmung sind nach dem Vorbild des Bundesfernstraßengesetzes normiert. Ebenso ist (außer in Schleswig-Holstein) die Vorschrift kopiert, daß für den Gemeingebrauch, der an sich unentgeltlich ist, Gebühren nur auf Grund ausdrücklicher gesetzlicher Vorschrift erhoben werden können. Vor allem aber konstruieren sie den Sondergebrauch, jedenfalls im Normalfalle, wie das Bundesfernstraßengesetz als ein öffentlich-rechtliches Rechts-

---

[22]) Zu diesem näher Reinhold Z i p p e l i u s, Grundfragen des öffentlichen Sachenrechts und das Bayerische Straßen- und Wegegesetz, DÖV 1958, 838 ff.

verhältnis, das durch befristete oder widerrufliche Gebrauchserlaubnis des Trägers der Straßenbaulast ohne Mitwirkung des Eigentümers als solchen begründet wird und für das öffentlichrechtliche Sondernutzungsgebühren erhoben werden können[23]).

Freilich ergeben sich hier einige Besonderheiten, die ihren Grund darin haben, daß die Verhältnisse bei den Straßen und Wegen des Landesrechts etwas komplizierter liegen als bei den uniformen Bundesfernstraßen. Ich beschränke mich auch insoweit auf das Wichtigste: Das bayerische Gesetz spricht in diesem Zusammenhang von Sondernutzung nach öffentlichem Recht und Sondernutzung nach bürgerlichem Recht. Es legt die Sondernutzung nach öffentlichem Recht, im wesentlichen mit dem Bundesfernstraßengesetz übereinstimmend, auf die Fälle fest, in denen durch die Benutzung der Gemeingebrauch beeinträchtigt werden kann, während eine Sondernutzung immer dann nach bürgerlichem Recht eingeräumt wird, wenn durch die Benutzung der Gemeingebrauch — außer für nur kurze Dauer — nicht beeinträchtigt werden kann (Art. 22). Die Benutzung der Straßen für Zwecke der öffentlichen Versorgung, so fügt die Vorschrift hinzu, regelt sich stets nach bürgerlichem Recht. Entsprechendes bestimmen das Landesstraßengesetz von Nordrhein-Westfalen (§ 23 Abs. 1), Schleswig-Holstein (§ 28), Hessen (§ 20), Niedersachsen (§ 23 Abs. 1) und Rheinland-Pfalz (§ 45 Abs. 1). Alle sechs Gesetze schreiben übereinstimmend vor, daß bei „sonstigen öffentlichen Straßen", d. h. solchen, die weder Landstraßen I. oder II. Ordnung noch Gemeindestraßen sind, sich jedwede Form der Sondernutzung nach bürgerlichem Recht regelt. Bemerkenswert ist, daß ebendiese Gesetze es den Gemeinden gestatten, die Sondernutzung von Gemeindestraßen und „sonstigen öffentlichen Straßen" durch genehmigungsbedürftige Satzung abweichend zu regeln. Charakteristisch ist schließlich eine in ihnen enthaltene Abgrenzungsnorm, die in der Fassung Schleswig-Holsteins (§ 18 Abs. 1) wie folgt lautet:

„Ist der Träger der Straßenbaulast nicht Eigentümer der Grundstücke, die für die öffentliche Straße in Anspruch ge-

[23]) Die gelegentlich vertretene Auffassung (Forsthoff, Lehrb. S. 345; Wilhelm Strickrock, Zum „begünstigenden" Verwaltungsakt, in: Festschr. f. Willibalt Apelt [1958] S. 231 ff., 235 ff.), die Einräumung des Sondergebrauchs könne nur dann versagt werden, wenn überwiegende öffentliche Interessen es geböten, die bisher schon anfechtbar war, läßt sich angesichts der neuen Regelung im Bundesfernstraßengesetz und in den Landesstraßengesetzen (befristete oder widerrufliche Gestattung) sicher nicht mehr rechtfertigen. Insofern ist Martin Bullinger, Die Mineralölfernleitungen (1962) S. 40 ff. zuzustimmen.

nommen worden sind, so steht ihm die Ausübung der Rechte des Eigentümers insoweit zu, als dies die Aufrechterhaltung des Gemeingebrauchs und die Verwaltung und Unterhaltung erfordern. Im gleichen Umfang obliegt es ihm, die Pflichten des Eigentümers zu erfüllen."

Im ganzen behandeln so das Bundesfernstraßengesetz und die ihm folgenden sechs Landesstraßengesetze das Problem der öffentlichen Sache im Sinne einer behutsamen Fortentwicklung. Sie sehen die öffentlichen Wege als der allgemeinen (privatrechtlichen) Eigentumsordnung zugehörig an mit der Maßgabe, daß der durch die Widmung zum Gemeingebrauch konstituierte Status als öffentliche Sache die Eigentümerrechte und -pflichten verdrängt, soweit die Widmungswirkung reicht, und daß die Ausübung dieser Rechte und Pflichten dem Straßenbaulastträger zugeordnet wird, soweit er nicht ohnehin Eigentümer ist und er jener Rechte und Pflichten zur Aufrechterhaltung des Gemeingebrauchs und zur Verwaltung und Unterhaltung der öffentlichen Sache bedarf. Neu ist die Entscheidung, die Oberflächensondernutzungen wegen ihres engen, möglicherweise beeinträchtigenden Zusammenhanges mit dem Gemeingebrauch ganz in den öffentlichen Status der öffentlichen Sache hineinzunehmen. Die das Privateigentum als solches verdrängende Widmung wird also nunmehr über den reinen Gemeingebrauch hinaus auch auf die Oberflächensondernutzungen ausgedehnt, die damit gleichfalls ganz den Dispositionen des öffentlichen Herrn der öffentlichen Sache unterliegen und allein kraft öffentlicher Sachherrschaft — gegebenenfalls gegen öffentliche Benutzungsgebühren — vergeben werden[24]). Die Regelung bedeutet eine vernünftige Korrektur bisher vorhandener Halbheiten und Widersprüchlichkeiten; eine entscheidende Änderung des herkömmlichen Instituts der öffentlichen Sache stellt sie indessen nicht dar. — Übrigens verzichtet auch das Niedersächsische Deichgesetz vom 1. März 1963 (Nds. GVBl. S. 81) darauf, das Privateigentum an den Deichen mehr als im Rahmen der Widmung erforderlich zurückzudrängen.

Das Hamburgische Wegegesetz vom 4. April 1961 (GVBl. S. 117) dagegen, nach Auskunft von Friedrich Schack und Diether Haas nach eingehender Beratung mit Professoren der Universität Hamburg geschaffen[25]), zeigt, jeden-

[24]) Also ohne Beteiligung des Wegeeigentümers als solchen; vgl. oben Anm. 19.

[25]) Friedrich Schack, Bemerkenswertes aus dem Hamburgischen Wegegesetz vom 4. April 1961, DVBl. 1961, 898; Diether Haas, DVBl. 1962, 656.

falls im Vordergrund, ein anderes Bild, obwohl auch dieses Gesetz an manchen Passagen erkennen läßt, daß Hamburg an den Bemühungen um die Koordinierung der Landesstraßengesetze beteiligt war. Hier wird in Anknüpfung an eine ältere, ihrer Tragweite nach allerdings umstrittene hamburgische Tradition[26]) die Rechtsfigur eines „öffentlichen Eigentums" vorgestellt[27]). Was damit gemeint ist, kann nur recht begriffen werden, wenn man sich den Wortlaut des mit „Wegeeigentum" überschriebenen § 4 des Gesetzes vor Augen hält:

„(1) Grundflächen, die als öffentliche Wege gewidmet sind und der Freien und Hansestadt Hamburg gehören, stehen einschließlich der in § 2 Absatz 2 genannten Gegenstände in öffentlichem Eigentum der Freien und Hansestadt Hamburg. Das öffentliche Eigentum begründet eine hoheitliche Sachherrschaft. Die in öffentlichem Eigentum stehenden Gegenstände sind dem Rechtsverkehr entzogen. Die Vorschriften des bürgerlichen Rechts, insbesondere über den Besitz und das Eigentum, finden keine Anwendung.

(2) Das öffentliche Eigentum an einer Grundfläche oder an einem sonstigen Gegenstand besteht, solange diese zum öffentlichen Weg gehören. Öffentliches Eigentum entsteht frühestens mit dem Zeitpunkt, in dem die Freie und Hansestadt Hamburg nach bürgerlichem Recht unbelastetes Eigentum erwirbt. Endet die Zugehörigkeit zum öffentlichen Weg, so ist die Freie und Hansestadt Hamburg wieder Eigentümerin im Sinne des bürgerlichen Rechts.

(3) Werden Gegenstände im Sinne des § 2 Absatz 2 getrennt, so verwandelt sich das öffentliche Eigentum an ihnen in bürgerlich-rechtliches Eigentum der Freien und Hansestadt Hamburg oder desjenigen, dem die Freie und Hansestadt Hamburg die Aneignung gestattet hat.

---

[26]) Dazu Edith Satz, Das öffentliche Eigentum in Hamburg, Fischers Zeitschr. 70 (1934), 161 ff.; Behr, Öffentlicher Grund und Staatsgrund im Hamburgischen Verwaltungsrecht, HansRGZ 1930, 135 ff. Über die Bedenken hiergegen Fr. Schack, DVBl. 1961, 897 ff.

[27]) Zur Problematik ihrer rechtlichen Zulässigkeit Fr. Schack, aaO. S. 898. Herrn Kollegen Friedrich Schack verdanke ich die Kenntnis des (gedruckten) Stenographischen Berichts über die Verhandlungen des Wegegesetz-Ausschusses der Hamburger Bürgerschaft vom 22. Februar 1960, der die Diskussion mit den Hamburger Professoren (Schultze-v. Lasaulx, Ipsen, Schack, Privatdozent Dr. Stoll) wiedergibt. Die Problematik des Unternehmens wird daran in hohem Grade deutlich. Von einer klaren Billigung der das „öffentliche Eigentum" verfolgenden Senatsvorlage durch die Gesamtheit der beteiligten Professoren und von bedenkenfreier Meinungsbildung im Ausschuß läßt sich jedenfalls nicht sprechen.

(4) Bauliche Anlagen, die auf oder unter einer in öffentlichem Eigentum stehenden Grundfläche in Ausübung einer Befugnis nach dem Fünften Teil dieses Gesetzes hergestellt worden sind, werden nicht Bestandteile dieser Grundfläche. Bestehen solche baulichen Anlagen bei der Entstehung des öffentlichen Eigentums, so verlieren sie gleichzeitig die etwaige Eigenschaft als Bestandteil des Wegegrundes.

(5) Grundflächen, an denen öffentliches Eigentum entstanden ist, sind aus dem Grundbuch auszuscheiden und zum öffentlichen Grund zu tilgen."

Darüber, wie es mit öffentlichen Wegen zu halten ist, an denen die Freie und Hansestadt Hamburg nicht oder noch nicht nach bürgerlichem Recht unbelastetes Eigentum erworben hat, die also nicht öffentliches Eigentum der Freien und Hansestadt sein können, sagt das Gesetz nichts. Im übrigen aber bleibt das Gesetz in der Konsequenz seiner öffentlich-rechtlichen Konstruktion. Als Sondernutzungen faßt es (§ 19) alle Benutzungen der öffentlichen Wege zusammen, die ihren Gebrauch durch andere dauernd ausschließen oder in den Wegekörper eingreifen oder über die Teilnahme am allgemeinen öffentlichen Verkehr (Gemeingebrauch) oder den Anliegergebrauch hinausgehen. Es wird also nicht zwischen Oberflächenbenutzungen, die möglicherweise den Gemeingebrauch beeinträchtigen, und Benutzung des Straßenkörpers in dessen Tiefe unterschieden, so daß diese Unterscheidung auch nicht für eine Differenzierung in den rechtlichen Benutzungsgestattungen verwendet werden kann. Die Befugnis zur Sondernutzung jedweder Art wird vielmehr durch die stets nur befristete und gegebenenfalls unter Widerrufsvorbehalt erteilte Erlaubnis der Wegeaufsichtsbehörde begründet; sie ist mit einer Gebührenpflicht verbunden. Ergänzend bestimmt § 19 Abs. 6, daß der Senat oder mit seiner Zustimmung die Wegeaufsichtsbehörde Sondernutzungen auch durch öffentlich-rechtliche Verträge einräumen können.

Sieht man näher zu, so bedeutet diese Regelung gegenüber den vorher erörterten nur insofern einen Unterschied, als in Hamburg vertragliche Sondernutzungsrechte an öffentlichen Sachen nur durch öffentlich-rechtliche Verträge, nicht durch Verträge bürgerlichen Rechts begründet werden können. Soweit davon auszugehen ist, daß die öffentlichen Wege in Hamburg permanent im Eigentum der Freien und Hansestadt stehen, begründet das praktisch keinen wesentlichen Unterschied gegenüber den anderen Ländern und den Bundesstraßen. Nur bietet das Hamburger Recht keine Sicherung dafür, daß, wenn man etwa einen Straßenkörper in der Tiefe durch dauernde

Kabel- oder Rohrleitungen benutzen will, dafür wirklich ein Vertrag geschlossen werden muß und die Wegeaufsichtsbehörde einen nicht nur mit einer befristeten Gebrauchserlaubnis abspeist. Das öffentliche Eigentum selbst, das in § 4 des Gesetzes proklamiert und definiert wird, erweist sich in Wahrheit nur als eine andere Art der Benennung für den öffentlichrechtlichen Status, den eine öffentliche Straße auch nach gemeindeutschem Recht durch die Widmung empfängt[28]). Die gedankliche Konstruktion hat auch nicht den Vorzug besserer Praktikabilität und größerer theoretischer Folgerichtigkeit gegenüber den Lösungen, bei denen das deutsche Binnenland verblieben ist, und jedenfalls trägt sie neue Erkenntnisse über das Recht der öffentlichen Sache nicht ein[29]). In dem Hamburgischen Gesetz über Grün- und Erholungsanlagen vom 18. Oktober 1957 (GVBl. S. 466) und in dem Wassergesetz Hamburgs vom 20. Juni 1960 (GVBl. S. 335) ist sie übrigens nicht verwendet, während sie anscheinend in einem neuen Deichgesetz Hamburgs ein weiteres Experimentierfeld finden soll[30]).

Das Hamburgische Wegegesetz enthält aber noch eine weitere Besonderheit, nämlich in seinem § 5 eine schon in § 6 des Gesetzes über Grün- und Erholungsanlagen von 1957 vorgebildete dezidierte Stellungnahme zur Frage der Verkehrssicherungspflicht in Ansehung öffentlicher Sachen. Offensichtlich in Gegenwirkung zur zivilrechtlichen, nämlich an die §§ 823, 836 BGB angelehnten Begründung der Verkehrssicherungspflicht durch die Zivilgerichte und heute den Bundesgerichtshof[31]) bestimmt § 5 des Hamburgischen Gesetzes unter der Überschrift „Haftung“:

„Die Rechte und Pflichten, die der Freien und Hansestadt Hamburg und ihren Bediensteten in Zusammenhang mit der Durchführung dieses Gesetzes, insbesondere mit der Anlage, Unterhaltung und Benutzung der öffentlichen Wege

---

28) Wenn die von Fr. Schack, DVBl. 1961 S. 898 mitgeteilte amtliche Begründung zu § 4 des Gesetzes betont, daß es sich hier um „Rechtsgedanken von großer praktischer Auswirkung und Bedeutung“ handele, so ist das eine Selbsttäuschung des Verfassers dieser Begründung.

29) Diese sind auch nicht den kommentierenden Bemerkungen von Diether Haas, DVBl. 1962, 656 zu entnehmen.

30) So Diether Haas, DVBl. 1962, 656. Anscheinend sind diese Unterschiedlichkeiten in der Dezernatsverteilung der Hamburger Senatsverwaltung begründet.

31) BGH NJW 1952, 1089; 1953, 1865; BGHZ 6, 195; 9, 373 = VwRspr. 5, 825; BGHZ 12, 94; 14, 83; 16, 95 = VwRspr. 8, 145; BGHZ 20, 57; 21, 48; 31, 73; 34, 206; 37, 69; 37, 165; VwRspr. 14, 830 = DÖV 1962, 615, VwRspr. 14, 929.

zustehen oder obliegen, bestimmen sich ausschließlich nach den Vorschriften des öffentlichen Rechts. Die Pflichten werden als Amtspflicht im Sinne des Artikels 34 des Grundgesetzes von den Bediensteten der Freien und Hansestadt Hamburg erfüllt."

Es ist indessen leicht zu erkennen, daß der Gesetzgeber Hamburgs mit dieser Vorschrift, obwohl ihn der Bundesgerichtshof in BGHZ 9, 373 mit einer etwas undurchsichtigen Wendung[32]) hierzu zu ermuntern scheint, seine Kompetenz überschritten hat. Denn hier handelt es sich nicht um Wegerecht, sondern um Schadensersatzpflichten, sei es aus Amtshaftung, sei es aus allgemeinem Deliktsrecht. Diese Materie ist bundesgesetzlich geregelt, und zwar erschöpfend; in sie kann ein Landesgesetzgeber nicht modifizierend eingreifen[33]). Wenn es Hamburg nicht paßt, daß der Bundesgerichtshof die Verkehrssicherungspflicht bei öffentlichen Sachen zivilrechtlich konstruiert, so kann man mit ihm darin sympathisieren; aber der hamburgische Landesgesetzgeber ist dagegen machtlos.

In der Sache selbst haben gewiß die Autoren, die die erwähnte Rechtsprechung des Bundesgerichtshofs unter logischen und rechtssystematischen Gesichtspunkten kritisiert haben[34]), gute Gründe auf ihrer Seite. Jedenfalls hätten sie recht, wenn das geltende Schadensersatzrecht in sich nicht Ungereimtheiten enthielte. Es ist unschwer zu deduzieren, daß die Straßenbaulast eine öffentlich-rechtliche Aufgabe ist, deren Vernachlässigung eine Amtspflichtverletzung darstellt und Amtshaftungsansprüche gemäß § 839 BGB in Verb. mit Art. 34 GG auslösen muß. Aber man muß sich fragen, wozu das führen würde. Da die Verkehrssicherungspflicht kaum jemals

---

[32]) Sie ist mit Recht kritisiert bei Hans J. Wolff, Verwaltungsrecht I S. 320.

[33]) Die Gründe, die Fr. Schack (DVBl. 1961 S. 899) für die Zulässigkeit der Regelung anführt, halte ich nicht für überzeugend.

[34]) Ernst Forsthoff, Lehrb. S. 347 ff.; Derselbe, DVBl. 1952, 164 ff.; Hans J. Wolff, Verwaltungsrecht I S. 319 ff.; Haueisen, NJW 1953, 1614; Kraft, DÖV 1954, 521; Nedden, NJW 1956, 1015; Spanner, Grenzen zwischen öffentlichem Recht und bürgerlichem Recht im Wegerecht (1958) S. 16 ff., der auch über die Gegenmeinungen referiert; Clasen, DÖV 1959, 284; Hans Thierfelder, DÖV 1960, 898; 1962, 256; Hans Freund, DÖV 1961, 695; Fr. Schack, DVBl. 1961, 899; Klaus Stern, AöR 84 (1959) S. 164 f. (etwas vermittelnd); Herbert Krüger, Grundfragen S. 136 f., dieser freilich unter Verkennung der Tatsache, daß der BGH (BGHZ 9, 373; 14, 83) die zivilrechtliche Haftungskonstruktion ausdrücklich nicht auf das Eigentum an der öffentlichen Sache, sondern auf die Tatsache der vom Gegenstand ausgehenden Gefährdung Dritter zurückführt.

anders als fahrlässig verletzt wird, bei fahrlässiger Amtspflichtverletzung jedoch die Amtshaftung nur subsidiär Platz greift, würde die Anwendung der Amtshaftungsgrundsätze auf die Verkehrssicherungspflicht angesichts der Reichweite des heute bestehenden Sozial- und Privatversicherungsschutzes bewirken, daß in der erdrückenden Mehrzahl aller Schadensfälle die Träger der sozialen oder privaten Kranken-, Unfall-, Renten- und Kraftfahrzeughaftpflichtversicherung den Schaden zu tragen hätten und der eigentlich Schuldige, nämlich der für den verkehrssicheren Zustand der Straßen, Wege und Wasserwege Verantwortliche, verschont würde[35]). Demgegenüber waltet in der Rechtsprechung des Bundesgerichtshofs doch wohl die höhere Weisheit, wenn sie durch Heranziehung der allgemeinen Deliktsvorschriften statt der Amtshaftung den zur Verkehrssicherung Verpflichteten nicht aus dem realen Einstehen für seine Verfehlungen entläßt, und die zitierten hamburgischen Haftungsvorschriften verlieren einiges von ihrem zensurierenden Pathos, wenn man in ihnen das mitbestimmende Motiv erkennt, peinliche Haftungsfolgen aus eigenem Verschulden von der Freien und Hansestadt auf andere Lastenträger abzubürden[36]).

Für das Problem der öffentlichen Sache ergibt sich hieraus, daß in der Berührung mit dem Schadensersatzrecht die logische Konsequenz nicht um ihrer selbst willen überspannt werden darf.

c) Wendet man sich von hier aus dem neuen Wasserrecht zu, das sich im Wasserhaushaltsgesetz des Bundes vom 27. Juli 1957 (BGBl. I S. 1110)/19. Februar 1959 (BGBl. I S. 37) und in den auf seiner Grundlage ergangenen Landeswassergesetzen[37]) präsentiert, so ist leicht erkennbar, daß auch in

[35]) Forsthoff, Lehrb. S. 351, Spanner, aaO. S. 20 und Schack, DVBl. 1961, 899 dürften dieses Moment zu stark bagatellisieren. Zu der Frage auch Hansjörg Jellinek, Grenzen der Verkehrssicherungspflicht auf öffentlichen Straßen, in: Gedächtnisschrift f. Walter Jellinek (1955) S. 565 ff., 572, und Heyen, Die höchstrichterliche Rechtsprechung zur Verkehrssicherungspflicht, NJW 1955, 326 ff.

[36]) Die Erwägungen, die ausweislich des stenographischen Berichts (vgl. oben Anm. 27) in der Sitzung des Wegerechts-Ausschusses der Hamburg. Bürgerschaft zu diesem Punkte angestellt wurden, erschöpften die Problematik nicht.

[37]) Es handelt sich um folgende Landeswassergesetze: Baden-Württemberg 25. Februar 1960 (GBl. S. 17); Bayern 26. Juli 1962 (GVBl. S. 143); Berlin 23. Februar 1960 (GVBl. S. 133); Bremen 13. März 1962 (GBl. S. 59); Hamburg 20. Juni 1960 (GVBl. S. 335); Hessen 6. Juli 1960 (GVBl. S. 69); Niedersachsen 7. Juli 1960 (GVBl. S. 105); Nordrhein-Westfalen 22. Mai 1962 (GVBl. S. 235); Rheinland-Pfalz 9. August 1960 (GVBl. S. 153); Saarland 28. Juni 1960 (ABl. S. 511); Schleswig-Holstein 25. Februar 1960 (GVBl. S. 39).

diesem Bereich bald mehr, bald weniger an der Vorstellung festgehalten ist, es gebe an den Gewässern und ihrem Bett Eigentum im Sinne der Privatrechtsordnung, das durch die hier generell und gesetzlich ausgesprochene Widmung zu einem näher gekennzeichneten Gemeingebrauch, mehr noch aber durch eine streng öffentlich-rechtliche Regulierung individueller Benutzungsmöglichkeiten modifiziert ist[38]). Daß der Wasserrechtsgesetzgeber einige Mühe hat, die fließenden Gewässer mit ihrem Bett und die an ihnen gelegentlich wechselnden Bodenverhältnisse eigentumsrechtlich reibungslos zu placieren, und daß dem Eigentümer selbst an oberirdischen Gewässern nur begrenzte Nutzungsmöglichkeiten zugestanden sind (§ 24 WHG)[39]), würde das Problem der öffentlichen Sache als solches nicht berühren. Gleichwohl ist hier durch die neue Wassergesetzgebung eine ganz andere Lage entstanden als im Wegerecht, worauf bald zurückzukommen ist.

Eine Parallele zum „öffentlichen Eigentum" des Hamburgischen Wegegesetzes findet sich im Wassergesetz für Baden-Württemberg vom 25. Februar 1960 (GBl. S. 17). Nach § 4 Abs. 1 dieses Gesetzes steht das Bett eines Gewässers erster Ordnung im „öffentlichen Eigentum" des Landes, das eines Gewässers zweiter Ordnung im „öffentlichen Eigentum" der Gemeinde. Das gilt allerdings nur, soweit das Bett des Gewässers sich nicht im Eigentum eines anderen befindet oder mit Rechten Dritter belastet ist (§ 4 Abs. 1 Satz 2, § 4 Abs. 5). An sogen. privaten Gewässern gibt es überhaupt nur Privateigentum (§ 6), und künstlich überflutete Flächen sowie Seen, Teiche und Weiher mit ständig fließendem oberirdischem Zu- und Ablauf stehen, auch wenn sie dem Lande oder einer Gemeinde gehören, nur in deren Privateigentum (§ 4 Abs. 1 Satz 2). Über das öffentliche Eigentum am Bett öffentlicher Gewässer sagt § 5 aus, für dieses öffentliche Eigentum gälten die Vorschriften des bürgerlichen Rechts über das Grundeigentum nur, soweit

---

[38]) Hierzu Paul Gieseke, Rechtseinheit im Wasserrecht? Veröff. des Instituts für das Recht der Wasserwirtschaft Heft 9 (1961) S. 7 ff., 13 ff.; auch BGHZ 28, 34 (37 f.).

[39]) Zu dieser Problematik Rudolf Sievers, Nutzung und Eigentum an oberirdisch fließenden Gewässern, DVBl. 1962, 77 ff.; Derselbe, Der Rechtsweg im Wasserrecht, DVBl. 1962, 193; Derselbe, Die Problematik der Landesgesetzgebung zum Wasserrecht, DVBl. 1962, 313 ff.; Derselbe, Der natürliche Wasserlauf im Recht, VerwArch 51 (1960), 187 ff.; Paul Gieseke, Veröff. des Instituts für das Recht der Wasserwirtschaft Heft 9 (1961) S. 7 ff., 13 ff.; Helmut R. Külz, Eigentum und Verwaltungskompetenzen an den Bundeswasserstraßen, ebenda S. 27 ff.; Karl Kübler, Rechtseinheit im Wasserrecht, DÖV 1961, 935 ff.; Jürgen Salzwedel, Gemeingebrauch im Wegerecht und Wasserrecht, Zeitschr. f. Wasserrecht 1 (1963) S. 73 ff.

nicht die aus der Zweckbestimmung der öffentlichen Gewässer und die aus dem Wasserrecht folgenden Beschränkungen entgegenständen. Das ist nun wirklich nichts weiter als die allgemeine Definition der öffentlichen Sache, und wenn § 5 Satz 2 hinzufügt, über öffentliches Eigentum könne durch Privatrechtsgeschäft nicht verfügt werden, so bedeutet das der Sache nach lediglich das Verbot, einmal begründetes von Rechten Dritter unbelastetes Landes- und Gemeindeeigentum an Gewässern erster und zweiter Ordnung zu reprivatisieren. Ähnlich wie im hamburgischen Wegerecht ist mithin das „öffentliche Eigentum" des Wasserrechts von Baden-Württemberg nur ein Etikett für den Status bestimmter öffentlicher Sachen, hier zweier Kategorien von Gewässern, bei denen öffentliche Sachherrschaft und Eigentümerrecht permanent in der Hand des öffentlichen Aufgabenträgers vereinigt sind, die sich aber im Charakter als öffentliche Sache sonst in nichts von den übrigen Gewässern unterscheiden.

Im übrigen könnte man geneigt sein, das verwaltungsrechtliche Regime der öffentlichen Wege zu dem der Gewässer in Parallele zu setzen. Man stößt dann alsbald auf die Abweichung, daß Sondernutzungsrechte an Gewässern nach der verbindlichen Rahmenvorschrift in § 8 des Wasserhaushaltsgesetzes heute nur durch öffentlich-rechtlichen Akt, die „Bewilligung", begründet werden können, und könnte sich bewogen fühlen, hierin eine besonders fortschrittliche Art des Umgehens mit der öffentlichen Sache zu sehen, nach deren Beispiel man den bei Wegen für die Begründung von Sondernutzungsrechten noch dominierenden bürgerlich-rechtlichen Vertrag zu ersetzen hätte. In Wahrheit lassen sich öffentliche Wege und Gewässer nur beschränkt parallelisieren[40]).

Öffentliche Wege sind als solche nur zum Gemeingebrauch und nach heutigem Verständnis auch zu bestimmten, jeweils durch Gebrauchserlaubnis zu erschließenden öffentlich-rechtlichen Oberflächensondernutzungen gewidmet, nichts weiter. Wenn daneben der Wegekörper in seiner Tiefe so, daß der Widmungszweck dadurch nicht berührt wird, für die Verlegung von Rohren, Kabeln usf. Verwendung findet, so steht nichts dagegen, diese Verwendungsart nach Privatrecht abzuwickeln. Das ist sogar das Natürliche und Praktische. Denn für den Fall, daß Wegeherr und Eigentümer nicht identisch sind, besteht weder Anlaß noch Recht, den privaten Eigentümer aus einer Verwertungsmöglichkeit zu verdrängen, die für den Status der öffentlichen Sache irrelevant ist. Praktisch

[40]) Das gelangt auch in der soeben (Anm. 39) zitierten Abhandlung von Jürgen Salzwedel zum Ausdruck.

ist zu bedenken, daß öffentliche Wege, besonders in einer Zeit der Stadtsanierung und der Straßennetzmodernisierung häufig aufgelassen werden und ihr Areal wieder privater Verwendung zugeführt wird. Rohre, Kabel usf. bleiben dann in ihrem Grunde vielfach liegen, und es würde zu erheblichen Mißlichkeiten führen, wenn in einem solchen Falle das öffentlich-rechtliche Benutzungsrecht eine Novation durch einen bürgerlich-rechtlichen Vertrag erfahren müßte. Ähnliche Schwierigkeiten würden entstehen, wenn ein öffentlicher Weg über bisher privat genutztes Gelände geführt wird, in dem bereits Rohre und Kabel auf Grund privatrechtlicher Vertragsgestattung liegen oder wenn Wege verlegt werden, die sich mit Rohren und Kabeln kreuzen[41]).

Wesentlich anders bei den Gewässern. Das neue Wasserrecht wendet sich dem ganzen nationalen Wasserhaushalt zu und behandelt ihn zwar nicht als öffentliche Sache, aber als eine Art Gemeingut. Dessen Nutzung baut grundsätzlich nicht auf der Eigentumsordnung auf — wie schon daraus zu erkennen ist, daß das Wasserhaushaltsgesetz des Bundes den Eigentümer nur am Rande erwähnt —, sondern vollzieht sich nach einem universellen verwaltungsrechtlichen Regime, das die wesentlichsten Normalbenutzungen der Gewässer durch die Hoheitsakte der Erlaubnis und Bewilligung erschließt. Daneben gibt es einige erlaubnisfreie Benutzungen, die die Wassergesetze ziemlich genau, und zwar einengend, definieren und die sie in Gemeingebrauch und Eigentümer- sowie Anliegergebrauch aufgliedern.

Angesichts dieser Ordnung der Dinge haben die Gewässer einen greifbaren Status als öffentliche Sache nur noch erstens dann, wenn sie als Kanäle und ausgebaute Stromschiffahrtswege, also im System der Bundeswasserstraßen anstaltsähnlich organisiertes Verwaltungsvermögen darstellen, und zweitens, soweit an ihnen Gemeingebrauch besteht. Dieser Gemeingebrauch aber ist bei den Gewässern, die nicht Bundeswasserstraßen sind, nicht wie bei den Wegen die wesensbestimmende öffentliche Hauptfunktion, und ebensowenig stellt er sich wie dort als Überlagerung und Verdrängung des privaten Eigentums dar. Er begründet als solcher, von den Verkehrswegen der Bundeswasserstraßen abgesehen, auch keine besondere Verwaltungsträgerschaft mit öffentlicher Verantwortung für die Gewässer und keine Unterhaltungs- und Verkehrssiche-

---

[41]) Dies kann auch gegenüber der von Arnold Köttgen, Gemeindliche Daseinsvorsorge und gewerbliche Unternehmerinitiative S. 24 ff. an § 8 Abs. 10 BFStrG geübten Kritik eingewendet werden.

rungspflicht. Vielmehr handelt es sich bei ihm nur um eine von mehreren Normalbenutzungsmöglichkeiten, die, wiederum von den Schiffahrtswegen abgesehen, überdies nur noch nebengeordnete Bedeutung hat[42]) und die als partielle Teilhabe der Allgemeinheit an den Gewässernutzungen im Rahmen eines durch Gesetz und Einzelhoheitsakte festgelegten öffentlichrechtlichen Gesamtsystems dieser Benutzungen zu kennzeichnen ist. Das schließt nicht aus, diesen Gemeingebrauch, so weit er reicht, auch weiterhin nach Analogie des Gemeingebrauchs an Wegen zu behandeln und die Gewässer in diesem Umfange, also partiell, als öffentliche Sache zu definieren. Aber die Parallele paßt im Grunde nur für den Gemeingebrauch durch Schiffs- und Bootsverkehr. Im übrigen jedoch sind der Begriff der öffentlichen Sache und das Wasserbenutzungssystem des neuen Wasserrechts inkommensurabel geworden. Jedenfalls aber sind die durch Erlaubnis und Bewilligung begründeten Wassernormalbenutzungen mit den als Trabanten oder Gegenpositionen des Gemeingebrauchs auftretenden Fällen des Sondergebrauchs und der Sondernutzungen an Wegen nicht vergleichbar. Infolgedessen bietet das neue Regime der wasserrechtlichen Erlaubnisse und Bewilligungen auch kein Modell für Nachbildungen im Wegerecht.

2. Die Rechtsprechung des letzten Jahrzehnts hat die Lehre von der öffentlichen Sache als solche nicht wesentlich weiterentwickelt, so weit sie sich auch in die Fragen der Widmung und Entwidmung, des Rechtsschutzes und des Umfangs des Gemeingebrauchs überhaupt und in Abgrenzung zum Sondergebrauch auffächern mußte. In seinem Urteil vom 30. April 1953 (BGHZ 9, 373 = VwRspr. 5, 825) hat der Bundesgerichtshof allerdings Anlaß gefunden, einige grundsätzliche Betrachtungen zu dem Problem anzustellen. Das Urteil referiert zunächst knapp über die älteren, zivilistisch ausgerichteten Deutungsversuche, charakterisiert dann die Lehre vom öffentlichen Eigentum (domaine public) im Sinne von Otto Mayer und legt anschließend, hierbei immerhin grundsätzlich auch eine ausschließliche öffentlich-rechtliche Herrschaft über eine Sache als theoretisch möglich andeutend, dar, daß nach der bestehenden Rechtsordnung die bürgerlich-rechtliche und die öffentlich-rechtliche Sachherrschaft an ein und derselben Sache zusammenträfen. Das Wesen der öffentlichen Sache bestehe bei dieser Betrachtungsweise in einem durch die Widmung begrenzten öffentlich-rechtlichen Nutzungsverhält-

---

[42]) So auch betont von Ulrich Scheuner, Festschr. f. Gieseke S. 78; ähnlich Jürgen Salzwedel, Zeitschr. f. Wasserrecht 1 (1963), 73 ff.

nis. Das Privateigentum (in der Hand des Staates oder eines Dritten) trete bei Konkurrenz mit der inhaltlich begrenzten öffentlich-rechtlichen Herrschaft mit seinen Einzelrechten und Einzelpflichten nach dem Grundsatz vom Vorrang des öffentlichen Rechts vor dem bürgerlichen Recht und dem allgemeinen Rechtsgrundsatz von der Schwäche des umfassenderen Rechts gegenüber dem begrenzteren Recht insoweit zurück, als es unvereinbar mit jenem öffentlich-rechtlichen Nutzungsverhältnis sei. Das ist nun freilich nichts Neues, sondern nur eine Umschreibung der Auffassung, die seit Jahrzehnten der kontinuierlichen Rechtsprechung des Reichsgerichts und des Bundesgerichtshofs zugrunde liegt.

Erwähnt wurde schon die Rechtsprechung des Bundesgerichtshofs zur Verkehrssicherungspflicht hinsichtlich der öffentlichen Wege und Wasserstraßen. Mit dieser Frage setzt sich besonders die letzterwähnte Entscheidung (BGHZ 9, 373, ferner das Urteil BGHZ 14, 83) auseinander. Der Bundesgerichtshof räumt hier, was von der Kritik vielfach übersehen wird, ein, daß die Herstellung und Unterhaltung der öffentlichen Wege und Wasserstraßen eine Aufgabe des Staates und anderer öffentlicher Körperschaften bilde, unter öffentlichem Recht stehe und hoheitlich bewältigt werde, also Teil der öffentlichen Verwaltung sei. Seine Entscheidung vom 5. Februar 1962 (VwRspr. 14, 929 [931 f.]) hat das noch einmal stark unterstrichen. Gleichwohl gelangt er unter Ablehnung der Amtshaftung zur Annahme der allgemeinen (privatrechtlichen) Deliktshaftung. Denn die Haftungsgrundlage sei hier nicht das privatrechtliche oder öffentlich-rechtliche Sachherrschaftsverhältnis, sondern die Tatsache der vom Gegenstand ausgehenden Gefährdung Dritter, und es sei mit dem Reichsgericht nicht einzusehen, inwiefern es denn einen Unterschied machen solle, ob eine Privatperson oder ein Verwaltungsträger aus der Vernachlässigung der Verkehrssicherungspflicht einzustehen habe. Über die theoretische Überzeugungskraft dieser Argumentation kann man geteilter Meinung sein. Aber sie setzt sich jedenfalls mit dieser Begründung in den eben erwähnten Entscheidungen nicht mit der Lehre von der öffentlichen Sache in Widerspruch, und überdies ist, wie schon dargelegt wurde, die Schwäche der Deduktion durch die höhere Gerechtigkeit des Ergebnisses gemildert und sogar geheilt.

Die meisten der sonstigen Entscheidungen sind durch die neue Straßengesetzgebung überholt[43]). So in der Frage, wie-

---

[43]) Eine Zusammenfassung bietet noch einmal Friedrich Schack, Das rechtliche Wesen der wegerechtlichen Sondernutzung nach altem und neuem Recht, VerwArch. 54/1963, 43 ff.

weit auch für Oberflächennutzungen an Straßen kraft Gebrauchserlaubnis die Zustimmung des Eigentümers erforderlich sei und dieser ein privatrechtliches Entgelt verlangen könne. Außer für Berlin hat diese Rechtsprechung seit dem Bundesfernstraßengesetz und den ihm folgenden neuen Landesstraßengesetzen (auch dem Personenbeförderungsgesetz hinsichtlich der Straßenbahnen) keine Bedeutung mehr, weil diese Gesetze alle Oberflächensondernutzungen in die öffentliche Sachherrschaft hineinnehmen und sie als erlaubnis- und gebührenpflichtige Auswirkungen eines öffentlich-rechtlichen Rechtsverhältnisses an der öffentlichen Sache verstehen. Dagegen bleibt das Problem bestehen, den unentgeltlichen Gemeingebrauch (einschließlich des Anliegergebrauchs) auf der einen Seite von den über den Gemeingebrauch hinausgehenden öffentlich-rechtlichen Sondernutzungen und privatrechtlich eingeräumten Benutzungen auf der anderen Seite abzugrenzen. Indessen hat auch die hierzu entwickelte höchstrichterliche Rechtsprechung nur noch historisches Interesse, da die neuen Straßengesetze z. T. ganz bewußt neue Abgrenzungskriterien aufgestellt haben und die vorbehaltenen gemeindlichen Regelungen es für die Ortsstraßen noch tun werden.

Von unvermindertem theoretischem und praktischem Interesse ist hingegen die Frage, ob das Hausverbot gegen unerwünschte Besucher öffentlicher Verwaltungsgebäude aus der öffentlichen Sachherrschaft (so die Berliner und Hamburger Verwaltungsgerichte)[44]) oder aus dem privatrechtlich verstandenen Hausrecht herzuleiten ist, wie der Bundesgerichtshof angenommen hat[45]). Dabei ist allerdings zu bemerken, daß die Verwaltungsgerichte es mit Hausverboten gegen querulatorische Petenten, der Bundesgerichtshof es mit einem seinem Gewerbe als Photograph nachgehenden Eindringling in das Standesamt zu tun hatte. Man kann die beiden Fälle mit dem Oberverwaltungsgericht Hamburg (MDR 1957, 188) in der Tat verschieden beurteilen, sollte aber besser bei beiden Tatbeständen allein auf die öffentliche Sachherrschaft abstellen[46]).

## V.

Die Gesetzgebung der Nachkriegsjahre trägt danach immerhin einige bemerkenswerte, die Rechtsprechung weniger neue

---

[44]) BezVG Berlin DVBl. 1950, 245; OVG Berlin DVBl. 1952, 763; OVG Hamburg MDR 1957, 188; ihnen folgend OVG Münster JZ 1963, 566.

[45]) BGH vom 26. Oktober 1960 (VwRspr. 13, 483 = DVBl. 1961, 46 = BGHZ 33, 230).

[46]) Näher zu dem Problem Walter Frühling, Das Hausrecht öffentlicher Einrichtungen (Göttingen Diss. 1962). In dem hier empfohlenen Sinne schon Köttgen, Öffentliches Sachenrecht S. 443 f.

Züge zum Recht der öffentlichen Sache bei. Des eigenen Nachdenkens über das Problem wird man jedenfalls nicht enthoben.

Das gilt zunächst für die Überprüfung der Konstruktion der öffentlichen Sache in grundsätzlicher Hinsicht. In den literarischen Beiträgen zu unserem Problem werden, was verständlich ist, die Einzelfragen des Rechts der öffentlichen Sachen meist an den Gemeingebrauchssachen erläutert; einschlägige Gerichtsentscheidungen sind aus naheliegenden Gründen fast nur aus dem Gebiete des Gemeingebrauchs und Sondergebrauchs zu ermitteln[47]), und es ist in gleichem Sinne bezeichnend, daß der Entwurf einer Verwaltungsrechtsordnung für Württemberg, neben dem Finanzvermögen auch das Verwaltungsvermögen ausdrücklich ausschließend, als öffentliche Sachen im Sinne des Entwurfs nur die Gemeingebrauchssachen anerkannt wissen will[48]). Demgegenüber muß mit einigem Nachdruck betont werden, was natürlich auch die herrschende Lehre keineswegs verkennt und die Begründung zum Entwurf einer Verwaltungsrechtsordnung gleichfalls ausdrücklich einräumt[49]), daß auch die Gegenstände des Verwaltungsvermögens (einschließlich desjenigen der Kirchen und der res sacrae) zu den öffentlichen Sachen gehören. Das bedeutet gleichzeitig, daß eine praktikable Lehre der öffentlichen Sache sich entsprechend orientieren muß. Sie muß nämlich in ihren theoretischen Grundlagen so beschaffen sein, daß sie das Verwaltungsvermögen — dieses wieder aufgegliedert in solches eines verwaltungsinternen und solches eines externen, d. h. dem Publikum zugewendeten Gebrauchs — und die Sachen im Gemeingebrauch in gleicher Weise erfaßt und deckt. Das vor Augen zu haben, ist u. a. deshalb wichtig, weil von einzelnen Sachen im Gemeingebrauch, etwa im Stile des Hamburgischen Wegegesetzes und des Wassergesetzes von Baden-Württemberg offenbar immer wieder die Verlockung ausgeht, die öffentliche Sache nach den Vorstellungen eines besonderen „öffentlichen Eigentums" zu konstruieren[50]), was neben an-

---

[47]) Eine Ausnahme bilden die in den Anm. 44 und 45 zitierten Entscheidungen hinsichtlich des „Hausrechts" an Verwaltungsgebäuden und OVG Koblenz DVBl. 1956, 624 wegen der Verfügung über das Läuten von Kirchenglocken.

[48]) Art. 177 bis 190 des Entwurfs in der revidierten Fassung von 1936, Ergänzungsband zur Verwaltungsrechtsordnung für Württemberg (1936).

[49]) Ergänzungsband 1936 S. 96; ähnlich schon der Hauptband (1931) S. 535.

[50]) Das zeigt sich besonders deutlich an den oben Anm. 39 aufgeführten Veröffentlichungen von Sievers, Külz und Kübler, ferner bei Diether Haas, DVBl. 1962, 657 f.

deren Unstimmigkeiten jedenfalls dazu führen würde, die Einbeziehung des Verwaltungsvermögens in die öffentlichen Sachen zu vereiteln[51]).

Die in Gesetzgebung, Rechtsprechung und Schrifttum herrschende Grundkonstruktion der öffentlichen Sache halte ich für richtig und keiner wesentlichen Korrektur für bedürftig[52]). Sie geht davon aus, daß die öffentlichen Sachen, soweit sie überhaupt eigentumsfähig sind, in dem einen und einheitlichen Eigentum stehen, das für das deutsche Rechtssystem im Bürgerlichen Gesetzbuch ausgeformt ist. Diese Sachen erhalten aber durch die Widmung[53]) für einen in ihnen verkörperten öffentlichen Zweck einen besonderen öffentlich-rechtlichen Status[54]) mit einem positiven und negativen Effekt. Der positive Effekt beruht darin, daß eine besondere öffentlich-rechtliche Sachherrschaft über die öffentliche Sache begründet wird, die öffentlich-rechtliche Dispositionsmacht über sie und Verantwortung für sie zugleich umfaßt[55]); der negative äußert sich so, daß diese öffentliche Sachherrschaft die Nutzungs- und Verfügungsmöglichkeiten des Eigentümers, auch die ihm etwa

[51]) Die Bedeutung der Lehre von der öffentlichen Sache für das Verwaltungsvermögen wird weithin unterschätzt. Wie wesentlich sie beispielsweise für das Verwaltungsvermögen der Eisenbahnen und dort insonderheit für die Schienenwege ist — hier auch im Zusammenhang mit dem Institut der Planfeststellung —, haben in den letzten Jahren berufene Juristen der Deutschen Bundesbahn überzeugend herausgearbeitet. Es sei vor allem verwiesen auf: Martin Koch, Über Grundlagen und Bedeutung des öffentlichen Eisenbahn-Sachenrechts, Folge 3 der Schriftenreihe „Die Bundesbahn" (1953); Derselbe in dem von Werner Haustein herausgegebenen Sammelwerk „Die Eisenbahnen im deutschen öffentlichen Recht" (1960) S. 134 ff., 145 ff., 156 ff.; Karl Winkler, Bedeutung des Privateigentums bei öffentlichen Sachen, insbesondere beim Zusammentreffen öffentlicher Verkehrswege, in: Beiträge zum Eisenbahnrecht, herausg. von Werner Haustein (1955) S. 39 ff.

[52]) Dies richtet sich besonders gegen Vorstöße wie den von Heinrich Clasen, Das mit Zivil- und Verwaltungsrecht gemischte Rechtsverhältnis, DÖV 1959, 281 ff., aber auch etwa gegen die Tendenzen von Diether Haas, DVBl. 1962, 653 ff. und gegen das „öffentliche Eigentum" im Wegerecht Hamburgs und im Wasserrecht Baden-Württembergs.

[53]) Nähere Erörterungen über die Widmung können in diesem Zusammenhang unterbleiben. Die hier sich anbietenden Probleme sind bei Hermann Schellenberg, Die Widmung (1955) angerührt.

[54]) In gleichem Sinne spricht Arnold Köttgen, Öffentliches Sachenrecht, in Deutsches Verwaltungsrecht, herausg. von Hans Frank (1937) S. 437 von der Eigenschaft der öffentlichen Sache als „Stand".

[55]) Auf diese Doppelseitigkeit der öffentlich-rechtlichen Sachherrschaft hat schon Arnold Köttgen aaO. S. 436 f., 442 f., 445 hingewiesen.

durch Zwangsvollstreckung, Enteignungs- und polizeiliche Eingriffe abringbaren, verdrängt. Der Umfang der öffentlichen Sachherrschaft und dementsprechend das Maß der Verdrängung der privatrechtlichen Eigentümerbefugnisse wird durch den Widmungszweck bestimmt. Für Umfang und Dichte des öffentlichen Status auf der einen und die entsprechende Einengung der privatrechtlichen Eigentümerposition auf der anderen Seite gibt es bei den verschiedenen öffentlichen Sachen eine erhebliche Variationsbreite. Vom Eigentümer der Sache aus gesehen, sofern dieser nicht etwa mit dem öffentlichen Herrn der öffentlichen Sache identisch ist, kann sich die Widmung zur öffentlichen Sache sowohl als Eigentumsbindung darstellen, wie beim Gemeingebrauch an Gewässern, als auch — und das ist meist der Fall — als Eigentumsbeschränkung, deren Auferlegung gegen den Willen des Eigentümers eine Enteignung bedeutet.

In dem so beschriebenen Kern deckt der Begriff der öffentlichen Sache Verwaltungsvermögen und Sachen im Gemeingebrauch gleichermaßen. Gewiß ist diese Begriffsbestimmung abstrakt; aber gerade deshalb ist sie handlich und präzis zugleich. Mit ihr kann allen Anforderungen, denen das Regime der öffentlichen Sachen genügen muß, entsprochen werden. Es läßt sich gegen sie nicht etwa einwenden, daß bei ihr die öffentliche Sachherrschaft gegenüber der zivilistischen Betrachtungsweise zu kurz komme. Denn dieses Zu-kurz-Kommen liegt nicht im dargelegten Begriff der öffentlichen Sache; es könnte sich nur bei einer Fehlanwendung einstellen, so darin, daß der Bundesgerichtshof auch bei der Einräumung eines einfachen Oberflächensondergebrauchs an öffentlichen Wegen noch den Privateigentümer beteiligt sein ließ und daß er das Verbot zum Betreten eines Rathauses primär auf die zivilrechtlichen Eigentümerbefugnisse stützen zu sollen glaubte. Daß solche Fehlanwendungen unschwer zurechtgerückt werden können, zeigt die geschilderte Entwicklung der neuen Straßengesetzgebung in der Behandlung des Sondergebrauchs.

Die hier verteidigte herrschende Lehre von der öffentlichen Sache verdient auch Anerkennung wegen ihres hohen Grades an Rechtsstaatlichkeit. Es wäre der Rechtssicherheit und dem fundamentalen Charakter der Eigentumsordnung nicht bekömmlich, wollte man diese nach unserer Rechtstradition ihrer Grundregelung nach zwar im Privatrecht beheimatete, aber doch für unsere ganze Lebenswelt verbindliche Eigentumsordnung[56]) relativieren, sei es indem man sie als „bloß zivilistisch"

---

[56]) Gegen eine „Zerreißung" des einheitlichen, ganzheitlichen Eigentumsbegriffs in ein „öffentliches" und ein „privates" Eigen-

abstempelt und sie gegenüber der Ausstrahlungsgewalt der öffentlichen Verwaltung prinzipiell abwertet, sei es indem man neben ihr in unklarem gegenseitigem Verhältnis eine konkurrierende Ordnung „öffentlichen Eigentums" errichtet. Überdies gebietet die rechtsstaatliche Rücksichtnahme auf die in concreto betroffenen Eigentümer, bei öffentlichen Sachen nicht um irgendeines mißverstandenen Prinzips willen die totale öffentliche Sachherrschaft unter gänzlicher Verdrängung des Eigentümers zu fordern, wo eine beschränkte öffentliche Sachherrschaft unter Belassung der überschießenden Rechte des Eigentümers für die Erfüllung der öffentlichen Zwecke vollauf genügt.

Hinzu treten eine Reihe praktischer Erwägungen. Es kommt häufiger vor, als man gemeinhin denkt, daß öffentliche Sachherrschaft und Eigentum an einer öffentlichen Sache sich nicht decken und beide sich sinnvoll und notwendig ergänzen. Ebenso ereignet es sich nicht selten, daß eine Sache privaten Eigentums öffentliche Sache wird und später durch Entwidmung wieder in unbeschränktes privates Eigentum zurückfällt. Dafür einige Beispiele: Verwaltungsdienststellen und Anstalten befinden sich oft auf gemieteten Grundstücken. Die Befugnis zur Widmung als öffentliche Sache verschafft sich die Verwaltung gegenüber dem Eigentümer vielfach nicht durch Eigentumserwerb, sondern durch einfachen Gestattungsvertrag oder Begründung von Dienstbarkeiten auf fremdem Grunde. Schiffe, Fahrzeuge und Geräte, die etwa auf Grund des Bundesleistungsgesetzes „zum Gebrauch" in Anspruch genommen und dem Verwaltungsvermögen oder Militärgerät einverleibt sind, verbleiben im Eigentum des bisherigen Eigentümers. Öffentliche Sammlungen und Bibliotheken bestehen häufig aus sogen. „Leihgaben" anderer Eigentümer als des Bibliotheksträgers. Die Deutsche Forschungsgemeinschaft e. V. stellt Bibliotheksbestände, Forschungseinrichtungen und ganze Institute als öffentliche Sache anderen Sachherren, etwa den Universitäten, zur Verfügung, ohne mit gutem Grund ihre Eigentümerstellung aufzugeben. Überaus zahlreich sind die Fälle, in denen Kirchen und sakrale Gegenstände bestimmten Privatleuten oder juristischen Personen alten und neuen Rechts, auch dem Staat und politischen Gemeinden gehören und den öffentlichen Zwecken anderer kirchlicher Destinatäre, etwa dem Gemeindekirchendienst einer Orts- oder Anstaltskirchengemeinde gewidmet sind. Das fortbestehende Privat-

---

tum auch Klaus Stern, Zur Problematik des energiewirtschaftlichen Konzessionsvertrags, AöR 84 (1959) 137 ff., 273 ff. (163 f.).

eigentum ist in allen diesen Beispielen nicht ein überflüssiges Relikt, das man besser abstieße, sondern ist neben der Widmung zur öffentlichen Sache ein wesentliches Element der konkreten Ordnungszusammenhänge. Grundstücke des Verwaltungsvermögens können ferner mit Dienstbarkeiten und sogar mit Grundpfandrechten[57]) belastet sein und müssen sich insofern der Behandlung nach Zivilrechtsgrundsätzen anbequemen. Selbst öffentliche Wege sind oftmals legitim in privater Hand und entstehen auch ständig neu, etwa dort, wo bei großen Straßenbauten und sonstigen Anlagen Wegeprovisorien auf privatem Gelände geschaffen werden[58]). Und sogar bei den Gewässern, nämlich der großen Zahl von Bächen, Teichen und kleineren Wasserläufen, ist es gar nicht anders einzurichten, als daß der dort vorgesehene Gemeingebrauch mit Privateigentum zusammentrifft und daß der Eigentümer schon wegen der Uferbenutzung oder der Entnahme fester Gegenstände aus dem Gewässer sein Recht heischt, so sehr auch das neue Wasserrecht im übrigen die Rolle des Eigentümers ignoriert. Es ist in dieser Hinsicht bezeichnend, daß das Hamburgische Wegegesetz und das Wassergesetz von Baden-Württemberg nur ganz vereinzelte Kategorien von Straßen und Wasserläufen herausgreifen und ihnen nur unter weiteren einengenden Voraussetzungen das Etikett „öffentlichen Eigentums" anhängen konnten.

Die hier erwähnten Beispiele eines Zusammentreffens von öffentlicher Sachherrschaft und privater Eigentümerposition, möglicherweise einer anderen als der des Herrn der öffentlichen Sache, werden von der vorgetragenen herrschenden Lehre der öffentlichen Sache glatt und elegant bewältigt. Sie ermöglicht es nicht zuletzt, die permanent geschehenden Wiedereingliederungen entwidmeter Sachen des Verwaltungsvermögens in den uneingeschränkten privatrechtlichen Rechtsverkehr ebenso wie den umgekehrten Vorgang juristisch widerspruchslos und automatisch zu vollziehen[59]).

## VI.

An dieser Stelle kann die schon eingangs thesenhaft berührte Frage wieder aufgegriffen werden, welche Gegenstände

---

[57]) Darauf weist vor allem Diether Haas, DVBl. 1962, 655 hin.

[58]) Weitere aufschlußreiche Beispiele bei Karl Winkler, Bedeutung des Privateigentums bei öffentlichen Sachen, insbesondere beim Zusammentreffen öffentlicher Verkehrswege, in: Beiträge zum Eisenbahnrecht, herausg. von Werner Haustein (1955) S. 39 ff.

[59]) Dies ist besonders auch von Köttgen, Öffentliches Sachenrecht S. 447 hervorgehoben worden.

denn überhaupt öffentliche Sachen sein können. Sie war veranlaßt durch die gelegentlich anzutreffende Behauptung, daß auch die Elektrizität und der Luftverkehrsraum öffentliche Sachen seien. Nach den Erörterungen über den in der herrschenden Lehre ausgeformten Begriff der öffentlichen Sache läßt sich jetzt mit aller Präzision feststellen, daß öffentliche Sachen nur körperliche Gegenstände sind, die Objekt privaten Sacheigentums sein können, konkret: die öffentlichen Wege, die Binnengewässer, soweit ihr Charakter durch den Gemeingebrauch geprägt wird, und der Meeresstrand, also die Sachen im Gemeingebrauch, und die körperlichen Gegenstände des Verwaltungsvermögens einschließlich der res sacrae. Wenn es nämlich den Begriff der öffentlichen Sache ausmacht, daß in ihr privateigentumsfähige Sachen in einen das private Sacheigentum beschränkenden öffentlichen Status erhoben sind, so scheiden andere als körperliche Gegenstände schon begrifflich von der Deklarierung und Behandlung als öffentliche Sachen aus. Das bedeutet nicht, daß der Begriff der öffentlichen Sache mit dem der Sache im Sinne des bürgerlichen Rechts identisch ist. Mit Recht ist im Schrifttum bemerkt worden, daß eine einheitliche öffentliche Sache nach bürgerlichem Recht sich in mehrere oder viele Sachen auflösen könne, wie etwa eine Bibliothek oder ein Weg, der über die Grundstücke mehrerer Eigentümer führt; auch sind die Grundsätze des bürgerlichen Rechts über wesentliche Bestandteile und Zubehörungen nicht auf öffentliche Sachen übertragbar[60]). Das ist aber auch nicht entscheidend und ändert jedenfalls nichts daran, daß der Begriff der öffentlichen Sache nur auf körperliche Gegenstände bezogen werden kann.

Negativ bedeutet das, daß die Elektrizität, deren Kraft uns dient, die Luft, die wir atmen oder mit der wir unser Feuer nähren oder unsere Autoreifen füllen, und der hohe Luftraum oder gar der Weltraum, durch die unsere Flugzeuge und Raumschiffe ziehen, mit dem Institut der öffentlichen Sache keinen Zusammenhang haben. Natürlich ist damit nicht geleugnet, daß sich hier höchst wesentliche Gestaltungsfragen des öffentlichen Rechts anbieten, für die als Stichworte nur Energiewirtschaft, Luftreinheit und Luftverkehrsregelung genannt zu werden brauchen. Aber die öffentliche Sache ist kein Zauberwort, in dessen Spiegel man alle möglichen Fragen der öffentlichen Lebensordnung einfangen kann. Sie hat nur das beschriebene begrenzte Aktionsfeld.

---

[60]) Forsthoff, Lehrb. S. 328; Hans J. Wolff, Verwaltungsrecht I S. 307; Zippelius, DÖV 1958, 840.

## VII.

Auch hier gibt es allerdings genug der offenen Fragen, wie abschließend an einem Überblick über die gegenwärtige Gemeingebrauchsproblematik deutlich zu machen ist.

1. Ein wirkliches Problem stellt nur der Gemeingebrauch an öffentlichen Wegen dar. Hier hat die mit dem Bundesfernstraßengesetz eingeleitete neue Straßengesetzgebung zunächst insofern eine neue Ära heraufgeführt, als sie sich um eine zeitgerechte Umschreibung des Gemeingebrauchs, auch in der Abgrenzung zum Sondergebrauch und den Sondernutzungsrechten bemüht. Die Bedeutung dieses Vorgangs ist nicht gering. Denn während bislang Inhalt und Grenzen des unentgeltlichen Gemeingebrauchs und gleichzeitig die Tatbestände von Sondergebrauch und Sondernutzungen im wesentlichen in einer diffusen gerichtlichen Präjudizienpraxis ihre Konturen gewannen, tritt an deren Stelle künftig primär die positivrechtliche Norm, und zwar offensichtlich mit dem Anspruch, einige Züge des durch Richterrecht ausgebildeten Gemeingebrauchsregimes kräftig zu verändern.

In diesem Zusammenhang ist von vielen Seiten, vor allem auch von Interessenten, die Besorgnis geäußert worden, die Konzentration der neuen gesetzlichen Gemeingebrauchsdefinitionen auf den fließenden und nächst ihm auf den ruhenden Verkehr (§ 7 Abs. 1 BFStrG) werde eine Vielzahl von bisher erlaubnis- und entgeltfreien Tatbeständen des Anliegergebrauchs und eines mißverständlich so genannten „gesteigerten Gemeingebrauchs", die aus dem Leben unserer Städte und Dörfer, auch dem Erwerbsleben nicht weggedacht werden könnten, auf die Seite des erlaubnis- und gebührenpflichtigen Sondergebrauchs hinüberdrängen[61]). Indessen ist zu bedenken, daß das Bundesfernstraßengesetz und die Landesstraßengesetze ihre Gemeingebrauchsdefinition auf die überland führenden Straßen abstellen mußten, deren Verkehrsfunktion in der Tat nur dann aufrechtzuerhalten ist, wenn sich auf ihnen nicht unkontrolliert noch alle möglichen sonstigen Formen eines angeblichen Gemeingebrauchs ausbreiten. In mancher Hinsicht anders ist allerdings die Lage auf den Straßen der Städte und Dörfer mit den dörflichen Bänken vor der Haustür, den Abstellplätzen für landwirtschaftliches Gerät, den Ein- und Zufahrten, fliegenden Händlern, Balkonen, Aus-

---

[61]) Friedrich Schack, DVBl. 1961, 899 f.; Kurt Kodal, Der „gesteigerte Gemeingebrauch" in den neuen Straßengesetzen, DÖV 1960, 444 ff., der eingehend über die vielfach stark interessenbedingten Einwendungen berichtet und sich mit ihnen auseinandersetzt.

lagen, Vordächern, Werbeschildern, Dauerparkern usf. Indessen treffen die Landesstraßengesetze hierfür insofern Vorsorge, als sie generell den Gemeinden die abweichende Regelung des Sondergebrauchs an den Ortsstraßen, also auch die Freistellung hierfür geeigneter Sondergebrauchsformen von der Erlaubnis- und Gebührenpflicht, überlassen, während das Hamburgische Wegegesetz (§ 19 Abs. 7) eine entsprechende Rechtsetzungsdelegation an den Senat erteilt und außerdem (§ 17) ebenso wie das Berliner Straßengesetz (§ 10 Abs. 2) einen Vorbehalt zugunsten des Anliegergebrauchs macht. Im übrigen aber ist die Disziplinierung des Gemeingebrauchs zur Sicherung der Verkehrsfunktion der Straßen auch in den Städten und Ortschaften — vor allem gegenüber der Ausuferung der gewerblichen Betätigung im Straßenbetrieb — wirklich und mit gutem Grunde gewollt.

2. Wie schon dargelegt wurde, ist der Sondergebrauch an öffentlichen Wegen seit dem Bundesfernstraßengesetz ganz in das öffentlich-rechtliche Regime der öffentlichen Sache Weg hineingezogen. Dieser Vorgang liegt beispielgebend auf der Linie einer Festigung des öffentlichen Status der öffentlichen Sache; er wurde gebilligt, weil damit der öffentliche Status der öffentlichen Wege richtiger gegenüber der verbleibenden privatrechtlichen Benutzung des Wegegrundes abgegrenzt ist als bisher. Die durch Gebrauchserlaubnis erschlossenen Beispiele eines Sondergebrauchs gehören auch faktisch zur öffentlichen Funktion des Weges, und schon deshalb ist es notwendig, den Öffentlichkeitsstatus des Weges auf ihn zu erstrecken, und zwar ganz. Die Formulierungen, die die Straßengesetze verwenden, um den Bereich des öffentlich-rechtlichen Sondergebrauchs von dem der privatrechtlich zu begründenden Benutzungsrechte abzugrenzen, sind freilich noch unsicher. Am wortreichsten drückt sich in dieser Hinsicht das Straßengesetz von Schleswig-Holstein aus, das (§ 28) für die Einräumung von Rechten an öffentlichen Straßen dann das bürgerliche Recht für maßgebend erklärt, wenn der Gemeingebrauch nicht beeinträchtigt wird oder die Nutzung der öffentlichen Versorgung dient oder weder das Land noch eine Gebietskörperschaft Träger der Straßenbaulast des genutzten Straßenteiles ist. Ich selbst habe das maßgebende Abgrenzungskriterium in meinen bisherigen Ausführungen schon insofern im Vorbeigehen angedeutet, als ich die „Oberflächensondernutzungen" den Benutzungen „in der Tiefe des Straßenkörpers" gegenübergestellt habe. Die einen gehören wegen ihres regelmäßig gegebenen Zusammenhangs mit der öffentlichen Funktion der Straße zum öffentlich-rechtlichen Stra-

ßenregime, die anderen unterliegen, weil sie die öffentliche Funktion der Straße nicht oder bei der Verlegung der Rohre, Kabel usw. höchstens vorübergehend berühren, in die privatrechtliche Gestaltungssphäre. Freilich ist die Gegenüberstellung etwas grob, weil es gewisse Oberflächennutzungen, nämlich an Obstbäumen und Grasrändern gibt, die ebenfalls in privatrechtlichen Formen vergeben werden. Doch ist das Wesentliche mit ihr bezeichnet. Es wäre nützlich, wenn man die beiden Benutzungsfälle auch terminologisch klar gegeneinander abheben könnte. Das bayerische Straßengesetz spricht in beiden Fällen von „Sondernutzungen" und gliedert sie in solche „nach öffentlichem Recht" und „nach bürgerlichem Recht". Andere der neuen Gesetze beschränken den Terminus „Sondernutzungen" auf die öffentlich-rechtliche Benutzungsform und stellen ihnen die privatrechtlich konstruierten Benutzungen, besonders in der Tiefe des Straßenkörpers etwa als „sonstige Benutzungen" gegenüber. Befriedigend ist das alles nicht. Mir schiene es wünschenswert, wenn etwa eine Verständigung dahin erzielt werden könnte, die eng dem Gemeingebrauch verschwisterte öffentlich-rechtliche Oberflächensondernutzung als „Sondergebrauch" zu benennen, wodurch für die privatrechtliche Benutzungsform der Terminus „Sondernutzungen" frei würde. Indessen sind das Fragen nebengeordneten Ranges.

3. Wichtiger ist, in der öffentlich-rechtlichen Qualifizierung des Sondergebrauchs nicht nur eine fällige Korrektur im Status der öffentlichen Sache Straße, sondern darin zugleich, wie übrigens auch im Reden davon, man könne den Gemeingebrauch entgeltpflichtig machen, und etwa in der Parkuhrenregelung des § 16 Abs. 3 StVO Symptome dafür zu erkennen, daß der Gemeingebrauch an Straßen und auch an schiffbaren Gewässern in deutlicher Umbildung zur Anstaltsbenutzung hin begriffen ist. Denn der Gemeingebrauch ist eine archaische Form der Benutzung öffentlicher Sachen, die nicht viel mehr als die reine Existenz der Sache, die bloße Benutzung ihrer Körperlichkeit und bescheidene Regelungen zur Aufrechterhaltung der Gemeinverträglichkeit der Benutzung voraussetzt und verträgt[62]). Diese schlichte Einfachheit der Gemeinge-

[62]) Weil der Gemeingebrauch über die Benutzung der unmittelbaren Körperlichkeit einer Sache (Weg, Meeresstrand, Gewässer) nicht hinausgehen kann, ist es übrigens unvollziehbar, den Besuch einer Kirche als Gemeingebrauch aufzufassen. Der Besucher einer Kirche nimmt entweder an einem Gottesdienst teil, oder er begibt sich sonst zur Andacht in das Gotteshaus, oder er sucht die Kirche als Zeugnis der Geschichte und der Kunst auf. Trotz Unentgeltlichkeit und — jedenfalls im allgemeinen — fehlender Individualzulassung weist jede dieser „Benutzungsarten" über die bloße

brauchsbedingungen ist zunehmend im Schwinden, und deshalb lösen sich die Konturen des Instituts im ganzen auf.

Eine moderne Autobahn ist mit ihren Zubehörungen, den Parkplätzen, Wasserstellen, Tafelhinweisen und Telefonanschlüssen, den Raststätten, Verlade- und Umschlaganlagen, Tankstellen, Werkstätten, dem Straßendienst und der Straßenwacht ein höchst artifizielles Gebilde, zu dessen Funktionsfähigkeit ein ständiger beträchtlicher Einsatz von persönlichen und sächlichen Mitteln nötig ist. Das bedeutet, daß das Autobahnnetz, worauf Köttgen schon 1937 hingewiesen hat[63]), eine öffentliche Anstalt ist, wobei es keinen wesentlichen Unterschied macht, ob man das Benutzungsentgelt wie bei den italienischen Autostradas durch Lösen einer Benutzungskarte an der Zufahrt oder durch zweckgerichtete Steuern entrichtet. Im übrigen schließt weder das Fehlen der Entgeltlichkeit noch das einer individuellen Zulassung im Einzelfalle den Anstaltscharakter aus; denn es gibt zahlreiche Anstalten, die der Benutzer einfach von sich aus aufsuchen kann, und ebenso solche, für deren Benutzung ein Entgelt nicht entrichtet zu werden braucht. Unentgeltlichkeit der Benutzung und Fehlen einer jeweils besonderen Benutzungszulassung sind also nicht untrügliche Kennzeichen für das Vorliegen von Gemeingebrauch, sie können in gleicher Weise bei der Anstaltsbenutzung und bei anderen Lebensvorgängen vorkommen, die weder Gemeingebrauch noch Anstaltsbenutzung sind.

Bei den innerstädtischen Straßen und Plätzen ist die Lage nicht viel anders als bei den Autobahnen oder den sich ihnen im modernen Ausbau angleichenden Bundesstraßen[64]). Für den Fußgängerverkehr reicht hier zwar noch der Gemeingebrauch aus, obwohl auch die Bedienung des Fußgängers mit Automaten, Werbeeinrichtungen und Verkaufskiosken im Straßenraum und mit Droschkenhaltestellen und besonderen Anlagen für die städtischen Massenverkehrseinrichtungen, also mit auf Sondergebrauch beruhenden Veranstaltungen, und die Schleusung des Fußgängerverkehrs über besondere Passagen die

---

Körperlichkeit der Inanspruchnahme in andere Ordnungen hinaus. Ähnlich Forsthoff, Res sacrae, AöR NF 31 (1940) S. 209 ff., 220 f.

[63]) Arnold Köttgen, Öffentliches Sachenrecht S. 442. Auf den fließenden Übergang vom Gemeingebrauch zur Anstaltsbenutzung hat Köttgen erneut in seiner Schrift „Gemeindliche Daseinsvorsorge und gewerbliche Unternehmerinitiative" (1961) S. 33 f. aufmerksam gemacht.

[64]) Bezeichnenderweise liefern auch die Landesstraßengesetze (vgl. etwa Hessen § 2, Niedersachsen § 2) für die Straßen mit Zubehör und Nebenanlagen eine Beschreibung, die mehr die Züge einer Anstalt als die einer Gemeingebrauchssache zeigt.

Funktion der innerstädtischen Straßen differenzierter werden läßt. Für den Kraftfahrer indessen ist das innerstädtische Straßensystem mit seinen Park- und Halteverboten, seinen durch Strich- und Feldmarkierungen abgegrenzten Benutzungsflächen, seinen gebühren- oder nichtgebührenpflichtigen, bewachten oder unbewachten Parkplätzen und seinem signalgesteuerten Verkehrsfluß eine differenziert eingerichtete Verkehrsanstalt geworden, die er nach den Regeln einer sehr komplizierten Anstaltsordnung benutzt. Daß weiter die Benutzung der Schiffahrtskanäle mit ihren Schleppdiensten und Schleusen Anstaltsbenutzung und nicht Gemeingebrauch ist, kann schon als gesicherte Auffassung gelten[65]). Aber auch wer die Verhältnisse auf einer „natürlichen" Schiffahrtsstraße wie dem Rhein betrachtet, wird dort wenig mehr von den bekannten Äußerungsformen des Gemeingebrauchs an Gewässern vorfinden als mit Verkehrszeichen, Tank- und Versorgungsfahrzeugen, Lotsenstationen, Häfen, Ankerplätzen und Fahrrinnenregulierungen die Merkmale einer staatlich vorgehaltenen Verkehrsanstalt verwirklicht sehen, die nahezu nur noch von Verkehrsunternehmern, ebenfalls im Rahmen einer sehr genau festgelegten Ordnung benutzt wird. Weiter bieten das Hamburgische Gesetz über Grün- und Erholungsanlagen vom 18. Oktober 1957 (GVBl. S. 466) und das Berliner Gesetz zum Schutze der öffentlichen Grün- und Erholungsanlagen vom 3. November 1962 (GVBl. S. 1226) schöne Beispiele dafür, wie auch die öffentlichen Grün- und Erholungsanlagen einer großen Stadt mit ihren Gehwegen, Plätzen, Gehölzen, Spiel- und Sportplätzen, Zelt- und Lagerplätzen nur nach Art einer Anstalt funktionsgerecht verwaltet werden können. Ebenso zeigt die Bremer Verordnung zur Regelung des Gemeingebrauchs am Werdersee vom 13. August 1962 (GBl. S. 190) deutlich das Umschlagen des Gemeingebrauchs in Anstaltsbenutzung.

Das bedeutet in der juristischen Konsequenz, daß man die Benutzung von Schiffahrtskanälen und Autobahnen überhaupt nicht mehr in die unpassend gewordenen Gemeingebrauchsvorstellungen hineinpressen, sondern sie nach Anstaltsrecht behandeln sollte. Bei den innerstädtischen Straßensystemen, den schiffbaren Strömen und bei in größerem Stile gehaltenen Grün- und Erholungsanlagen der Städte ergeben sich Gemengelagen. Ein Teil der Benutzung dieser öffentlichen Sachen, vornehmlich der Fußgängerverkehr und auf schiffbaren Flüssen der gelegentliche Bootsverkehr, wird sich auch weiter als Gemeingebrauch abwickeln lassen. Aber etwa die innerstädtische Straße als Trägerin für den Kraftfahrzeugverkehr

---

[65]) Zum Nord-Ostsee-Kanal besonders eindrücklich BGHZ 35, 111.

juristisch noch als Gemeingebrauchssache zu manipulieren, wird immer mehr irreal. Schon die verwirrende Vielfalt von Kraftfahrzeugbahnen, Fußgänger- und Radfahrwegen, Einbahnstraßen, Straßen mit Verboten für bestimmte Fahrzeugtypen und für den Kraftfahrzeugverkehr überhaupt, mit Park- und Halteverboten noch als Differenzierungen der Widmung einer Gemeingebrauchssache zu verstehen, erscheint als gequält, und man verwendet für diese spezialisierenden, vielfach wechselnden „Widmungen" bezeichnenderweise auch gar nicht mehr die Widmungsform. Aber auch die besonderen Verkehrseinrichtungen wie die zur gebührenpflichtigen oder freien Benutzung ausgewiesenen Parkräume auf Straßen und Plätzen mit ihren oft im Laufe des Tages wechselnden Benutzungsmöglichkeiten, die Droschkenhalteständе, Haltebuchten, Omnibusbahnhöfe u. ä. m. noch als Sondergebrauch an einer Gemeingebrauchssache zu praktizieren, ist der Sachlage nicht adäquat, zumal auch die Rechtsprechung es bisher offengelassen hat, wer denn eigentlich in diesen Fällen den Sondergebrauch hat, der Kraftfahrzeughalter oder Omnibusunternehmer selbst oder derjenige, der den Stand- oder Halteplatz vergibt[66]).

Wiederholt darf daran erinnert werden, daß die Verwendung einer Sache im Gemeingebrauch einfache Verhältnisse voraussetzt, und zwar Einfachheit in der körperlichen Beschaffenheit der öffentlichen Sache selbst und Einfachheit im Gebrauch ihrer unmittelbaren Körperlichkeit, verbunden mit einer erheblichen Variationsbreite der Zweckbeliebigkeit. Gerade deshalb, nur deshalb[67]), verträgt auch echter Gemeingebrauch nicht die individuelle Abgabepflichtigkeit der Benutzung. Wird die öffentliche Sache wie in den beschriebenen Fällen zu einem kunstvoll ausgestalteten Apparat der Verkehrsbedienung mit normativ differenzierenden Benutzungsmöglichkeiten und nimmt demgemäß auch die Normalbenutzung, von dorther bestimmt, vielfach gestufte und demgemäß gelenkte Formen an, dann versagt das Regime des Gemeingebrauchs in der gedanklichen Konstruktion wie in der praktischen Handhabung. Das Verwaltungsrecht fängt dann das Ganze als Anstalt und den bisherigen Gemeingebrauch — ohne Substanz-

[66]) Vgl. BGHZ 21, 319 = VwRspr. 9, 24; BGH VwRspr. 13, 413; BVerwGE 4, 342.

[67]) Dies zu der Auseinandersetzung zwischen Herbert Krüger und E. R. Huber: Krüger, Gegen eine Entstaatlichung der öffentlichen Wege (1954); Huber, Wegekosten und Kraftverkehr (1954); Derselbe, DÖV 1955, 129 ff.; später nochmals Krüger, Grundfragen einer rechtsstaatlichen Wassergesetzgebung (1957) S. 138 ff.; ferner zu BVerwGE 5, 342 (345 f.), BGHZ 19, 85 (90) und Forsthoff, Lehrb. S. 339. Vgl. weiter Ulrich Scheuner, Festschr. f. Gieseke S. 79 f. (Anm. 13).

veränderung im übrigen — als anstaltliche Benutzung einer öffentlichen Sache auf. Bei den Autobahnen und Schiffahrtskanälen ist die Grenze zur Anstalt klar überschritten. Bei innerstädtischen Straßen treffen Gemeingebrauch der Fußgänger und — in verschiedener Hinsicht differenzierte — anstaltliche Benutzung weiterhin zusammen; ähnlich ist es bei den Bundeswasserstraßen, die nicht Kanäle sind[68]). Bei anderen Wegen und beim Meeresstrand wird der Gemeingebrauch die bestimmende Benutzungsform bleiben, während er bei den nichtschiffbaren Gewässern ohnehin nur einen begrenzten Aktionsradius hat. Einer „Entstaatlichung der öffentlichen Wege"[69]) und Wasserläufe ist damit keineswegs das Wort geredet. Man könnte an dieser Konstruktion eher bemängeln, daß sie neue rechtliche Komplikationen heraufführe. Dem ist entgegenzuhalten, daß sie vielmehr aus der Sackgasse einer hoffnungslosen Überforderung des Gemeingebrauchsinstituts mit den Nebeninstitutionen des Sondergebrauchs und der Sondernutzung herausführt, und zwar mit Mitteln, die in der Verwaltungsrechtssystematik der Gegenwart vollkommen gewöhnlich sind.

Aber vielleicht könnte der ernstere Einwand auftauchen, der gedankliche Schritt vom Gemeingebrauch zur anstaltlichen Benutzung öffentlicher Sachen könnte die Freiheit menschlichen Gebarens und den rechtlichen Schutz dieser Freiheit beeinträchtigen, weil nämlich im Gemeingebrauch mehr Freiheit beschlossen liege. Darauf wäre zunächst zu erwidern, daß in einer sachnäheren und sachgerechteren rechtlichen Konstruktion an sich schon ein höheres Maß an Effizienz und Rechtssicherheit verbürgt ist. Sodann aber kann uns die Gewißheit beruhigen, daß die anstaltliche Vorhaltung und Benutzung öffentlicher Sachen den Zugang zum Gebrauch, die Art des Gebrauchs und den Rechtsschutz im Gebrauch in keinem Falle weniger großzügig und weniger freiheitlich gewähren als ein denaturierter Gemeingebrauch. Natürlich muß man sie recht verstehen, nämlich von den Zusammenhängen der rechtsstaatlichen Verfassung her begreifen.

---

[68]) E. R. Huber, Wegekosten und Kraftverkehr S. 55 deutet an, daß er den hier angenommenen Übergang vom Gemeingebrauch zur anstaltlichen Benutzung nicht für vollziehbar halte, weil zur öffentlichen Anstalt eine besondere Organisationsform, nämlich die organisatorische Verselbständigung der Verwaltung einer öffentlichen Sache gegenüber der allgemeinen Staats- und Gemeindeverwaltung gehöre, wie sie für Eisenbahnen und Post bezeichnend sei. Doch ist die anstaltliche Benutzungsform keineswegs von so hohen Anforderungen an die anstaltliche Organisationsform abhängig.

[69]) Wie sie Herbert Krüger in seinem so betitelten Rechtsgutachten (1954) als bedenklich gekennzeichnet hat.

## Leitsätze des Berichterstatters über: Die Öffentliche Sache

1. *Die öffentliche Sache hat einen festen Platz im Begriffssystem des modernen Verwaltungsrechts. Ihre Problematik muß von dorther beurteilt werden. Der Werdegang der Lehre von den öffentlichen Sachen und die geschichtlichen Erscheinungsformen heute als öffentliche Sache begriffener Gegebenheiten haben demgegenüber nur noch historisches Interesse.*
2. *Die Lehre von der öffentlichen Sache muß, um theoretisch konsequent und praktikabel zu sein, das Verwaltungsvermögen pari passu mit den Sachen im Gemeingebrauch einbeziehen. Ihr eignet ein hohes Maß abstrakter Begrifflichkeit. Deshalb kann sich die Dynamik der Umbildungsvorgänge in der Verwaltungsordnung der Gegenwart an ihr nur im Reflex zeigen.*
3. *Die öffentliche Sache ist ein Komplementärbegriff zur Sache im Sinne der allgemeinen (privatrechtlichen) Eigentumsordnung. Von öffentlichen Sachen kann deshalb nur dort die Rede sein, wo körperliche Gegenstände im Sinne der allgemeinen Eigentumsordnung gegeben sind und diese in spezifischer Weise in die Verwaltungsordnung hineingenommen werden.*
4. *Eine Fortentwicklung des Rechts der öffentlichen Sache zeigt sich vor allem in den neuen Straßen- und Wassergesetzen. Sie halten, von einzelnen Ausnahmen abgesehen, an dem einheitlichen Eigentum fest, das im bürgerlichen Recht ausgeformt ist, und verstehen die Eigenschaft als öffentliche Sache als einen dieses (Privat-)Eigentum überwölbenden öffentlich-rechtlichen Status. Hierbei tendiert das neue Straßenrecht dazu, den öffentlich-rechtlichen Status der öffentlichen Sache konsequenter zu verwirklichen als bisher, während das neue Wasserrecht die öffentliche Verantwortung für den nationalen Wasserhaushalt überhaupt unter eine neue Konzeption stellt und von dorther den Gemeingebrauch an den Gewässern als konstitutives Element für die traditionelle Behandlung der Gewässer als öffentliche Sachen relativiert.*
5. *Theoretische Überlegungen, praktische Rücksichten und rechtsstaatliche Erwägungen sprechen dafür, an der Grund-*

*konstruktion der öffentlichen Sache festzuhalten, zu der sich die Verwaltungsrechtslehre der Gegenwart in Wissenschaft, Gesetzgebung und Rechtsprechung bekannt hat. Nach dieser Grundkonstruktion kennzeichnet der Begriff der öffentlichen Sache den öffentlich-rechtlichen Sonderstatus, den körperliche Gegenstände dadurch empfangen, daß sie als Objekte des Verwaltungsvermögens oder des Gemeingebrauchs unmittelbar Zwecken der hoheitlichen Verwaltungsordnung dienstbar gemacht (gewidmet) werden.*

*Der öffentlich-rechtliche Sonderstatus der öffentlichen Sache begründet für den zuständigen Verwaltungsträger öffentlich-rechtliche Dispositionsmacht über die öffentliche Sache und öffentlich-rechtliche Verantwortung für sie. Er verdrängt das Eigentum und die allgemeinen Eigentümerbefugnisse nur in den Grenzen des Widmungszwecks.*

*Soweit bisher eine im Verhältnis zu privatrechtlichen Eigentumsvorstellungen unzulängliche Berücksichtigung des öffentlichen Status der öffentlichen Sache Anlaß zur Kritik bot, ist Abhilfe nicht in einer Änderung der Grundkonzeption der Lehre von der öffentlichen Sache zu suchen; es genügt vielmehr, Fehlanwendungen dieser Lehre zurechtzurücken, wie es durch Hineinnahme des Sondergebrauchs an Wegen in die öffentlich-rechtliche Ordnung der Straßen geschehen ist.*

6. *Das neue Straßenrecht hat dem Gemeingebrauch, dem Sondergebrauch und den Sondernutzungen an öffentlichen Wegen eine neue, klarere und straffere Ordnung gegeben. Es wird aber in zunehmendem Maße deutlich, daß der Gemeingebrauch eine archaische Form der Benutzung öffentlicher Sachen darstellt, die nicht viel mehr als die reine Existenz der Sache, die bloße Benutzung ihrer Körperlichkeit und bescheidene Regelungen zur Aufrechterhaltung der Gemeinverträglichkeit der Benutzung voraussetzt und verträgt.*

   *Beschaffenheit und Benutzung der Autobahnen, des innerstädtischen Systems von Straßen und Plätzen, der Kanäle und Stromschiffahrtswege sprengen diesen Rahmen. Die bisher als Gemeingebrauch verstandene Benutzung dieser Sachen hat sich z. T. schon in klare Anstaltsbenutzung umgebildet, z. T. ist sie auf dem Wege dahin. Dabei ergeben sich auch Gemengelagen von Gemeingebrauch und anstaltlicher Benutzung in bezug auf dieselben öffentlichen Sachen. Die anstaltliche Benutzung fängt die mit dem Gemeingebrauchsregime nicht mehr zu bewältigenden Differenzierungen in der Vorhaltung und Benutzung der erwähnten Straßen und Schiffahrtswege juristisch glatt und ohne Substanzveränderung für den Benutzer auf.*

# Die Öffentliche Sache

## 2. Mitbericht von Professor Dr. Klaus Stern, Berlin

## 1. Teil

## Institution und Konstruktion der öffentlichen Sache

## A.

## Begriff und Sonderstellung der öffentlichen Sache

## I.

Die öffentliche Sache[1]) ist ein von der Wissenschaft ausgebildeter Mantelbegriff für einen vorgefundenen, unterschiedlich weit erstreckten Kreis von Gegenständen, die von altersher eine für das Gemeinwesen und die Gesamtheit der Bürger bedeutsame Funktion besitzen und darum im deutschen Rechtskreis eine von den übrigen Sachen abgehobene Rechtsstellung erhalten. Der Lehre von der öffentlichen Sache scheint es jedoch an Stetigkeit und Festigkeit zu fehlen; wohl deshalb, weil auf die öffentliche Sache zuvörderst vom öffentlichen und privaten Recht eingewirkt wird[2]), zum anderen dem Begriff öffentlich nicht anders als bei verwandten Erscheinungen, wie öffentliche Anstalt, öffentliches Unternehmen, öffentlicher Dienst und öffentliches Amt, ein Sinnbezug zu politisch-soziologischen Komponenten anhaftet, der rechtsnormativ nicht leicht zu verarbeiten ist, und zum dritten, weil Bestand und Ordnung, Recht und Funktion der öffentlichen Sache von staats- und gesellschaftskonstituierenden Prinzipien abhängig sind. Übereinstimmung herrscht in einem Punkt: Sachen, die

---

[1]) Zur Entstehung des Begriffs Moll, Gruchot 54 (1910), S. 319; E. Loening, Verwaltungsrecht, 1884, S. 569; Gg. Meyer-Dochow, Verwaltungsrecht, 3. Aufl., 1893, S. 237 ff.; Otto Mayer, Verwaltungsrecht, 2. Aufl., 1917, Bd. 2, S. 71 ff.

[2]) Die umfangreiche Literatur ist deshalb im Schrifttum beider Rechtskreise zu finden. Vgl. die Zusammenstellungen in den Lehrbüchern des Verwaltungsrechts, bürgerlichen Sachenrechts und des allg. Teils des BGB. Monographisch zuletzt Hans J. Wolff in Handwörterbuch der Sozialwissenschaften (HdSw.) 38. Lieferung, Art. Öffentl. Sachen, S. 36 ff.; Strickstrock, Betrieb 58, 1119ff.; Schack, Verw.Arch. 54, 43 ff.; Salzwedel, DÖV 63, 241; F. Sieder, in: Staatsbürger und Staatsgewalt, Bd. 2, 1963, S. 91 ff.; F. Mayer und Jesch, JuS 63, 205 ff.

öffentlichen Zwecken dienen, können, so lehrt man, „unmöglich nur“[3]) dem privaten Recht unterliegen.

## II.

Rechtshistorisch basiert diese Betrachtung auf der Einteilung des römischen Rechts nach der Fähigkeit res in commercio oder res extra commercium zu sein[4]). Das deutsche Privatrecht vor dem BGB übernahm diese Grundeinteilung[5]), allerdings mit veränderter Bedeutung[6]), die durch germanische Rechtselemente verursacht wurde. Als extra-kommerzielle und damit öffentliche Sachen wurden diejenigen angesehen, an denen Privatpersonen „aus Gründen des Staatsrechts“[7]) kein Eigentum — wohl aber andere Rechte — erwerben können.

## III.

Ursache der rechtlichen Sonderstellung[8]) der öffentlichen Sachen waren in beiden Rechtskreisen die natürliche Beschaffenheit der Objekte, religiöse, militärische, polizeiliche oder staatswirtschaftliche Motive, Erfordernisse des Gemeinwohls[9]),

---

[3]) So Enneccerus-Nipperdey, Allg. Teil des bürgerl. Rechts, 15. Aufl., 1959, 1. Hbbd., § 129 I; ähnlich H. Peters, Lehrbuch der Verwaltung, 1949, S. 207: „nicht einfach“.

[4]) Sohm-Mitteis-Wenger, Institutionen, Geschichte und System des röm. Privatrechts, 17. Aufl., 1949, S. 253 f.; Kaser, Das römische Privatrecht, 1955, S. 322; Vegting, Domaine public et res extra commercium, 1950, (dazu Schack, MDR 50, 574).

[5]) Vgl. Weiske, Rechtslexikon, 1855, Art. Sache, Bd. 9, S. 464 ff.

[6]) Daß das römische Recht noch anders fortgebildet werden konnte, zeigt die französische Theorie des domaine public. 1875 vermochte Zachariä, Handb. des franz. Civilrechts, 6. Aufl., Bd. 1, S. 435 Fußnote, allerdings noch zu schreiben, daß die Lehre vom domaine public den Redakteuren des Code Napoleon unklar gewesen sei und auch jetzt noch nicht durch die Doktrin festgestellt sei. Über die Theorie des italienischen Rechts vgl. Zanobini, Corso di diritto amministrativo, 8. Aufl., 1958, Bd. 1, S. 163 ff., Bd. 4, S. 3 ff.

[7]) Maurenbrecher, Lehrbuch des gesamten heutigen gemeinen deut. Privatrechts, 2. Aufl., 1840, Bd. 1, § 175; ähnlich Eichhorn, Einleitung in das deut. Privatrecht, 4. Aufl., 1836, S. 673: aus Gründen der „Staatsgewalt“; s. auch O. v. Gierke, Genossenschaftsrecht, 1881, Bd. 3, S. 54 f., für öffentl. Wege s. auch Luthard, Bl. f. administrative Praxis, Bd. 20 (1870), S. 326, Anm. 7; von Kahr, Bayer. Gemeindeordnung, 1896, Bd. 1, S. 345, Anm. 12.

[8]) Egon Kappler, Die Theorien über die rechtliche Sonderstellung der öffentl. Sache in ihren praktischen Auswirkungen, Diss., Kiel, 1955.

[9]) So schon Mühlenbruch, Lehrbuch des Pandektenrechts, 13. Aufl., 1840, § 213; Sintenis, Das praktische gemeine Civilrecht, 2. Aufl., 1860, Bd. 1, § 40 ff.; G. Holstein, Die Lehre von der öffentlichrechtlichen Eigentumsbeschränkung, 1921, S. 20.

die man heute mit Zueignung an einen öffentlichen Zweck umschreibt, der den einheitlichen Rechtsgedanken widerspiegelt, welcher einer Vielheit von Rechtstatsachen zugrunde liegt.

## IV.

Die historische Betrachtung vermittelt noch eine weitere für die moderne Rechtsdogmatik wertvolle Erkenntnis:

1. Im römischen Recht steht entscheidend das Eigentum[10]) im Vordergrund, im altdeutschen Recht hingegen ist die Eigentümerstellung nachrangig[11]) gegenüber der Zurechnung der Verfügungsmacht an einen Nicht-Privatmann, an einen Herrschaftsträger. Modern gesprochen: Nicht ein Eigentümer, sondern ein öffentlichrechtlicher Sachherr herrscht über die öffentliche Sache. In die deutschrechtliche Auffassung von der öffentlichen Sache fließt sehr frühzeitig, vielleicht sogar ab origine, ein heute öffentlichrechtlich begriffenes Element ein. Vertraut mit der Gefahr retrospektiver Betrachtungsweise[12]), behaupte ich nicht, daß im germanischen Recht öffentliches und privates Recht fein säuberlich getrennt wurden[13]), wohl

[10]) Zum Problem des Eigentums am Kirchengut zuletzt S. Grundmann in: Staatsverfassung und Kirchenordnung, Festg. für Smend, 1962, S. 324, mit Literaturangaben Anm. 52; aus dem älteren Recht Bekker, Pandekten, 1886, Bd. 1, S. 332; Roth, Bayer. Civilrecht, 2. Aufl., 1881, Bd. 1, S. 331.

[11]) Auch dem altdeut. Recht war das Eigentum bekannt, zunächst nur an Fahrnis (vgl. H. Brunner, Grundzüge der deut. Rechtsgeschichte, 7. Aufl., 1927, S. 197; v. Gerber, System des deut. Privatrechts, 7. Aufl., 1895, S. 127 ff.; Schröder-von Künßberg, Lehrbuch der deut. Rechtsgesichte, 6. Aufl., 1922, S. 224 f.; Max Merten, Gutgläubiger Eigentumserwerb und Zeitablauf in ihrer Bedeutung für das rechtliche Schicksal öffentlicher Sachen, Diss., Berlin, 1935, S. 31 f.).

[12]) vor der Ehmke und Scheuner jüngst wieder gewarnt haben (Staatsverfassung und Kirchenordnung, aaO., S. 23 ff. und S. 252). — Die deutschrechtliche Entwicklung ist bei der Behandlung der öffentl. Sachen bislang vernachlässigt worden — sehr zu Unrecht, wie ich meine —, obschon Kreittmayr in seinen Anmerkungen über den Cod. Max. Bav. civ. II. Teil, 1844, S. 56 sagt: „Der sich [von den öffentlichen Sachen] nette und deutliche Begriffe machen will, der muß das Corp. jur. Rom. nicht zum Lehrbuch gebrauchen; denn es siehet sehr verwirrt, finster und mangelhaft darin aus. Das wenigste davon schickt sich auf unseren heutigen Staat."

[13]) Dazu etwa Eduard Albrecht, Rezension über Maurenbrechers Grundsätze des heutigen deut. Staatsrechts, Göttingische gelehrte Anzeigen, 1837, S. 1489 ff., zitiert nach der Sonderausgabe der wissenschaftl. Buchgesellschaft, 1962, S. 5, 19; Keutgen, Der deut. Staat des Mittelalters, 1918, S. 13 ff.; O. v. Gierke, ZRG 28, 618; H. Mitteis, Lehnrecht und Staatsgewalt, 1958, S. 6 ff.

aber wurde erkannt, daß substantielle Unterschiede bestehen zwischen dem Eigentumsrecht eines Privatmannes und der Herrschaftsmacht des Königs oder Kaisers bzw. später der Landes- oder Reichshoheit über Sachen[14]). Pointiert ausgedrückt: Befugnisse aus dem Eigentum und aus der Souveränität des Staates wurden getrennt[15]). Wurzel dieser Differenzierung sind die jura regalia[16]), deren germanischrechtliche Abkunft auch dann deutlich blieb, als der germanische König längst Kaiser des römisch-deutschen Reiches wurde und diese Befugnisse in jura imperialia hätte umwandeln können, entsprechend seiner sonstigen Neigung, sich auf römisches Recht zu stützen. Gegen Ausgang des Mittelalters wurden Regalien und Eigentum des Regalieninhabers klar geschieden und, als um die Wende des 16. zum 17. Jahrhundert Arumäus und Limnäus in Jena ihre ersten öffentlichrechtlichen Systeme schrieben, wurden die Regalien sogar aus dem Privatrecht ausgesondert und als Hoheiten, Gerechtsame, Majestäts- oder Regierungsrechte bezeichnet, die der Herrscher für sich in Anspruch zu nehmen berechtigt war, bisweilen freilich den Legitimitätsgrund im dunkeln lassend[17]). Wege- und Wasser-

---

[14]) Vgl. bes. Gg. Waitz, Verfassungsgeschichte, 4. Aufl., Neudruck 1953, Bd. II 2, S. 319; Joh. Jac. Moser, Von der Landeshoheit in Ansehung der Untertanen, Personen und Vermögen, 1773, 24 Cap., S. 244 ff.; ders. Von der Landeshoheit in Ansehung Erde und Wassers, 1773, 3. Cap., S. 8 ff.; S. Rietschel, Markt und Stadt in ihrem rechtl. Verhältnis, 1897, S. 18.

[15]) Unrichtig Zachariä, aaO., S. 492.

[16]) Als Regalien bezeichnete man den Inbegriff der dem König als solchem zukommenden besonderen Rechte und Güter zur Erfüllung seiner Gemeinschaftsaufgaben, zum Teil auch als Anerkennung für seine besonderen Leistungen (vgl. Hans Wolrad Waitz, Entwicklung des Begriffes der Regalien usw., Diss., Frankfurt, 1939, S. 9). Aus der umfangreichen Literatur seien noch genannt: Hübner, Grundzüge des deutschen Privatrechts, 5. Aufl., 1930, S. 286 ff.: Joh. Jac. Moser, Von der Landeshoheit derer S. 9). Aus der umfangreichen Literatur über die Regalien seien noch Teutschen Reiches überhaupt, 1773, 10. Cap., S. 208 ff. (grundlegend); H. Thieme, ZRG 62, 1942, S. 57 ff.; F. Neumark, HdWbdStW, 4. Aufl., 1925, Bd. 6, S. 1208 ff.; Heusler, Institutionen des Deut. Privatrechts, 1885, Bd. 1, S. 368 ff.; O. v. Gierke, aaO., S. 396 ff.

[17]) Vgl. Waitz, Diss., aaO., S. 13, 75 f., 97; Haselau, Die Freiheit der Straße als Rechtsproblem, Schriftenreihe der Arbeitsgemeinschaft Güterfernverkehr im Bundesgebiet, Heft 11, 1960, S. 144 f. — Unerörtert kann bleiben, ob die Regalien die Gesamtheit der Hoheitsrechte erschöpfen (dazu Moser, aaO., S. 8, 218, 295; Waitz, Diss., aaO., S. 58; Herbert Krüger, Grundfragen einer rechtsstaatlichen Wassergesetzgebung, Rechtsgutachten, (o. J. — 1956), S. 162, 166 mit Nachw.), ferner die Zweiteilung in höhere und niedere Regalien und das originäre oder derivative Recht der Landesherrn auf Regalien (dazu Pütter, Institutiones juris publici germanici, 1770, Lib. VII, § 325 f.).

regal als die wichtigsten Regalien der öffentlichen Sachen sind jedenfalls seit dem 18. Jahrhundert fest in der Hand der Landesherren. Die landesherrliche Gerechtsame wird in deutschen Landen entscheidender Ansatzpunkt, „Ordnung" und Gebrauchsregelung für die der Regalität unterliegenden Sachen zu verfügen[18], wie des preuß. ALR (Teil I Titel 8 § 98, Teil II Titel 14 §§ 21, 24, Titel 15 §§ 38 ff.), der Cod. Max. Bav. Civ. (Teil II Cap. 1 § 5) sowie das Bayer. Generalmandat vom 3. 1. 1735 beweisen[19]).

2. Die industrielle Revolution, Wirtschafts- und Wettbewerbsfreiheit ließen noch vor der Mitte des 19. Jahrhunderts das zentrale Ordnungselement der Regalien zugunsten des römischrechtlichen Privateigentums in den Hintergrund treten, das zunächst nur langsam Eingang in das Wege- und Wasserrecht fand. Das preuß. Privatflußgesetz von 1843 und die Wege-VO von Schleswig-Holstein von 1842 (§§ 6, 13, 17)[20]) deuten die Wandlung an, die im Bayer. Wasserbenützungsgesetz von 1852 und mehr noch im BayerWG von 1907 sowie im Reichsgesetz über die Rechtsverhältnisse der zum dienstlichen Gebrauche einer Reichsverwaltung bestimmten Gegenstände vom 25. 5. 1873 — RGBl. S. 113 — evident wurde[21]).

3. Die öffentliche Sache wurde Zwittergebilde privaten und öffentlichen Rechts. Ihre Kreislaufkrankheit begann. An öffentlichen Sachen bestand Eigentum und öffentliche Verwaltung[22]), sog. modifiziertes Privateigentum[23]). „Das Wegeregal verliert sich stillschweigend in Wegepolizei und Privateigentum"[24]). Man konstruierte die öffentlichen Sachen „ianus-

---

[18]) So überzeugend Moser, aaO., 9. Cap., S. 160 ff., Seckendorff, Teutscher Fürstenstaat, 5. Aufl., 1687, S. 352; s. auch Haselau, aaO., S. 144; Forsthoff, Rechtsfragen der leistenden Verwaltung, res publica 1, 1959, S. 38; E. Kaufmann, Gesammelte Schriften 1960, Bd. 1, S. 115.

[19]) Sievers, DVBl. 60, 461, Anm. 21, zitiert einen alten Gewährsmann: „Was für die Römer die öffentlichen, im Gemeingebrauch stehenden Sachen waren, das rechneten die Deutschen zu den Regalien"; s. ferner Eymann-Schubert, Komm. z. Bay. WG, 1928, Bd. 2, S 472 ff.; Reuß, Die bayer. Wassergesetze, 2. Aufl., 1896, S. 3, 13 f.; Holtz-Kreutz-Schlegelberger, Komm. z. preuß. WG, 3./4. Aufl., 1955, Bd. 1, S. 1; Herbert Krüger, Grundfragen, S. 165; Haselau, aaO., S 144.

[20]) Germershausen-Seydel-Marschall, Wegerecht und Wegeverwaltung in der BRD, 5. Aufl., 1961, Bd. 2, S. 1786.

[21]) Das „gemeine Eigentum" des Staates wurde abgelöst.

[22]) Für Wege vgl. Preuß. Gesetz vom 8. 7. 1875 (GS S. 497), für Wasserstraßen, Art. 97, Weim. Verf.

[23]) Vgl. Hans J. Wolff, HdSw., S. 37.

[24]) Herbert Krüger, Grundfragen, S. 168.

köpfig"[25]): Dem Staat erwuchs eine „hoheitlich-fiskalische Doppelrolle"[26]). Nach der vorherrschenden Dogmatik des Verwaltungsrechts stehen die öffentlichen Sachen im Herrschaftsbereich des Privatrechts, der jedoch durch den öffentlichen Zweck, dem die Sache[27]) dient, beschränkt ist[28]). Anders ausgedrückt: Das öffentliche Recht überlagert das private Recht und kupiert die Eigentümerrechte partiell. Die Ausbildung einer rein öffentlichrechtlichen Konstruktion analog dem domaine public des französischen Rechts scheiterte[29]), nicht zuletzt aus Gründen gerichtlicher Unzuständigkeit für öffentlichrechtliche Fragen[30]). Immerhin hat Köttgen bereits 1937 die Frage der Berechtigung und Notwendigkeit der „zweischichtigen" Konstruktion der öffentlichen Sache gestellt[31]).

## V.

Dem Versuch Otto Mayers, die öffentliche Sache als eigenständiges Institut des Verwaltungsrechts auf der Grundlage einer Addierung und Amalgamierung von Eigentum und öffentliche Gewalt aufzubauen, blieb der Erfolg versagt[32]). Ich

---

[25]) Hatschek-Kurtzig, Verwaltungsrecht, 7./8. Aufl., 1931, S. 475, bezüglich der Rechtsträger.

[26]) Herbert Krüger, Grundfragen, S. 126.

[27]) Übergehen kann ich die hiernach getroffene Einteilung der Sachen je nach dem Verwendungszweck unter Zuhilfenahme finanzwissenschaftlicher Elemente: vgl. etwa Hans J. Wolff, HdSw., S. 39; ders. Verwaltungsrecht I, 4. Aufl., 1961, S. 306; Obermayer in: Mang-Maunz-Mayer-Obermayer, Verwaltungsrecht in Bayern 1962, S. 168 ff.; Art. 174, Entw. einer Verwaltungsrechtsordnung für Württemberg.
Das italienische Recht kennt die praktikable Einteilung in demanio publico (necessario bzw. accidentale), der fuori commercio ist, und in beni patrimonali (so klar vecchio Cod. civ. Art. 426 ff.; Zanobini, aaO., Bd. 4, S. 5 ff., Bd. 1, S. 165 f.).

[28]) Vgl. Hans J. Wolff, HdSw., S. 37; ders. VerwR I; S. 309; Forsthoff, Verwaltungsrecht I, 8. Aufl., 1961, S. 329 f.; H. Peters, Lehrbuch der Verwaltung, S. 207; v. Turegg-Kraus, Verwaltungsrecht, 4. Aufl., 1962, S. 176 ff.; Köttgen, Gemeindliche Daseinsvorsorge und gewerbliche Unternehmerinitiative, Göttinger rechtswissenschaftliche Studien, Bd. 34, 1961, S. 24; Wolff-Raiser, Sachenrecht, 10. Aufl., 1957, S. 182 f.; aus der Rspr. zuletzt BGHZ 36, 218; allgemein noch D. Haas, DVBl. 60, 303 und DVBl. 62, 653; Schack, Verw.Arch. 54, 43 ff.

[29]) Klar E. Kaufmann, aaO., Bd. 1, S. 115 ff.

[30]) Dazu Lerche, DVBl. 55, 283 ff.

[31]) In Frank, Deut. WerwR, 1937, S. 447.

[32]) Vgl. Verwaltungsrecht, 2. Aufl., Bd. 2, S. 71 ff.; ders. AöR 21, 499 ff.; zustimmende wie kritische Äußerungen, die es zahlreich gibt, zu zitieren, scheint mir nur von historischem Wert (gute Zu-

halte die Lehre vom „öffentlichen Eigentum"[33]) trotz des hamburgischen Wegegesetzes vom 4. 4. 1961 und trotz befürwortender Äußerungen etwa von Forsthoff[34]), Grundmann[35]), Haas[36], Külz[37]), Schack[38]) und Zeidler[39]) einer Restauration nicht für würdig[40]). Sie ist in ihrer Grundkonzeption verfehlt angelegt, weil ihre Konstruktionsmittel öffentliche Gewalt und Eigentum der Funktion und Idee der öffentlichen Sache als einer leistungsverwaltungsrechtlichen Institution nicht gerecht werden (dazu unten 2. Teil A und B). Auch ist für die moderne Problematik der öffentlichen Sache nicht entscheidend die Eigentumslage[41]), sondern die Rechtsmacht, erstens eine Sache in Verwaltung zu nehmen und kraft Verwaltungsrechts bereitzuhalten, genauer: sie öffentlichrechtlich zu institutionalisieren, und zweitens zu bestimmen, nach welcher Ordnung und in welchen Rechtsformen sie von der Öffentlichkeit genutzt werden darf. Diesen Schritt über den Rubikon ging Otto Mayer eben nur sehr bedingt.

---

sammenstellungen finden sich bei Maunz, Hauptprobleme des öffentlichen Sachenrechts, 1933, S. 126 ff.; Gerhard Mahler, Die Gemeindewege als öffentliche Sachen, Leipziger Diss., 1934, S. 10 ff.); s. noch E. Kaufmann, aaO., Bd. 1, S. 116 ff.; Ipsen, VeröffVDStRL 10, 111; Clasen, DÖV 59, 285 ff.; OVG Koblenz, DVBl. 62, 110; unklar in Bezug auf Art. 14 GG von Mangoldt-Klein, Komm. zum GG, Anm. III 1 a und BVerwG, DVBl. 62, 178. Otto Mayers Lehre vermochte manche Ungereimtheiten des öffentlichen Sachenrechts nicht zu lösen, auch enthielt sie selbst einige Rätsel (vgl. etwa die Theorie der Widmung, aaO., S. 109).

Daß sie älter ist als Otto Mayer, beweist § 1, Art. 2 Gesetz bezüglich der Staatsgüter vom 22. 11./12. 1790 (Germershausen-Seydel-Marschall, aaO., Bd. 2, S. 1580); ferner Roland Ulsenheimer, Die Wasserläufe als öffentl. Sachen, Diss., München, 1937, S. 14).

[33]) Der Begriff ist nicht einfach der französischen Rechtswissenschaft entnommen (vgl. Otto Mayer, Verwaltungsrecht, 2. Aufl., Bd. 1, S. IX und S. 117). Nicht jeder Autor, der ihn akzeptiert, verstand darunter das gleiche (zutreffend Mahler, aaO. S. 26). Das „öffentliche Eigentum" in §§ 4, 5 bad-württ. WG von 1960 ist nicht gleichbedeutend mit dem Begriff Otto Mayers (ebenso Hans J. Wolff, HdSw., S. 36; Sievers, DVBl. 62, 317, Anm. 32).

[34]) VerwR S. 329, Anm. 3.

[35]) Staatsverfassung und Kirchenordnung, aaO., S. 325.

[36]) DVBl. 62, 653 ff.

[37]) Eigentum und Verwaltungskompetenzen an den Bundeswasserstraßen, Recht der Wasserwirtschaft, Heft 9, 1961, S. 37 ff.

[38]) DVBl. 61, 897.

[39]) AöR 86, 394, Anm. 90.

[40]) Ebenso Lerche, DVBl. 55, 286.

[41]) Richtig gesehen bei Maunz, aaO., S. 91; Kormann-List, Einführung in die Praxis des Deutschen Verwaltungsrechts, 2. Aufl., 1930, S. 175; Köttgen in Frank, Deut. VerwR, S. 438.

VI.

Die Konstruktion der öffentlichen Sache als „Rechtsverhältnis" durch Maunz[42]) bietet ebenfalls nur Ansätze für eine konstruktive Lösung, so namentlich für die Nutzungsformen.

VII.

Für verfehlt erachte ich es, die öffentliche Sache als öffentliche Anstalt zu begreifen[43]). Ein darauf erstreckter Anstaltsbegriff würde nahezu jede Verwaltungstätigkeit erfassen[44]) und eine Annäherung an das französische System der service public bedeuten. Der Anstaltsbegriff findet sinnvoll nur dort Verwendung, wo von einem Hauptträger der Verwaltung abspaltbare Verwaltungs- (gelegentlich auch Wirtschafts-)funktionen von einer mindestens partiell verselbständigten und damit Teil-Rechtssubjektivität besitzenden[45]) Verwaltungseinheit[46]) wahrgenommen werden[47]). Mit Recht betont Hans J. Wolff in seinem soeben erschienen 2. Band seines Verwaltungsrechts das Kriterium rechtlicher Subjektivierung als Begriffsmerkmal

---

[42]) AaO., S. 71 f.; zustimmend z. B. Mahler, aaO., S. 32 ff.

[43]) Vgl. z. B. O. Mayer, Verwaltungsrecht, 2. Aufl., Bd. 2, S. 171; Gerhard Meinzolt, Der Gemeingebrauch an öffentl. Sachen, Diss., München, 1950, S. 52 ff., gelegentlich das pr. OVG z. B. 105, 179 für öffentl. Wege; E. R. Huber, DÖV 55, 130.

[44]) So richtig bereits E. Kaufmann, aaO., Bd. 1, S. 120; s. auch Köttgen, VeröffVDStRL 6, 110.

[45]) Ich vermeide mit Bedacht den Begriff Rechtsfähigkeit, weil das öffentliche Recht bereits zahlreiche Gebilde geschaffen hat, denen diese umfassende Rechtssubjektivität nicht mehr zukommt (Einzelheiten bei Bachof, AöR 83, 208 ff.; Stern, AöR 84, 280 ff.; Hans J. Wolff, Organschaft und Juristische Person, 2 Bde. 1933/34; Werner Weber, Körperschaften, Anstalten und Stiftungen des öffentl. Rechts, 2. Aufl, 1943, S. 91; Köttgen, Die rechtsfähige Verwaltungseinheit, 1939, S. 8 ff.; Fuß, DÖV 56, 566 f.; Fabricius, Relativität der Rechtsfähigkeit, 1963).

[46]) Vgl. Köttgen, VeröffVDStRL 6, 125; ders., Die rechtsfähige Verwaltungseinheit, 1939; der Begriff ist inzwischen vom Gesetzgeber übernommen, z. B. § 2, Abs. 1, Berl. Bezirksverwaltungsgesetz v. 30. 1. 1958 — GVBl. S. 126 —.

[47]) Übereinstimmend Herbert Krüger, Gegen eine Entstaatlichung der öffentl. Wege, Rechtsgutachten in: Schriftenreihe der Arbeitsgemeinschaft Güterfernverkehr im Bundesgebiet, Heft 1, 1954, S. 24; Forsthoff, AöR 31, 221; ders. VerwR, S. 433 ff.; H. Schneider, NJW 62, 705; Tartarin-Tarnheyden, VeröffVDStRL 6, 156 (Diskussionsbeitrag); Merkl, Allg. Verwaltungsrecht, 1927, S. 306 f.; Köttgen, Gemeindliche Daseinsvorsorge, S. 33; ders., Verwaltungseinheit, S. 30, Anm. 1 a; Werner Weber, Körperschaften usw., S. 12 f., 90 f.; zu weitgehend schon Kormann, Art. Öffentliche Anstalt in: WbStuVR, 2. Aufl., 1914, Bd. 3, S. 1 ff.; allgemein bedeutsam für die Unterscheidung von Rechtssubjekt und Rechtsobjekt Nawiasky, Allg. Rechtslehre, 2. Aufl., 1948, S. 185 f.

der Anstalt[48]). Daran wird es aber bei Wegen und Gewässern als wesentlichen öffentlichen Sachen im Regelfall fehlen; sie bleiben Objekte, so daß ich der von W. Weber angenommenen Umbildung des Gemeingebrauchs in anstaltliche Nutzung schon aus diesem Grunde nicht beizustimmen vermag. Auch hinsichtlich der primären Nutzungsformen bestehen hinreichende Unterschiede zwischen beiden Institutionen: einerseits zulassungs- und gebührenfreier Gemeingebrauch, andererseits zulassungs- und abgabepflichtiger Sondergebrauch weitgehend nicht der potentiellen Allgemeinheit, sondern eines spezifischen Interessentenkreises[49]). Das schließt nicht aus, daß eine Anstalt als Rechtssubjekt öffentliche Sachen als Rechtsobjekte darbietet[50]).

## B.

## Grundgedanken einer öffentlichrechtlichen Theorie der öffentlichen Sache

### I.

Der öffentlichen Sache als Institution fehlt im Gegensatz zum öffentlichen Dienst die verfassungsrechtliche Verankerung[51]). Gebietet Art. 33 Abs. 4 GG eine grundsätzliche Kongruenz zwischen öffentlichrechtlicher Agende und auf öffentlichrechtlicher Rechtsgrundlage Agierenden[52]), so besteht keine

---

48) S. 256; wie hier auch Haas, DVBl. 62, 654; F. Baur, BB 63, 485.

49) Darauf legen Erich Becker, HdSw, Art. Anstalten des öffentlichen Rechts, Bd. 1, S. 208 und Hettlage, Staatslexikon, 6. Aufl., 1957, Art. Anstalt, Bd. 1, S. 351 das Schwergewicht.

50) Zutreffend E. R. Huber, DÖV 55, 130; Hans J. Wolff, VerwR I, S. 307; Köttgen, Verwaltungseinheit, S. 77: „Vereinzelt hat man um eine solche öffentliche Sache gleichsam eine besondere rechtsfähige Verwaltungseinheit herumgebaut. Organisationsrecht und öffentliches Sachenrecht sind hier eine eigentümliche Verbindung eingegangen"; beispielhaft das Unternehmen Reichsautobahn (vgl. § 1, Reichsautobahngesetz vom 27. 6. 1933, RGBl. 1933, II, S. 509).

51) Für den öffentlichen Dienst Ule, Öffentlicher Dienst, Handb. der GrundR IV/2, 1962, S. 537 ff., mit dem Hinweis: „Das Wort Dienst muß deshalb im institutionellen Sinn verstanden werden; es bezeichnet eine Einrichtung, die zur Leistung von Diensten bestimmt ist. Eine solche Einrichtung kann sich aus sachlichen (Hervorhebung durch mich) und persönlichen Bestandteilen zusammensetzen ...". Für das öffentliche Amt, Köttgen, in: Staatsverfassung und Kirchenordnung, S. 119 ff.

52) Vgl. von Mangoldt-Klein, Komm. z. GG, 1960, Anm. IV zu Art. 33; Hamann, Komm. z. GG, 2. Aufl., Anm. B 4 zu Art. 33; Köttgen, aaO., S. 131 f.; W. Thieme, Der öffentliche Dienst in der Verfassungsordnung des Grundgesetzes, 1961, S. 31, 55 ff.; Ule, aaO., S. 559.

Vorschrift, die eine Befriedigung von sächlichen Gemeinwohlerfordernissen mit ausschließlich öffentlichrechtlich institutionalisiertem Gut befiehlt. Auch der Gesetzgeber hat trotz seiner Abundanz bei Teilregelungen, besonders im Wege- und Wasserrecht, die Grundfragen des öffentlichen Sachenrechts[53]) stiefmütterlich und ohne stabilisierende Konzeption behandelt. Die Ungereimtheiten, die Leitsatz 7 aufzählt, sind die Folge.

II.

Die Wissenschaft ist mithin bei der Begriffsbildung der öffentlichen Sache auf sich allein gestellt. Ich meine, der h. M. nicht folgen zu können, wenn sie den Begriff der öffentlichen Sache ausschließlich aus ihrem öffentlichen Zweck[54]) und als Bestandteil des technischen, variierbaren[55]) Verwaltungsrechts[56]) zu erklären versucht. Begriffe, wie öffentliche Sache, öffentliche Anstalt, öffentliches Amt und öffentlicher Dienst sind nicht „reine Zweckbegriffe, die mit einem ganz beliebigen Inhalt gefüllt werden können, sondern institutionelle Wesens- oder Dingbegriffe“[57]), „ideenbezogene Institutionen“, wenngleich geschichtlich anpassungsfähig[58]), deren normative Ausprägung auf einem einheitlichen und klaren Ordnungsprinzip, auf einer funktions-, sach- und formgerechten[59]) Wertung beruhen muß, die, wie ich noch darlegen möchte, im „besonderen Integrationswert der öffentlichen Rechtsform“[60]) liegt. Diese Erkenntnis könnte zu folgenden Überlegungen führen:

---

[53]) Schwierige Kompetenzfragen über dieses Gebiet wie überhaupt über das allgemeine Verwaltungsrecht sind sicher mitursächlich gewesen; s. dazu auch Bullinger, Mineralölfernleitungen, res publica 8, 1962, S. 51 ff.; Hamann, DVBl. 61, 394 ff.; BVerwG, DVBl. 63, 815.

[54]) Vgl. statt vieler Forsthoff, VerwR, S. 146.

[55]) Hierzu v. Köhler, Verw.Arch. 50, S. 221. — „Ein Verwaltungsrecht des demokratischen Rechtsstaates muß erst noch geschrieben werden“ (Zeidler, Empfiehlt es sich, die bestehenden Grundsätze über Auskünfte und Zusagen in der öffentl. Verwaltung beizubehalten?, Gutachten für den 44. DJT, 1962, Bd. 1, 2. Teil, S. 10, Anm. 15).

[56]) Vgl. Köttgen, in: Staatsverfassung und Kirchenordnung, S. 120, Anm. 3; Smend, Verfassung und Verfassungsrecht, Staatsrechtliche Abhandlungen, 1955, S. 263.

[57]) Leibholz, Strukturprobleme der modernen Demokratie, 1958, S. 268, 274; s. auch E. Kaufmann, aaO., Bd. 3, S. 266 ff., der juristische Relations- und Dingbegriffe unterscheidet; ders., VeröffVDStRL 3, 20 (Diskussionsbeitrag); Lerche, DVBl. 61, 694.

[58]) Vgl. E. Kaufmann, aaO., Bd. 3, S. 376. — Dahinter steht das Postulat des Verwaltungsrechts als „konkretisiertem Verfassungsrecht“ (Werner, DVBl. 59, 527 ff.).

[59]) Leibholz, aaO., S. 267, spricht von einer „sachhingegebenen“ Wertung; hierzu auch Lepsien, Prinzipien der Leistungsverwaltung, Diss., Münster, 1961, S. 88, Anm. 2.

[60]) Forsthoff, VerwR, S. 385.

1. Sachen sind Stücke der den Menschen umgebenden beherrschbaren[61]) Natur oder von Menschen künstlich geschaffene Gegenstände, die für sich allein bestehen und im Verkehrsleben besonders bezeichnet und bewertet werden, also als selbständige Rechtsobjekte anerkannt sind[62]). Mit dieser am körperlichen Substrat haftenden Erläuterung ist jedoch nur der unwesentliche Teil der öffentlichen Sache erkannt, der sich von der privaten Sache nicht wesenhaft unterscheidet[63]). Hintangesetzt bleibt die Dignität, die Wertung dieser körperlichen res durch die Rechtsordnung und ihre Beziehung zu den Rechtssubjekten[64]), durch die die öffentliche Sache ihre entscheidende Rechtsqualität erhält, nicht anders als Kunstwerk, Literaturerzeugnis, Patent und Gebrauchsmuster ihr hervorstechendes Gepräge nicht aus ihrer körperlichen Sinnhaftigkeit empfangen. Unerklärbar bliebe ansonsten auch die Eingliederung in das Integratiossystem der öffentlichen Verwaltung und die besondere Pflichtenstellung[65]), die die öffentliche Verwaltung in bezug auf die öffentliche Sache besitzt, für die

---

[61]) Darum sollte man den freien Luftraum und das offene Meer nicht mehr unter die Kategorie der Sachen rechnen, da die Beherrschbarkeit mit jedermann zugänglichen Mitteln fehlt, (so Sohm-Mitteis, Wenger, Institutionen, S. 254 f.; Enneccerus-Nipperdey, aaO., § 121, II, 5, 130, IV, rechnen sie nicht zu den privaten, wohl aber zu den öffentlichen Sachen). § 1, Abs. 1, LuftVG i. d. F. v. 10. 1. 1959 (BGBl. I, S. 9) erklärt lakonisch: Die Benutzung des Luftraumes ist frei (dazu Krebs, Verkehrsrecht und Verkehrswirtschaft, 1960, S. 165 ff.). Zu völkerrechtlichen Fragen des Luftraumes Fasan und Gross, Österr. JZ 62, 1 ff.

[62]) im Anschluß an Enneccerus-Nipperdey, aaO., § 121 II.

[63]) Daß der Sachbegriff des öffentlichen Sachenrechts weiter gezogen ist (Forsthoff, VerwR, S. 328; Wolff, VerwR I, S. 307; Dieter Haas, DVBl. 62, 654; a. A., Zippelius, DÖV 58, 840). ist zweitrangig und durch das positive Recht des BGB (§§ 90 ff.) bedingt. — Gegen eine Übernahme des Begriffs Sachenrecht in das öffentliche Recht wendet sich Spanner in seinem Gutachten für den 43. Deut. Juristentag, Bd. 1, 2. Teil, Heft A, S. 22; s. auch Eckert, DVBl. 62, 11, Anm. 3; Naß, Verwaltungsreform durch Erneuerung der Verwaltungswissenschaft 1950, S. 6, 9, 29; G. Jellinek, Allg. Staatslehre, 3. Aufl., 7. Neudruck, 1960, S. 399 f.

[64]) S. hierzu Maunz, aaO., S. 72 ff.; Mahler, aaO., S. 32 f., 35; s. ferner den Hinweis Forsthoffs, VerwR, S. 324 auf den „funktionellen Zusammenhang, der sich an dieses Substrat anschließt"; ders. auch für die res sacrae AöR 31, 210.

[65]) Diese hebt Maunz, aaO., S. 209 ff. nachdrücklich hervor; s. auch G. Holstein, Öffentl-rechtl. Eigentumsbeschränkung, S. 96; Schelcher, Fischers Zschr. 48, 388. — Forsthoff stellt in seiner Untersuchung über die res sacrae als Grundgedanken der rechtlichen Sonderstellung der öffentlichen Sache heraus, daß diese „guter staatlicher Ordnung" entspreche (AöR 31, 233); Haas, DVBl. 62, 6533 weist auf das Merkmal des besonderen öffentlichrechtlichen Schutzes" hin.

es bei privaten Sachen keine hinreichende Entsprechung gibt. Entscheidende Bedeutung für die Begriffsbestimmung muß also das Adjektiv „öffentlich" gewinnen[66]). Die Kennzeichnung eines Gegenstandes oder einer Angelegenheit als „öffentlich" ist vorab eine Wertung[67]). Einigkeit besteht heute auch darüber, daß öffentlich nicht gleich staatlich ist[68]). Die öffentliche Sache wurde nie als Staats-Sache empfunden, sondern immer als Sache des „politischen Gemeinwesens", um eine jüngst von Ehmke wiederbelebte Formulierung zu übernehmen[69]). Die öffentliche Sache steht nicht nur in, sondern auch namens der Öffentlichkeit.

2. Die Eigenschaft des Öffentlichen bezeichnet nach Smend die „Zugehörigkeit zu dem Lebens-, Sinn- und Wertbereich des Volkes als Gemeinwesen"; das bedingt, wie Smend fortfährt, auch eine „normative Zuordnung ..."[70]). Diese normative Zuordnung erscheint mir für die öffentliche Sache wesentlich und nur durch das öffentliche Recht zu vermitteln, entsprechend der Fremdnützigkeit der öffentlichen Sache (dazu unten 2. Teil A, C)[71]). „Im Begriff der [öffentlichen Sache] liegt die Vorstellung von einer öffentlichrechtlichen Sachherrschaft"[72]). Bislang ist die öffentliche Sache jedoch nur als Umschreibung von etwas Tatsächlichem begriffen worden, das eine bestimmte Funktion, ein bestimmtes Telos erfüllt. Eine institutionell-normative Absicherung fehlte. Diese ist aber für

---

[66]) Die Vielschichtigkeit und Vielfältigkeit des Öffentlichkeitsbegriffs im allgemeinen kann hier nicht aufgerollt werden; zum vorliegenden Aspekt noch Müller, Straßenverkehrsrecht, 21. Aufl., 1959, S. 137; Regelsberger, Pandekten 1893, Bd. 1, S. 415; Forsthoff, Die öffentliche Körperschaft im Bundesstaat, 1931, S. 11 ff., Herbert Krüger, Handb. d. GrundR Bd. 3, Teil 1, S. 300; ders. VeröffVDStRL 15, 116 f.

[67]) Gerber, VeröffVDStRL 6, 154 (Diskussionsbeitrag); vgl. auch Quaritsch, DVBl. 62, 589, der vom Öffentlichen als einem „integrierenden Merkmal" spricht (mit Nachw. ebda. Anm. 23).

[68]) Vgl. Forsthoff, Öffentliche Körperschaft, S. 18; Köttgen, in: Staatsverfassung und Kirchenordnung, S. 121, 146 f.; ders. Verwaltungseinheit, S. 18.

[69]) Bes. in Staatsverfassung und Kirchenordnung, S. 23 ff.; früher und gerade in Bezug auf öffentliche Sachen Forsthoff, AöR 31, 210; neuerdings H. Huber, Zschr. des Bernischen Juristenvereins 1962, S. 171 f.

[70]) Berichte und Forschungen aus dem öffentlichen Recht, Gedächtnisschrift für W. Jellinek, S. 12.

[71]) soweit ersichtlich im Ansatz zuerst von Tezner, AöR 9 (1894), 376 ff. erkannt. — Köttgen (VeröffVDStRL 6, 111) hat seiner Zeit für die öffentliche Anstalt die Gleichung „die öffentliche Anstalt ist identisch mit der öffentlich-rechtlichen Verwaltungseinheit" abgelehnt. — Zur Stärkung der normativen Seite auch Lerche, DVBl. 61, 691.

[72]) Sievers, DVBl. 62, 81.

das Verwaltungsrecht entscheidend, da dafür im Gegensatz zu Strafrecht und Straßenverkehrsrecht nicht tatsächliche Beziehungen, sondern nur rechtliche Kriterien[73]) maßgeblich sein dürfen, die über Sachherrschaft, Sachordnung und Sachverantwortlichkeit entscheiden; denn im Bereich der staatlichen Organisation herrscht der Rechtssatz, der die Staatsfunktionen nur innerhalb des Rechts gültig agieren läßt. Es ist ein Rechtsakt, der die öffentliche Sache kreiert, nicht natürliche Verhältnisse[74]). Von einer verwaltungsrechtlich relevanten öffentlichen Sache sollte daher nur dann gesprochen werden, wenn es sich um Sachen handelt, die durch einen Rechtsakt des öffentlichen Rechts einen besonderen institutionellen Status erhalten, der ebenso wie die Rechtsbeziehungen zu den Benutzern durch Rechtssätze des öffentlichen Rechts geregelt ist. Das Kriterium der öffentlichen Sache erblicke ich nicht in der zweckgebundenen Nutzung, sondern in der substantiellen Ordnung durch Normen des öffentlichen Rechts und in der dadurch begründeten integrierenden Einbeziehung in das Gefüge der öffentlichen Verwaltung. — Die Parallelität zur juristischen Person des öffentlichen Rechts ist nicht zufällig. Beide Institutionen sind aus der privatrechtlichen Ordnung herausgelöst und in den öffentlichrechtlichen, vorwiegend verwaltungsrechtlichen Organismus eingefügt[75]).

3. Öffentliche Sache ist nur die öffentlichrechtliche institutionalisierte Sache. Sie entsteht durch einen noch näher zu erläuternden Organisationsakt, der üblicherweise[76]) zwei Hauptkategorien von Sachen erzeugt:

a) Sachen, deren Funktion auf den internen Gebrauch durch staatliche (und dem Staat ein- oder angegliederte öffentlichrechtliche Verbände) oder kirchliche Organe zugeschnitten ist und die höchstens akzidentiell einer externen Benutzung unterliegen; Hauptbeispiele: Inventar und Arbeitsmittel der Verwaltung, Militärgut;

---

[73]) D. h. die Stellungnahme der Rechtsordnung zu Objekten, Verwaltungsobjekten im Verwaltungsrecht oder Steuerobjekten im Steuerrecht (aufschlußreich hierzu Nawiasky, Allg. Rechtslehre, S. 203 ff.); s. auch Meinzolt, aaO., S. 46; G. Holstein, Öffentl.-rechtl. Eigentumsbeschränkung, S. 92; Forsthoff, Die öffentliche Körperschaft, S. 27.

[74]) Vgl. Zippelius, DÖV 58, 841 mit Nachw. d. Gegenstimmen.

[75]) Vgl. Tula Simons, Der Aufbau der Kohlenwirtschaft, 1931, S. 32; Forsthoff, AöR 31, 221 f., s. auch BVerfGE 12, 244 ff.

[76]) E. R. Huber, DÖV 55, 130. — Jedoch darf nicht verkannt werden, daß, wie Forsthoff mit Recht sagt (AöR 31, 220), „das sog. öffentliche Sachenrecht disparate Rechtserscheinungen umfaßt und jener durchgängigen Systematik ermangelt, die das bürgerliche Sachenrecht auszeichnet"; ebenso Köttgen in Frank, Deut. VerwR, S. 433 f.

b) Sachen, deren Funktion essentiell auf externe Nutzung in spezifisch öffentlichrechtlichen Nutzungsformen zugeschnitten ist; Hauptbeispiele: Wege und Plätze, Gewässer, Flughäfen[77]), [78]), Häfen[79]).

4. Sachen der Gruppe b) sind nicht „gegenständlich in den Verwaltungsapparat eingefügt“[80]), also nicht verwaltende Objekte, sondern verwaltete Objekte[81]); ihr interner Verwaltungswert tritt gegenüber dem externen Nutzungswert in den Hintergrund. Umgekehrt liegt es bei den Sachen der Gruppe a), bei denen die Nutzung, z. B. des Rathauses, „zwangsläufige Folgeerscheinung“[82]) der Tätigkeit der Staatsorgane ist, mit denen die Bürger Kontakt aufnehmen müssen. Überdeckungen zwischen beiden Gruppen sind nicht zu vermeiden; entscheidend für die Typisierung ist der statusformende Organisationsakt[83]).

5. Aus der Kategorie der öffentlichrechtlich institutionalisierten Sachen fallen mithin die nur tatsächlich oder kraft Privatrechtsakt der Öffentlichkeit zur Verfügung gestellten

---

[77]) Ewalt Schenk, Der Flughafen, 1931, bes. S. 41 ff.

[78]) Am Wald erkennt G. Rinck, MDR 61, 984, keinen „verwaltungsrechtlichen“ Gemeingebrauch an, selbst dann nicht, wenn er Eigentum der öffentlichen Hand ist. Es fehle an einem Widmungswillen. Er erkennt nur einen „gewohnheitsrechtlich begründeten, zivilrechtlichen Gemeingebrauch“ an. Diese Konstruktion ist nur denkbar angesichts der Zwitterstellung der öffentlichen Sache. Die Normen, die Rinck für seinen zivilrechtl. Gemeingebrauch anführt (Art. 141, Abs. 3, Satz 1 BayVerf., Feld- und Forstgesetze) sind doch wohl öffentlich-rechtlicher Art. Entscheidend dürfte m. E. sein, ob der Organisationsakt (oft noch auf Gewohnheitsrecht beruhend) den Wald in den öffentlich-rechtlichen Status einer extern nutzbaren Sache überführt. Das ist für die einzelnen Wälder durchaus unterschiedlich zu beurteilen. S. auch Klaus Meyer, DVBl. 60, 269 ff.; Figge, RdL 60, 115; v. Rauscher auf Weeg-Schmidt, BayVBl 57, 372 f.

[79]) Hansjürgen Nölle, Die bremischen Häfen, Diss., Hamburg, 1959.

[80]) Obermayer in: Mang-Maunz-Mayer-Obermayer, S. 171; Ruck, Schweizerisches Verwaltungsrecht, 3. Aufl. o. J., Bd. 1, S. 140; Köttgen in Frank, Deut. VerwR, S. 439.

[82]) Obermayer, aaO., S. 169; Ruck, aaO., S. 145.
Daseinsvorsorge, S 33 in Abgrenzung zur Anstalt.
Vgl. ähnliche Bemerkungen bei Köttgen.

[83]) Aus ihm sind Art und Rechtsnatur so verschiedener Erscheinungen, wie der neuen Landeskarte der Schweiz, die als Unterlage zur Herstellung anderer Karten aufgrund staatlicher Bewilligung benützt werden darf (freundlicher Hinweis von Hans Huber), oder des Äthers (dazu Herbert Krüger, Der Rundfunk im Verfassungsgefüge und der Verwaltungsordnung in Bund und Länder, 1960, S. 17) zu erklären.

Gegenstände[84]) und das konkurrenzwirtschaftlich[85]) oder in den Rechtsformen des Privatrechts monopolistisch[86]) genutzte Vermögen des Staates heraus, da ihnen in der Regel der öffentlichrechtliche Organisationsakt fehlt, den Aufsichtsbefugnisse[87]), haushaltsrechtliche Normen[88]) oder Privilegierungen in der Zwangsvollstreckung[89]) nicht zu ersetzen vermögen. Sie sind damit noch nicht dem Verwaltungssystem inkorporiert.

## III.

Im Rahmen dieser Begriffsbildung kommt der Unterscheidung, Finanzvermögen, Verwaltungsvermögen, Betriebsvermögen und Sachen im Gemeingebrauch[90]) kein für das öffentliche Sachenrecht heuristischer Wert zu[91]). Etwas anderes

[84]) Die Adressierung an die Öffentlichkeit durch den Eigentümer (besonders deutlich bei W. Jellinek, Verwaltungsrecht, S. 509; s. auch Jahn und Kentner, DÖV 62, 292), z. B. bei einem Privatweg, ist ein wesensmäßig anderer Akt, da er ebensowenig die Unterstellung unter besondere Nutzungsformen des öffentlichen Rechts bewirkt wie die Begründung öffentlich-rechtlicher Sachherrschaft bei einem Träger öffentlicher Verwaltung. Der offene Privatweg erhält nicht einen vom öffentlichen Recht verliehenen Status.

[85]) Ich halte diesen Begriff für klarer als erwerbs- bzw. ertragswirtschaftlich oder fiskalisch genutzt.

[86]) Bachof, Freiheit des Berufs, Handb. d. GrR III/1, S. 200 ff.; Hamann, Dt. Wirtschaftsverfassungsrecht, 1958, S. 180 f.; E. R. Huber, WirtschaftsVerwR I, S. 482 ff.; Rings, NJW 57, 657; Thieme, JZ 61, 280 ff.; Schick, DÖV 62, 931.

[87]) Die staatliche Verwahrung nach § 5, Abs. 1, Satz 1, AtomG als besonderer Schutz vor den Gefahren der Kernbrennstoffe begründet daher keine öffentliche Sache (wohl richtig Mattern-Raisch, Komm. z. AtomG, 1961, Band Nr. 1 und 2 zu § 5; Fischerhof, Deut. Atomgesetz und Strahlenschutzrecht, 1961, Anm. I zu § 5 AtomG; Borst, DVBl. 60, 160). Es fehlt am transformierenden Organisationsakt; die Sache wird nicht öffentlich.

Hingegen dürften die Sachen, die nach dem Bundesleistungsgesetz angefordert sind, als öffentliche Sachen zu qualifizieren sein, wenn sie in das Verwaltungsgefüge eingegliedert sind.

[88]) Vgl. §§ 46 ff. RHO. — Zu erwähnen sind auch die Verdingungsordnungen. Über staatliche und kommunale Vertretungen in den Aufsichtsräten s. Ipsen, JZ 55, 597 ff.

[89]) Z. B. §§ 882a ZPO; 129 Rhpf. GemO; 131 SchlesH GemO.

[90]) Vgl. die Einteilungen bei Hans J. Wolff, VerwR I, S. 305 ff. u. HdSw S. 36 ff.; Forsthoff, VerwR, S. 326; Obermayer, aaO., S. 167 ff.; W. Jellinek, VerwR, S. 506 f.; H. Peters, aaO., S. 207; Fleiner, Institutionen, S. 351 ff.; Herrnritt, Grundlehren des Verwaltungsrechts, 1921, S. 377.

[91]) So wohl auch Köttgen, Gemeindliche Daseinsvorsorge, S. 34; Meinzolt, aaO., S. 24; Haas, DVBl. 62, 653; früher schon A. Arndt, Staatsrecht des deut. Reiches, S. 436; zur Trennung von Staats- und Finanzvermögen, Laband, Staatsrecht, 5. Aufl., 1914, Bd. 4, S. 345, 352; ders. Annalen des Dt. Reiches 1873, S. 414;

mag für die Lehre vom Staatsvermögen gelten, die hier ebenso wie das auf anderen Ordnungsgesichtspunkten beruhende Verkehrsrecht[92]) außer Betracht bleibt.

## IV.

Da abgrenzendes Kriterium allein der durch Organisationsakt geschaffene öffentlichrechtliche Status der Sache ist, kann Sachträger auch ein Beliehener oder Indienstgenommener[93]) sein.

## V.

Ausschlaggebende Bedeutung in meinem System besitzt der Organisationsakt, der die Sache in den öffentlichrechtlichen Status überführt. Die h. M. kennt nur die „Widmung", die die Sache einem öffentlichen Zweck dienstbar macht[94]). Dadurch wird die Sache zwar ihrem Telos nach gebunden, aber ihr Status bleibt gleich: privatrechtlich mit aufgepfropften öffentlichrechtlichen Schranken[95]); unverändert bleibt auch die Folge jenes Dualismus: Eine Fülle von Unebenheiten und Zweifeln, die diesen Akt, seine Qualifizierung, seine Voraus-

---

L. v. Stein, Finanzwissenschaft, 5. Aufl., 1885, Bd. 1, S. 463, 105; Jèze, Das Verwaltungsrecht der franz. Republik, 1913, S. 237.

92) Richtig Evers, NJW 62, 1033; OLG Bremen, NJW 62, 1582; OVG Münster, MDR 63, 79; OLG Köln, NJW 62, 2073 (nur Leitsatz).

93) Ruck, aaO., Bd. 1, S. 141. — Zu den genannten Rechtsfiguren Ipsen in: Festschrift für E. Kaufmann, 1950, S. 141 ff.; E. R. Huber, Wirtschaftsverwaltungsrecht, 2. Aufl., 1953, Bd. 1, S. 533 f.; Hans J. Wolff, VerwR II, S. 304 ff.; Stern, AöR 84, 156; Kl. Vogel, Öffentliche Wirtschaftseinheiten in privater Hand, Abh. aus dem Seminar für öffentl. Recht, Hamburg 1959, S. 46 ff.; Wolfgang Schweikert, Die beliehenen öffentlichen Unternehmen, Diss. Tübingen, 1959; Jürgen Terrahe, Die Beleihung als Rechtsinstitut der Staatsorganisation, Diss. Münster, 1961.

94) Vgl. Hans J. Wolff, VerwR I, S. 310; ders. HdSw, S. 37; Forsthoff, VerwR, S. 329; Schallenberg, Die Widmung, 1955; OVG Münster, OVGE 16, 112; BadWürtt. VGH, VerwRspr. 13, Nr. 28; BGH, DÖV 62, 906; DÖV 63, 707 f.; BayVBl. 63, 356. — Für die Entstehung der res sacrae spricht Forsthoff (AöR 31, 210) allerdings von einem „publizistischen Akt" bzw. von „publizistischer Anerkennung"; s. auch Klaus Vogel, aaO., S. 213, 240.

95) Weitergehend erwähnt Forsthoff, AöR 31, 224 f., allerdings eine Überlegung, nach der sich die Widmung auch darauf erstrecken könnte, „den Bestand und die ordnungsgemäße Verwendung der öffentlichen Sache durch mit ihr entstehende positive Pflichtigkeiten der Beteiligten sicherzustellen", lehnt aber selbst diese „positiv—gestaltende" Wirkung der Widmung ab.

setzungen und Wirkungen belasten. Die Widmung ist nicht[96]) als ein Organisationsakt begriffen, der die Sache in die öffentlichrechtliche Ordnung überführt, ihr also einen anderen Status verleiht[97]), den sog. „institutionell öffentlichen Status"[98]), jenem Status gleich, der bei der Kreierung einer juristischen Person des öffentlichen Rechts durch den Akt der Organisationsgewalt entsteht[99]).

1. Die Organisationsgewalt ist bislang nahezu ausschließlich auf die Erzeugung von Rechtssubjekten oder deren Organe (Behörden, Ämter, Gerichte, Streitkräfte, Verfassungsorgane) bezogen worden[100]), aber ihre Gestaltungswirkung, ihre „Ordnungsgewalt"[101]), insbesondere ihre Kraft zur Umstrukturierung einer privatrechtlichen Institution in eine öffentlichrechtliche[102]), kann sich auch auf Rechtsobjekte erstrecken, solange Rechtssätze nicht entgegenstehen[103]). Die Organisationsgewalt besitzt mitnichten nur eine Erscheinungsform[104]). Anerkennt

---

96) Sonst wäre es nie möglich auf das Eigentum, um die Sache zu schützen (vgl. zuletzt BGHZ 33, 230), oder auf eine privatrechtliche Verkehrssicherungspflicht (grundsätzlich BGHZ 9, 380) zu rekurrieren.

97) Auch nicht bei Maunz, der sie als „Mantelrechtsgeschäft" begreift (aaO., S. 219 ff.), oder Klaus Vogel, aaO., S. 213; E. R. Huber, DÖV 55, 130, spricht von einem „generellen Verleihungsakt"; Zippelius, DÖV 58, 843, 846, von einer „Doppelfunktion".

98) Forsthoff, VerwR, S. 384 f.

99) Für diese ist die juristische Andersartigkeit gegenüber den juristischen Personen des Privatrechts längst anerkannt (vgl. etwa Werner Weber, Die Körperschaften usw., S. 10 ff.; Köttgen, Verwaltungseinheit, S. 13 ff., jeweils mit weiteren Nachweisen), und zwar auch von privatrechtlicher Seite Enneccerus-Nipperdey, aaO., § 104; s. auch Forsthoff, Die öffentl. Körperschaft, S. 37, 41.

100) Vgl. insbes. die Zusammenstellung bei Ermacora, VeröffVDStRL 16, 205 ff.

101) BayVerfGHE n. F. 4, 165; s. auch BGHZ 9, 387.

102) Vgl. Forsthoff, VerwR, S. 380.

103) Das hat haftungsrechtlich die Konsequenz der Geltung des § 839 BGB mit Art. 34 GG. Daß ein Organisationsakt diese Wirkung auslösen kann, bejahe ich mit BGH 9, 387 gegen Hans J. Wolff, VerwR I, S. 320 und H. Schneider, NJW 62, 709, Anm. 28. Richtig § 5 Hamb.-Wege-Gesetz.

104) Zur Organisationsgewalt allgemein Köttgen und Ermacora, VeröffVDStRL 16, 154 ff.; Forsthoff, VerwR, S. 375 ff.; Spanner, DÖV 57, 640 ff.; Hamann, NJW 56, 1 ff.; Hans J. Wolff, VerwR II, S. 94 ff.; Rasch-Patzig, Verwaltungsorganisation und Verwaltungsverfahren, in: M. v. Brauchitsch-Ule, Verwaltungsgesetze des Bundes und der Länder, Bd. 1, 1. Halbb., 1962, S. 11 f. jeweils mit Nachweisen des älteren Schrifttums; zu Einzelfragen aus der Rspr. etwa BayVerfGH, BayVBl. 62, 181 ff. und E 13, II, 53 ff.; BVerwG, DVBl. 62, 371 ff. mit Anm. von Heinze; BVerwG, JZ 62, 62 ff. mit Anm. v. Obermayer und Bespr. v. Menger, Verw.Arch. 53, 183 f.

man in ihr auch die Macht, die einem „Sozialgebilde" den „institutionell öffentlichen Status", den „besonderen Integrationswert der öffentlichen Rechtsform"[105]) mit spezifisch öffentlichrechtlicher Ordnung, verleiht, so ist es unabweisbar, daß sich diese Rechtsbefugnis nicht nur personalbezogen[106]), sondern auch gegenständlich[107]), objektbezogen[108]) auswirken kann. Die Parallele zum besonderen Gewaltverhältnis[109]) wird evident; nur geht es nicht um den Status von Rechtssubjekten, sondern von Rechtsobjekten, Sachen, Einrichtungen, auch Unternehmen[110]), für die gleichermaßen eine besondere Rechtsstellung sichtbar werden soll. Der Statusbegriff könnte sich mithin als taugliche Klammer erweisen, so heterogene Erscheinungen wie öffentliche Anstalt, öffentlicher Dienst, öffentliche Sache zusammenzuordnen und als in sich geschlossene öffentlichrechtliche Institute mit eigenem Ordnungswert zu begreifen. Der Organisationsakt als Kreationsakt öffentlicher Sachen bietet ein formales und damit leicht erkennbares Abgrenzungskriterium, das das stets wandelbare und in psychologischen Vorstellungen verhaftete Zweckmoment eliminiert[111]).

---

[105]) Forsthoff, VerwR, S. 385. — Köttgen, VeröffVDStRL Nr. 16, 160 spricht von den „Wechselwirkungen zwischen status und institutio"; s. auch G. Erler, Grundprobleme des internationalen Wirtschaftsrechts, 1956, S. 135; H. Dombois, Recht und Institution, 1956.

[106]) Von den privatrechtlichen Statusakten abgesehen, ist eine vielfache Verwendung des Begriffs Status als Inbegriff einer Rechtsstellung des Bürgers (Hans J. Wolff, VerwR I, S. 152 ff.), des Ministers (Köttgen in: Berichte und Forschungen aus dem öffentlichen Recht, Gedächtnisschrift für W. Jellinek, 1955, S. 195 ff.), der Bundesverfassungsrichter (Leibholz, JÖR 6, 114 ff.), festzustellen. — Sasse, DÖV 62, 323 rechnet Gemeingebrauch und Straßenverkehr in das „allgemeine Statusverhältnis und nicht zu dem anstaltlich gewährten Sondernutzen"; s. auch die Statusakte bei Obermayer, VA und innerdienstl. Rechtsakt, 1956, S. 113.

[107]) „Verdinglicht" (Lerche, Übermaß und Verfassungsrecht, 1961, S. 222).

[108]) Forsthoff, AöR 31, 253, spricht von einem „öffentlichrechtlichen Status der res sacrae"; s. auch von Kahr, Bayer. Gemeindeordnung, 1896, Bd. 1, S. 398.

[109]) Vgl. Herbert Krüger, VeröffVDStRL 15, 110; Maunz, aaO., S. 238.

[110]) Klaus Vogel, aaO., S. 227 ff.

[111]) Köttgen hatte seinerzeit Bedenken, einen Anstaltsbegriff zu prägen, der seine Hauptstütze im Zweckmoment findet (VeröffVDStRL 6, 115). — S. allgemein Kormann, PreußVerwBl. Bd. 34, S. 393; für Körperschaften des öffentlichen Rechts Werner Weber, Körperschaften usw., S. 81, 84; Forsthoff, Die öffentliche Körperschaft, S. 12 bezeichnet den verwandten Begriff des öffentlichen Interesses als reines „Motivationsprinzip".

2. Die Frage der Gesetzesabhängigkeit der Organisationsgewalt ist für das öffentliche Sachenrecht weitgehend entschärft. Wege und Gewässer besitzen fast durchweg einen gesetzlich geordneten Status. Für die öffentlichrechtliche Institutionalisierung des Verwaltungsapparats gibt der in der Verfassung liegende Verwaltungsauftrag[112]), die Mission der Verwaltung, der Exekutive die Kompetenz, die für die Behördentätigkeit notwendigen „Arbeitsaggregate" und Betriebsmittel öffentlichrechtlich zu organisieren. Offen bleibt, wem die Verfügungsmacht zusteht, die übrigen Sachen, besonders anstaltlich zu nutzende Sachen, in das öffentlichrechtliche Organisationsmodell zu überführen, z. B. die Vielzahl der Unternehmen der Daseinsvorsorge, wie Friedhöfe[113]), Müllabfuhr, Bahn[114]), Post[115]) öffentliche Waagen[116]) usw. [117]). Die Überschneidung von öffentlichem Anstalts- und Sachenrecht ist hier augenfällig. Den gestaltenden Faktor, den Institution und Organisation der Anstalt entfalten, halte ich gegenüber der Ordnungseinheit öffentliche Sache für dominant, weil bei diesen Einrichtungen das sächliche Substrat zwar eine wichtige Rolle spielt, aber daneben ein bedeutsamer Verwaltungsapparat existiert, der das Ganze zu einer abgeschlossenen Einheit eigener Prägung zusammenfaßt und ihm eine der Art des Unternehmens angepaßte eigengeartete Rechtsform und Nutzungsordnung verleiht, denen die Strukturen des öffentlichen Sachenrechts weichen. Öffentliche Anstalten, die öffentliche Sachen bereithalten, erweisen sich letzteren gegenüber als Organisationsform einer höheren Ebene. Die öffentliche Organisation hat sich indes bei derartigen Unternehmen nicht in vollem Gewicht durchgesetzt, obwohl Köttgen schon 1929 die privatrechtliche Nutzungsordnung der öffentlichen Anstalt als „Schönheitsfehler" bezeichnet hat[118]). Praktikabili-

---

[112]) Vgl. Mallmann, VeröffVDStRL 19, 186; Zeidler, Gutachten, S. 53; H. Peters, Festschrift für H. Huber, 1961, S. 206 ff.; Haueisen, DVBl. 62, 881 unter Berufung auf E. Kaufmann, VeröffVDStRL 9, 8; VG Frankfurt, RzW 62, 573.

[113]) BayVGH, BayVBl. 60, 56; BGH, DÖV 62, 545; Eyermann-Fröhler, Komm. z. VwGO, Rdnr. 54, § 40; Berl. FriedhofG v. 12. 7. 1956 (GVBl. S. 918); Gaedke, Handb. d. Friedhofs- u. Bestattungsrechte, 1954, S. 8 ff.

[114]) Werner Haustein, Die Eisenbahnen im deut. öffent. Recht, 1960, bes. S. 74 ff.; Bad-Württ. VGH, Verw.Rspr. 8, 447; BGH, BB 60, 42; Baur, JZ 63, 44.

[115]) BGHZ 16, 111; 20, 102; BVerwGE 10, 275 ff.; OLG Köln, JR 62, 24; Hess. VGH, VerwRspr. 11, 1034; Bad-Württ VGH, ESVGH 6, 152; Steinmetz und Kämmerer, APF 1958, S. 1 ff.

[116]) Mangels, BayBgm. 62, 58.

[117]) Weitere Beispiele bei Hans J. Wolff, VerwR II, S. 256.

[118]) VeröffVDStRL 6, 123; ders auch in Frank, Deut. VerwR, S. 441 f.

tätserwägungen und Überlieferung waren offenbar stärker als die Idee des Formenfehlgebrauchs[119]).

3. Der Organisationsakt, der den institutionell öffentlichen Status einer Sache begründet, kann, wie andere Organisationsakte, Verfassungsrechtssatz, Gesetz einschließlich des Gewohnheitsrechts, Rechtsverordnung oder Satzung sein oder auf deren Grundlage als Einzelakt ergehen. Auch im letzteren Falle erschöpft er sich in seinen Rechtsfolgen nicht im internen Verwaltungsbereich, und zwar selbst dann nicht, wenn Eigentümer und öffentlichrechtlicher Sachherr identisch sind; denn die Begründung des institutionell öffentlichen Status richtet sich stets auch an die Allgemeinheit[120]), weil gegenüber jedermann „eine allgemein wirkende Rechtslage" hergestellt wird[121]). Er besitzt mithin stets auch ein normatives Element[122]), das ihn von der Anfechtungsklage ausnimmt. Die Qualität als Verwaltungsakt muß allerdings gegenüber dem Eigentümer angenommen werden, sofern dieser ein anderes Rechtssubjekt ist als der organisierende Sachherr[123]).

## VI.

Nach der hier entwickelten Konstruktion erweist sich die öffentliche Sache nicht als privatrechtlich mit öffentlichrecht-

---

[119]) H. Schneider, NJW 62, 706, Anm. 9, trat jüngst wieder für ein Festhalten an privatrechtlichen Nutzungsordnungen ein, wo sie überkommenen und bewährten Vorstellungen entsprechen. — Über die Freiheit der Wahlmöglichkeit des Anstaltsträgers vgl. BGHZ 34, 206 f.; BayVerfGH 9, II, 114 ff.

[120]) Forsthoff, VerwR, S. 334 nimmt bereits für die Widmung, deren wesentlicher Gehalt, „nämlich die Unterstellung der Sache unter das öffentliche Recht", an, daß sie „für jedermann gilt".

[121]) Forsthoff, aaO., S. 385. — Der Organisationsakt verkörpert auch jene der Allgemeinheit gegenüber kundzugebende Erklärung, die der BGH für die Annahme einer öffentlich-rechtlichen Nutzungsordnung verlangt (E 9, 387; 20, 59; 27, 281; 34, 209 f.).

[122]) A. A. Forsthoff, aaO., S. 385 f.; „konstitutiver Rechtsakt, ohne normativen Charakter", differenzierend BayVGH, BayVBl. 56, 121 und DVBl. 60, 401; wie im Text wohl auch Werner Weber, Körperschaften usw., S. 29; Obermayer in: Mang-Maunz-Mayer-Obermayer, S. 166.

[123]) Eine solche Doppelnatur mag mißlich erscheinen; sie ist aber mitunter, und zwar nicht nur bei Organisationsakten, unvermeidlich; vgl. die Qualifizierung von Umgemeindungen gegenüber Gemeinde bzw. Bürger (dazu Schack, DÖV 58, 273 ff.; Obermayer, BayVBl. 58, 69 ff.; Schweiger, BayVBl. 56, 72 ff.); ferner die staatlichen Mitwirkungsakte bei Rechtsetzungsakten von Selbstverwaltungsorganisationen (dazu Obermayer, in: Mang-Maunz-Mayer-Obermayer, S. 273 ff. mit Nachweisen, ferner Menger, Verw.Arch. 52, 410 ff.; Eyermann-Fröhler, Komm. z. VwGO, Rdnr. 38 zu § 42).

lichen Schranken versehen, letztlich „halböffentliches" Institut, sondern als eine Einrichtung, die durch einen öffentlichrechtlichen Akt geschaffen und darum auch ausschließlich öffentlichrechtlich geordnet ist. Ihre publizistische Qualität beruht ebensowenig auf einer Modifizierung des Eigentums römischrechtlicher Provenienz, wie auf einem öffentlichrechtlichen Eigentum Otto Mayerscher Prägung, sondern auf der fortentwickelten deutschrechtlichen Regalität[124]). Das Eigentum ist seiner dynamischen Funktion der Verfügungs- und privatnützigen Verwendungsfreiheit[125]) entkleidet[126]). Es besitzt nur noch die statistische Position, die Sache nicht zur res nullius werden zu lassen[127]). Die entscheidenden Akte im Ge-

[124]) Klar und folgerichtig erweist sich die Verfassungsrechtslage für das Kirchengut, das Art. 14 und Art. 140 GG mit Art. 138 Abs. 2 Weim.Verf. schützt. Beide Vorschriften haben jedoch verschiedene Schutzfunktionen: einerseits die privatrechtliche Nutzungsbefugnis, andererseits die im rechtlich verselbständigten Kirchengut zum Ausdruck kommende, historisch aus anderen Wurzeln entspringende öffentliche Funktion dieser Sachen (vgl. Hamann, Komm. z. GG, 2. Aufl., Anm. 12 zu Art. 140 mit Nachw.; ferner Forsthoff, AÖR 31, 212; M. Wolff, Festgabe f. Kahl, 1923, S. 3 ff.).

[125]) Das private Gesellschaftsrecht kann hier insofern als Parallele herangezogen werden, als auch dort Eigentum und wirtschaftliche Gestaltungsmacht — Managment — auseinanderfallen können. Auch das Steuerrecht beharrt nicht mehr starr auf dem Eigentumsbegriff, sondern erkennt auf Grund der ihm immanenten — sicher nicht durchweg zu billigenden — Eigenprägung auch eine eigentumsähnliche wirtschaftliche Sachherrschaft an.

[126]) Nicht so weitgehend Köttgen, Gemeindliche Daseinsvorsorge, S. 33; richtig Mahler, aaO., S. 37; Sievers, DVBl. 60, 460: „Das Primäre ist ... an den Wasserstraßen ... der öffentlichrechtliche Status der Wasserstraße als öffentliche Sache. Fiskalisches Eigentum ist Folge, nicht Voraussetzung der Eigenschaft als Wasserstraße". Sehr weitgehend Clasen, DÖV 59, 284. — Tartarin-Tarnheyden hat seine Untersuchung über das Staatsvermögen ebenfalls nicht auf das Eigentum, sondern auf das Erfaßtsein der Sachgüter durch „die hoheitliche Verfügungsgewalt des Staates" abgestellt. Im weiteren Sinne bezieht er auch die „sogenannte öffentliche Sache" in das Staatsvermögen ein (HdbDStR Bd. 2, S. 419, Anm. 11, S. 420).

[127]) Im Ergebnis zutreffend v. Turegg-Kraus, Verwaltungsrecht, S. 180, Anm. 3; Köttgen, Gemeindliche Daseinsvorsorge, S. 29; ders. in Frank, Deut. VerwR, S. 436, 446 („Auffangorganisation der Privatrechtsordnung"); gegen eine Eigentumslosigkeit öffentlicher Sachen schon Roth, Bayer. Civilrecht, Bd. 1, S. 332, Anm. 15; zuletzt Klaus Reinhardt, Berechtigung und Bedeutung des Eigentums an Wasserläufen nach deut. Wasserrecht, Diss., Bonn, 1960; Siegbert Tober, Der Rechtsstatus der Jade, Diss., Göttingen, 1961, S. 95 ff. Aus dem positiven Recht vgl. Art. 89 f., 134 f. GG, Gesetz über das Reichsvermögen (BGBl. I 1961, S. 597) und die ebda. § 15 erwähnten weiteren Gesetze. — Durch die Freistellung von der Buchungspflichtigkeit (§ 3 Nr. 2 a GBO) und von Grund- und Grunderwerbssteuer (§§ 4 GrStG – dazu BFH, NJW 62,

schehen der öffentlichen Sache, wie Nutzung[128]) und Unterhaltung, sowie die Entziehung des institutionell öffentlichen Status erfolgen ohne substantielle Mitwirkungsrechte des Eigentümers[129]). Darin liegt mitnichten eine Enteignung auf kaltem Wege; denn der öffentlichrechtliche Status kann nur begründet werden, wenn der organisierende Sachherr selbst Eigentümer ist oder wenn zwar ein anderer Eigentümer ist, dieser aber dem Organisationsakt zustimmt[130]). Bis zur öffentlichrechtlichen Institutionalisierung hat also das Eigentum seine volle verfassungsrechtlich gewährleistete Abwehrfunktion; darnach hat die öffentlichrechtliche Sachherrschaft seine capitis deminutio vorgenommen, die mit der Aufhebung des öffentlichrechtlichen Status wieder rückgängig gemacht wird[131]).

## VII.

Durch die Eliminierung privatrechtlicher Rechtspositionen aus der Institution der öffentlichen Sache ist eine konstruktive Lösung der Ungereimtheiten und Unvollkommenheiten des öffentlichen Sachenrechts angebahnt[132]):

---

1415 —, 4 Nr. 4 ff. GrErwStG) ist das Eigentum auch für solche außerhalb des öffentlichen Sachenrechts liegende Tatbestände kein notwendiger Anknüpfungspunkt.

[128]) Die stets als privatrechtlich angesehenen Verträge über Obst- und Grasnutzung (vgl. Fleiner, Institutionen, S. 359; Germershausen-Seydel, Wegerecht und Wegeverwaltung in Preußen, 4. Aufl., Neudruck 1955, Bd. 1, S. 109) können als belanglos außer Betracht bleiben (ebenso Köttgen, Gemeindliche Daseinsvorsorge, S. 27). — Für Eigentumsübertragung und dingliche Belastung, die praktisch so selten sind, gilt gleiches. Sie berühren auch den institutionell öffentlichen Status nicht (ebenso Haas, DVBl. 62, 655).

[129]) A. A. noch zuletzt BGHZ 36, 1 ff. — Eine Auseinandersetzung über den Charakter des Eigentums an einer öffentlichen Sache ist daher entbehrlich (vgl. etwa die Erwägungen zum Verwaltungs- oder öffentlichen Wirtschaftseigentum bei E. R. Huber, Wirtschaftsverwaltungsrecht, Bd. 1, S. 64 f., und Gottfried Langer, Recht und Staat, Heft 239/240, 1961; ferner v. Köhler, DVBl. 58, 191). Über das Volkseigentum der SBZ Kramer, Verw.Arch. 52, 325 ff.

[130]) Richtig z. B. Sieder-Zeitler, Komm. z. BayStrWG, Rand Nr. 1, 5 ff. zu Art. 11; 5 ff. zu Art. 13 und Note 1 zu Art. 22, S. 177 ; Köttgen, Gemeindliche Daseinsvorsorge, S. 31, 33; ders. in Frank, Deut. VerwR, S. 448.

[131]) Hier besteht im Ergebnis Einklang mit der h. M. Vgl. etwa BGHZ 9, 373 ff.; BGH, DVBl. 62, 178; BayObLG, Dt. Wohn-Wirtsch. 62, 23; Köttgen in: Frank, Deut. VerwR, S. 446; zur „Entwidmung" auch OVG Rhld.-Pfalz, AS 8, 241 ff.

[132]) Allgemein zur Einwirkung des Privatrechts auf das öffentliche Recht und über die Bedenklichkeit dieses Zustands jetzt Giacometti, Allg. Lehren des rechtsstaatlichen Verwaltungs-

1. Der Schutz der öffentlichen Sache erfolgt nicht mehr mit den Mitteln des Eigentumsrechts[133]), sondern auf der Grundlage der öffentlichrechtlichen Sachherrschaft durch die Befugnis, jeden auszuschließen, der rechtswidrig die Funktion der öffentlichen Sache stört. Man mag hier von einer „Polizei" der öffentlichen Sache sprechen[134]).

---

rechts, 1960, S. 112 ff. — Das italienische Recht sagt schlicht: beni pubblici sono amministrati (Art. 1, Gesetz v. 18. 11. 1923 [n. 2440]), während die beni patrimonali „oggetto di rapporti giuridici privati" sind, allerdings mit gewissen öffentlichrechtlichen Beschränkungen (vgl. Zanobini, aaO., Bd. 4, S. 5 ff.; Cammeo, Corso di diritto amministrativo, 1960, S. 477).

[133]) So noch BGHZ 33, 230, mit Anm. von Nedden, DVBl. 61, 249; das Urteil zeigt deutlich, welche Schwächen diese Schutzmittel aufweisen.

[134]) Polizei ist hier als eine Summe von Befugnissen zum Schutz der öffentlichen Sache vor Gefahren und Störungen für deren Substanz und Funktion verstanden. Von dieser Sachpolizei abgespaltet ist die Verkehrspolizei, deren Befugnisse auf die Ordnung des Verkehrs gerichtet sind (zu diesen polizeilichen Aspekten vgl. Evers, NJW 62, 1034, mit weiteren Angaben, und Bettermann, Deut. Autorecht, 1962, Sonderdruck, S. 8; Nedden, DÖV 59, 844; Brohl, DVBl. 62, 392). — Eine ältere Auffassung konstruiert, ähnlich der Anstaltspolizei (darüber Forsthoff, VerwR, S. 398; Karl Schöpf, Öffentliche Anstalt und Polizei, Diss., Erlangen, 1958; OVG Berlin, AS 4, 183, und 1, 254) eine Polizei der öffentlichen Sache, deren Rechtsgeltung und Befugnisse allein auf der „Eigenart" der öffentlichen Sache oder auf der öffentlichrechtlichen Sachherrschaft beruhen (vgl. Maunz, aaO., S. 286; O. Mayer, Verwaltungsrecht, 2. Aufl., Bd. 2 S. 124 ff.; Fleiner, Institutionen, S. 330; Thoma, Der Polizeibefehl im badischen Recht, 1906, S. 373; Merten, aaO., S. 51; pr. OVG 105, 179 f.; §§ 55 ff., 65 ff. preuß. Zuständigkeitsgesetz v. 1. 8. 1883 — GS, S. 237 —). Eine derartige Zwangsgewalt gegen Dritte muß nach rechtsstaatlichen Grundsätzen jedoch auf eindeutiger gesetzlicher Grundlage beruhen (Forsthoff, aaO., S. 384, 398; Maunz, aaO., S. 287).

Indes wird man zwei Seiten der Sachpolizei unterscheiden müssen: einmal gegen den Benützer im Rahmen eines besonderen Rechtsverhältnisses, zum anderen gegen „untitulierte" Benützung. Im ersten Fall dürfte es sich zwar nicht um Polizei handeln, sondern um die Geltendmachung von Befugnissen aus einem Rechtsverhältnis (z. B. Widerruf der Sondernutzungserlaubnis bei Überschreiten der zugelassenen Nutzung; Schadensersatzansprüche wegen Verletzung öffentlichrechtlicher Pflichten [dazu Hans J. Wolff, VerwR I, S. 209 ff., 215 ff.; Köttgen in Frank, Deut. VerwR, S. 443]). Solange es hingegen im zweiten Fall an entsprechenden als Annex zur Sachordnung gesetzlich zu schaffenden (vgl. Herbert Krüger, Der Rundfunk usw., S. 65 ff.) Eingriffsbefugnissen (vgl. früher § 21 preuß. WG, jetzt § 67, Satz 2 BerlWG; gegen die Generalklausel des § 4, Satz 2 HambWegegesetz möchte ich rechtsstaatliche Bedenken anmelden; generalklauselartig auch Art. 823, Abs. 2, ital. Cod. civ. von 1942) fehlt, muß auf das allgemeine Polizeirecht rekurriert werden (vgl. auch BGHZ 33, 230; Köttgen, aaO., S. 436, 443).

2. Benutzungsrechte erteilt allein der öffentlichrechtliche Sachherr[135]).

3. Erhaltung, Unterhaltung[136]) und Verkehrssicherung sind im öffentlichen Recht verwurzelt[137]).

4. § 40, Abs. 1 VwGO begründet für Streitigkeiten die Zuständigkeit der Verwaltungsgerichte[138]).

5. Probleme der Lenkung der Nutzungskapazität brauchen nicht mit sachinadäquaten fiskalischen Mitteln gelöst zu werden[139]).

## C.

## Das positive Wasser- und Wegerecht des Bundes und der Länder

### I.

Die Abweichung meiner Konstruktion von der h. M. wäre leichter in Kauf zu nehmen als der Widerspruch zum positiven

---

135) Die Einschaltung des Eigentümers bei der Vergabe von Sondernutzungen ist ja bekanntlich ein großer Streitpunkt in der bisherigen Doktrin; vgl. etwa O. Mayer, Verwaltungsrecht, 2. Aufl., Bd. 2, S. 158; E. R. Huber, Wirtschaftsverwaltungsrecht, Bd. 2, S. 597; Stern, AöR 84, 158 ff. mit weiteren Nachweisen; zuletzt BGH, DVBl. 62, 178. Erhebliche Schwierigkeiten in der Praxis sind die Folge solcher Stilwidrigkeiten. Der Eigentümer besitzt gegen das Allgemeinwohl (z. B. bei der Energieversorgung) nahezu ein Vetorecht.

136) Vgl. dazu Bay Kompetenzkonfliktsgerichtshof, Bay VBl. 58, 54; Ketterer, Die Streupflicht, 2. Aufl., 1957.

137) Für letztere a. A. die Rspr. des BGH (zuletzt BGH, MDR 62, 549; NJW 62, 1051; DVBl. 62, 866 mit Anm. von Marschall) seit BGH 9, 373 ff.; s. früher pr. OVG 18, 415. Wie im Text § 5 HambWegeG und das Schrifttum (vgl. etwa H. Schneider, NJW 62, 707; Evers, JuS 61, 125 ff.; Stern, AöR 84, 164 ff. jeweils mit weiteren Nachweisen; zuletzt Friedrich-Adolf Jahn, Rechtsanspruch bei Verletzung der Verkehrssicherungspflicht auf öffentl. Straßen, Diss. Münster 1961; Freund, NJW 62, 614; Thierfelder, DÖV 62, 256.

138) Für Gewässer vgl. Sievers, DVBl. 62, 193 ff.; BVerwG, DVBl. 61, 248; OVG Münster, OVGE 15, 294 ff.; Eyermann-Fröhler, Komm. z. VwGO, Rdnr 15 zu § 40; Haas, DVBl. 62, 656 f.

139) Vgl. dazu Ipsen, Das Verbot des Massengütertransports im Straßenverkehr, Rechtsgutachten zum Regierungsentwurf eines Straßenentlastungsgesetzes, 1954; H. Peters, Die Verfassungsmäßigkeit des Verbots der Beförderung von Massengütern im Fernverkehr auf der Straße, Rechtsgutachten, 1954; Scheuner, Die Abmessungen der Lastkraftfahrzeuge und die Verkehrspolitik, Rechtsgutachten in: Der Güterverkehr 1956, S. 205 ff.; H. Schneider, Zur Neufassung von Abmessungen und Gewichten im Straßenverkehr, Rechtsgutachten, 1956; ferner Klaus Haselau, aaO.

Recht, besonders hinsichtlich des Schutzes der öffentlichen Sache und der Vergabe von Sondernutzungen im Wegerecht. Ich glaubte jedoch, mein Thema falsch zu verstehen, wenn ich nur eine Analyse der widersprüchlich und uneinheitlich konzipierten bestehenden Gesetze und eine Repristination des undurchsichtigen Dogmas der verfehlten Verschränkung privaten und öffentlichen Rechts geboten hätte. Die Gesetze des öffentlichen Sachenrechts sind infolge ihrer Konstruktionsfehler zu einem Problem der Rechtsprechung geworden. Der Gesetzgeber wird darum guttun, sich den Grundfragen des allgemeinen öffentlichen Sachenrechts zu stellen; das Hamburgische Wegegesetz ist bereits der Testfall[140]).

## II.*)

Nachstehend seien folgende wesentliche Abweichungen des positiven Rechts hervorgehoben:

1. Wegerecht[141]):

a) Die Widmung ist nicht als Organisationsakt verstanden — ausgenommen wohl in den Rechtsfolgen das HambWegeG —, der die Sache öffentlichrechtlich institutionalisiert, sondern als „Verfügung", die die allgemeine Nutzung, insbesondere den Gemeingebrauch eröffnet (vgl. §§ 2, 7 BFernstrG; Art. 6, 14 BayStrWG — GVBl. 1958, S. 147 —; §§ 1, 3, 8 BerlStrG — GVBl. 1957, S. 743 —; 1, Abs. 1 BremStrO — GVBl. 1960, S. 51 —; 2, Abs. 1, 4, Abs. 1,

---

[140]) S. auch D. Haas, DVBl. 60, 304; 62, 653; Schack, DVBl. 61, 897 ff.; v. Köhler, Verw.Arch. 50, 222 f. — Dagegen meint Krömer, DVBl. 62, 423 f. (Buchbesprechung): „Die in geduldiger Arbeit entwickelte herrschende Theorie der öffentlichen Sache hat nicht nur Lebensfähigkeit bewiesen, sondern ist die einzige, die zwanglos und einleuchtend die einschlägigen Erscheinungen erklären kann."

*) Aus Gründen der Zeitersparnis wurde dieser Abschnitt nicht vorgetragen.

[141]) Neben der schon erwähnten Literatur noch: Baumeister, Zur Geschichte und Problematik des deutschen Straßen- und Wegerechts, 1957; Fritsch-Golz, Straßengesetz des Landes Nordrhein-Westf., 1962; J. W. Gottschalk, Handb. des niedersächs. Wegerechts, 1961; Ludwig Schwarzmüller, Die verfassungsrechtlichen Grundlagen des Wegerechts, Diss. München 1961; Spanner, Grenzen zwischen öffentlichem und bürgerlichem Recht im Wegerecht, 1958; Wessel de Weldige-Cremer, Die Benutzung öffentl. Verkehrswege nach der neuen Wegegesetzgebung, insbes. dem Entwurf eines Straßengesetzes des Landes Nordrhein-Westf., Diss. Münster 1960; Zimniok, Komm. z. BayrStrWG, 1961; Bochalli, DVBl. 59, 612; Callsen, GewArch. 60, 177; Floerke, MDR 61, 993; Groebe, DÖV 58, 832 und BayVBl. 59, 181; Rath, Staats- und Kommunalverw. 60, 154.

14 HessStrG — GVBl. I 1962, S. 437 —; 6, NiedersStrG — GVBl. 1962, S. 251 —; 2, Abs. 1, 6, Abs. 1, 14 Nordrh-WL-StrG — GVBl. 1961, S. 305 —; 2, Abs. 1, 6, Abs. 1, 20 Schl-HStrWG — GVBl. 1962, S. 237 — [142]).

b) Das Eigentum besitzt — abgesehen vom HambWegeG, §§ 4, 19 — nicht die nur statische Bedeutung, sondern ist auch nach der Widmung zumindest mitentscheidendes Element[143]), und zwar in folgenden Punkten:

aa) Ausschließliche Mitwirkung bei der Erteilung von Sondernutzungen, die den Gemeingebrauch nicht oder nur kurz für Zwecke der öffentlichen Versorgung beeinträchtigen (§ 8, Abs. 10 BFernstrG; Art. 13, Abs. 1, 18, 22 BayStrWG; §§ 20, Abs. 1 HessStrG; 23, Abs. 1 NiedersStrG; 23, Abs. 1 Nordrh-WLStrG; 28, Abs. 1 SchlHStrWG);

bb) Notwendige Mitwirkung bei der Erteilung jedweder Sondernutzung nach §§ 8, Abs. 1, 10, Abs. 1, 11 BerlStraßG; 2, Abs. 2, Satz 2 BremStrO.

cc) Der Schutz der öffentlichen Sache gegen Beeinträchtigung durch Dritte erfolgt auf Grund der §§ 903 ff.,

---

[142]) Die gegen meine wegerechtlichen Ausführungen AöR 84, 158 gerichteten Angriffe von Köttgen, Gemeindliche Daseinsvorsorge, S. 26 beruhen auf der rechts-politischen Erwägung, den Einfluß des öffentlich-rechtlichen Sachherrn möglichst weit auszudehnen. Das begrüße ich durchaus. Ich sah mich allerdings damals, 1958/59, nicht in der Lage, dies de lege lata aus der Widmung als dem entscheidend die öffentliche Sache rechtskonstitutiv erfassenden Akt begründen zu können. Die jetzt gegebene Konstruktion vermeidet es, dem Eigentümer einen zu starken Einfluß einzuräumen und glaubt, den Vorteil in Anspruch nehmen zu können, dogmatisch sauberer zu begründen als aus der „Zweckbestimmung" der öffentlichen Sache. S. auch Schack, Verw.Arch. 54, 54.

[143]) Vgl. Germershausen-Seydel, Bd. 1, S. 90 ff.; Sieder-Zeitler, Komm. z. BayStrWG, Rand-Nr. 38 ff. zu Art. 6, 3 ff. zu Art. 18; Köttgen, Gemeindl. Daseinsvorsorge, S. 31; Stern, AöR 84, 158 ff.; pr. OVG 50, 284; BVerwG v. 24. 8. 1956, I B 94. 56. Bekanntlich gibt es auch bei den Vertretern der h. M. eine starke Tendenz, die diese Eigentumsposition, jedenfalls soweit sie bei Hoheitsträgern liegt, durch öffentlich-rechtliche Grundsätze (Grundrechte, Verhältnismäßigkeitsprinzip, venire contra factum proprium, Vorhandensein von Motiven öffentlicher Verwaltung; vgl. Sieder-Zeitler, aaO., Rand-Nr. 43 zu Art. 6; Köttgen, aaO., S. 26 ff.; Schick, DÖV 62, 935) beschränken will, aber hierbei handelt es sich doch immer um Erwägungen, die nicht dem Gesetz entnommen sind, sondern von außen, gewissermaßen aus dem Wesen der öffentlichen Sache als Verwaltungsinstitution, herangetragen werden. Sie charakterisieren trefflich die gesetzlichen Strukturfehler, sind aber nur Korrektur an Symptomen der Krankheit. — Über die Rechtslage für die Versorgungswirtschaft nach den neuen Gesetzen, Schack, Verw.Arch. 54, 57 ff.

1004 BGB. Die Wegegesetze regeln diese Rechtsfolge zwar von § 6, Abs. 1 B FernstrG, Art. 13 Abs. 1 BayStrWG sowie §§ 13, Abs. 1 NiedersStrG und § 13, Abs. 1 Schl-HStrWG abgesehen, nicht ausdrücklich, aber sie ist notwendige Konsequenz der Eigentumsfähigkeit der öffentlichen Wege (vgl. §§ 10 ff. Nordrh-WLStrG, 8 Abs. 1 BerlStraßG).

dd) Verliehene Sondernutzungen unterliegen als „verwaltungsrechtliche Besitzstände“ oder „intransitive“ subjektive öffentliche Rechte dem zivilrechtlichen Schutz[144]).

2. Wasserrecht[145]):

a) Die größeren Gewässer stehen auf Grund gesetzlicher Regelung allgemeiner Nutzung frei, ohne daß jedoch eine durchgängige, wohl aber stärkere[146]) öffentlichrechtliche Institutionalisierung vorliegt, (§§ 2, 23 f. WHG, 5 WStrRG[147]), 2, Abs. 3, 26, 36 Bad-WürttWG — GBl. 1960, S. 17 —; Art. 4 ff., 23 ff. BayWG — GVBl. 1962, S. 143 —; §§ 25 ff. BerlWG — GVBl. 1960, S. 133 —; 61 ff. BrWG — GVBl. 1962, S. 59 —; 9 ff. HambWG — GVBl. 1960, S. 335 —; 27 ff. HessWG — GVBl. 1960, S. 69 —; 55 ff. NiedersWG — GVBl. 1960, S. 105 —; 6, 31 ff., Nordrh-WestfLWG — GVBl. 1962, S. 235 —; 26 ff. Rhld-PfWG — GVBl. 1960, S. 153 —; 24 ff. SaarlWG — Amtsbl. 1960, S. 511 —; 17 ff. Schl-HolstWG — GVBl. 1960, S. 39 —).

b) Konsequenz der ausschließlich öffentlichrechtlichen Konstruktion der Erteilung von Sondernutzungen (§§ 2 ff. WHG, 4 ff. WStrRG) wäre es, die Eigentumslage aus dem Wasserrecht zu eliminieren, wie es Art. 664, Abs. 2 Schw ZGB tut. Eine Eigentumslosigkeit der Gewässer anzunehmen, wäre nach früherem[148]) und auch nach jetzigem Recht[149]) falsch, ob-

---

[144]) Vgl. Hans J. Wolff, VerwR I, S. 224, 226, 230; OLG Köln, NJW 62, 302.

[145]) Neben der schon erwähnten Literatur noch: Bergdoldt, Preußisches Wasserrecht, 1957; Gieseke-Abt, Schrifttum und Rspr. des Wasserrechts, Recht der Wasserwirtschaft, Heft 8, 1960; Wüsthoff, Einführung in das deutsche Wasserrecht, 2. Aufl., 1957; Komm. z. WHG von Gäßler, 1958; Kolb, 1958; Witzel, 1962, sowie die Kommentare zu den neueren Landeswassergesetzen; ferner Gieseke, DÖV 57, 735; 58, 324; BB 60, 1152; in Festschrift für Lehmann, 1956, Bd. 1, S. 308 ff.; Grimme, JR 60, 201; Köhler, BB 60, 601; Kübler, DÖV 61, 936; Linkelmann, DÖV 60, 521.

[146]) Die Einwirkung der Regalien war im Wasserrecht offenbar stärker als im Wegerecht; so auch Köttgen, Gemeindliche Daseinsvorsorge, S. 19, 29: „[Im Wasserrecht] wird die publizistische Note akzentuiert, [im Wegerecht] bemüht man sich sorgfältig um Konservierung privatrechtlicher Elemente“.

wohl WHG und WStrRG Eigentumsrechte nicht erwähnen. Art. 89, 90 GG, das Bundeswasserstraßengesetz vom 21. Mai 1951 (BGBl. I, S. 352) und die Landeswassergesetze verankern ein privatrechtliches[150]) Eigentum an den Gewässern, das auch dynamische, wenngleich weniger starke, Funktionen verleiht, wie:

aa) den Eigentümergebrauch (§§ 24 WHG, 28 Bad-WürttWG, Art. 24 BayWG, §§ 26 BerlWG, 64 BrWG, 13 HambWG, 28 HessWG, 58 NdsWG, 33 Nordrh-WestfLWG, 28 Rhld-PfWG, 27 SaarlWG, 21 Schl-HolstWG).

bb) Während nach früherem Recht für die Erteilung von Sondernutzungen die Zustimmung des Gewässereigentümers jedenfalls nach preußischem und bayerischem Recht erforderlich war[151]), ist sie nach den neuen landesrechtlichen Regelungen (§§ 11 f. Bad-WürttWG, Art. 4, Abs. 2 BayWG, §§ 13 BerlWG, 5, 62 BrWG, 8 HambWG, 14 HessWG, 5 NdsWG, 12 Nordrh-WestfLWG, 12 Rhld-PfWG, 10 SaarlWG, 9 Schl-HolstWG) zweifelhaft geworden.

cc) Der Schutz der Gewässer gegenüber Dritten kann ebenfalls auf Grund eigentumsrechtlicher Befugnisse erfolgen[152]), obwohl die neuen Wassergesetze sachpolizeiliche Ermächtigungen enthalten (§§ 52, 75, 82 Bad-WürttWG, Art. 68 ff. BayWG, 67 ff. BerlWG, 41, 120 ff. BrWG, 64 ff. HambWG, 50, 74 ff. HessWG, 50, 120 ff. NdsWG, 79 ff. Nordrh-WestfLWG, 85 ff., 102 Rhld-PfWG, 76 ff. SaarlWG, 69 ff. Schl-HolstWG).

---

147) Dessen Nichtigkeit nunmehr das BVerfG feststellte (DÖV 62, 863).

148) Vgl. Sievers, DVBl. 61, 142; Riederer-Sieder, Komm. z. BayWG, Rand-Nr. 11, 18 zu Art. 1. Anm. zu Art. 2; für das Grundwasser Köttgen, Gemeindl. Daseinsvorsorge, S. 14 ff.; Gieseke, Eigentum und Grundwasser, Veröff. d. Arbeitsgem. f. Forschung d. Landes Nordrh.-Westf., 1959.

149) Sievers, DVBl. 62, 77, 86; Herbert Krüger, Grundfragen, S. 125 ff.; Friesecke, Recht der Bundeswasserstraßen, 1962, S. 61 ff. mit Nachw.; Boehme, Bad.-Württ. VBl. 60, 97 ff.; Bundestag, 2. Wahlperiode, Drucksache 2072, S. 20; deutlich §§ 58 Abs. 1 BrWG; 6 Nordrh.-WestfLWG.

150) A. A. Sievers, DVBl. 62, 78: öffentliches Eigentum; ferner Külz, in: Staatsbürger und Staatsgewalt, Bd. 2, S. 293 ff.

151) Vgl. Sievers, DVBl. 62, 84, Anm. 49; Riederer-Sieder, aaO., Rand-Nr. 32 ff. zu Art. 1, 7 ff. zu Art. 2, 5 zu Art. 42; Sieder, ZschrfWasserR 1962, S. 57 (Urteilsanm.); BGHZ 30, 382; teilweise abw. Köttgen, Gemeindliche Daseinsvorsorge, S. 15 f.; bejahend auch für das neue Recht Gieseke, ZschrfWasserR 1962, S. 47.

152) Vgl. Sievers, DVBl. 59, 649; Holtz-Kreutz-Schlegelberger, Komm. z. preuß. WG, Bd. 2, S. 6 f.; Abt, DÖV 60, 819; Thierfelder, DÖV 60, 58, 824.

dd) Verliehene Nutzungsrechte werden als eigentumsähnliche Positionen geschützt (z. B. §§ 15 BerlWG, 12 BrWG, 12 NdsWG, 14 Rhld-PfWG, 12 Schl-HolstWG)[153]).

## 2. Teil

## Funktion und Nutzung der öffentlichen Sache

### A.

### Die Einwirkung des Sozialstaatsprinzips auf die öffentliche Sache

#### I.

Die Funktion der öffentlichen Sache ist heute verfassungsrechtlich jedenfalls durch die Sozialstaatlichkeit[154]) determiniert, was nicht heißt Patrimonialstaatlichkeit vergangener oder Kommerzialstaatlichkeit moderner Prägung. Die sozialstaatliche Verfassung erwähnt außer in Kompetenzvorschriften keine einzelnen sozialen Institutionen, will aber sicher bestehende verfassungsrechtlich absichern. Dazu gehört auch die öffentliche Sache als Einrichtung für und zum Nutzen der Allgemeinheit, die dem Staat auf Grund der Vorstellung einer ihm zukommenden obersten Steuerungs-, Verteilungs- und Darreichungsaufgabe, eines leistungsfähigen „ensemble des service public“[155]), zugewachsen ist. Die öffentliche Sache ist damit einbezogen in das Sinngefüge der Leistungsverwaltung[156]) — ein Begriff, der trotz seiner Mehrdeutigkeit hier abbreviativ für die Darbietung als zentrale Funktion der öffentlichen Sache verwendet sei.

---

[153]) Früher § 81 preußWG (dazu Sievers, DVBl. 59, 645); s. jedoch auch §§ 11 WHG, 19 WStrRG.

[154]) Hierzu zuletzt E. R. Huber in: Oldenburgische Verwaltungsakademie, Heft 1 (1962).

[155]) Léon Duguit, zitiert bei Scheuner in: Staatsverfassung und Kirchenordnung, S. 237 f.; daselbst S. 225 ff. allgemein zu diesem Problemkreis; ferner Ernst Kern, Festschrift für Carl Schmitt, S. 80 ff. mit den dort Zitierten; Stern-Schattenfroh, Il concetto di „Lavori pubblici“ nel diritto tedesco, Rassegna dei lavori pubblici 1961, Nr. 6 mit Nachw.

[156]) So deutlich bei Fleiner, Institutionen, S. 351 ff.; Forsthoff, VerwR, S. 320 ff.; zuletzt Wolfgang Lepsien, Prinzipien der Leistungsverwaltung, Diss., Münster, 1961. — Hinter der Leistungsverwaltung steht ideologisch die „soziale Idee“ (vgl. L. von Stein, Finanzwissenschaft, 5. Aufl., Bd. 1, S. 109, 154).

II.

Ungeachtet aller Wandlungen der „sozialen Struktur" gilt die öffentliche Sache stets als ein „historisch bezeugtes Naturale"[157]) der Gemeinwesen, ohne freilich zum „Sozialmodell"[158]) des BGB zu passen. Die liberale Staats- und Eigentumsideologie zog sie anders als die staatseigene Wirtschaftsbetätigung nicht in Zweifel. Das Zurück zum klassischen Verwaltungsstaat[159]), den ein moderner Wohlfahrts- und Wirtschaftsstaat[160]) verdrängt hat, ist nie im Sinne einer „Entstaatlichung"[161]), einer Privatisierung, der öffentlichen Sachen verstanden worden[162]). Im Gegenteil, das Selbstverständnis der öffentlichen Sache in der Hand des kraft Verfassungsgebots rechtsgebunden, gleichmäßig und unter Ausschluß des Marktmechanismus verteilenden und lenkenden Gemeinwesens ist eher vom Wunsch einer Ausdehnung begleitet. Angesichts der legitimen staatlichen Beherrschungs- und Ordnungsmacht ist eine sonst nicht allzu häufig zu bemerkende Symbiose und Synthese gesellschaftlicher wie staatlicher Kräfte feststellbar. Individual- und Gemeinwille stehen in einem Kräfteparallelogramm, dessen Resultante die öffentliche Sache als anerkannte staatliche Aufgabe ist. Staatliche Aktivität durch den Leistungsträger Verwaltung[163]) ist hier rechtshistorisch seit Hammurabi nachweisbar[164]). Produktion und Darreichung öffentlicher Sachen

---

[157]) Köttgen in: Staatsverfassung und Kirchenordnung, S. 144.

[158]) Wieacker, Schriftenreihe der Juristischen Studiengesellschaft Karlsruhe, Heft 3, 1953; ders. in: 100 Jahre Deutsches Rechtsleben, Festschrift Deutscher Juristentag, 1960, Bd. 2, S. 3 ff.

[159]) Vgl. H. Peters, Der Kampf um den Verwaltungsstaat, Festschrift für Laforet, 1952, S. 21 ff.; Ule, Über das Verhältnis von Verwaltungsstaat und Rechtsstaat, Speyerer Beiträge, 1957, S. 127 ff.; Werner Weber, Das Richtertum in der deutschen Verfassungsordnung, Festschrift für Niedermeyer, 1953, S. 267; Leibholz, Universitas 59, 459 ff.; Stern, JZ 60, 525; BVerfGE 7, 397 f.

[160]) E. R. Huber, Das Deutsche Reich als Wirtschaftsstaat, 1931.

[161]) Den Versuch des wissenschaftlichen Beirats beim Bundesverkehrsministerium, die öffentlichen Straßen in wirtschaftliche Anlagen umzuwandeln, hat Herbert Krüger überzeugend als rechtlich unzulässig qualifiziert (Entstaatlichung, aaO., passim).

[162]) Gefahren bestehen deshalb nicht, weil sich der Staat nicht im Wettbewerb mit Funktionen der Gesellschaft befindet (vgl. Forsthoff, Rechtsfragen der leistenden Verwaltung, res publica, 1959, S. 19).

[163]) Vgl. etwa Forsthoff, VerwR, S. 323; ders. Rechtsfragen der leistenden Verwaltung, S. 11 f., 20; Herbert Krüger, Der Rundfunk usw., S. 21; Erich Becker, VeröffVDStRL 14, 98, 109 f.; E. Kaufmann, aaO., Bd. 1, S. 75 ff.; Kelsen, Hauptprobleme der Staatsrechtslehre, 1923, S. 493; Köttgen, DVBl. 57, 441 ff.; Loschelder, DVBl. 57, 820; Menger, DVBl. 60, 297 ff.

[164]) Moll, Gruchots Beiträge 54 (1910), S. 320 ff.

ist gewissermaßen geborene, nicht gekorene Leistungsverwaltung, vielleicht sogar die Urform staatlicher Daseinsvorsorge, jedenfalls klassische, nicht erst hinzugekommene, durchaus akzidentielle. Trägerschaft und Kompetenz der öffentlichen Verwaltung über die öffentliche Sache sind sohin unbezweifelt[165]), wenngleich eine Identität von „gemeinschaftsbezogener Staatstätigkeit"[166]) und publizistischer Qualität nicht durchweg besteht[167]).

## B.

## Die Notwendigkeit öffentlich-rechtlicher Nutzungsformen

Die Funktion der öffentlichen Sache besteht im Dasein und Dargebotensein zur Befriedigung von Allgemein-, Individual- und Staatsbedürfnissen[168]); sie steht im wahrsten Sinne des Wortes im „öffentlichen Dienst". Diesem Ziel entsprechen die Nutzungsformen Gemein-[169]) und Sondergebrauch der Bürger[170]) sowie Exklusivgebrauch der Staatsorgane. Diese überkommenen Nutzungsformen dürften jedoch angesichts der ständigen Zunahme der Verwaltungsleistungen nicht mehr den realen Bedürfnissen entsprechen. Die Ausbildung besonderer verwaltungsrechtlicher Nutzungsverhältnisse in Analogie zu privatrechtlichen Typen wird unausbleiblich sein[171]). Folge einer

---

[165]) Vgl. Forsthoff, VerwR, S. 323; ders. AöR 31, 223; Köttgen, Gemeindliche Daseinsvorsorge, S. 24, Anm. 3; ders. in Frank, Deut. VerwR, S. 439; v. Kahr, Bayer. Gemeindeordnung, Bd. 1. S. 345 f.; Dennewitz, Die Systeme des VerwR, 1948, S. 147 f.

[166]) Rupp, JuS 61, 60.

[167]) Grundsätzlich Mallmann und Zeidler, VeröffVDStRL 19, 165 ff.; Köttgen, VeröffVDStRL 6, 124 und Anm. 32; ders. für die öffentliche Anstalt, VeröffVDStRL 6, 107, 128, 141; nicht so weitgehend offenbar L. Richter, ebda. S. 102; für politische Parteien zuletzt Luthmann, DVBl. 62, 166; Lenz und Sasse JZ 62, 235; allgemein noch BGHZ, 4, 266 ff. und dazu Herbert Krüger, Grundfragen usw., S. 130, Anm. 231.

[168]) Außer Betracht bleiben können jene öffentlichen Sachen, die keinen nutzbaren, sondern nur ideellen Wert besitzen, wie Standbilder, Denkmäler usw.

[169]) Wilhelm Jos. Heyers, Zum Problem des Gemeingebrauchs, Diss., Freiburg 1959; Philipp Nau, Der Gemeingebrauch an öffentlichen Wegen, Diss., Mainz, 1957; Klaus Dieter-Krause, Der Gemeingebrauch an öffentlichen Straßen im neuen Verwaltungsrecht, Diss., Köln, 1961; Eisenhart-Rothe, BB 59, 1192 ff.; Kodal, DÖV 60, 444 ff.; E. R. Huber, DÖV 55, 129 ff.; Friesecke, DVBl. 60, 711; Salzwedel, ZfWasserR 1962, 73 ff.

[170]) Helmut Vaitl, Sondernutzungen im Wege- und Wasserrecht, Diss., München, 1959; Jahn, NJW 61, 2196; Zeitler, DVBl. 60, 90.

[171]) Vgl. H. Schneider, NJW 62, 707, im Anschluß an Hans J. Wolff, VerwR I, S. 231 f. Das Fernsprechverhältnis und gewisse

öffentlich-rechtlichen Institutionalisierung hat eine öffentlich-rechtliche Ordnung auch der Nutzungsformen zu sein[172]). Solche Kongruenz verlangt das Gebot juristischer Stilreinheit und die Adäquanz von Sachstruktur und Sachfunktion. Eine vom Eigentum abgeleitete, früher auch aus prozessualen Rücksichten vertretene Nutzungsordnung könnte zu einer kommerzialisierten Auswahl der Nutzungsberechtigten führen, bzw. eine maximale Schonung statt einer optimalen Nutzung der Sache intendieren[173]). Der statusformende Organisationsakt regelt nicht nur die Verwendungsart der öffentlichen Sache, sondern prägt auch den allgemeinen Inhalt der möglichen Nutzungsrechtsverhältnisse[174]). Gemeingebrauch ist hierbei jene Nutzung, deren Inhalt durch den Organisationsakt bereits generell festgelegt ist, und Sondergebrauch jene Nutzung, deren Inhalt noch durch einen individualisierenden Rechtsakt zwischen Benützer und Sachherr konkretisiert wird[175]). Gemeingebrauch ist also untitulierte, Sondergebrauch titulierte Nutzung. Während der Sondergebrauch eines speziellen Zulassungsakts bedarf, braucht ihn der Gemeingebrauch nicht. Anders ausgedrückt: Jede eines besonderen Zulassungsakts bedürftige Nutzung ist kein Gemeingebrauch mehr[176]). Der Zulassungsakt ist in der Regel Verwaltungsakt, selten öffentlich-rechtlicher Vertrag[177]).

---

Postnutzungsverhältnisse können hier Vorbild sein (BVerwGE 10, 277). — Selten ist die Begründung eines gesetzlichen Sondernutzungsverhältnisses wie nach § 1 TelWG (dazu BGHZ 36, 217 ff.).

172) S. bereits Luthardt, Bl. f. adm. Praxis 20, 337: „Die Benutzung von öffentlichen Sachen ist nicht Ausübung von Privatrechten, sondern Ausübung einer von der Staatsgewalt eingeräumten Befugnis"; Laue, Verw.Arch., Bd. 34, S. 352; Herbert Krüger, Grundfragen usw., S. 136 ff.; Haas, DVBl. 62, 653 ff.

173) Grundrechtsbindungen vermögen nur repressiv korrigierend zu wirken; vgl. hierzu auch BGHZ, 36, 91 ff. mit meiner Anmerkung, JZ 62, 181 ff.

174) Zutreffend Maunz, aaO., S. 279, freilich von einem anderen Ausgangspunkt her; wie hier wohl Evers, NJW 62, 1034: „Der Gemeingebrauch an der Straße ist daher heute ein Oberbegriff für ein Bündel von Nutzungen, deren Inhalt und Umfang sich aus dem Gesetz und dem normativ vorentworfenen Verwaltungsakt ergibt".

175) Vgl. Maunz, aaO., S. 280.

176) Auch ein Kontrahierungszwang ändert daran nichts (richtig Forsthoff, VerwR, S. 339; Maunz, aaO., S. 282); im Ergebnis mag ein solcher Gewährungszwang, der den Benutzer nicht auswählt, dem Gemeingebrauch gleichkommen.

177) Z. B. § 19, Abs. 6 HambWegG; ferner BGH 33, 230; OVG Saarlouis, JZ 61, 673; Bullinger, Vertrag und Verwaltungsakt, res publica 9, 1962, S. 55, mit weiterer Rspr.; s. auch Imboden, Der verwaltungsrechtliche Vertrag, 1958, S. 86, 175 f.; Barocka, Verw.Arch. 51, 1 ff.

## C.

## Auswirkungen einer öffentlich-rechtlichen Nutzungsordnung

### I.

Die nutzbare öffentliche Sache ist ein „Mehrzweckinstitut“[178]), das vielfältigen Interessen und Interessenten dient, deren Selektion und Differenzierung unabweisbar ist, um die Gemeinwohlfunktion der öffentlichen Sache nicht zu denaturieren. Eine Reduzierung gemeingebräuchlicher Nutzung ist die zwangsläufige Folge[179]), die in Kauf genommen werden muß, solange die moderne Gesellschaft Sondernutzungen heftig begehrt (öffentliche Versorgungs- und Verkehrseinrichtungen, billige Schiffs- und Massengütertransporte auf der Straße, industrielle Wasserbenutzung, gewerbliche Straßennutzung usw.). Trotz Art. 3 GG kann hier nicht nach dem Prinzip des cuique idem, sondern nur nach dem des suum cuique verfahren werden, sofern das Gesetz nichts anderes befiehlt[180]). Im Rahmen des Gemeingebrauchs verlangt Art. 3 GG allerdings die Wahrung des „Paritätsprinzips“[181]), die „Gleichheit vor der öffentlichen Wohltat“[182]).

### II.

Die öffentliche Sache bietet keinen wirtschaftsinterventionistischen Ansatzpunkt; denn Wirtschaftsinvention ist final gesteuerte — korrigierende, unterstützende oder planende —

---

[178]) Köttgen, Gemeindliche Daseinsvorsorge, S. 28 ff.

[179]) Vgl. E. R. Huber, DÖV 55, 131 ff. Insofern gebe ich W. Weber durchaus recht, ohne jedoch seine Folgerung einer forcierten Umwandlung in anstaltliche Nutzung zu teilen. Der Umstrukturierung sind m. E. jedoch Grenzen gezogen (richtig Herbert Krüger, Entstaatlichung, S. 22): so dürften zwar keine Bedenken gegen die Parkometerbenutzung bestehen (Kodal, NJW 62, 480, mit verkehrs-, nicht wegerechtlicher Begründung), wohl aber gegen das Verbot der sog. „Laternengarage“ (ebenso Evers, NJW 62, 1033 ff.; Schultz, MDR 61, 471; BGH, NJW 62, 1023; OLG Köln, NJW 62, 2073; OLG Bremen, NJW 62, 1582; z. T. abw. OVG Hamburg, BBBl. 61, 134). Das Übermaßverbot dürfte gegen eine übermäßige Antastung gemeingebräuchlicher Nutzungsrechte schützen. Der aus dem Wesen der öffentlichen Sache entnommene Verwendungszweck (oben 2. Teil A und B) steht nicht uneingeschränkter souveräner Verfügung des Verwaltungsträgers offen.

[180]) Vgl. Erich Becker, VeröffVDStRL 14, 112 f. — Eine Vorzugsstellung der öffentlichen Versorgung ist daher nicht verfassungswidrig. Hier bestehen „sachliche“ Differenzierungsmotive.

[181]) Forsthoff, VerwR, S. 364.

[182]) Herbert Krüger, Grundfragen usw., S. 146.

Ingerenz in die Wirtschaft[183]), während die Funktion der öffentlichen Sache sich im Gewähren erschöpft[184]).

## III.

Die öffentliche Sache bedeutet auch keine Chance auf unternehmerischen Gewinn; denn sie dient „in der vollen Breite ihrer Bestimmung dem individuellen Nutzen der Bürgerschaft und ist daher weder ein ökonomisches Potential noch ein Betriebsmittel der Verwaltung“[185]). Die Ableitung aus der akommerziellen Herrschaftsmacht, nicht aus dem Wirtschaftsmacht verleihenden Eigentum unterstreicht diese Deutung[186]). Die Darbietung öffentlicher Sachen ist keine selbstnützige, sondern gemeinnützige Staatstätigkeit, frei von unternehmerischer marktwirtschaftlicher Transaktion[187]). Der Grundsatz der „Eigenwirtschaftlichkeit“ der öffentlichen Sachen würde diese aus ihrer dienenden Funktion herauslösen und sie in eine werbende überführen. Da die öffentliche Sache der Allgemeinheit dient, hat ihre Finanzierung durch das allgemeine staatliche Einnahmemittel der Steuer zu erfolgen und nicht durch das vielleicht für die Anstalt zweckdienliche Finanzierungsmittel der Gebühr[188]). Der Gemeingebrauch ist gebührenfrei[189]),

---

183) Vgl. Stern, JZ 60, 520 und DÖV 61, 325 ff. mit Nachweisen.

184) Da sie nicht zu marktmäßig zu ermittelnden Preisen gekauft werden muß, mag sie als „kostensenkend“ begriffen werden (so Herbert Krüger, Grundfragen usw., S. 157).

185) Köttgen, Gemeindliche Daseinsvorsorge, S. 34.

186) Die Nichtaufnahme eines sog. Wasserzinses in das WHG (vgl. dazu Herbert Krüger, Grundfragen usw., S. 141 ff.) und von Wegegeldern in die neuen Straßen- und Wegegesetze (über deren Schicksal Herbert Krüger, aaO., S. 165 f.) beweisen die gleichgerichtete Auffassung der gesetzgebenden Organe.

187) Vgl. hierzu Herbert Krüger, Grundfragen usw., S. 157; Köttgen, VeröffVDStRL 6, 117 ff.; G. Jellinek, Allgemeine Staatslehre, S. 623; Laband, Staatsrecht des Deutschen Reiches, 5. Aufl., 1914, Bd. 4, S. 345; a. A. offenbar Samper, BayVBl. 56, 41.

188) Ebenso Herbert Krüger, Entstaatlichung, S. 22; ders. Grundfragen usw., S. 174 ff.; ferner im einzelnen hierzu Stern, Rechtsgutachten zu Art. 8 Bayer. Kostengesetz (noch unveröffentlicht).

189) Doch mehren sich die Stimmen, die eine Benutzungsgebühr zulassen: vgl. Forsthoff, VerwR, S. 339; Hans J. Wolff, VerwR I, S. 332; E. R. Huber, DÖV 55, 135 f.; a. A. Herbert Krüger, Grundfragen usw., S. 151; BVerwGE 4, 342 ff; Bettermann, MDR 57, 151 (Anm. zu BGH); Ruck, aaO., Bd. 1. S. 147. Die Berufung auf § 7 Abs. 1 Satz 4 BFernstrG (ebenso § 8 Abs. 5 BerlStraßG) scheint diese These unwiderlegbar zu machen. Immerhin kann aus dieser Bestimmung und mit Hinweis auf Art. 185 Entw.VerwaltungsRO für Württemberg gefolgert werden, daß erst die ausdrückliche Gestattung durch den Gesetzgeber den Gemein-

während die Entgeltlichkeit der Sondernutzung keinem Zweifel begegnet[190]), und zwar durch Erhebung einer Verwaltungsgebühr nach den landesrechtlichen Kostengesetzen, deren causa jedoch nicht der Inanspruchnahme der Sache, sondern der Verwaltung liegt — sie scheiden mithin aus dem Thema aus[191]) —, und durch Erhebung einer nach dem wirtschaftlichen Vorteil bemessenen Sondernutzungsgebühr[192]). Bedenken gegen solche rentabilitätsorientierte Synallagmatik sind jedenfalls dann nicht leichter Hand beiseitezuschieben, wenn man den Staat des GG als Steuerstaat begreift, dessen Einnahmequellen vom verfassungsrechtlichen Vollständigkeits- und Non-Affektationsprinzip des Haushalts und vom parlamentarischen Einnahmebewilligungsprinzip geordnet sind (Art. 110 GG und besonders Art. 75, Abs. 1 Berl.Verf.)[193]). Es sähe einer „öffentlichrechtlichen Vorteilsausgleichung"[194]) ähnlich, die Kosten des Gemeingebrauchs über die Sondernutzungsgebühren zu finanzieren und dadurch die Idee der öffentlichen Sache, breitester Nutzung zu dienen, und die Finanzgesetzgebung zu überspielen. Was Köttgen 1929 für die öffentliche Anstalt darlegte, gilt mutatis mutandis auch für die öffentliche Sache: „Im Gegensatz zu der Privatwirtschaft, im Gegensatz zu der Verwaltung des Patrimonialstaats beherrscht die moderne Verwaltung das Prinzip der völligen Lösung von Leistung und Gegenleistung. Jede planmäßige Verbindung der Verwaltungsarbeit mit dem Streben nach entsprechenden Einnahmen steht im

---

gebrauch unter Abgabepflicht stellt (so richtig Herbert Krüger, Entstaatlichung, S. 21 f., der gleichzeitig auf die Abschaffung der Chaussee- und Brückengelder, Mauten etc. hinweist).

[190]) Vgl. Hans J. Wolff, VerwR I, S. 329.

[191]) Über Probleme der Verwaltungsgebühr vgl. das oben Anm. 188 erwähnte Rechtsgutachten; Ehle und Oberläuter, DÖV 62, 45 ff.; Thiemeyer, DÖV 62, 893; Bachof, JZ 63, 58; BVerwGE 13, 214 ff, und DÖV 62, 225; OVG Münster, DVBl. 62, 726.

[192]) § 8 Abs. 3 BFernstrG, Art. 18 Abs. 3 BayStrWG; §§ 10 Abs. 5 BerlStrG; 2 i. V. m. 45 BremStrO; 19 Abs. 3 HambWegeG; 16 Abs. 3 HessStrG; 21 Abs. 1 NiedersStrG; 18 Abs. 2 NordrhWestfLStrG.

Herbert Krüger, Grundfragen usw., S. 165, hält die „Gebühr" für einen „Straßenzins"; Marschall, Komm. z. BFernstrG, 1954, S. 143, für eine Konzessionsabgabe.

[193]) Die Unbegrenztheit des Gebührenmaßstabs (z. B. §§ 9 Abs. 2 BerlStraßG; 26 Abs. 1 Schl-HStrWG; 18 Abs. 2 Satz 3 NordrhWestfLStrG) läßt überdies rechtsstaatliche Zweifel, denen §§ 18 Abs. 3 HessStrG und 19 Abs. 3 HambWegeG Rechnung tragen, aufkommen (dazu Stern, Rechtsgutachten [Anm. 188]; bedenklich auch BayVGH 13, 110 [Gebührenänderungsvorbehalt zulässig], 14, 35 [rückwirkende Gebührenerhebung]). — Über die Formel: Nur ein reicher Staat könne Rechtsstaat sein vgl. Tartarin-Tarnheyden, HdbDStR Bd. 2, S. 418; Köttgen, VeröffVDStRL 6, 77. S. auch BadWürtt. VGH, KommStZ 62, 76.

[194]) Herbert Krüger, Grundfragen, S. 152.

Widerspruch zu diesen steuerstaatlichen Prinzipien"[195]). Sondernutzungsgebühren dürfen daher nicht als kostendeckende oder gar marktwirtschaftliche[196]) Entgelte erhoben werden, sondern nur in Höhe einer sinnvollen Kapazitätslenkung knapper Güter zu optimaler Nutzung[197])[198]).

## IV.

Die Vergabe von Wohltaten ist bekanntlich eine gute Möglichkeit, Herrschaft zu begründen[199]). Die Realität der Gleichung Leistungsfunktionen sind auch Herrschaftsfunktionen vermag gerade die Darbietung öffentlicher Sachen zu bezeugen, für die weitgehend Monopole bestehen. Der Staat kann nicht nur durch Befehl, sondern auch durch Bereitstellen entpersönlichen[200]) und die Rechtsposition des Bürgers in entsubjektivierende Abhängigkeitsverhältnisse zurückverwandeln. Die Sicherung der Freiheit im Staat der Daseinsvorsorge ist weder grotesk noch eine contradictio in adjecto. Im öffentlichen Sachenrecht heißt es, den verhängnisvoll „absolutistischen Zug"[201]) aus Otto Mayers verwaltungsrechtlichem Repertoire zu korrigieren, beruhend auf der von Gerber-Labandschen Verkennung der Grundrechte und individuellen Berechtigungen[202]), vor allem die Konstruktion der Polizeierlaubnis als Wiederherstellung der natürlichen Freiheit[203]). Hiegegen sei

---

[195]) VeröffVDStRL 6, 121.

[196]) Dazu auch Bullinger, Die Mineralölfernleitungen, S. 17.

[197]) Z. B. Parkplatz- oder Parkometergebühren (dazu BVerwGE 4, 342 ff.; H. Peters in: Berichte und Forschungen aus dem öffentlichen Recht, S. 583 ff.; Roth, NJW 61, 2192; Kodal, NJW 62, 480). — Über Konzessionsabgaben Stern, AöR 84, 301 ff. mit Nachw.

[198]) Privatrechtliche Entgelte aus Eigentum oder Gebrauchsüberlassung scheiden nach meiner Konstruktion ohnehin aus (strukturwidrig deshalb § 10 Abs. 5 BerlStraßenG, richtig hingegen § 13 BerlWasserG); wie hier auch Hans J. Wolff, VerwR I, S. 329 f.; a. A. die Rspr. des BGH (19, 85 ff.; 22, 398; 28, 34); unentschieden Evers, NJW 62, 1037.

[199]) Vgl. Bachof, VeröffVDStRL 12, 58, 77; Forsthoff, Rechtsfragen der leistenden Verwaltung, S. 41 f.; Bullinger, Vertrag und Verwaltungsakt, S. 47; Rupp, DVBl. 58, 113 ff.; Stern, JZ 60, 518 ff.

[200]) P. Tillich, zitiert bei Lepsien, aaO., S. 120; H. Freyer, Festgabe für Carl Schmitt, S. 63 ff.

[201]) Triepel, Staatsrecht und Politik, 1927, S. 35; G. Erler, Grundfragen des internationalen Wirtschaftsrechts, spricht S. 185 vom „Erbteil des Polizeistaates".

[202]) Haselau, aaO., S. 69 ff.; Leisner, Grundrechte und Privatrecht, 1960, S. 38 ff.; Scheuner in: Staatsverfassung und Kirchenordnung, S. 228.

[203]) Bereits Thoma ist dieser grobschlächtigen Konstruktion mit den Worten entgegengetreten: „Was nicht rechtlich verboten

folgende These gestellt: Sub specie der materialen Sozialstaatlichkeit geht es um den allgemeinen und gerechten, sub specie der grundrechtserfüllten Rechtsstaatlichkeit um den im subjektiven öffentlichen Recht verfestigten und gesicherten Anteil an den dargebotenen öffentlichen Sachen.

## V.

Das führt zu nachstehenden Folgerungen:

1. Es besteht ein subjektives öffentliches Recht auf Gemeingebrauch „als spezielle Konkretisierung des allgemeinen Rechts auf Teilhabe an den Staatsleistungen"[204]) im Rahmen der durch den Organisationsakt als gemeinverträglich[205]) ausgewiesenen Nutzung[206]). Eine nicht von Gegenrechten gedeckte Entziehung und Beeinträchtigung ist verwaltungsgerichtlich (Art. 2, Abs. 1 GG[207]), §§ 40, 42 VwGO) und zivilgerichtlich (§ 839 BGB, Art. 34 GG; § 823 BGB) geschützt[208]).

---

ist, ist rechtlich erlaubt, ist nicht etwa eine Maxime des Liberalismus, sondern eine denknotwendige Ableitung aus der Existenz einer staatlichen Rechtsordnung" (HdbDStR Bd. 2, S. 619; s. auch ders. VerwArch 32, 24 f.); ferner Piloty-Seydel, Bayer. Staatsrecht, 2. Aufl., 1913, Bd. 1, S. 173.

[204]) Forsthoff, VerwR, S. 341; heute vorherrschende Meinung: vgl. Haselau, aaO., S. 20; Ipsen, Rechtsgutachten, aaO., S. 39; E. R. Huber, DÖV 55, 129 ff.; Hans J. Wolff, VerwR I, S. 323, 326 („positiven verwaltungsrechtlichen Status"); Schnur, DVBl. 62, 5 (mit Nachw.); Kl. Vogel, Öffentl. Wirtschaftseinheiten, S. 254 Anm. 88.

[205]) Zur Gemeinverträglichkeit Ermacora, Die Verunreinigung der Gewässer als innerstaatliches und internationales Rechtsproblem, Verhandlungen des 1. österr. Juristentags 1962, Bd. II 3. Teil, S. 21; Scheuner, Festschrift für Gieseke, 1958, S. 73 ff.; Salzwedel, Der Personenverkehr 1960, Heft 5. — Die Unterscheidung vom Gemeingebrauch und Anliegergebrauch (gesteigerter Gemeingebrauch) halte ich für entbehrlich, da grundsätzlich nicht das Recht, sondern nur das wirtschaftliche Interesse des Anliegers am Bestand des Gemeingebrauchs größer ist (so richtig Fleiner, Institutionen, S. 377); das positive Recht kann freilich den besonderen Gemeingebrauch des Anliegers mit zusätzlichen Rechtsgarantien versehen (so z. B. § 16 Nordrh.-WestfLStrG, Art. 17 BayWG); ferner Horst Schneider, NJW 63, 276; OVG Lüneburg, DVBl. 63, 223.

[206]) Dieses Ergebnis kann schon aus §§ 1 StVZO, 7 Abs. 1 BFernstrG, 23 Abs. 1 WHG, 5 WStRG und den landesrechtlichen Wasser- und Wegegesetzen abgeleitet werden, so daß eine Begründung aus den Grundrechten oder internationalem Recht (so Haselau, aaO., S. 17 ff.) nicht erforderlich ist.

[207]) Richtig Dürig in Maunz-Dürig, Komm. z. GG, Rand-Nr. 36 zu Art. 19 Abs. 4: Art. 2 Abs. 1 gewährt das subjektive öffentliche Recht auf Freiheit von allen gesetzlich nicht gerechtfertigten Belastungen und Vorenthaltungen; OVG Rhld-Pfalz, DÖV 62, 69;

2. Nach der h. M. besteht kein materielles subjektives öffentliches Recht auf eine Sondernutzungserlaubnis, allenfalls ein formelles (auf ermessensfehlerfreie Entscheidung), wobei das Ermessen nicht auf speziell wege- oder wasserrechtliche Erwägungen beschränkt ist[209]). Auch die Selbstbindung der Behörde an eine ständige Ermessenspraxis über Art. 3, Abs. 1 GG[210]) verhilft nur selten zu einem Rechtsanspruch. Diese Auffassung gründet sich auf das Otto Mayer'sche Verbot mit Erlaubnisvorbehalt, nach dem alle den Gemeingebrauch überschreitenden Nutzungen „an sich" verboten seien und erst ausnahmsweise durch die staatliche Erlaubnis die „Wiederherstellung der natürlichen Freiheit" verfügt werde. Herbert Krüger betont mit Recht die dadurch ausgelöste Pervertierung des Leistungscharakters der öffentlichen Sache[211]). Jedes Verbot stellt per se eine Grundrechtsbeeinträchtigung dar. Bedarf nach der Rspr. des BVerfG[212]) ein Verbot der Rechtfertigung und nicht die Tätigkeit des Bürgers, sofern sie nicht in sich verbietungswürdig ist, und hält man alle staatlichen Reglemen-

---

OVG Münster, MDR 63, 79; DVBl. 61, 890; HessVGH ESVGH 9, 144; OVG Lüneburg, DÖV 54, 90; wohl auch Bad-Württ. VGH, AöR 86, 100; VG Koblenz, DÖV 63, 353; s. auch Fleiner, Institutionen, S. 376; zumindestens mißverständlich §§ 14 Satz 2 HessStrG; 14 Abs. 2 NiedersStG; 14 Abs. 1 Satz 2 Nordrh.WestfLStrG; 20 Abs. 4 SchlHolStrWG.

[208]) Ein verfassungsrechtlicher Schutz über Art. 14 dürfte nur in den besonders gelagerten Ausnahmefällen denkbar sein, in denen eine öffentlich-rechtliche Position als Eigentumsrecht zu bewerten ist (vgl. BVerfG 4, 240 f.; 11, 64 ff.; NJW 63, 29; BayVerfGH, BayVBl. 63, 51; BSozG, JZ 58, 20 ff. mit Anm. von Dürig; ders., Der Staat und die vermögenswerten Berechtigungen seiner Bürger, Festschrift für Apelt, 1958, S. 13 ff., 47 f.; s. auch E. R. Huber, DÖV 55, 129; Kröner, DRiZ 60, 422 ff.). Eher erfolgversprechend könnte ein Hinweis auf den Schutz des eingerichteten und ausgeübten Gewerbebetriebes sein.

[209]) Vgl. Hans J. Wolff, VerwR I, S. 328; Forsthoff, VerwR, S. 345; Marschall, aaO., S. 142; Herbert Krüger, Grundfragen, S. 17, 25, 64; §§ 2, Abs. 2, Satz 2 BremStraßenO; 19, Abs. 1, Satz 3 HambWegeG; gegen die h. M. mit Recht OVG Lüneburg, VerwRspr. 12, 28 zu § 9 BFernstrG mit Anm. von Friauf, JuS 62, 422 ff.; weitgehend auch Schick, DÖV 62, 936; Schulke, BayVBl. 61, 206.

[210]) Zuletzt BayVerfGH, DÖV 62, 381; BVerwG, DVBl. 59, 745; DVBl. 62, 452, 680.

[211]) „Es ist der selbstverständliche Sinn solcher nutzbringender Tätigkeit des Staates, den Bürgern im weitestmöglichen Umfang zugutezukommen. Es wirkt daher zum mindesten paradox, wenn ... das Gebrauchmachen von staatlichen Gewährungen grundsätzlich verboten wird" (Grundfragen, S. 30; ähnlich DÖV 58, 674).

[212]) Vgl. E. 6, 32 ff.; 7, 397 ff.; E. v. 21. 3. 1961 — 1 BvL 3158 — zitiert bei Echterhölter, BB 61, 1017. Für die Gewerbefreiheit G. Uber, Freiheit des Berufs, 1952; für die Verkehrswirtschaft, Haselau aaO.

tierungsakte an das Prinzip der Erforderlichkeit und Verhältnismäßigkeit[213]) gebunden, die verlangen, die verbotene Zone nicht maximal auszudehnen, sondern erst am unerläßlich notwendigen Punkt beginnen zu lassen, so erweist sich die überkommene, für den Bürger am ungünstigsten wirkende Konstruktion als unangemessen und sachinadäquat. Eine Neuordnung kann als Umkehrung der alten Schablone weder in der generellen Erlaubnis mit Verbotsvorbehalt noch in der Gewährung lediglich mit Auslesevorbehalt liegen; denn die Knappheit des öffentlichen Guts, auf dessen Nutzung ein quantitativ allzu umfangreiches und qualitativ überaus vielfältiges Begehr besteht, und die dadurch bedingte Selektion lassen eine Abschaffung der Erlaubnispflicht nicht zu [214]). Die Erlaubnis ist jedoch in ihrem Zweck zu verändern: Sie darf nicht mehr freiheitsgewährend, sondern muß freiheitsbestätigend wirken. Ihre Funktion ist Kontrolle aus Gemeinwohlgründen zum Zwecke optimaler Nutzung eines staatlich dargebotenen Guts, nicht „Lähmungs"-, sondern „Lenkungsfunktion"[215]). Sie wandelt sich ähnlich der Bauerlaubnis zur öffentlichrechtlichen Unbedenklichkeitserklärung[216]), d. h.: Gewährung unter rechtlich gebundenem Erlaubnisvorbehalt. Folge dieser Umstruktuierung ist der Rechtsanspruch auf die Erteilung einer Sondernutzung, sofern keine gesetzlichen Hinderungsgründe bestehen[217]). Das positive Recht steht gegenüber solchen rechtsstaatlichen Erwägungen freilich noch zurück. Eine normativ nicht gebundene Erlaubnis würde ich für eine grundsätzlich unzulässige Blankovollmacht an die Exekutive halten, die allenfalls dann noch verfassungsrechtlich zu halten ist, wenn man aus Sinn und Zweck des ganzen Gesetzes Voraussetzungen für ihre Erteilung oder Versagung entnehmen kann. Die Einräumung von Handlungsermessen ist nur zulässig, wenn anders nicht eine sinnvolle Koordinierung der zahlreichen und verschiede-

---

213) Allgemein Lerche, Übermaß und Verfassungsrecht, 1961; Bachof, JZ 62, 753; speziell für die öffentliche Sache Herbert Krüger, DÖV 58, 673 ff.

214) Zu weitgehend, daher W. Geiger, Grundgesetzliche Schranken für eine Kartellgesetzgebung, 1955, S. 15; Herbert Krüger, DÖV 56, 555; bedenklich auch BVerfGE 2, 279, wo verfeinerte Konstruktionsmittel nicht in Erwägung gezogen werden.

215) G. Erler, aaO., S. 186; ähnlich Friauf, JuS 62, 423 mit Nachw.

216) Vgl. Verfasser, bereits AöR 84, 148 ff. und JZ 62, 298 sowie die dort Erwähnten; Haselau, aaO., S. 100 f.; E R. Huber, Wirtschaftsverwaltungsrecht, Bd. 1, S. 71.

217) Im Ergebnis übereinstimmend Herbert Krüger, Grundfragen, S. 59 ff., 70; Strickstrock in: Festschrift für Apelt, 1958, S. 235; Friauf, JuS 62, 423 f.; nicht so weitgehend Bullinger, Mineralölfernleitungen, S. 41 f.; Drews-Wacke, Allg. Polizeirecht, 7. Aufl., 1961, S. 304 ff.

nen Benutzungszwecken dienenden Ansprüche zu erreichen ist, wenn also die sachrichtige Entscheidung wegen ständig wechselnder Situationen nicht gerecht und angemessen auf der Stufe des Gesetzes, sondern erst durch Auswahlbefugnisse der Exekutive entschieden werden kann[218]).

3. Die h. M. lehrt die grundsätzlich „freie" Widerruflichkeit der Sondernutzungserlaubnis sowie die uneingeschränkte Zulässigkeit eines Widerrufsvorbehalts und sonstiger Nebenbestimmungen[219]). Neuere Gesetze des Wegerechts folgen weitgehend dieser These[220]), während das positive Wasserrecht eine nur begrenzt widerrufliche Rechtsverleihung[221]) kennt. Gewohnheitsrechtlich hat sich allerdings auch im Wegerecht eine Nutzungs r e c h t s verleihung durchgesetzt[222]). Die Fragwürdigkeit solcher Differenzierung unter den Sondernutzungen habe ich an anderer Stelle dargelegt[223]).

4. Die Rechtsstellung des Erlaubnisnehmers ist durch die Widerruflichkeit „prekär"[224]). Erhebliche finanzielle Investitionen ruhen auf rechtlich schwachem Fundament. Andererseits verlangt das Gemeinwohl nicht selten eine Beseitigung bestehender Sondernutzungen. Derartige Interessenkollisionen möchte ich nach dem Grundgedanken der Widerrufslehre des allgemeinen Verwaltungsrechts lösen[225]); denn auch beim Wi-

---

218) Hierzu auch B e t t e r m a n n, Der Staat, 1962, S. 79 ff.; ders. AöR 86, 137, Anm. 13: Eine Erlaubnis, die ausschließlich im behördlichen Ermessen liegt, ist verfassungswidrig; ebenso F r i a u f, JuS 62, 425 (mit Hinweis auf die Rspr.); s. ferner Herbert K r ü g e r, Grundfragen, S. 47; S c h e u n e r, VeröffVDStRL 11, 17; J e s c h, JZ 61, 624 ff.; H a s e l a u, aaO., S. 104 und die Schweizer Lehre (Nachweise bei E h m k e, Ermessen und unbestimmter Rechtsbegriff im Verwaltungsrecht, 1960, Recht und Staat, Heft 230/231, S. 51).

219) Vgl. F o r s t h o f f, VerwR, S. 345; Hans J. W o l f f, VerwR I, S. 328; v. T u r e g g - K r a u s, aaO., S. 190; einschränkend BayVGH, BayVBl. 61, 281.

220) Vgl. § 8, Abs. 2 BFernStrG; Art. 18, Abs. 2 BayStrWG; §§ 10, Abs. 4 BerlStrG; 2, Abs. 3 BremStrO; 19, Abs. 2 HamWG; 16, Absatz 2 HessStrG; 18, Abs. 1 NiedersStrG; 18, Abs. 2 Nordrhein-WestL-StG; 21, Abs. 1 SchlHolsStrG.

221) §§ 8, Abs. 1 WHG; 15 BerlWG; 11 BremWG; 11 NiedersWG; 16, Abs. 1 Nordrh-WestfWG; 19 RhldPfWG; 12 SaarlWG; 12 SchlHolstWG.

222) Vgl. Hans J. W o l f f, aaO., S. 329 ff.; F o r s t h o f f, aaO., S. 344, 346; S c h a c k, Verw.Arch. 54, 43 ff.

223) JZ 62, 298; ebenso wohl auch S t r i c k s t r o c k, Zschr. f. WasserR 1962, S. 50 f. und S c h a c k, Verw.Arch. 54, 43 ff.

224) Herbert K r ü g e r, Grundfragen, S. 77.

225) Vgl. die Literaturangabe bei S t e r n, JZ 62, 299; ferner B a c h o f, JZ 62, 749; N e u m a n n, NJW 62, 1085; Z e i d l e r, Gutachten, aaO., S. 68 ff., der allerdings die Gegenposition bezieht, mit der sich auseinanderzusetzen jedoch hier nicht der Ort ist; aus der Rspr. zuletzt BVerwGE 13, 253 ff.

derruf von Sondernutzungen divergieren Interessen des Individual- und Allgemeinwohls. Beide sind zu bewerten und abzuwägen: Fordern unabdingbare Gemeinwohlerfordernisse, die spezifisch wege- oder wasserrechtlicher Natur sein müssen[226]), eine Beseitigung der Sondernutzung, so hat das Individualinteresse zurückzutreten.

Am Schlusse meines Berichts bin ich mir seiner Verlustliste bewußt: der Rechtsvergleichung[227]), der Probleme des Kirchenguts[228]), der Rechtsstellung der Sachen im Völkerrecht[229]) und anderer Fragen. Dafür und für manches, das im Stadium des Versuches — tauglich oder untauglich — steckengeblieben ist, sei mir die Nachsicht der meliora potentes gewährt.

---

[226]) So zutreffend Herbert Krüger, Grundfragen, S. 78, 112 ff.; Haselau, aaO., S. 107 f.

[227]) S. im einzelnen: für Österreich Antoniolli, Allg. Verwaltungsrecht, 1954, S. 247 ff.; Adamovich, Handbuch des österr. Verwaltungsrechts, 5. Aufl., 1953, Bd. 2, S. 89 ff.; Herrnritt, Grundlehren, S. 382; Maunz, aaO., S. 122; Sievers, Verw.-Arch. 51, 191; für die Schweiz Ruck, aaO., S. 139 ff.; Sievers, Verw.Arch. 51, 190; für Dänemark Vinding Kruse, Das Eigentumsrecht 1931, Bd. 1, S. 239 f.; für Frankreich und Italien bereits oben; ferner allg. Hans J. Wolff, HdSw., S. 36 f. — Ob die Rechtsvergleichung bei so sehr in nationalen und historischen Wurzeln verhaftenden Institutionen weiterhilft, scheint mir fraglich (vgl. etwa die Bedenken von Lorenz, JZ 62, 270; andererseits Liver, ZSchwR 80 [1960], S. 229).

[228]) Außer den schon Erwähnten noch etwa Meurer, Der Begriff und Eigentümer der heiligen Sachen, Bd. 1, 1885; Joh. Heckel, Kirchengut und Staatsgewalt, Festgabe für Smend, 1952, S. 103 ff. bes. 123, 131, 137 ff.; G. Holstein, Verw.Arch. 35 (1930), 105 ff., E. R. Huber, Die Garantie der kirchlichen Vermögensrechte in der Weim. Verf., 1927.

[229]) Dazu etwa Berber, Völkerrecht, 1960, Bd. 1, S. 322; Dahm, Völkerrecht, 1958, Bd. 1, S. 666; v. d. Heydte, Völkerrecht, 1958, Bd. 1, S. 234; Hatschek, Völkerrecht 1926, S. 203; Ullmann, Völkerrecht, 1908; S. 324; Heffter, Europ. Völkerrecht, 1888, § 73; ferner American Journal of Intern. Law, Bd. 54 (1960), S. 349; Kraus-Scheuner, Rechtsfragen der Rheinschiffahrt, 2 Rechtsgutachten, 1956.

## Leitsätze des Mitberichterstatters über: Die Öffentliche Sache

### *1. Teil*

### *Institution und Konstruktion der öffentlichen Sache*

### *A.*

### *Begriff und Sonderstellung der öffentlichen Sache*

1. *Die öffentliche Sache als ein von der Wissenschaft ausgebildeter Mantelbegriff ist weder in der Gegenwart, noch war sie in der Vergangenheit ein scharf konturiertes Gebilde.*
2. *Ursachen hierfür sind:*
   *a) die komplexe Einwirkung des öffentlichen bzw. privaten Rechts,*
   *b) der normativ schwer zu erfassende Gehalt des Begriffs öffentlich,*
   *c) die von Gesellschafts- und Staatsauffassung abhängige Funktion und Ordnung der öffentlichen Sache.*
3. *Die rechtliche Sonderstellung der öffentlichen Sachen wird mit der natürlichen Beschaffenheit der Objekte, religiösen, militärischen, politischen, staatswirtschaftlichen Motiven, kurz: Anforderungen des Gemeinwohls, begründet.*
4. *Rechtshistorisch beeinflussen zwei verschiedene Bildungsgesichtspunkte die Dogmatik der öffentlichen Sache: das römisch-rechtliche Eigentum und die germanisch-rechtliche Regalität.*
5. *Die herkömmliche Theorie konstruiert darum die öffentliche Sache als Mischgebilde öffentlichen und privaten Rechts: die öffentliche Sache gilt als eigentumsfähig und damit einer privatrechtlichen Ordnung zugänglich, die jedoch durch öffentliche Zwecke beschränkt ist.*
6. *Die französische Lehre des domaine public (Otto Mayer) oder der Versuch, die öffentliche Sache als „Rechtsverhältnis" (Maunz) zu begreifen, können nur in Teilaspekten als dogmatisch förderlich erkannt werden.*

7. *Ein für den Gesetzgeber brauchbares und rechtstheoretisch klares Dogma der öffentlichen Sache ist notwendig, um zahlreiche Ungereimtheiten auszuräumen, wie z. B.:*
   a) *die Konstruktion der Verkehrssicherungspflicht nach § 823 BGB,*
   b) *die doppelten gerichtlichen Zuständigkeiten je nach Einkleidung des Streits,*
   c) *die Mitwirkung des Eigentümers bei der Vergabe von Sondernutzungen,*
   d) *das Fehlen einer „Polizei" der öffentlichen Sache,*
   e) *die Probleme sinnvoller Nutzung der öffentlichen Sache.*

## B.

## *Grundgedanken einer öffentlich-rechtlichen Theorie der öffentlichen Sache*

8. a) *Ausgangspunkt einer Konstruktion nach dem Leitbild des sozialen Rechtsstaats muß eine durchgängige öffentlich-rechtliche Ordnung der öffentlichen Sache sein.*
   b) *Rechtsvergleichende gesetzliche Hinweise können Art. 822 ff. des italienischen Codice Civile von 1942 bieten.*
9. *Als verwaltungsrechtlich relevant sind nur diejenigen Sachen Gegenstand des Themas, die aus dem Gesamtbestand der Sachen durch einen besonderen Rechtsakt (= Organisationsakt) in das öffentliche Recht transformiert, d. h. spezifisch normativ zugeordnet sind und einen besonderen institutionellen Status besitzen.*
10. *Im Regelfall handelt es sich hierbei um zwei Kategorien von Sachen:*
    a) *Sachen, deren Funktion auf den internen Gebrauch durch staatliche (und dem Staat ein- bzw. angegliederte öffentlich-rechtliche Verbände) oder kirchliche Organe zugeschnitten ist und die höchstens akzidentiell einer externen Nutzung unterliegen;*
    b) *Sachen, deren Funktion essentiell auf externe Nutzung in spezifisch öffentlich-rechtlichen Nutzungsformen zugeschnitten ist.*
11. *Der Organisationsakt, der die solchermaßen bestimmte öffentliche Sache kreiert, ist nicht identisch mit der Widmung, sondern Rechtsakt eigener Prägung, der einem Rechtsobjekt den „institutionell öffentlichen Status" (Forsthoff) verleiht.*

*12. Seine Rechtsgrundlagen sind Verfassung, Gewohnheitsrecht, Gesetz, Rechtsverordnung, Satzung und der „allgemeine Verwaltungsauftrag".*

*13. Seine rechtsformale Gestalt kann neben den unter 12. genannten Typen auch ein Individualakt sein, der aber nicht frei von normativen Elementen ist, da die Begründung des institutionell öffentlichen Status einer Sache sich auch an die Allgemeinheit wendet.*

## *C.*

## *Der Stand des positiven Rechts*

*14. Das geltende Recht, besonders das Wege- und Wasserrecht, steht mit dieser unter B genannten Konzeption nur zum Teil in Einklang. Abweichend wird*

*a) die Widmung nicht als Organisationsakt begriffen, ausgenommen wohl das Hamburgische Wegegesetz, besitzt*

*b) das Eigentumsrecht für Nutzung und Schutz der Sache noch eine nachhaltige Bedeutung, ist also nicht allein auf die statische Position reduziert, die öffentliche Sache nicht zur res nullius werden zu lassen.*

*15. Sachordnung, Sachnutzung und Sachverantwortlichkeit sind de lege lata noch nicht kongruent geregelt; Unvollkommenheiten (Leitsatz 7) in Gesetz und Praxis sind die Folge der uneinheitlichen Konzeption.*

# *2. Teil*

# *Funktion und Nutzung der öffentlichen Sache*

## *A.*

## *Die sozialstaatliche Verankerung der öffentlichen Sache*

*16. Die öffentliche Sache ist ihrer Funktion nach einzubeziehen in das Sinngefüge der modernen Leistungsverwaltung, die vom Verfassungsprinzip des rechtlichen Sozialstaats durchzogen ist.*

*17. Ihrer Idee nach dient die öffentliche Sache der Erfüllung von Allgemein-, Individual- und Staatsbedürfnissen, denen spezifische Nutzungsformen entsprechen (vgl. Leitsatz 22).*

*18. Die Darreichung öffentlicher Sachen ist seit langem durch alle Gemeinwesen geübt. Hierin scheint vielleicht sogar die*

*Urform staatlicher Daseinsvorsorge zu liegen, sicher aber „geborene" Leistungsverwaltung.*

19. *Die Darbietung öffentlicher Sachen ist anders als die Staatswirtschaft ideologisch und soziologisch nicht in Zweifel gezogen und darum kein Diskussionsgegenstand einer „Privatisierung".*

20. *Aus ihrem staatlichen Selbstverständnis wird eher die Forderung nach einer Vermehrung abgeleitet.*

## B.

## *Die Notwendigkeit einer öffentlich-rechtlichen Nutzungsordnung*

21. *Das Gebot juristischer Stilreinheit verpflichtet zu einer Kongruenz von öffentlich-rechtlicher Organisationsform und öffentlich-rechtlicher Nutzungsform, d. h. die ausschließlich öffentlich-rechtliche Institutionalisierung intendiert eine ausschließlich öffentlich-rechtliche Nutzungsordnung und ausschließlich öffentlich-rechtliche Nutzungsformen.*

22. *(All)Gemein- oder/und Sondergebrauch der Bürger, sowie Exklusivgebrauch der Staatsorgane als herkömmliche Nutzungsformen nutzbarer öffentlicher Sachen sind daher — soweit noch nicht geschehen — privat-rechtlicher Einwirkungen zu entkleiden.*

23. *Diese Nutzungsformen können ergänzt werden durch besondere verwaltungsrechtliche Leistungsverhältnisse.*

24. *Gemeingebrauch ist jene Nutzung, deren Inhalt durch den öffentlich-rechtlichen Organisationsakt bereits generell festgelegt ist; Sondergebrauch (auch in Form anstaltlicher Nutzung) ist jene Nutzung, deren Inhalt noch durch einen individualisierenden Rechtsakt zwischen Benützer und Sachherr konkretisiert wird.*

25. *Beide Nutzungsformen sind unentbehrlich, da die öffentliche Sache als ein „Mehrzweckinstitut" (Köttgen) allen, aber auch speziell zuzulassenden Interessenten dient.*

## C.

## *Auswirkung einer öffentlich-rechtlichen Nutzungsordnung*

26. *Die öffentliche Sache darf auf Grund ihrer Gemeinwohlfunktion weder einen wirtschaftsinterventionistischen Ansatzpunkt bieten, noch als ein ökonomisches Potential der Verwaltung begriffen werden.*

27. *Eine Vergabe nach marktwirtschaftlichen Gesichtspunkten verbieten die Prinzipien steuerstaatlicher Einnahmeerzielung.*

28. *Es sind daher Bedenken gegen die gesetzlich teilweise vorgesehene Synallagmatik bei der Bemessung von Sondernutzungsgebühren zu erheben.*

29. *Das Konstruktionsmittel des „Verbots mit Erlaubnisvorbehalt" (Otto Mayer) bei der Darreichung öffentlicher Sachen wird deren Funktion nicht mehr gerecht.*

30. *Leistungsfunktionen dürfen sich nicht als Herrschaftsfunktionen auswirken.*

31. *Sub specie der materiellen Sozialstaatlichkeit geht es um den allgemeinen und gerechten, sub specie der grundrechtserfüllten Rechtsstaatlichkeit um den im subjektiven öffentlichen Recht verfestigten und gesicherten Anteil an der Darbietung öffentlicher Sachen. Daraus wird folgen:*

    a) *Ein schon von der vorherrschenden Meinung angenommenes subjektives öffentliches Recht auf Gemeingebrauch im Rahmen der durch den Organisationsakt als gemeinverträglich ausgewiesenen Nutzung auch in der Gesetzgebung durchzusetzen.*

    b) *Die weitgehend angenommene Ablehnung eines subjektiven Rechts auf Sondernutzungsbewilligungen, sowie deren „freie" Widerruflichkeit einer kritischen Überprüfung zu unterziehen und auf eine Verstärkung berechtigter Nutzungsansprüche des Bürgers hinzuwirken.*

# Die Öffentliche Sache

## Aussprache und Schlußworte

**Scupin** (Diskussionsleiter): Ich habe schon einige Wortmeldungen und frage Sie, ob Sie es für zweckmäßig halten, Schwerpunkte zu bilden. Mir scheint das bei der heutigen Materie im Gegensatz zur gestrigen etwas schwierig. Ich habe überlegt, ob man die Einordnung der öffentlichen Sache in die Leistungsverwaltung erst dann diskutieren soll, nachdem die neuen Aspekte der öffentlichen Sache diskutiert worden sind. Aber ich glaube, daß gewisse Veränderungen der Kriterien der öffentlichen Sache mit jener Folgerung sehr zusammenhängen. Daher würde man heute durch Bildung besonderer Schwerpunkte nicht viel gewinnen.

**Merk:** Gegen die Auffassung, daß aus dem geltenden Recht ein einheitlicher Begriff der öffentlichen Sache abzuleiten sei, möchte ich Bedenken erheben. Die Rechtsbegriffe sind bekanntlich Zweckbegriffe. Es können sich daher nach den Gesetzen für die verschiedenen Rechtsbereiche verschiedene Rechtsbegriffe ergeben. Bezeichnet man als öffentliche Sachen im weitesten Sinne den Inbegriff der einem öffentlichen Verwaltungsträger gehörenden Gegenstände, so kann man weiterhin zwischen einem Begriff der öffentlichen Sache im weiteren und einem Begriff im engeren Sinne unterscheiden. Jenen Begriff gewinnt man indem man aus dem angegebenen Inbegriff das Finanzvermögen ausscheidet und das Verwaltungsvermögen als öffentliche Sachen bezeichnet. Diese Unterscheidung hat vor allem finanzrechtliche Bedeutung. So ist z. B. Grundbesitz des Bundes, der Länder, Gemeinden und Gemeindeverbände, der für einen öffentlichen Dienst oder Gebrauch benutzt wird, von der Grundsteuer befreit. Dagegen sind unter öffentlichen Sachen im engeren oder verwaltungsrechtlichen Sinne im Anschluß an Otto Mayer, der das Verdienst hat, diesen Begriff herausgearbeitet zu haben, zu verstehen nur die Sachen aus dem Bereiche des Verwaltungsvermögens, die einem öffentlichen Verwaltungszweck unmittelbar dienen, gleichviel ob sie — was nicht wesentlich ist — im Gemeingebrauch stehen oder nicht; so z. B. öffentliche Wege, Wasserstraßen, Friedhöfe, Festungen. Danach lehne ich die Auffassung ab, öffentliche Sachen einfach dem Verwaltungsvermögen gleich zu stellen, wie das heute morgen geschehen ist, wobei dann noch die Sachen im Gemeingebrauch hinzugerechnet werden, ohne daß doch das gemeinsame Band ersichtlich gemacht worden wäre. Verwaltungsgebäude, wie Schul-, Post-, Eisenbahngebäude, dienen zweifellos einem öffentlichen Zweck, aber doch nicht unmittelbar, wie z. B. Festungen dem Verteidigungszweck: hier verkörpert oder prägt sich die Verwaltungsaufgabe unmittelbar in dem Gegenstand aus. Bei Verwaltungsgebäuden ist dies nicht der Fall. So kann z. B. die Post ja auch für ihre Verwaltungszwecke ein Gebäude mieten; das Verwaltungsgebäude ist sozusagen nur das Gehäuse, in dem die Verwaltung tätig wird. Das ist weiter auch z. B. von Bedeutung für die Unterhaltungspflicht. Wenn ein Verwaltungsgebäude sich in polizeiwidrigem Zustand befindet, so kann die Polizei zweifellos eingreifen; desgleichen mit Bezug auf die Pflicht zur Unterhaltung und Reinigung des daran angrenzenden Gehwegs usf. Die Post usf. steht hier der Verwaltung gegenüber nicht anders als ein gewöhnlicher Untertan. Das ist bei öffentlichen Sachen im verwaltungsrechtlichen Sinne nicht der Fall. Bei einer Festung z. B. kann die allgemeine Polizei so nicht eingreifen. So bin ich — auch im Gegensatz zum französischen Recht — der Auffassung, daß das Verwaltungsvermögen nicht einfach als öffentliche Sache im verwaltungsrechtlichen Sinn nach deutschem Recht bezeichnet werden kann. Daher nehme ich auch durchaus an, wie es in der Rechtsprechung bejaht worden ist, daß z. B. jemand aus einem Gerichtsgebäude aufgrund des Eigentums ausgewiesen werden kann, wenn er sich ungebührlich benimmt.

Was die Abgrenzung des Begriffs der öffentlichen Sachen anbetrifft, so mag manches zweifelhaft erscheinen, worauf hier nicht näher einzugehen ist. Ich sehe aber im Gegensatz zu Herrn Weber nicht ein, daß es sich hierbei unbedingt um körperliche Sachen i. S. des bürgerlichen Rechts handeln muß, daß sozusagen das Privateigentum Voraussetzung für die öffentlichrechtliche Sachherrschaft ist. Ich bleibe im übrigen bei der Unterscheidung zwischen Privateigentum und öffentlich-rechtlicher Sachherrschaft im Gegensatz zu Otto Mayer und der neuen Regelung des Wegerechts in Hamburg. Jedenfalls gehen unsere Gesetze sonst durchweg davon aus, wie z. B. auch das Bundesfernstraßen-Gesetz und auch das neue bad.-württ. Wassergesetz von 1960. Auch der Luftraum über dem Staatsgebiet ist m. E. als öffentliche Sache anzusehen. Das Luftverkehrsgesetz trifft hier eine Regelung, wonach seine Benutzung grundsätzlich frei ist usf. Der Luftraum über dem Staatsgebiet gehört eben mit zum Staatsgebiet. Es ist nicht einzusehen, warum er nicht im Hinblick auf den Luftverkehr und seine Regelung als öffentliche Sache angesehen werden könne; anders ist es allerdings bei der offenen See, da sie keiner Gebietshoheit unterliegt. Es deckt sich eben der Begriff der öffentlichen Sache nicht einfach mit dem Sachbegriff des bürgerlichen Rechts. Auf der anderen Seite will Herr Weber selbst darüber hinausgehen, indem er z. B. eine öffentliche Bücherei mit ihren sämtlichen Bücherbeständen als eine öffentliche Sache, d. h. als eine Gesamtsache, ansieht; für mich jedoch ist das ein Inbegriff öffentlicher Sachen.

Weiter ist mir nicht verständlich, warum die Hamburger Regelung i. S. einer öffentlich-rechtlichen Haftung aufgrund der Straßenunterhaltungspflicht unter Ablehnung einer bürgerlich-rechtlichen Verkehrssicherungspflicht im Widerspruch zu Art. 34 GG stehen soll. Der Bundesgerichtshof hat selbst ausgeführt, es bestehe die Möglichkeit, neben der — früher allein von ihm angenommenen — bürgerlich-rechtlichen Straßenverkehrssicherungspflicht noch aufgrund der öffentlich-rechtlichen Unterhaltungspflicht eine Haftung eintreten zu lassen; er verlangt allerdings eine Erklärung des betr. Verwaltungsträgers, daß dies so sein soll. M. E. hat diese Wahlerklärung, welches Recht Anwendung finden soll, das bürgerliche oder das öffentliche, keine Grundlage im Gesetz. Ich bin hier immer auf dem Standpunkt gestanden, daß die Verkehrssicherungspflicht beim Fehlen besonderer gesetzlicher Vorschriften ein Bestandteil der öffentlich-rechtlichen Unterhaltungspflicht überhaupt ist; ich lehne die Auffassung ab, daß bei öffentlichen Wegen eine besondere bürgerlich-rechtliche Verkehrssicherungspflicht i. S. der Übernahme einer Gefährdungshaftung durch die Eröffnung des Weges bestehe, bei deren Verletzung § 823 BGB eingreife. Die Verkehrssicherungspflicht bei privaten Wagen ist etwas ganz anderes als die Unterhaltungspflicht öffentlich-rechtlicher Verwaltungsträger bei öffentlichen Wegen und die Abspaltung einer besonderen bürgerlich-rechtlichen Verkehrssicherungspflicht davon nicht einleuchtend. Hier kommt § 839 BGB in Verbindung mit Art. 34 GG in Betracht. Wenn danach bei Fahrlässigkeit nur aushilfsweise eine Haftung eingreift, so müssen wir uns mit dem geltenden Recht abfinden.

In Kürze noch etwas zu einigen weiteren Punkten. Es ist schon bisher der Standpunkt vertreten worden, daß es sich bei den öffentlichen Sachen, wie insbesondere bei den öffentlichen Straßen, z. T. um Reste öffentlicher Anstalten handele. Wenn ein Verkehrsschutzmann z. B. ein Gebot erläßt, sich in bestimmter Richtung zu bewegen, so ist das keine Verwaltungsverfügung im gewöhnlichen Sinne, sondern eine Weisung — etwa gleichartig einer solchen, die einem Besucher einer öffentlichen

Gemäldesammlung erteilt wird —, deren Befolgung auch strafrechtlich gesichert ist. Aber die polizeiliche Regelung des Gemeingebrauchs, die z. B. in Straßen- und Wassergesetzen vorbehalten ist, ist nicht einfach rechtlich als Ordnung einer öffentlichen Anstalt aufzufassen, da eine Zulassung, wie bei der Benutzung einer solchen hier nicht in Frage kommt, andererseits bei einer öffentlichen Anstalt wegen des Erfordernisses der Zulassung, auch mit Bezug auf die Benutzung öffentlicher Sachen, wie z. B. bei Kanälen, ein Gemeingebrauch nicht in Frage kommt.

Der Auffassung von Herrn Stern, daß im römischen Recht das Eigentum die Grundlage der öffentlichen Sachen gebildet habe, vermag ich in dieser Form nicht zuzustimmen; die dem öffentlichen Gebrauch dienenden Sachen, wie z. B. öffentliche — dauernd fließende — Gewässer, galten als Gegenstände außerhalb des Rechtsverkehrs, die in niemandes P r i v a t e i g e n t u m standen. Im deutschen Recht ist die Allmende der Ausgangspunkt für die öffentlichen Wege und Gewässer gewesen; erst in der späteren Entwicklung, nachdem sich schon in der Fränkischen Zeit das Volkseigentum in Königseigentum verwandelt hatte, kam dann der Begriff der Königsstraßen oder Reichsstraßen i. S. eines königlichen Regals auf, wie z. B. in der bekannten constitutio de regalibus Kaiser Friedrichs I. von 1158. Daß weiter die öffentlichen Sachen eine Urform der „Daseinsvorsorge“ sein sollen, ist m. E. eine verfehlte Auffassung, die heutige Einrichtungen und Anschauungen auf frühere Zeiten und ihrem Ursprung nach anders geordnete Gegenstände überträgt. Es handelt sich m. E. vielmehr bei den öffentlichen Sachen dem Ursprung nach um Reste von anfänglich ungeschiedener Gemeinherrschaft und Gemeineigentum. Sie dienten außer für gewisse unmittelbare öffentliche Zwecke, wie z. B. Heeresstraßen, Verkehrsstraßen, auch dazu, die schroffe Abgrenzung der privaten Willensmacht der Einzelnen mit Bezug auf das Eigentum nach dessen Ausbildung zu ergänzen und abzumildern unter dem Gesichtspunkt allgemeiner öffentlicher Belange. Weiter ist es nicht richtig, daß Otto Mayer den Begriff „Verbot mit Erlaubnisvorbehalt“ auf die Sondernutzungen bei öffentlichen Sachen angewendet habe; er hat vielmehr diesen Begriff nur für die Polizeierlaubnis verwendet. Aber von der Polizeierlaubnis ist im Gegensatz zu Fleiner die Gebrauchserlaubnis wohl zu unterscheiden. Bei ihr wird nicht, wie bei jener, die natürliche Handlungsfreiheit des Einzelnen wiederhergestellt, deren Ausübung zunächst in vorbeugender Weise rechtsatzmäßig allgemein unter dem Vorbehalt der Erlaubniserteilung im Einzelfalle, wenn keine öffentlich-rechtlichen Bedenken gegen ein entsprechendes Gesuch bestehen, verboten ist; vielmehr erhält der Einzelne hier mit Bezug auf eine — ihm fremde — öffentliche Sache eine Befugnis, etwas zu tun, was ihm nicht schon an sich rechtlich zusteht. Auch die Behauptung, daß ein subjektives öffentliches Recht auf den Gemeingebrauch und auf Sondernutzungen bestehe, trifft beim Fehlen besonderer Vorschriften, wie in Gemeindeordnungen, m. E. nicht zu. Endlich verneine ich, daß ein „Gebot der Stilreinheit" verpflichte, alle Nutzungen der öffentlichen Sachen öffentlich-rechtlich aufzuziehen; dafür besteht m. E. kein zwingendes Bedürfnis. Soweit die öffentlich-rechtliche Zweckbestimmung nicht berührt wird, bleibt grundsätzlich noch Raum für bürgerlich-rechtliche Nutzungen und Verfügungen.

**Ipsen:** Ich habe kürzlich einen zweiten Wohnsitz in Niedersachsen begründet und aus diesem Anlaß gehofft, mich nicht in so spezifischer Weise meiner hamburgischen Herkunft erinnern zu müssen. Aber nachdem Herr Weber geradezu genüßlich hier ausgebreitet hat, wie die zuständigen Mitglieder der Hamburger Rechtswissenschaftlichen Fakultät beim hamburgischen Wegegesetz Pate gestanden hätten, kann ich nicht umhin, mich zu diesem Punkte und zu zwei weiteren zu äußern.

In einer Beratung des Wegerechtsausschusses des hamburgischen Parlaments, der Bürgerschaft, sind einige Fakultätsmitglieder um ihre Meinung gebeten worden. Ich darf das hier zunächst klarstellen, um die Verantwortlichkeit zu klären. Von den hier Anwesenden waren das Herr Schack und meine Wenigkeit, außerdem von unseren Zivilisten Herr Schultze-von Lasaulx und Herr Stoll, der kurz in Hamburg wirkte. Herr Schack hat sich zu dem Vorhaben des hamburgischen Gesetzgebers (sofern er nicht die Absicht hat, das selbst hier zum Ausdruck zu bringen, darf ich es hier schon einfließen lassen) sehr skeptisch geäußert und sich ganz auf der konservativen Linie bewegt, die das Referat von Herrn Weber kennzeichnet. Ein anderer Fachvertreter hat in den Verhandlungen, die gedruckt sind, folgendes gesagt: „Wenn die Begründung des Senatsentwurfs zu diesem Wegegesetz aussagt, Hamburg habe jetzt alle Veranlassung, in seinem Wegegesetz sehr moderne, systematisch einwandfreie Wege zu beschreiten und hier nun einmal ein Muster eines Landeswegegesetzes zu schaffen, das klar das öffentliche Eigentum ausweise, dann zeugt das von gesetzgeberischem Avantgardismus, der sicher alle Achtung verdient und den Verfassern des Gesetzes das Prädikat klarer Systematik zuerkennt. Aber die Gesetzgebung hat ja doch nicht die Aufgabe, wenn ich es recht sehe, wissenschaftliche Kategorien zu formieren und in schlüssiger Abfolge zur Darstellung zu bringen, sondern, den faktischen Bedürfnissen und den rechtspolitischen Zielen entsprechend, die man verfolgt, eine praktikable Lösung zu finden." Das habe i c h damals gesagt, woraus Sie schließen mögen, daß die Unterstützung zuständiger Fakultätsmitglieder bei der Aktivierung des öffentlichen Eigentums in Hamburg zumindest eine nuancierte gewesen ist.

Nun, was die praktikablen Lösungen angeht, zur Sache: Gewiß, das hamburgische Wegegesetz hat sich zum öffentlichen Eigentum bekannt. Ob das dogmatisch zutreffend und richtig ist und welche Auswirkungen diese Lösung haben wird, das soll die Zukunft erweisen. Ich frage mich zunächst folgendes: Bestanden Kompetenzbedenken gegen eine solche Lösung? Ich bin der Auffassung: Nein. Ich glaube, die Bedenken, die von Herrn Weber in dieser Richtung geäußert worden sind, waren überwindbar; das gilt insbesondere auch in Bezug auf die Verkehrssicherungspflicht. Auch insofern sind bei diesen Vorerwägungen keine Bedenken gesehen worden, und ich glaube auch nicht, daß sie gehegt werden müssen. Ich will mir aus Zeitgründen ersparen, das im einzelnen auszuführen. Herr Schultze-von Lasaulx hat diese Dinge in den gedruckten Ausschußberichten ausführlich zu Papier gebracht.

Die zweite Frage hat Herr Stern in seinem Leitsatz 21 dahin formuliert, ob es nicht Gebote juristischer Stilreinheit gebe, für ein solches Institut sachadäquate Regelungen zu finden. Dazu würde ich meinen, daß eine Regelung wie die des hamburgischen Wegegesetzes diesen Geboten entsprechen kann, sofern sie dabei den Dingen nicht in irgendeiner Weise Gewalt antut oder irgendwelchen Prinzipien widerstreitet, die zu berücksichtigen wären. Diese Gefährdung bestimmter Prinzipien sieht Herr Weber unter anderem aus gewissen rechtsstaatlichen Gesichtspunkten. Wenn ich ihn recht verstand, hatte er Bedenken, von der Charakterisierung des öffentlichen Eigentums zu sprechen in Bezug auf die Vorfrage der Herstellung der Verfügungsgewalt der öffentlichen Hand über diese Objekte. Dem ist, glaube ich, der Gesetzgeber gerecht geworden. Ich will hier auf die Texte verweisen: § 4 Abs. 2 und § 6 Abs. 1 HambWegeG stellen sehr eindeutig klar, daß in dieser Beziehung rechtsstaatlich sicher alles in Ordnung sein müsse. Ich sehe Bedenken auch nicht in der Richtung, daß durch dieses Institut die Herrschaft der Zivilrechtsordnung aus ihren Restbeständen verdrängt wird, wenn — das ist natürlich die Voraussetzung, war die Klippe für den Gesetzgeber — diese Lücke, die durch die Verdrängung der Zivilrechtsordnung entsteht, durch adäquate öffentlich-rechtliche Sachnormen wieder ausgefüllt werden kann, wozu aber das Gesetz, glaube ich, hinreichende Regelungen bietet. Ich frage mich weiter: was spricht gegen eine solche Lösung, selbst wenn man sie als etwas Intensiveres charakerisiert, als Herr Weber es getan hat, der sie eine bloße „Etikettierung" öffentliches Eigentum nannte, die sachlich nichts entscheidend Abweichendes oder Neues bringe. Den großen Vorzug dieser Lösung sehe ich in ihrer Formenklarheit, in der Adäquanz der zuständigen Normen für das Institut der öffentlichen Sache, in einer Überwindung — jedenfalls teilweise — des Dualismus der Rechtswege in Rechtsschutzfragen, insgesamt also auch in gewissen Rationalisierungseffekten des Gesetzgebers, die hier erzielt werden könnten. Entscheidende Einwendungen — wenn ich es einmal so pronociert formulieren darf —, warum denn ein Landesgesetzgeber, von der Kompetenzfrage abgesehen, nicht eine solche Lösung praktizieren solle oder dürfe, wie sie hier gefunden worden ist, glaube ich, nicht gehört zu haben. Ich wäre dankbar, wenn dazu noch entscheidende Argumente gesagt würden. Vor allen Dingen habe ich sie nicht gehört aus dem Munde von Herrn Stern, der sich zu der Frage: Institut des öffentlichen Eigentums oder nicht, negativ geäußert hat, ohne mir allerdings entgegenzuhalten, warum ein Gesetzgeber, wenn er für die betreffende Materie zuständig ist, nicht diesen Weg sollte gehen können.

**Dürig:** Herr Ipsen. Darf ich unterbrechen? Sie haben doch aber den Eigentumsbegriff geändert, der doch eigentlich vom BGB her feststeht?

**Ipsen:** Nein, wir haben ihn nicht verändert, sondern wir haben einen Eigentumsbegriff für öffentliche Sachen verwendet, für den mit Notwendigkeit und durch irgendeinen Kodifikationsvorbehalt des Bürgerlichen Rechts ein Eigentumsbegriff noch nicht präokkupiert und fixiert war. Der hamburgische Gesetzgeber hat sich auf den Standpunkt gestellt, daß ein Raum zur Fixierung öffentlichen Eigentums noch verfügbar war. Ob Sie dieses Institut nun zufällig auch gerade Eigentum nennen, so wie das BGB es Eigentum nennt, oder ob Sie es als Herrschaft — oder was weiß ich, wie sonst — bezeichnen, das ist dabei unerheblich. Sollte das aber als nicht unerheblich betrachtet werden, sind wir uns wenigstens einig, worin wir uneinig sind. Das betrachte ich als einen wesentlichen Fortschritt dieser Aussprache.

Darf ich ein Letztes sagen? Es ist von beiden Referenten, glaube ich, zutreffend darauf abgestellt worden, daß die öffentlichen Sachen als körperlich zu begreifen sind und ihr Begriff nicht unter Absehen von der Körperlichkeit in irgendeiner Weise ausgeweitet werden dürfte in verschiedene Richtungen, wobei mir eine am Herzen liegt. Sie ist heute morgen nur in einem

Punkte angeklungen, nämlich in Bezug auf das, was wir öffentliche Unternehmen oder Unternehmen der öffentlichen Hand oder sonstige Sach- und Betriebsgemeinschaften mit öffentlicher Beteiligung und Einflußnahme nennen. Das ganze Thema — unser Kollege Zeidler hat die Dinge ja in Köln (VVDStRL Heft 19) erörtert, die Frage der Mehrheitsbeteiligung, der Minderheitsbeteiligung, der Einflußnahme und dergleichen mehr —, diesen ganzen Fragenkomplex der Zuordnung zu den öffentlichen Unternehmen sollten wir, wie heute morgen, glaube ich, zutreffend geschehen ist, aus unserem Diskussionsbereich ausgeklammert lassen und uns damit in diesem Punkte wohltuend unterscheiden von den Franzosen, die in diesem Gemengelage untergehen und überhaupt keinen Überblick und keine Scheidung mehr besitzen in den verschiedenen Institutionen des „service public“. Ich möchte dabei aber nicht unterlassen, darauf hinzuweisen, daß dieses Thema der Kölner Tagung für uns thematisch noch nicht zu Ende sein sollte: Das sollten wir einmal wieder aufnehmen, aber aus diesem engeren Bereich jetzt ausklammern, weshalb — noch ein letztes hamburgisches Wort — es mir dogmatisch auch nicht gefällt, daß mein Doktorand Klaus Vogel in seiner Arbeit über die öffentlichen Wirtschaftseinheiten in privater Hand den Vorgang der Indienstnahme solcher Betriebsunternehmungen mit dem verfänglichen Ausdruck „Widmung“ des öffentlichen Sachenrechts versehen hat, womit er gerade das in Verbindung brachte, was nach meiner Meinung sauber getrennt bleiben sollte.

**Fuß:** Ich gedenke nicht die hamburgische Lösung, insbesondere das Institut des öffentlichen Eigentums, zu verteidigen, sondern ich bin da ganz und gar der Meinung der beiden Herren Referenten. Ich glaube nicht, daß wir das Rechtsinstitut des öffentlichen Eigentums überhaupt benötigen, weil wir nämlich alle einschlägigen Probleme auch auf die bisherige Weise lösen können, nämlich mit einem privatrechtlichen Eigentum, das öffentlich — rechtlich überlagert ist.

Erlauben Sie, daß ich einige Aspekte herausgreife und kurz behandele. Das erste ist die Benutzungsordnung, herkömmlich mit den Begriffen Gemeingebrauch und Sondernutzung bestimmt. Selbstverständlich muß diese Benutzungsordnung jedenfalls teilweise öffentlich — rechtlich ausgestaltet werden. Dabei ist es aber gut, daß zumindest auch die Möglichkeit einer privatrechtlichen Nutzung weiter bestehen bleibt. Allerdings haben die Protagonisten des öffentlichen Eigentums richtig herausgestellt, daß die Widmung bisher nicht deutlich genug zu erkennen ist. Man weiß häufig nicht, ob eine Sache eine öffentliche Sache ist. Deshalb halte ich die Vorschläge für nützlich, entweder die Widmung in einem Grundbuch einzutragen — das wird häufig nicht möglich sein, weil die betreffenden Liegenschaften und Gegenstände nicht in ein Grundbuch hereingehören — oder vielleicht ein besonderes Buch dafür einzurichten. Ich glaube auch, daß dieser Aspekt dafür spricht, daß die Benutzungsordnung in den Vordergrund gestellt werden sollte und vielleicht einmal eine ähnliche Selbständigkeit erlangt wie das öffentliche Dienstrecht.

Der zweite Punkt ist die Frage der Beschränkung der Nachbarschaftsrechte. Auch hier meine ich, daß wir ohne weiteres auf eine totale öffentlich-rechtliche Lösung verzichten können, weil nämlich in § 906 BGB n. F. und in § 26 Gewerbeordnung schon gewisse Ansätze im geltenden Recht bereitstehen, die wir nur zu verwerten brauchen.

Drittens die Frage der Verantwortung für den Zustand der öffentlichen Sache, also in erster Linie die Verkehrssicherungspflicht. Es ist immer wieder darauf hingewiesen worden, daß es mißlich sei, daß der BGH hier zivilrechtlich konstruiert. Aber was ist denn die Alternative? Doch nur die Amtshaftung, und die Amtshaftung — § 839 BGB — ist ja, ursprünglich jedenfalls, auch ein zivilrechtliches Institut. Der Unterschied ist also gar nicht sehr groß. Und Herr Weber hat m. E. richtig darauf hingewiesen, daß eine Amtshaftung gar nicht im Interesse des Staatsbürgers steht.

Viertens nenne ich die Rechtswegfrage: Es ist für die global öffentlich — rechtliche Lösung vorgebracht worden — Herr Ipsen hat eben noch davon gesprochen —, daß diese eine saubere Rechtsweglösung mit sich bringen würde. Nun, es ist selbst in diesem Falle technisch nicht möglich, die Rechtswegfrage endgültig zu bereinigen, ohne daß eine zivilgerichtliche Restkompetenz übrig bleibt. Diese Situation findet sich im übrigen auch anderswo. Für Amtshaftung und Enteignung ist der Rechtsweg zu den ordentlichen Gerichten eröffnet, und es besteht die Verwaltungsgerichtsbarkeit parallel dazu. Solange das Problem als solches noch nicht gelöst ist, also dieser Dualismus von ordentlichem Rechtsweg und Verwaltungsrechtsweg, solange sollte man nicht versuchen, auf dem Nebengeleis des öffentlichen Sachenrechts eine Teilbereinigung herbeizuführen.

Ein Institut des öffentlichen Eigentums ist also nicht notwendig, es wäre sogar nicht unbedenklich. Aus zwei Gründen: Es ist, glaube ich, nicht ohne besonderen Grund, daß Herr Weber als besonderer Kenner des französischen Verwaltungsrechts davon abgeraten hat, auch in Deutschland ein „domaine public" einzuführen. Und Herr Stern hat mit Recht, als er auf Otto Mayer zu sprechen kam, einen verhängnisvollen absolutistischen Zug in dessen Lehre hervorgehoben.

Weiterhin meine ich, daß der Begriff des öffentlichen Eigentums nur verwirrt. Denn es ist ja gerade das Verdienst des modernen Staates, daß er das dominium von den Hoheitsbefugnissen klar getrennt hat. Ich würde daher den Begriff „hoheitliche Sachherrschaft" als widersprüchlich ansehen. Eigentum ist eben privatrechtliche Sachherrschaft, mögen auch Hoheitsbefugnisse damit verknüpft sein.

Noch eine kurze Stellungnahme zu der Frage, ob der Gemeingebrauch in die Anstaltsnutzung zu überführen ist — der letzte Leitsatz von Herrn Weber. Ich glaube, mich dieser Meinung nicht anschließen zu können. Erstens meine ich, daß das Anstaltsrecht noch nicht genügend dogmatisch durchdrungen ist, um eine geeignete Basis abzugeben dafür, daß der Gemeingebrauch durch Anstaltsnutzung ersetzt wird, insbesondere, wenn man berücksichtigt, daß ja nur an das Institut der unselbständigen Anstalten gedacht werden kann. Mir scheint dieses Institut noch besonders vage zu sein. Ferner: Wie steht es mit der Frage des Rechtsanspruchs auf Benutzung? Beim Gemeingebrauch ist dessen Existenz heute völlig herrschende Meinung. Soll auch ein Rechtsanspruch auf Anstaltsbenutzung bejaht werden? Wenn ja, stellt sich die Frage: Wie ist es mit den anderen herkömmlichen Anstalten? Läßt sich da auch durchgängig ein Rechtsanspruch auf Benutzung begründen?

**Weber:** Ca dépend; von der Art der Anstalt hängt das ab.

**Fuß:** Mit dieser Entgegnung spielen Sie m. E. auf die Frage der Gleichbehandlung an; und dann läuft letzlich wieder alles auf die Anwendung des Gleichheitssatzes hinaus, der ja ohnehin in weitem Maße überstrapaziert wird. Ein letztes, was Herr Stern m. E. sehr richtig angedeutet hat: Anstaltsnutzung ist gegenüber dem Gemeingebrauch — ich glaube, Sie haben gesagt — „eine Organisationsform höherer Ordnung". Ich würde sagen, das ist eine intensivere Verwaltung, ein Mehr an Verwaltung, und in unserer heutigen Welt, die ohne dies so sehr verwaltet ist, sollte man dem mit Bedenken begegnen. Ich glaube, daß der einfache Staatsbürger es auch kaum verstehen würde, daß seine öffentlichen Plätze, Grünanlagen, Wege usw. als Anstalten bezeichnet werden.

**Krüger:** Der Gegenstand und die Theorie der öffentlichen Sache sind Themen, die sich in den letzten Jahrzehnten in ihren Pro und Contra immer mehr verhärtet haben. Wir sind daher unseren beiden Referenten vor allem auch deswegen zu aufrichtigem Dank verpflichtet, weil sie diese Verhärtung weitgehend aufgelöst haben, und wenn auch Herr Weber sich hier — ich weiß nicht aus welchem Grunde — als konservativ gesonnen vorgestellt hat, so hat er sich doch mit dem, was er über den Gemeingebrauch gesagt hat, vielleicht nicht geradezu als Revolutionär erwiesen, aber zum mindesten als Vertreter eines beweglichen Konservativismus gezeigt. Ich will versuchen, in dieser Linie noch etwas fortzufahren.

Es handelt sich als erstes um die Frage, welche Kategorie wir zu wählen haben, um die öffentlichen Sachen und zwar in Übereinstimmung mit Herrn Ipsen einschließlich Versorgungs- und Staatsunternehmen, ihrem öffentlichrechtlichen Träger zuzuordnen. Wenn hier die Meinung vertreten worden ist, daß „Eigentum", jedenfalls „Privateigentum" nicht die hierfür geeignete Kategorie ist, dann kann man dem nur zustimmen, und zwar gerade auch für das Staatsunternehmen. Ich empfinde es als eine ganz besondere Paradoxie, daß wir zwar für die Zuordnung der persönlichen Verwaltungsmittel statt des allgemeinen Arbeitsrechts uns eines besonderen Beamtenrechts bedienen, daß man aber auf die Notwendigkeit der gleichen Lösung für die sächlichen Verwaltungsmittel offensichtlich nicht gestoßen ist. Daß mit der Kritik hieran nicht etwa Begrifflichkeit um ihrer selbst willen am Werke ist, daß vielmehr das Fehlen einer adäquaten Kategorie zu den wichtigsten Folgen führen kann, zeigt das Urteil des Bundesverfassungsgerichts im Streit um die Privatisierung des Volkswagenswerkes[1]). Das proton pseudos liegt hier bereits im ersten Satz, der das VW-Werk zu den zahlreichen „erwerbswirtschaftlichen" Unternehmen des Bundes rechnet —, wie mit allem Respekt ausgesprochen werden darf. Es mutet wie ein Satyrspiel an, wenn wenige Wochen später dieselbe Regierung, die das Unternehmen „privatisiert" hatte, dem Leiter des Werkes heftige Vorwürfe machte, weil er sich wie der Leiter eines Privatunternehmens statt als Träger staatlicher Konjunktur- und Preispolitik verstanden und verhalten hatte. Hatte hier die Kategorie „Privateigentum" zu einer Verkennung der volkswirtschaftlichen Funktion eines solchen Staatsunternehmens — nicht Gewinnerzielung, sondern Konjunkturpflege — geführt, so konnte das Gericht aus der gleichen Kategorie ohne weiteres zu dem verfehlten Schluß gelangen, daß ein „Erwerbsunternehmen" auch veräußerlich sein müsse. Der Gedanke, es könne sich um eine res extra commercium oder wenigstens um Verwaltungsvermögen handeln, ist offensichtlich niemand gekommen. Wenn dieser Vorfall nicht darüber belehrt, wie dringend notwendig es ist, auf die Kategorie „Privateigentum" für die Zuordnung der öffentlichen Sachen einschließlich der Staats-

[1]) Urteil vom 17. Mai 1961 in: BVerf G E 13 S. 354 ff.

unternehmen zu ihrem staatlichen oder kommunalen Träger zu verzichten und sie durch eine adäquate Kategorie zu ersetzen, dann ist allerdings nicht zu sehen, wann jemals hier der Durchstoß zur adäquaten Qualifikation erwartet werden kann.

Beinahe noch wichtiger ist es aber, sich über die Funktion zu verständigen, die man der öffentlichen Sache im Zusammenhang mit der industriellen Entwicklung zuzuschreiben hat. Ich bin völlig mit dem einverstanden, was Herr Weber über die Sinn- und Funktionswandlung des Gemeingebrauchs gesagt hat. Wenn noch das Preußische Wassergesetz als Beispiele für Gemeingebrauch nennt Wasserentnahme für den Hausgebrauch, Viehschwemmen, Kahnfahren, Eisschlagen, dann spiegelt es vorindustrielle Zustände wieder. Demgegenüber sind die öffentlichen Sachen heute vor allen Dingen — und insofern hat Herr Stern ganz recht, wenn er sie in den großen Bereich der gewährenden Verwaltung einordnet —, zu sehen als staatliche Darbietung ebenso essentieller wie knapper Produktionsfaktoren. Ich habe früher zwar selbst dagegen polemisiert, daß man den Gemeingebrauch im Wasserhaushaltsgesetz in den zweiten Rang versetzt hat, habe mich aber inzwischen davon überzeugt, daß die industrielle Nutzung, die heute weniger denn je mit „Gemeingebrauch" zu erfassen ist, so sehr in den Vordergrund getreten ist, daß dem auch in der Systematik des Gesetzes Rechnung getragen werden muß —, so bedauerlich das vom Standpunkt der Freiheit aus erscheinen mag.

Ich möchte sogar noch einen Schritt weiter gehen: Der Funktionswandel der öffentlichen Sachen erschöpft sich nicht darin, daß sie aus Hilfen für die Hauswirtschaft zu Produktionsfaktoren für die Betriebe geworden sind, sondern daß sie darüber hinaus immer mehr in eine Rolle in der Wirtschaftspolitik, insbesondere in der Konjunkturpflege hineinwachsen. Hierfür werden die Mittel der „Beeinflussung von innen heraus" immer wichtiger —, eine Veränderung, der allerdings nicht Rechnung getragen wird, wenn man mit Herrn Stern hier immer noch von „Intervention" spricht. Die öffentlichen Sachen sind typische Mittel solcher Beeinflussung von innen heraus, jedenfalls wenn man sie richtig versteht und entsprechend einsetzt. Nehmen wir z. B. an, es sei richtig, daß — wie amerikanische Nationalökonomen lehren — die westlichen Völker zuviel ihres Nationalproduktes für kurzlebige Wirtschaftsgüter, insbesondere Verkehrsmittel verwenden. Wäre es unter solchen Umständen nicht richtig, wenn man den Straßenbau jedenfalls nicht mehr forcieren würde?

Man sieht auch an der Funktionswandlung der öffentlichen Sache, wie wenig die Kategorie „Privateigentum" geeignet ist, das Verhältnis zwischen Herrn und Sache und vor allem den

Sinn dieser Herrschaft richtig zu bezeichnen. Über diese Diskrepanzen kommt man nicht dadurch hinweg, daß man das Privateigentum mit einer, durch die Widmung umschriebenen öffentlichrechtlichen Hypothek belastet. Die Herrschaft über die öffentlichen Sachen muß von vornherein und innerlich als eine ausschließlich öffentlichrechtliche und ebenso ausschließlich öffentlichen Funktionen bestimmte verstanden werden.

**Scupin:** Ihrer Äußerung, mit der Sie, Herr Krüger, den Gemeingebrauch in die zweite Linie gerückt haben, möchte ich zustimmen. Wenn Sie aber sagen, daß man die öffentlichen Sachen nur dem industriellen Gebrauch zuordnen sollte, so möchte ich demgegenüber doch an die weiteren Bereiche erinnern, die durchaus erhaltenswert sind und in denen der Gemeingebrauch — Gott sei Dank — mit einer gewissen überlieferten „Gemütlichkeit" eine Rolle spielt. Verzeihen Sie, daß ich das so emotional ausdrücke; das hat aber einen ernsthaften Hintergrund. Denn das, was vorhin zum Naturschutz angeregt wurde, hat insofern seine sehr ernsthafte Bedeutung, als es eben nicht nur auf die technische Reinhaltung der Luft und des Wassers ankommt. Die Sache hat vielmehr auch eine psychische Seite, genauer: eine sozialpsychische! Der Mensch der Industriegesellschaft muß den Gemeingebrauch an Luft und Wasser mit Entspannung ausüben können. Insofern möchte ich also die Akzentuierung lieber so, wie Sie es zuerst sagten, primär auf den industriellen Gebrauch, sekundär auf den überlieferten Gemeingebrauch gesetzt sehen.

**Stern:** Herr Krüger, ich möchte nur einen Punkt richtigstellen. Wenn ich sagte, die öffentliche Sache dürfe keinen wirtschaftsinterventionistischen Ansatzpunkt bieten, so meinte ich damit folgendes: Die Sache soll nicht, wenn sie einmal entstanden ist, wirtschaftssteuernd eingesetzt werden; denn bei den öffentlichen Sachen steht nach meiner Auffassung die Funktion, grundsätzlich der Gesamtheit der Bürger zu dienen, im Vordergrund. Sie als ökonomisch-fiskalisch verwertbares Potential zu begreifen, wird ihrem Zweck, gewährt zu werden, nicht gerecht. Ich bin jedoch Ihrer Meinung, wenn Sie sagen, man solle beschränkend auf die Produktion öffentlicher Sachen einwirken, wenn die Gefahr eines sich überhitzenden Booms vorhanden ist, der eingedämmt werden soll. Das ist eine Frage der Herstellung der öffentlichen Sache, bei der eine Selektion durchaus möglich ist, nicht ihrer Gewährung, bei der nach sozialstaatlichen Grundsätzen verfahren werden muß.

**Bettermann:** Ich glaube, daß die Ausräumung der vom BGH fortgesetzten „traditionellen" Rechtsprechung, wonach die Verkehrssicherungspflicht eine privatrechtliche Pflicht ist, nicht die Rechtsfigur des öffentlichen Eigentums notwendig macht, sondern hierzu ist nur die Erkenntnis notwendig, daß die Pflicht der öffentlichen Hand, die öffentlichen Sachen, die sie dem öffentlichen Verkehr gewidmet hat, in ordnungsmäßigem und verkehrssicherem Zustand zu halten, eine Amtspflicht, eine öffentlich-rechtliche Pflicht ist. M. E. handelt es sich bei dieser Rechtsprechung nur um ein Festhalten aus Tradition. In Wirklichkeit ist dies eine Zuständigkeit der ordentlichen Gerichte kraft Tradition.

Herrn Fuß muß ich entschieden widersprechen, wenn er generell sagte, daß damit rechtspolitisch nichts gewonnen wäre, weil die Amtshaftung schlechter sei als die bürgerlich-rechtliche Haftung nach § 823 BGB. Sie denken vermutlich an die Subsidiarität. Ich bestreite aber, daß der § 839 Abs. 1 S. 2 BGB für die Staatshaftung gilt; denn diese Subsidiarität ist um des leistungsschwachen Beamten willen geschaffen worden und entfällt in dem Augenblick, wo an die Stelle des leistungsschwachen Beamten der leistungsstarke Staat tritt. Ich habe das wiederholt ausgeführt.

**Weber:** Aber solange an der Rechtsprechung zu § 839 festgehalten wird, ergibt sich diese Wirkung; dann muß man eben das Schadensersatzrecht als ganzes neu ordnen.

**Bettermann:** Viel wesentlicher noch ist der andere Punkt, in dem die Staatshaftung schärfer ist als die bürgerlich-rechtliche Haftung, nämlich bei der Frage der Exkulpation für Erfüllungsgehilfen. Bei bürgerlich-rechtlicher Haftung im Gegensatz zur Amtshaftung schafft § 831 BGB eine Haftungsbefreiung. Bei der Amtshaftung wird aber für den letzten Erfüllungsgehilfen so gehaftet wie für einen Organwalter.

**Bachof:** Wegen der Rechtsprechung zum „Organisationsmangel", der mehr oder minder fingiert wird, kann aber im praktischen Ergebnis eine Haftungsbefreiung über § 383 1 BGB nicht mehr eintreten.

**Bettermann:** Damit allerdings gibt die Rechtsprechung im Grunde die Schwäche ihrer Position zu.

**Bachof:** Sie deckt also eine Schwäche mit einer anderen zu, sie kompensiert die Folgewirkung einer Schwäche mit den Konsequenzen einer anderen dogmatischen Schwäche.

**Bettermann:** Eben. Für die Rechtswege würde sich ja, solange Art. 34 S. 3 GG besteht, nichts ändern. Ich meine nur, daß nicht gerade die Öffentlichrechtler berufen sein müßten, hier eine dieser traditionellen Zuständigkeiten des Zivilrechts und der Zivilgerichte aufrecht zu erhalten.

Was die Versicherungen angeht, Herr Weber, auf die Sie angespielt haben, über die Subsidiaritätsklausel (§ 839 Abs. 1 S. 2 BGB), wonach man sich anrechnen lassen muß, daß man versichert ist, möchte ich einwenden, daß dieser Gesichtspunkt auch bei § 823 auftritt; denn die öffentliche Hand hat sich ja gegen ihre Haftpflichtschäden auch — sei es direkt, sei es im Wege der Selbsthilfe durch den Gesamtverband der Gemeinden — versichert.

**Weber:** Immerhin, die Verantwortung bleibt bei der öffentlichen Hand, und es fällt auf sie selbst zurück, wenn sie dort Leistungen zu erbringen hat.

**Bettermann:** Aber letzlich trägt diese Verantwortung doch die Allgemeinheit, ob Sie nun die Staatshaftung nehmen oder ob Sie die Haftung aus § 823 begründen.

**Weber:** Aber es spielt eine große Rolle, wie hoch diese Gemeindeunfallversicherungsverbände aus Schäden in Anspruch genommen werden.

**Dürig:** Auch der Gemeindeunfallversicherungsverband wird aber doch von den Gemeinden gespeist, Herr Weber. Es zahlt doch stets letztlich die öffentliche Hand.

**Weber:** Das will ich ja auch gerade.

**Bettermann:** Wesentlicher scheint mir die Frage des „Öffentlichen Eigentums" zu sein. Ich möchte nicht dafür plädieren, nun für alle öffentlichen Sachen die Rechtsfigur des öffentlichen Eigentums zu kreieren. Aber ich meine, daß dogmatisch gegen öffentliches Eigentum keine Bedenken bestehen und gegen ein solches Rechtsinstitut, wie es Hamburg — wenn ich es recht verstanden habe — geschaffen hat. Es ist ja bezeichnend, daß Herr Stern einerseits die Rechtsfigur des öffentlichen Eigentums abgelehnt, andererseits aber wiederholt den Terminus „öffentlich-rechtliche Sachherrschaft" gebraucht hat. Eigentum ist doch eine Form der Sachherrschaft. Und warum soll es nicht öffentlich-rechtliche Sachherrschaft geben, wie es privatrechtliche Sachherrschaft gibt? Es ist doch kein Widerspruch, Herr Fuß, wenn die Hoheitsgewalt von der früheren Privatgewalt über Dinge und auch über Personen getrennt worden ist. Das hindert doch nicht, daß es eine öffentliche Gewalt nicht nur gegenüber Menschen gibt. Die Herrschaftsgewalt des Staates ist nicht nur eine Gewalt über seine Untertanen, sondern ist auch eine Gewalt über die Sachen, die diese haben und die sich in dem Staatsgebiet befinden. Wir haben eine Fülle von sachenrechtlichen Beziehungen des Staates. Sie haben den Begriff der öffentlichen Last erwähnt. Wir haben doch eine unendliche, überhaupt nicht zu übersehende Fülle von öffentlichen Lasten jeglicher Art, die in der Zwangsversteigerung in dem Katalog der zu übernehmenden Rechte aufgeführt werden. Da haben wir doch öffentlich-rechtliche Sachherrschaftsverhältnisse, die neben den Sachenrechten des bürgerlichen Gesetzbuches stehen. Wenn immer gesagt wird, daß der Kreis der dinglichen Rechte ein geschlossener sei, dann trifft das allenfalls — und auch das nicht einmal vollständig — für die privaten Rechte zu, daneben steht aber doch die Fülle sachenrechtlicher Beziehungen des Staates oder sonstiger Träger öffentlicher Gewalt. Beschränkte dingliche Rechte an Sachen des öffentlichen Rechtes gibt es also. Nur das umfassendste Sachenrecht, das Eigentum, das soll es nur im Privatrecht geben? Ich bin der Meinung, daß das Eigentum ein Begriff nicht des Privatrechtes ist, sondern der allgemeinen Rechtslehre und Rechtstheorie und als solcher ein Oberbegriff. Wie wir heute wissen, daß es eine öffentlich-rechtliche Bereicherung gibt, wie wir ein öffentliches Schadensersatz- und Entschädigungsrecht, eine öffentlich-rechtliche Verwahrung, einen öffentlich-rechtlichen Dienst haben, so ist nicht einzusehen, warum es nicht ein öffentlich-rechtliches Eigentum geben soll. Eigentum kommt vor im Privatrecht und es kommt vor im öffentlichen Recht.

**Klein:** Ist das Eigentum an den Bundeswasserstraßen im Sinne des Art. 89 GG rein privatrechtlich? Doch wohl kaum!

**Bettermann:** Die Frage ist m. E. nur, für welche öffentlichen Sachen man diese Rechtsfigur in Anspruch nehmen soll. Es kommt sicher nicht in Frage, daß alles das, was wir unter öffentlichen Sachen verstehen — nach Herrn Krüger offenbar auch das Geld der Bundesbank, wenn ich ihn recht verstanden habe — dieser Rechtsfigur zugerechnet wird.

**Krüger:** Darf ich gleich etwas einwerfen? Man kann die Kategorie „Privateigentum" sowohl für die Innehabung wie die Beherrschung einer Sache durch den Staat nicht verwenden, weil Eigentum immer impliziert Freiheit der Funktions- und Motivationswahl durch den Eigentümer, dem Staat aber eine solche Wahlfreiheit gerade nicht zugestanden ist: Staatliche Herrschaft ist nicht ein Blankett, das nach eigener Wahl mit Funktionen und Motivationen ausgefüllt wird, hier ist vielmehr die Herrschaft mit Funktion und Motivation identisch. Die Bundesbank z. B. kann mit ihrem Gelde nicht primär machen was sie will —, es meinetwegen wie ein Privateigentümer in den Ofen stecken oder verwetten. Sie kann vielmehr mit diesem Gelde von vornherein nur das, was sie soll und darf: In ihrer Innehabung und Beherrschung des Geldes steckt von vornherein nicht mehr drin, so daß es des Gedankens einer nachträglichen Bestimmung oder Beschränkung gar nicht bedarf. Die Identifikation von Herrschaft einerseits, Funktion und Motivation andererseits ist es, die ein kommerzielles Mißverständnis dieser Herrschaft ausschließt.

**Bettermann:** Darf ich gleich richtigstellen, daß ich nicht den Begriff des Privateigentums für das öffentliche Recht in Anspruch nehmen will, sondern nur den Begriff des Eigentums und unterscheiden will zwischen privatem Eigentum und öffentlichem Eigentum. Was das Verfügen über das Eigentum angeht, so wissen wir doch alle, daß das, was im § 903 BGB steht, nur einen ganz kleinen Aspekt der Rechtsordnung wiedergibt, daß doch keineswegs der Eigentümer mit seiner Sache nach Belieben verfahren kann, nicht einmal mit dem Schoßhund, wenn er nicht mit dem Tierschutzgesetz in Konflikt geraten will. Je wichtiger das Eigentum ist und je größer seine gesellschaftliche und öffentliche Funktion wird, umsomehr nehmen ja die Bindungen des privaten Eigentums zu. Da haben wir ja eine reiche Skala von Bindungen, die so weit gehen, daß von § 903 BGB überhaupt nichts mehr übrigbleibt! Die Bundesbankgesetzgebung kann doch geändert werden und wird geändert. Die Verfügungsmacht, die die Bundesbank über das Bargeld hat, kann wechseln und wechselt auch. Gerade das Verhältnis von Bundesbank zur Regierung ist äußerst problematisch. Worauf ich bei alledem nur hinaus will, ist, daß ich jedenfalls dogmatisch gegen den Begriff des öffentlichen Eigentums keine Bedenken sehen kann. Die Frage ist nur die nach der Nützlichkeit des Begriffs — und die zweite Frage ist: Für welche öffentlichen Sachen soll diese Rechtsfigur verwendet werden und für welche nicht?

Ein letztes Wort zur öffentlichen Anstalt. So wenig ich Herrn Weber im Endergebnis folgen kann, so möchte ich doch meinen, daß das mindestens ein fruchtbarer Gedanke ist, den Sie hier in die Debatte geworfen haben: ob und inwieweit insbesondere der Straßenverkehr und seine Einrichtungen zu einer Anstalt geworden sind und nach öffentlichen Anstaltsrecht behandelt werden sollen. Das hängt wahrscheinlich davon ab, welche Definition man der Anstalt gibt. Gefühlsmäßig habe ich den Eindruck, daß der Straßenverkehr die Schwelle der „Veranstaltung" noch nicht überschreitet und noch nicht jene organisatorische Verdichtung erreicht hat, die wir für den Begriff der Anstalt brauchen. Aber das kann sich ändern, und das mag auch bei den verschiedenen Arten öffentlicher Sachen verschieden liegen. Vor allem möchte ich davor warnen, die Ordnung unseres öffentlichen Straßenverkehrs und seine Einrichtungen nur anstaltlich zu sehen. Die Folge ist nämlich die, daß diese Ordnung, wie sie insbesondere in der Straßenverkehrsordnung und der Straßenverkehrszulassungsordnung enthalten ist, nur noch als Anstaltsordnung begriffen wird. Primär ist sie aber eine Polizeiverordnung. Und es wird in den entscheidenden gesetzlichen Bestimmungen sorgfältig unterschieden, welche Funktionen die Regelungen unseres Straßenverkehrsrechtes einschließlich des Zulassungsrechtes haben. Ich zitiere hier, weil ich keinen Gesetzestext habe, aus der Entscheidung des Bundesverfassungsgerichtes zu § 21 StVG[2]). Es wird unterschieden zwischen Normen, die die öffentliche Sicherheit und Ordnung des Verkehrs betreffen, und Normen zur Verhütung einer über das Verkehrsübliche hinausgehenden Abnutzung der Straßen — das wäre wohl die Überschreitung des Gemeingebrauches —, und drittens Normen zur Verhütung von Belästigungen, was auch mit dem Gemeingebrauch zusammenhängt. Hier wird also sorgfältig unterschieden zwischen dem Normenkomplex polizeilicher Natur und dem Normenkomplex, der den Gemeingebrauch und die Gemeinverträglichkeit betrifft. Ich glaube, daß dazwischen unterschieden werden muß, wenngleich ich zugebe, daß hier die Grenzen fließend sind und es eine Reihe von Normen gibt, die sowohl der Sicherheit und Leichtigkeit des Verkehrs dienen als auch der Gemeinverträglichkeit.

**Weber:** Ist das denn ein Unterschied: Sicherheit und Leichtigkeit des Verkehrs und Gemeinverträglichkeit?

**Bettermann:** Die Sicherheit, keinen Unfall zu erleiden, ist sicher etwas anderes, als die Möglichkeit, am Straßenverkehr teilzunehmen, etwa einen Parkplatz zu finden. Ich gebe aber zu, daß da Grenzübergänge sind. Trotzdem ist die Unterscheidung wichtig, auch für die Frage der Pönalisierung. Und die Einrichtungen, die das Substrat dieser öffentlichen Anstalt „Straße" bilden, dienen dann eben teils dazu, daß jeder am Verkehr teilnehmen kann, daß also die Gemeinverträglichkeit des Gemeingebrauchs sichergestellt wird; ein Teil dieser Veranstaltungen dient aber dazu, die Sicherheit des Verkehrs zu gewährleisten. Ich meine, daß wir das Straßenverkehrsrecht nicht durch das Anstaltsrecht verdrängen lassen dürfen, so wichtig auch der Gesichtspunkt der Anstalt ist.

---

[2]) Beschl. v. 25. 7. 1962, 2 BvL 4/62, NJW 1962, 1563 (Anm. d. Red.).

**Scupin:** Dies ist der einzige Punkt, bei dem ich heute Bedenken hatte, als nämlich Herr Weber den Übergang von dem Gemeingebrauch in die anstaltliche Regelung fand. Gegenüber dem Gemeingebrauch haben wir auch Möglichkeiten der polizeilichen Regelung. Im anstaltlichen Bereich haben wir sie nicht mehr; dann gibt es Kompetenzüberschneidungen und Schwierigkeiten. Von daher tritt in der Tat ein Problem in Erscheinung, auf das man sein Augenmerk sehr scharf richten sollte.

**Bullinger:** Herr Professor Bettermann hat ausgeführt, es sei dogmatisch nicht ausgeschlossen, ein öffentliches Eigentum zu begründen. Man kann natürlich, ich gebe das zu, einen öffentlich-rechtlichen Kauf, eine öffentlich-rechtliche Miete, einen öffentlich-rechtlichen Beförderungsvertrag schaffen, wie es die Franzosen ja getan haben. Ich zweifle nur daran, daß es dem deutschen Recht nach seiner ganzen Entwicklung entspricht. Ich habe ja schon einige Druckerschwärze gegen den öffentlich-rechtlichen Vertrag verspritzt — eine parallele Problematik — und will mich nicht wiederholen. Nur soviel grundsätzlich: Es ist doch wohl so, daß wir sehr vorsichtig sein sollten mit der, wenn ich so sagen darf — Gefräßigkeit des öffentlichen Rechts, mit dem Bestreben, einfach alles Beliebige in das öffentliche Recht hinüberzuziehen. Vorher müßte man in jedem Einzelfall demonstrieren, daß das Privatrecht unangemessen ist und daher besondere, öffentlich-rechtliche Regeln angewendet werden müssen. Wenn das nicht der Fall ist, wozu dann das Wort „öffentliches" Recht? Es wird dann doch ein bloßes Etikett. Speziell bei der öffentlichen Sache geht es wohl darum — ich glaube, Herr Professor Krüger, das ist Ihr besonderes Anliegen —, daß nicht der Träger einer öffentlichen Sache, wenn er zugleich Eigentümer ist, dieses Eigentum sozusagen privatnützig mißbraucht. Aber ich bin nicht der Ansicht, daß man deshalb das öffentliche Eigentum benötigt — man kann etwa mit dem Gedanken des Rechtsmißbrauches allen Auswüchsen entgegentreten.

Nun zu einer anderen Sache. Herr Stern, Sie haben den Begriff des „Organisationsaktes" neben die Widmung gestellt, was bisher in der Diskussion nicht aufgegriffen worden ist. Dagegen habe ich einige Bedenken.

**Stern:** Organisationsakt s t a t t der Widmung.

**Bullinger:** Dann habe ich Sie falsch verstanden, und wir sind vielleicht nicht so weit auseinander. Mir war nur eines nicht ganz klar: Sie sagten erst, Sie wollten durch den „Organisationsakt" die öffentliche Sache vollständig in eine öffentlich-rechtliche Ordnung überführen, wollten damit aber doch wohl nicht das Privatrecht völlig ausschließen, sondern im wesentlichen im bisherigen Umfang bestehen lassen. Aber ich weiß nicht, ob man unter diesen Umständen das neue Wort des „Organisationsaktes" einführen sollte, das — soweit ich weiß — aus der Rechtsprechung des Bundesgerichtshofs zur Verkehrssicherungspflicht kommt und dort die Verwaltungsmaßnahme kennzeichnen soll, die eine öffentliche Sache nach außen hin im Verhältnis zu den Benutzern dem öffentlichen Recht unterstellt. Ich halte den Ausdruck „Organisationsakt" daher für mißverständlich und nicht sehr glücklich und glaube, man sollte bei der „Widmung" bleiben.

**Bachof:** Darf ich dazu eine Zwischenfrage stellen? Herr Stern, wenn ich Ihren Leitsatz 11 noch einmal lese: „Der Organisationsakt, der die solchermaßen bestimmte öffentliche Sache kreiert, ist nicht identisch mit der Widmung, sondern Rechtsakt eigener Prägung, der einem Rechtsobjekt den institutionell öffentlichen Status verleiht". Ich hatte das auch wie Herr Bullinger dahin verstanden, daß hier Organisationsakt und Widmung u. U. neben- bzw. nacheinander vorgenommen werden sollten. Wie ist es denn z. B. bei der Straße, wo ist hier der Akt, der die Straße zur öffentlichen Sache kreiert? Ersetzt er die Widmung oder ist eine Widmung zum öffentlichen Gebrauch gar nicht mehr notwendig, oder wie ist das vorstellbar? Wollen Sie hier die Widmung beseitigen und durch den Organisationsakt ersetzen? Ich hatte Sie zunächst so verstanden, daß beides nebeneinander steht — Herr Bullinger offenbar auch. Jetzt bringen Sie eine Korrektur an. Aus Ihrem Leitsatz wird das nicht ersichtlich. Ich wäre Ihnen dankbar, wenn Sie das in Ihrer Antwort noch etwas erläutern würden.

**Scupin:** Obgleich ich als Leiter der Debatte wenig eingreifen sollte, möchte ich doch einen sachlichen Gesichtspunkt, ein einziges Wort, nicht unter den Tisch fallen lassen. Könnten Sie vielleicht auch dahingehend eine Präzision treffen, ob Sie die Indienststellung der öffentlichen Sachen auch ausschalten wollen. Wir kennen ja die Indienststellung als Vorstufe, dann kommt Widmung oder manchmal gibt es auch nur Indienststellung. Wie steht Ihr ja etwas unbestimmt gefaßter „Organisationsakt" zu diesen beiden Vorgängen?

**Bullinger:** Darf ich vielleicht noch ganz kurz einen dritten Punkt anschneiden? Herr Professor Weber, Sie haben beinahe überzeugend gezeigt, daß die Sachen im Gemeingebrauch mehr zur Anstalt überwandern, mindestens bei Autobahnen und ähnlichen Einrichtungen. Ich will die tatsächliche Entwicklung gern zugeben, glaube aber, daß es noch verfrüht ist, diese Einrichtungen sozusagen in die Anstalt abzuschieben. Es gibt nämlich einen Straftatbestand der Aussetzung in hilfloser Lage. Ich darf daran erinnern, daß Herr Professor Krüger vor kurzem die Anstalten hinsichtlich des „besonderen Gewaltverhältnisses" als vorrechtsstaatlichen Urwald bezeichnet hat. Dürfen wir also die Autobahnen und ähnliche Einrichtungen sozusagen in den Urwald aussetzen? Ich habe dagegen stärkste Bedenken.

**Thieme:** Es will mir nach diesen vielen Beiträgen zur Frage des öffentlichen Eigentums mehr oder weniger als ein Scheinproblem erscheinen, wie man die Sachkomplexe, die sich in einem Zustand der Bindung durch das öffentliche Recht befinden, kategorisiert. Unser Eigentumsbegriff als solcher hat ja doch zwei Pole, einen Pol in § 903 BGB — der Eigentümer kann tun und lassen, was er will — und einen im Art. 14 Abs. 2 GG — der Eigentümer ist gebunden. Dieser Eigentumsbegriff in beiden Vorschriften ist lediglich eine Hülse, die durch positives Recht so oder so ausgefüllt wird. Die Vorstellung, wir hätten im Zivilrecht einen einheitlichen Eigentumsbegriff, ist doch — wenn ich recht sehe — auch von den Zivilrechtlern weitgehend aufgegeben. Es ist eine dogmatische Figur, an die sich alles Mögliche anknüpft. Herr Weber hat etwas sehr Treffendes gesagt, das weitgehend überhört worden ist. Er hat nicht gesagt, das Eigentum bei den öffentlichen Sachen *ist* bürgerlich-rechtliches Eigentum, sondern: es *hat* in der positiven Ordnung des bürgerlichen Rechtes *seine Verankerung gefunden*. Herr Bettermann hat ja bereits darauf hingewiesen, daß das öffentliche Recht eine Fülle von anderen Rechtsinstituten kennt, die auch im BGB geregelt sind. Daß etwas im BGB steht, entscheidet ja noch lange nicht, ob es sich um einen bürgerlich-rechtlichen oder einen öffentlich-rechtlichen Gegenstand handelt (siehe § 839 BGB, das Namensrecht usw.).

Mit Herrn Stern stimme ich darin nicht überein, daß wir, wenn wir von der öffentlichen Sache sprechen, das Wort „öffentlich" untersuchen müssen. Sondern: „Öffentliche Sache" will doch wohl „öffentlich-*rechtliche*" Sache heißen; das Wort „rechtlich" verschwindet darin etwa genau so, wie bei den öffentlichen Körperschaften das „rechtlich" in einem Teil der Literatur verschwindet. Das ist nur eine vereinfachende Redeweise. Es kommt darauf an, ob wir das öffentliche Eigentum unter der Kategorie des öffentlichen Rechtes oder des Privatrechtes traktieren. Nun wissen wir aber nicht recht, wieweit eigentlich das öffentliche Recht geht und wo das Privatrecht anfängt, und keine der derzeit gelehrten Theorien kann diese Frage wirklich ohne Rest lösen. Es ist doch so, daß der Begriff des öffentlichen Rechtes im Gegensatz zum Privatrecht eine historische Kategorie ist, eine Kategorie, die sich verändert. In diesem Wandlungsprozeß steht auch die öffentliche Sache. Es ist daher eine müßige Frage, ob wir sagen, wir sind historisch schon einen Schritt weiter, wobei ich dahingestellt sein lassen will, was das „weiter" bedeutet: zum öffentlichen Recht oder zum Privatrecht. Es kommt doch nur darauf an, wie das einfache Gesetz, das zwischen den Polen des Art. 14 GG und des § 903 BGB das Eigentum konkretisiert, die Einzelfrage löst. Die Frage: öffentlich- oder privatrechtlich? Das mag der Gesetzgeber kennzeichnen oder in den Lehrbüchern stehen. Für die Sache ist es völlig gleichgültig.

Ich möchte noch zu einem zweiten Punkt sprechen. Eine Frage an Herrn Weber: Die tatsächliche Entwicklung in unserem Straßenrecht und in unserem Wasserrecht sehe ich genau so wie Sie, daß nämlich Züge der Anstalt immer stärker werden.

**Weber:** Nicht im Wasserrecht; im Wasserrecht ist es etwas anderes.

**Thieme:** Im Wasserstraßenrecht doch wohl! — Aber ich sehe nicht recht, was eigentlich damit gewonnen ist, wenn wir diese mehr verwaltungssoziologische Beobachtung nunmehr ins Rechtliche transponieren. Darüber hätte ich gern eine Information, die vielleicht im Schlußwort gegeben werden könnte. — Wenn wir die Begriffe „Gemeingebrauch" einerseits und „anstaltliche Nutzung" andererseits haben, können wir das, wie mir scheint, in einer doppelten Weise verstehen. Entweder haben wir Typenbegriffe vor uns: Aus der Fülle tatsächlicher Erscheinungen, die rechtlich zu qualifizieren sind, bieten sich gewisse Festpunkte an: Kommt so etwas typischerweise vor, was wir dann Gemeingebrauch nennen, oder typischerweise etwas, was wir als Anstalt bezeichnen. Später schafft dann der Gesetzgeber oder die tatsächliche Entwicklung neue Möglichkeiten, die irgendwo auf der Grenze zwischen beiden Rechtsinstituten liegen und wir stehen dann vor der Notwendigkeit, es so oder anders zuzuordnen. Nun will es mir scheinen, daß die Dinge in unserem modernen Wasserstraßenrecht und Wegerecht anders liegen, weil der Begriff des Gemeingebrauchs aus dem allgemeinen Teil unserer Lehrbücher in diesen beiden Rechtsgebieten in den letzten Jahren in erheblichem Maße in das positive Recht eingeflossen ist und dort vielleicht einen Inhaltswandel durchgemacht hat. Wenn nämlich das Bundesfernstraßengesetz und die Landesstraßengesetze etwas als Gemeingebrauch bezeichnen, so können wir natürlich trotzdem sagen: das ist anstaltlicher Gebrauch. Das halte ich nicht für die richtige Lösung. Wir müssen dann eben feststellen, daß sich hier am Begriff des Gemeingebrauch etwas verändert hat. Wir können dagegen remonstrieren aber der Gesetzgeber hat nun einmal rechtliche Fakten geschaffen.

**Dürig:** Gestatten Sie mir bitte nur drei kurze Bemerkungen in derselben Reihenfolge wie Herr Bettermann. Erstens: Herr Weber, ich verstehe nicht recht Ihre Toleranz gegenüber der Rechtsprechung des Bundesgerichtshofs zur Verkehrssicherungspflicht, die er ja immer noch privatrechtlich einordnet. Natürlich ist der Ausgangspunkt nicht mehr das Eigentum, und auch der Passivlegitimierte wird nicht mehr nach dem Eigentum bestimmt. Etwa wenn auf Bundesstraßen etwas passiert, wird allein nach der Verwaltungsmacht verurteilt; der Passivlegitimierte ist also das Land. Es ist eigentlich nicht recht verständlich, daß man, wenn man die Passivlegitimation nicht mehr aus dem Eigentum herleitet, nicht auch die actio, die Anspruchsgrundlage, vom Eigentum abhebt und ganz aus dem Imperium, aus der Amtspflicht, ableitet. Aber das Bedenkliche bei der jetzigen Rechtsprechung und der dunkle Punkt ist in der Tat der § 831 mit seiner leichten Exkulpationsmöglichkeit. Bedenklich ist es m. E. auch, wenn beim BGH manchmal auch § 836 zitiert wird. Wir waren uns ja bisher eigentlich darüber einig, daß sowohl die Verkehrssicherungspflicht, wenn wir sie dem § 823 BGB zuordnen, als auch die Amtshaftung — Art. 34 GG i. V. m. § 839 BGB — eben doch Verschuldenshaftung sind.

**Weber:** Gefährdungshaftung!

**Dürig:** Das ist mir neu. Wieso denn?

**Bachof:** So leicht ist die Exkulpation nach § 831 BGB nicht mehr. Sie ist praktisch durch die Rechtsprechung fast ausgeschlossen. Die Haftung wegen Verletzung der Verkehrssicherungspflicht gem. §§ 823, 831 BGB ist eine durch Gerichtsgebrauch geschaffene Gefährdungshaftung.

**Dürig:** Herr Fuß, Sie haben Herrn Weber insofern mißverstanden als er nicht gesagt hat, daß über § 839 BGB der Bürger schlechter stünde, sondern er meint nur, daß hier die Verweisungsmöglichkeit gem. § 839 Abs. 1 S. 2 bestünde und daß die eigentlich Getroffenen die Versicherungen sind, vor allen Dingen auch die Sozialversicherung. Ich verstehe das offengestanden immer noch nicht; denn dieser Gemeindeunfallversicherungsverband lebt doch von Geldern der Gemeinden.

**Weber:** Verzeihung, es gibt doch bei § 839 BGB praktisch gar keinen Anspruch gegen die Gemeinde oder gegen den Staat, sondern die Sozialversicherung, Krankenkasse, Rentenversicherung, Unfallversicherung oder sonstige Versicherung zahlt und kann nicht Regreß nehmen. Der Schaden wird also letzten Endes vom Versicherungsträger gedeckt.

**Dürig:** Ein zweites: Wir haben in Baden-Württemberg in dem neuen Wassergesetz auch den Begriff des öffentlichen Eigentums. Ich glaube, für Freiburg zu sprechen und auch für Heidelberg — für Tübingen jedenfalls weiß ich nichts Gegenteiliges —, wenn ich sage, daß wir nicht gefragt worden sind. Die Materialien sind unergiebig. Ich glaube, Herr Fuß, Sie haben recht, das stammt vom Tisch eines Ministerialrats, der bei uns freilich der Sache nach Entsprechendes im § 7 des alten Württembergischen Wassergesetzes vorfand. Aber der Ausdruck „öffentliches Eigentum" ist jedenfalls neu. Nun weiß ich nicht, ob das so einfach geht, Herr Ipsen. Wenn Sie sich den Vorbehalt im Einführungsgesetz des BGB anschauen, was danach das Land auf dem Gebiet des Wasserrechts tun kann, da ist etwa von Flößerei usw. die Rede. Aber hier wird doch — ich wiederhole noch einmal — ein neuer Eigentumsbegriff kreiert, und, Herr Bettermann, ich muß Ihnen widersprechen, es gibt zwar öffentlich-rechtliche dingliche Lasten, aber ein öffentlich-rechtliches dingliches Vollrecht kennen wir in unserer Rechtsordnung — Herr Bullinger, da haben Sie m. E. recht — bisher nicht. Zwischen der Gebietshoheit und dem Privateigentum haben wir z. Z. kein Rechtsinstitut, wie Obereigentum, Treuhandeigentum usw. Mit dem „öffentlichen Eigentum" wird eine neue Kategorie eingeführt, und ich frage mich doch, ob das ein einzelnes Land gegenüber einem kodifizierten, vorgefundenen Privatrechtssystem mit einem Eigentumsbegriff i. S. des Privatrechts tun kann. Ich hätte dagegen keine Bedenken, Herr Weber, gegen die hamburgische Regelung des Schadensersatzrechts. Das Bundesrecht stellt § 823 BGB zur Verfügung und die Amtshaftung als Alternative. Wenn nun Hamburg, gewissermaßen statt des BGH, sagt: „Wir nehmen d i e s e actio", ist das m. E. unschädlich. Und zum dritten: der Verlagerung vom Gemeingebrauch zur Anstaltsnutzung. Herr Weber, das war eine vorzügliche Leistung. Sie haben sich eine Stunde lang konservativ gegeben und uns dann in 5 Minuten einen aufregenden und sensationellen Gedanken hingeworfen. Sie haben nichts anderes getan, als diese große traditionelle Trias: Gemeingebrauch = Zulassungsfreiheit = Unentgeltlichkeit umzubiegen in: Anstaltsnutzung, Zulassungsnötigkeit und Gebührenm ö g l i c h k e i t zumindest. Ich habe aufgeatmet, als dann Herr Stern die Laternengaragen nannte. Kommen wir hier nicht vom Lebenssachverhalt her weiter? Natürlich sind viele Stunden lang am Tage die öffentlichen Straßen ohnegleichen in Anspruch und in Dienst genommen, aber nachts kann ich doch meinen Wagen hinstellen. Sind wir nicht hier am Nerv der ganzen Geschichte? Der Gemeingebrauch ist etwas sehr Personelles, sehr Natürliches und Menschliches. Jetzt machen wir daraus etwas Materielles, wir versachlichen es. Wir sind so dankbar, daß wir jetzt die Universität als Körperschaft und nicht mehr als Anstalt auffassen, und nun wollen wir solche natürlichen Betätigungen, wie gehen, laufen, reiten usw. verdinglichen, indem wir nun den Gemeingebrauch zu einer Anstaltsnutzung machen!? Das ist m. E. das große Problem: Wir verdinglichen, versachlichen, entpersönlichen jetzt natürliches menschliches Verhalten.

**Köttgen:** Herr Bettermann hat vorhin unter Bezugnahme auf eine Reihe anderer Institute, z. B. auf die Verwahrung, die sowohl im öffentlichen wie im Zivilrecht heimisch sind, die offenbar rein konstruktiv gemeinte Frage aufgeworfen, ob man nicht „Eigentum" sowohl in dem einen wie in dem anderen Bereich haben könne. Ich kann in diesem Punkte unserem verehrten Herrn Präsidenten nur zustimmen, der doch wohl ungefähr folgendes meinte: Für das private Eigentum sei die zentrale Figur immer noch der Berechtigte. Ich würde meinen, daß es im öffentlichen Sachenrecht zwar wohl Rechte des Publikums gibt, daß aber, soweit die Verwaltung selbst in Betracht kommt, dieses publizistische Eigentum für sie Ausübung einer Kompetenz ist, die Übernahme einer öffentlichen Verantwortung. Deshalb erscheint es mir problematisch, auch nur die Vokabel Eigentum, bei der nach einem fundierten Sprachgebrauch eine individualistische Komponente mitschwingt, auch in dem anders strukturierten Bereich des Verwaltungsrechts anzusiedeln. Ich darf allein folgende Frage andeuten: Wie sieht es eigentlich bei den Gegenständen, die sich im „öffentlichen Eigentum" befinden, mit jenen Vorschriften — ja auch zum wesentlichen des öffentlicher Rechtes — aus, die sich mit der Sozialpflichtigkeit des Eigentümers befassen? Sie sind ja doch in erster Linie das „Ventil" — vgl. Art. 14 Abs. 2 GG — gegenüber der privaten Sachherrschaft, ohne etwa den § 903 BGB hier speziell anführen zu wollen. Wieweit paßt das eigentlich? Es gibt neuerdings Stimmen, wonach die öffentliche Verwaltung nicht mehr unter die Baupolizei falle. Eben dieses wurde offenbar unter bestimmten Ressortgesichtspunkten, von Herren der Bundeswehrverwaltung behauptet. Wir wollen das nicht vertiefen, bloß dahinter steht offenbar auch unser Problem. Ich würde allerdings meinen, daß Herr Krüger das Kind mit dem Bade ausgeschüttet hat. Wenn die Bundesbank ihr Geld unsachgemäß verwendet, dann ist das zwar intern eine Zweckentfremdung, dann setzt sie sich zwar mit ihrem „Amte" in Widerspruch, aber, was die

Außenwirkung angeht — und da zeigt sich nun der Unterschied zu den de jure publizistisch gewidmeten öffentlichen Sachen —, muß das wohl hingenommen werden. Das ist ja doch gerade das Charakteristikum der öffentlichen Sachen, daß hier bis zu einem gewissen Grade das Privatrecht und die Herrschaftsrechte des Eigentümers außer Kurs gesetzt, während bei „freien" Vermögenswerten der öffentlichen Hand Zweckentfremdungen juristisch irrelevant sind. Ich würde meinen, daß man deshalb bei der juristischen Deutung öffentlicher Unternehmen — Herr Krüger hat das auch angedeutet — vorsichtig sein muß, weil für diese gerade charakteristisch ist, daß nicht nur ihre Produkte, soweit sie produzieren, sondern zumeist auch das Produktionsvermögen aus in der Sache selbst liegenden Gründen im freien Verkehr bleiben muß. Die Bundesbahn kann zwar ihre Schienen nicht ohne weiteres frei veräußern, sie muß sie gegebenenfalls entwidmen. Es gibt aber große Komplexe des Bundesbahnvermögens, die nicht unter der Herrschaft des öffentlichen Sachenrechtes stehen, und auch praktisch nicht in dieser Weise dem Verkehr entzogen werden können. In der sowjetischen Zone hat diese Problematik der Zweckbindung bei den VEBs eine ziemliche Rolle gespielt.

Wenn ich noch eine letzte Bemerkung machen darf, so habe ich mich eigentlich gewundert, daß die bei Herrn Stern allerdings anklingende Frage hier nicht diskutiert wurde, inwieweit das Privateigentum an öffentlichen Sachen im Sinne eines fiskalischen Potentials praktiziert werden kann. Tatsache ist, daß insbesondere die Gemeinden ihr Wegeeigentum als ein lediglich im Sinne des Art. 14 GG sozialpflichtiges Privatrecht dort als ein administratives Mittel heranziehen, wo ihnen das Verwaltungsrecht keine Handhabe bietet. Wenn dies gemeinhin nicht beanstandet wird, so lediglich deswegen, weil wir die Zweckbindung des öffentlichen Eigentums zu traditionalistisch auffassen. Ich bin demgegenüber der Überzeugung, daß es der heutigen realen Situation — wie immer der Bundes- oder Landesgesetzgeber sich dazu stellt — nicht mehr gerecht wird, wenn man die Wege nur als Verkehrseinrichtungen ansieht. Wer einmal im Kriege nach einer Bombennacht gesehen hat, was ein moderner Weg an Leitungen usw. in sich birgt, wer also weiß, welche vielfältige Funktion der Weg heute hat — Herr Stern hat meine Formulierung vom „Mehrzweckinstitut" zitiert —, der wird sich die Frage vorlegen müssen, ob wir nicht die Zweckbindung der öffentlichen Wege, um nur von diesen zu sprechen, zu Unrecht auf den Gemeingebrauch beschränken. Ich meine, man sollte sich das sehr genau überlegen. Denn wenn die Zweckbindung des öffentlichen Weges nur den Gemeingebrauch betrifft — nach dem Bundesfernstraßengesetz muß man die Dinge in der Tat ungefähr so sehen — dann bedeutet das, daß alles andere ein „Überhang“ ist, der als solcher dem Fiskus, wenn ich diese öminöse Figur hier noch einmal zitieren darf, zur Verfügung steht. Im übrigen, wer an die Praxis denkt, weiß daß es dieser vorerst egal ist, wie skeptisch man in unseren Kreisen ganz allgemein über den Fiskus denkt. Ganz im Gegenteil, dieses dem Praktiker höchst willkommene Potential wird gerade heute mit dem besten Erfolg in den Dienst der Verwaltung gestellt.

**Kaiser:** Von dem was Herr Krüger unter dem Stichwort „öffentliches Eigentum“ Revue passieren ließ, hatte manches gewiß den Reiz des Neuen. Außer den Bedenken, die Herr Köttgen soeben ausgesprochen hat, möchte ich mir erlauben, noch ein paar Gesichtspunkte beizutragen. Wenn etwa öffentliche und private Unternehmen auf ein und demselben Markt miteinander konkurrieren, dann stößt eine Sonderbehandlung von öffentlichen Unternehmen an enge Grenzen. Auf dem Kohlenmarkt könnte die staatliche Hibernia gewiß etwa dazu benutzt werden, um ein Kohleverkaufskartell aufzubrechen, aber im übrigen muß die staatliche Hibernia ähnlich behandelt werden wie die Krupp-Zechen. Das folgt jedenfalls aus dem Vertrag über die Europäische Gemeinschaft für Kohle und Stahl.

Ich habe im übrigen Bedenken dagegen, daß öffentliche Sachen ohne weiteres zur Wirtschaftssteuerung eingesetzt werden könnten. Aus Gründen, die ich im einzelnen hier nicht ausführen kann, ist seit langem, vor allem aber seit Keynes, in erster Linie das Geld dafür benutzt worden. Das Geld ist nun einmal ein besonderer Stoff und kann in der Konjunktursteuerung nicht beispielsweise durch Wasser, wie Herr Krüger meinte, ersetzt werden; es würde rechtlich und tatsächlich auf Schwierigkeiten stoßen. Das liegt zum Teil daran, daß die Wirtschaft ein Globalphänomen ist und es zu deren Steuerung eines Globalmittels bedarf, das so nuanciert und so schnell wirksam eingesetzt werden kann wie das Geld.

Darf ich außerdem noch eine Frage an Herrn Stern richten? Sie haben, Herr Stern, die öffentlichen Sachen prinzipiell dem öffentlichen Gemeinwesen statt dem Staat zugeordnet und sich dazu auf Smend berufen. Nun frage ich mich: Worin liegt der Erkenntniswert dieser Distinktion? Wollen Sie sagen, daß bei den öffentlichen Sachen der Sachherr nicht der Staat ist, sondern etwas anderes, daß die öffentlich-rechtliche Ordnung der öffentlichen Sachen, von der Sie in den Leitsätzen sprechen, durch einen anderen als den Staat geschaffen wird? Was bedeutet es dogmatisch und praktisch, wenn hier ein — wie ich meine — so wenig prägnanter Begriff wie „politisches Gemeinwesen" als ein Rechtsbegriff eingeführt wird?

**Uber:** Es ist gesagt worden, daß die beiden Referate diametral entgegengesetzt seien. Ich glaube aber, daß wir das nicht sagen können, sondern feststellen müssen, daß beide Referate im Ergebnis im wesentlichen übereinstimmen. Beide versuchen mit anderen Mitteln das gleiche Ziel zu erreichen, nämlich die öffentliche Sache — oder besser gesagt: bestimmte Sachen — zu „veröffentlichrechtlichen". Das tut Herr Weber in der Weise, daß er den Begriff der anstaltlich genutzten Sache stärker einsetzt, während Herr Stern eine revolutionäre Lösung anbietet. Beides hat im wesentlichen das gleiche Ergebnis der „Veröffentlichrechtlichung" der Sachen, die vom Staat unmittelbar zu öffentlichen Zwecken der Verwaltung eingesetzt werden. Die Lösung von Herrn Stern liegt mir näher und ist mir sympatischer, allerdings nur im Ergebnis, nicht aber im Wege. Hinsichtlich des Weges, den Herr Stern aufgezeigt hat, möchte ich gewisse Bedenken anmelden, nämlich dagegen, daß er die Widmung und die Indienststellung über Bord wirft und sagt: „Die ‚Veröffentlichrechtlichung' erreiche ich dadurch, daß ich eine öffentlich-rechtliche Sachordnung herstelle für die bestimmten Sachen, von denen hier die Rede ist. Das soll durch einen ‚Organisationsakt' geschehen". Wenn nach der Rechtfertigung gefragt wird, wie Herr Stern dazu kommt, wird als Antwort dem Referat, wenn ich recht verstanden habe, zu entnehmen sein, das ergebe sich im wesentlichen aus der Sozialstaatlichkeit. Wenn als Fundierung seiner Aussage, eine staatliche Norm genüge, um die öffentlich-rechtliche Sach*ordnung* herzustellen, oder sei sogar notwendig, um die gemeinten Sachen zu „veröffentlichrechtlichen", angegeben wird, daß dieser höhere Rechtssatz begründet sei in der Sozialstaatlichkeit i. V. m. der Daseinsvorsorge und mit Aufgaben der Leistungsverwaltung, dann sind schon in dieser Hinsicht Bedenken anzumelden, die jetzt hier nicht näher ausgeführt werden sollen und zu werden brauchen. Wenn aber nun der nächste Schritt, nämlich die Herstellung der öffentlich-rechtlichen Sach*nutzung*, einfach damit begründet wird, daß aus Gründen der Stilreinheit ebenfalls öffentlich-rechtlich verfahren werden müsse, weil die erste Stufe, die Herstellung der öffentlich-rechtlichen Sachordnung, öffentlich-rechtlich erfolge, dann scheint mir das doppelt bedenklich zu sein. Ich glaube, daß die Begründung und die Darlegung, warum diese bestimmten Sachen, von denen hier die Rede ist, öffentlich-rechtlich behandelt werden sollen, noch einer gründlicheren Fundierung bedarf. Ich sehe in diesem Thema und der heutigen Behandlung des Themas den zweiten Versuch in dieser Vereinigung innerhalb von zwei Jahren, ein weiteres Teilproblem aus dem Dilemma herauszuführen, in dem wir uns hinsichtlich der Abgrenzung zwischen öffentlichem und privatem Recht befinden. Herr Thieme hat es ganz kurz schon angedeutet. Aber ich wundere mich, daß dieses Hauptproblem hier nicht näher angesprochen und vertieft worden ist. Denn dieses ist der Grund, warum wir uns überhaupt über die öffentlichen Sachen unterhalten und warum sie so streitig sind. Herr Stern hat eine totale, revolutionäre Lösung angeboten. Ich glaube aber, daß sie nicht ganz befriedigt, und ich frage, ob nicht der Gedanke, den Herr Krüger genannt hat, und der, wenn ich ihn recht verstanden habe, vielleicht umschrieben werden könnte mit „absoluter öffentlicher Zweckadäquanz staatlichen Handelns" — m. a. W., daß alles staatliche Handeln zunächst öffentlich und in der weiteren Konsequenz auch öffentlich-rechtlich sein muß —, eher einen Ansatzpunkt bietet, um zu einer grundsätzlichen Beantwortung der Einzelfragen zu gelangen.

**Salzwedel:** Als ersten Punkt möchte ich nur hervorheben, daß meiner Ansicht nach das aufregendste Ereignis im Bereich der öffentlichen Sachen eigentlich nicht die Einführung des öffentlichen Eigentums in Hamburg und Baden-Württemberg war, sondern daß das Eigentum an Gewässern in manchen Ländern scheinbar so ziemlich mit Stumpf und Stiel ausgerottet worden ist. Wenn man beispielsweise § 12 des nordrhein-westfälischen Wassergesetzes ansieht, dann steht darin schlicht und einfach, daß der Eigentümer verpflichtet ist, sämtliche Gewässerbenutzungen mit wenigen Ausnahmen zu dulden — eigentlich nur noch mit der in Betracht kommenden Ausnahme, daß die Entnahme fester Stoffe aus dem Gewässerbett schon in das Eigentum eingreifen soll. Alle anderen Benutzungen hat der Gewässereigentümer entschädigungslos und unentgeltlich hinzunehmen. Dies ist unter den Wasserrechtlern freilich nicht ganz unbestritten, weil es in den meisten Wassergesetzen heißt: der Gewässereigentümer muß die Gewässerbenutzung „als solche" dulden. Nun weiß man nicht, heißt das: nur die Benutzung des Wassers oder: auch die Benutzung des Gewässerbettes. Aber was sich bisher als herrschende Lehre andeutet, geht dahin, daß heute auch die Ausnutzung — oder wenn man boshaft ist — die Ausbeutung des Gewässer*bettes* ohne Rücksicht auf den Willen des Eigentümers vor sich gehen kann. Wenn das so sein sollte, dann wäre zu fragen, ob wir in diesem Punkte nicht schon längst über das öffentliche Eigentum, über das wir uns heute so lange gestritten haben, hinaus, nämlich auf dem Wege einer kalten Sozialisierung der Wasserläufe und der stehenden Gewässer etwa zu einem Gemeineigentum im Sinne des Art. 15 GrundG. gekommen sind. Das, was wir im Wegerecht als Inhalt des Wegeeigentums verstehen, ist die Privatnützigkeit, die sich noch darin äußert, daß der Wegeeigentümer für die Benutzung im Falle der Inanspruchnahme der Wegesubstanz zumindest ein Entgelt verlangen kann. Nichts dergleichen im Wasserrecht, wo sich, wie gesagt, die Geltendmachung des privaten Eigentums auf den Fall der Entnahme fester Stoffe aus dem Gewässerbett beschränkt. Wenn man die Privatnützigkeit als den Kern des Privateigentums begreift (ich glaube, Herr Weber hat das besonders hervorgehoben), dann ist das Gewässereigentum, vorausgesetzt daß man die nahezu vollständige Ausschaltung des Eigentümers akzeptieren wollte, kein Eigentum mehr in dem Sinne, in dem wir bisher von Eigentum gesprochen haben. Gewässereigentum bedeutet dann weder Sachherrschaft noch Privatnützigkeit — die Neuregelung des Gewässereigentums ist eine Enteignung der Gewässer. Die Eigentumsentziehung wäre entschädigungslos und mithin nichtig. Man muß deshalb wohl versuchen, zu einer verfassungskonformen, das kann hier nur heißen: einer einschränkenden Auslegung der Vorschriften über die Duldungspflicht des Gewässereigentümers zu kommen. Aber wie dem auch sei, das ist m. E. der Punkt, an dem die klassische Konstruktion der öffentlichen Sache — als öffentlich-rechtliche Dienstbarkeit auf privatem Eigentum —, die Herr Weber hier vertreten hat und die ich ebenfalls nach wie vor für richtig halte, ins Wanken geraten ist, nämlich von der privatrechtlichen Basis her.

Meine zweite Frage richtet sich an Herrn Stern. Sie haben gemeint, daß eine privatnützige, eine fiskalische Ausnutzung der öffentlichen Sache überhaupt ausgeschlossen sein soll — in welchem Bereich, ist noch nicht ganz klar, darauf wollten Sie noch eingehen. Sie wollen aber auch eine hoheitliche Ausnutzung der öffentlichen Sache mittels Erhebung von Sondernutzungsgebühren ausschließen, wenn dies in der Weise geschähe, daß synallagmatisch, Zug um Zug und Leistung gegen Gegenleistung, wirklich ein wirtschaftliches Äquivalent verlangt würde. Ich weiß nicht, ob man das unter irgendwelchen verfassungsrechtlichen Aspekten oder unter dem Gesichtspunkt einer Gebundenheit auch der Leistungsverwaltung und einer hilflosen Angewiesenheit des Staatsbürgers auf Teilhabe an der öffentlichen Sache rechtfertigen kann. Denken Sie nur an das Wasserrecht. Es ist doch eigentlich nicht zu verstehen, warum ein Industrieunternehmer eine Bewilligung bekommen soll, 30 Jahre lang in der Stunde 5000 l verschmutztes Wasser in den Rhein einzuleiten, ohne daß dafür eine echte Gegenleistung verlangt wird. Ich halte es für durchaus richtig, daß man in diesen Fällen eine echte wirtschaftliche Gegenleistung verlangt. Sonst kommen Sie nämlich gerade nicht zu dem, was Sie anstreben, nämlich zu einer sozialgerechten Lösung. Sozial gerechtfertigt ist sie doch nur, wenn dem unerhörten Privileg, das dem einzelnen hier vor allen anderen Bürgern gewährt wird, auch tatsächlich ein Äquivalent in Gestalt einer echten wirtschaftlichen Gegenleistung gegenübergestellt wird.

**Drath:** Ich weiß nicht, ob ich Herrn Weber richtig verstanden habe; ich bin nicht sicher, daß er zu den öffentlichen Sachen außer den Betrieben, die unmittelbar — etwa in kommunaler Regie — geführt werden, auch die rechnen würde, die in Form einer GmbH oder AG betrieben werden, aber doch genauso behandelt zu werden verdienen, wie die, die im unmitttelbaren Eigentum der Gemeinden stehen. Seine Bezugnahme auf Sachen und nicht auf Rechte schien mir in diesem Punkte problematisch.

Nun will ich nicht auf das Volkswagenurteil als solches eingehen; das ist nicht meine Sache, gehört auch nicht hierher. Ich möchte aber daran anknüpfen: In diesem Punkte zeigt sich nämlich gerade am Volkswagenwerk eine Problematik. Das Werk ließ nach meiner Auffassung nicht recht erkennen, daß es in besonderer Weise einer öffentlichen Aufgabe diente. Ich bin nicht sicher, daß die Entscheidung im Ergebnis so ausgefallen wäre, wie sie ausgefallen ist, wenn eine öffentliche Aufgabe des Volkswagenwerkes sichtbar geworden wäre. Daß man auf die ursprüngliche Aufgabenstellung nicht zurückgreifen konnte, ist wohl klar; denn die war überholt. Der Ausdruck „Finanzvermögen" im Urteil deutet darauf hin, daß dem Gericht eine neue Aufgabenstellung öffentlicher Art nicht sichtbar war, daß man — Sie mögen damit einverstanden sein oder nicht — vielleicht vom Volkswagenwerk im Ergebnis eher sagen konnte, es war der Typus eines Betriebes „an und für sich", eines Betriebes, der sich selbst aufbaute, ausbaute, pflegte. Daß das hinter dieser Formulierung steht und daß dies in einem anderen — in dieser Hinsicht nicht so liegenden — Fall zu einer anderen Entscheidung führen könnte, möchte ich doch kurz erwähnen um der Mißverständnisse willen, die da entstehen könnten, aber auch, um zu zeigen, daß unsere allgemeine Diskussion hier noch der Präzisierung bedarf. Irgendwo muß eine öffentliche Aufgabe bei den öffentlichen Sachen sichtbar sein und die Problematik des Volkswagenfalles lag gerade darin, daß dies nicht der Fall war.

**Hans Schneider:** Ich möchte Herrn Krüger nicht allein lassen mit seinen Bedenken, die er gegen die These von Herrn Stern vorgebracht hat, daß man das Potential der öffentlichen Sachen nicht auch für Zwecke, die außerhalb der normalen Sachnutzung liegen, einsetzen könnte. Herr Kaiser hat zwar gesagt: „Dafür ist das Geld da". Aber bekanntlich kann man mit Geld nicht alles machen. Auch der Staat kann nicht alles mit Geld machen. Ich möchte deswegen ausdrücklich — welche wirtschaftspolitischen Gründe auch immer eine Rolle spielen mögen — jedenfalls von Verfassungs wegen die Möglichkeit offen gehalten wissen, daß die Nutzungsordnung auch im Sinne einer Beeinflussung des nationalökonomischen Ablaufes gestaltet werden kann. Nicht nur die Schaffung, sondern auch die Nutzung öffentlicher Sachen muß auch unter diesem Gesichtspunkt gesehen werden.

Was Herr Weber gesagt hat über die Entwicklung von Gemeingebrauch an öffentlichen Sachen zur Anstaltsnutzung, scheint mir sehr einleuchtend. Nur das Beispiel gerade des innerstädtischen Wegesystems würde ich nicht für so glücklich halten, weil es da ja so ist, daß der Veranstalter oder Anstaltsherr nicht das maßgebliche Wort über die Nutzungsart zu bestimmen hat. Weil hier die Straßenverkehrsordnung, also ein Verordnungsgeber oder Gesetzgeber, der gar nicht Veranstalter ist, die Benutzungsarten weitgehend vorfixiert, verbleibt dem eigentlichen Anstaltsherrn, der Gemeinde, wenig Gestaltungsfreiheit.

**Weber:** Die technischen Mittel werden zwar vorfixiert, aber ihre Anwendung, die Aufstellung der Schilder usw. liegt in der Hand der Gemeinde.

**Drath:** Die bloße Aufstellung der Schilder, aber nicht einmal — wie das Bremer Urteil, das von Herrn Stern zitiert worden ist, zeigt — die Möglichkeit, den Gemeingebrauch wegen der Laternengaragen einzuengen. Die Möglichkeiten, die dem Anstaltsherrn für die Benutzungsordnung bleiben, sind begrenzt.

**Stern** (Schlußwort): Als ich vom Vorstand unserer Vereinigung zu Beginn dieses Jahres den Vorschlag erhielt, zum Thema öffentliche Sache zu sprechen, da überlegte ich mir ebenso wie die gestrigen Referenten, was den Vorstand bewogen habe, zu dieser Materie ein Referat halten zu lassen. Sicher lag es nicht in meiner Absicht, „revolutionär" wirken zu wollen, aber auch nicht einem Konservatismus anzuhängen, zu dem gerade die Beschäftigung mit diesem Rechtsgebiet verlocken mag. Ich wollte jedenfalls aus der Kirchhofsruhe überlieferter Formeln erwecken, die sich bei einem noch nicht konsolidierten Rechtsgebiet so gerne einstellen, solange der Gesetzgeber nicht in vollem Umfang klärend eingegriffen hat. Ich glaubte mein Thema auf zwei Wegen angehen zu sollen, einmal, indem ich die öffentliche Sache vor allen Dingen unter einem leistungsverwaltungsrechtlichen Aspekt betrachtet habe. Hier — und hier allein, Herr Uber — habe ich das Prinzip der Sozialstaatlichkeit eingeführt, um Funktion und Nutzung der öffentlichen Sache deutlich zu machen und um klarzustellen, daß die öffentliche Sache ein Institut ist, das für alle Bürger vorhanden ist und mit optimaler Nutzung durch alle Bürger sowie durch spezielle Interessenten genützt werden soll. Zum anderen lag mir daran, angesichts der Tatsache, daß im Gebiet des öffentlichen Sachenrechts so vielfältige Erscheinungen und komplexe Gegenstände behandelt werden, die sowohl vom öffentlichen als auch vom privaten Recht her Impulse empfangen, die notwendige Klarheit zu schaffen, die das Institut der öffentlichen Sache aus einer gewissen begrifflichen Unsicherheit und Verflüchtigung herausführt. Dieses Problem versuchte ich auf dem Wege über die Organisationsgewalt zu lösen, indem ich den Begriff des Organisationsaktes einführte mit dem Ziel, in ihm einen zweifelsfreien Ansatzpunkt zu besitzen, der die öffentliche Sache umgrenzt und von verwandten Phänomenen abhebt. Bekanntlich ist man bisher so vorgegangen, daß man sagt: Durch die Widmung wird die Sache öffentlichen Zwecken dienstbar gemacht und damit zur öffentlichen Sache. Streitig war hierbei, ob unter diese öffentlichen Zwecke neben dem Gemeingebrauch auch jedwede Sondernutzung fällt. Herr Weber tritt für eine Beschränkung auf die Oberflächensondernutzung ein; die Sondernutzung unter der Straße hingegen sieht er als ein rein vom Privatrecht her zu lösendes Problem an. Ich habe hier den Organisationsakt eingeführt, weil ich glaubte, damit ein verläßliches, formal erfaßbares Mittel zu finden, um klarzulegen, daß wir die öffentliche Sache nicht ständig als Zwittergebilde, als Kollisionsbegriff, verstehen dürfen, sondern sie in eine einheitliche Ordnung überführen müssen. Daß ich die öffentlich-rechtliche Ordnung gewählt habe, scheint mir in der Natur der Sache zu liegen. Wenn hier Zweifel bestehen, wo ich die Rechtfertigung hernehme, diesen Organisationsakt mit so weitgehender Wirkung auszugestalten, insbesondere mit der Kraft, eine Sache in ein anderes Rechtsgebiet zu transformieren, so glaube ich doch sagen zu müssen, daß die Organisationsgewalt, die wohl mit dem Staat ipso iure gegeben ist, jedenfalls soweit Verfassungsrechtssätze und positive gesetzliche Regelung nicht entgegenstehen, den Sachherrn, der entweder Eigentümer ist — Eigentümer, sei es, daß ihm von vornherein dieses Gut gehört oder sei es, daß er sich das Eigentum durch einen Enteignungsakt verschafft hat — berechtigt, dieser Sache einen öffentlich-rechtlichen Status und eine öffentlich-rechtliche Nutzungsordnung zu geben, und zwar entweder, wie es bei den Straßen, Wegen und Gewässern geschehen ist, durch einen gesetzgeberischen

Akt oder, wie es bei den Gemeinden weitgehend geschieht, durch eine Satzung oder auch durch einen auf eine einzelne Sache bezogenen konkreten Organisationsakt, der seine Rechtsgrundlage in Verfassung, Gesetz oder im „allgemeinen Verwaltungsauftrag" finden kann. Dadurch entsteht der „institutionell öffentliche Status" einer Sache. In diesem Zusammenhang glaubte ich, vom „politischen Gemeinwesen" sprechen zu sollen, indem als Sachträger nicht nur der Staat, sondern auch Gemeinden und sonstige juristische Personen des öffentlichen Rechts fungieren.

Im System eines solchen die Öffentlichrechtlichkeit der Sache begründenden Statusaktes hat das Eigentum lediglich eine statische Rechtsposition, d. h. die Funktion, die Sache nicht zur res nullius werden zu lassen. Das Eigentum ist, wenn wir es vom Privatrecht her sehen, allerdings die Beherrschungsmacht — Herr Bettermann hat das sehr klar gesagt —, die berechtigt, nach eigenem Ermessen zu disponieren. Diese Rechtsmacht ist aber gerade bei der öffentlichen Sache nicht gegeben. Die öffentliche Sache ist fremdnützig, dienend. Das Privateigentum ist staats- und drittgerichtet, damit eigennützig. Die öffentliche Sache hat ihre Funktion in der Gewährung an die Bürger. Hinter den öffentlichen Sachen steht der Gewährszwang, so wie einstmals Nipperdey mit dem Kontrahierungszwang gewissen Unternehmen, Theatern usw., die Monopolstellungen innehaben, begegnen wollte, um dem Bürger einen durchsetzbaren Anspruch auf Benutzung zu verschaffen.

Ich habe auch klar herauszustellen versucht, daß zwischen öffentlicher Anstalt und öffentlicher Sache meiner Meinung nach ein erheblicher Unterschied besteht. Wir sollten festhalten: Öffentliche Sachen und öffentliche Anstalten dürfen nicht als Allerweltsbegriffe aufgefaßt werden, in die man alles hineinpreßt, was man ins Verwaltungsrecht einordnen will und unter anderen Rechtskategorien nicht unterbringen kann. Das war mein starkes Bedenken gegen den öffentlichen Zweck als alleiniges Angrenzungskriterium. Diese Vorstellung hat mich weiter bewogen, eben diesen Organisationsakt, der die Sache öffentlichrechtlich verfaßt, öffentlich-rechtlich institutionalisiert, als deutliches Abgrenzungskriterium herauszuheben. Das Institut der öffentlichen Anstalt sehe ich nur ungern erweitert; seine Begriffsmerkmale würden sich zu unscharfen Konturen verwischen.

Zum Problem des öffentlichen Eigentums, das ja hier sehr vielfältig angesprochen wurde, nur folgendes: Die Formel vom öffentlichen Eigentum hat sicher etwas Bestechendes, und Herr Bettermann hat mit Recht hervorgehoben, daß der Eigentumsbegriff aus der allgemeinen Rechtslehre stammt. Ich bin ihm sehr dankbar, daß er mich wieder darauf aufmerksam gemacht hat, nachdem ich selbst in einem Aufsatz über den öffentlich-rechtlichen Vertrag 1957 von dieser These ausging. Vielleicht bin ich ohne Not von diesem alten Gedanken abgerückt. Aber ich meine, einem öffentlichen Eigentum deshalb wiedersprechen zu sollen, weil wir mit dem Begriff „öffentlich" doch recht sparsam umgehen sollten. Ich habe zwar die Parallele zum öffentlichen Amt, zum öffentlichen Dienst, zum öffentlichen Unternehmen gezogen, aber die Etikettierung „öffentlich" immer mit Vorsicht gewählt. Für die öffentliche Sache scheint mir kennzeichnend, daß für sie eine öffentlich-rechtliche Sachherrschaft besteht. Gerade diese besonders ausgestaltete Sachherrschaft möchte ich als Kriterium dafür erblicken, daß man einen Unterschied zur privatrechtlichen Eigentumsherrschaft ziehen sollte. Jene Sachherrschaft ist aus der Souveränität, aus der inneren Souveränität des Staates heraus entstanden. Darum brachte ich zur Begründung einen historischen Ansatzpunkt, indem ich das Eigentum des römischen Rechts den jura regalia des deutschen Rechts gegenüberstellte. Das allein, Herr Merk, wollte ich mit meinen historischen Einleitungen darlegen, nicht mehr; natürlich hätten wir noch sehr viel weiter zurückgehen und sehr viel tiefer eindringen können.

Wenn ferner die Frage der Entgeltlichkeit oder Unentgeltlichkeit der Sachnutzung im Sinne einer Synallagmatik von Herrn Salzwedel angesprochen worden ist, so möchte ich richtigstellen: Ich habe nicht behauptet, es solle jedwede Entgeltlichkeit einer Sondernutzung ausgeschlossen werden. Ich habe nur gesagt, die marktwirtschaftliche, die kaufmännisch orientierte, Entgeltlichkeit solle bei öffentlichen Sachen nicht praktiziert werden. Die Zeit ist zu knapp, einige drastische Fälle aufzuzählen, die mir aus der Praxis bekannt geworden sind und die mich bewogen haben, hier dem Rechtsschutz des Bürgers und dem Anspruch auf eine nicht mit allzu großen finanziellen Einbußen behaftete Erteilung der Sondernutzung das Wort reden zu sollen.

Ein Moment, Herr Krüger, möchte ich noch ergänzend zu einigen wohl auch von Ihnen erwähnten und von mir bereits gestreiften Überlegungen vortragen: Es ist uns im privaten Gesellschaftsrecht geläufig, daß eine Trennung zwischen Eigentumsbefugnissen und — wollen wir es einmal kurz formulieren — management vorhanden ist. Es gibt den Manager, der das große Unternehmen beherrscht, aber theoretisch keine Aktie dieser Gesellschaft zu besitzen braucht, um seine Herrschaft auszuüben. Die Eigentumsbefugnisse sind auch hier reduziert zu Gunsten einer dynamischen Funktion eines anderen Herrn über die Sache.

Meine Notizen von der Diskussion enthalten noch mehrere Probleme. Ich bedaure, in Anbetracht der knappen Zeit und mit Rücksicht auf das Schlußwort von Herrn Weber nicht zu allen Diskussionsbeiträgen Stellung nehmen zu können. Ich bitte, darin keine Zurücksetzung ihrer Wichtigkeit für mich oder gar ihrer allgemeinen Beachtlichkeit zu erblicken. Ganz im Gegenteil, jede Äußerung, sei sie Zustimmung, Anregung oder Ablehnung, wird mich zu weiterem Nachdenken über diesen Fragenkreis veranlassen. Nur eines noch: Ich weiß nicht, ob ich in der Diskussion zu gut weggekommen bin oder nicht. Das scheint mir auch unwesentlich zu sein angesichts der Aufgabe, im Dienste der Wahrheit zu stehen. Mit Recht hat Herr Krüger gestern gesagt, wir sollten uns keine Zensuren erteilen. Für meine Person bekenne ich freimütig, für jede Kritik dankbar zu sein und sie anzuerkennen, wo immer ich geirrt habe.

**Weber** (Schlußwort): Meine Herren! In der Abgrenzung zwischen öffentlichem und privatem Recht haben sich in den letzten Jahren oder sogar schon Jahrzehnten gewisse Verzerrungen ergeben. Wir haben uns vielfach über zivilistische Verzeichnungen öffentlich-rechtlicher Probleme etwa durch die Judikatur der Zivilgerichte geärgert. Das hat eine Gegenbewegung hervorgerufen. Nach der Reorganisation der Verwaltungsgerichtsbarkeit auf der Grundlage der Generalklausel hat sodann erneut ein lebhafter Streit über die Abgrenzung der beiderseitigen Zuständigkeitsbereiche eingesetzt. Dieses und anderes hat dazu geführt, daß manche Fragen aus dem Komplex der Zuordnung zivilrechtlicher und öffentlich-rechtlicher Betrachtungsweisen verzerrt worden sind. Das müssen wir gelegentlich wieder entzerren, damit wir uns nicht mit Scheinproblemen herumschlagen, vor allem mit dem Scheinproblem, als ob der zivilrechtliche und der öffentlich-rechtliche Teil unserer Rechtsordnung total verschiedene Dinge wären, die nicht aufeinander passen könnten.

Das gilt insbesondere — ich nehme zunächst einige kleinere Punkte aus der Diskussion vorweg — für die Frage der Verkehrssicherungspflicht. Es ist um diese Frage in der letzten Zeit etwas ruhiger geworden. Vor 5 oder 6 Jahren war darüber ein geradezu weltanschaulich bewegter Kampf im Gange. Man sagte, es sei doch unerhört, daß hier Probleme des öffentlichen Rechts zivilrechtlich aufgefaßt würden usf., und man sah die Frage ganz dogmatisch an, ohne sie von den Folgen und den größeren Zusammenhängen her zu betrachten. Der Bundesgerichtshof hat in dieser Frage eine Schwenkung vorgenommen und hat gesagt, er wolle die Verkehrssicherungspflicht gar nicht zivilrechtlich konstruieren; er erkenne an, daß hier eine öffentliche Verantwortung bestehe, daß bei der Wegeunterhaltungspflicht Betätigung der Hoheitsgewalt über die öffentliche Sache vorliege. Er leite die Verkehrssicherungspflicht ebensowenig aus dem zivilrechtlichen Eigentum ab wie aus einem öffentlichen Eigentum, sondern aus einem Tatbestand auf anderer Ebene, nämlich dem des In-Verkehr-Bringens, des Schaffens einer Gefahrenlage. Dabei könne er, der BGH, dahingestellt sein lassen, ob sich dieser Vorgang im Gebiet des öffentlichen oder des Privatrechts vollziehe. — Aber die Diskussion über diesen Punkt wird immer noch so geführt, als ob der Bundesgerichtshof darauf bestände, es handele sich hier um eine Auswirkung der privatrechtlichen Eigentümerbefugnisse. Wenn man die Frage der Verkehrssicherungspflicht unvoreingenommen betrachtet, dann muß man sich doch vergegenwärtigen, was im Ergebnis dabei herauskommt; dann muß man die Unstimmigkeiten, die unserem Schadensersatzrecht nach der Judikatur der Zivilgerichte anhaften und deretwegen eine Reform des Schadensersatzrechts gefordert wird, mit in Betracht ziehen. Man kann aber nicht bei der Erörterung dieses Problems auf gewissen dogmatischen Prämissen um ihrer selbst willen bestehen, wenn von ihnen aus im Zusammenhang mit den herrschenden Grundsätzen des Schadensersatzrechts eine befriedigende Lösung nicht erreicht wird. Nur insofern interessiert mich die Frage der Verkehrssicherungspflicht in diesem Zusammenhang, und jedenfalls setzt sich die neuere Judikatur des Bundesgerichtshofs, wie ich wiederholt betonen möchte, mit dem Begriff und dem Wesen der öffentlichen Sache nicht mehr in Widerspruch. Für unser Thema dürfte diese Feststellung genügen.

Der zweite Punkt betrifft die fiskalische Ausnutzbarkeit des Privateigentums an Wegen, die Herr Köttgen stark in den Vordergrund gerückt hat. Ich habe mir diese Seite der Sache gründlich überlegt, und zwar mit dem Ergebnis, daß die Gefahr einer (mißbräuchlichen) fiskalischen Ausnützung der Verfügung über den Wegekörper bei öffentlich-rechtlicher Nutzungsverleihung — wie in Hamburg — um keinen Grad geringer ist, als wenn dafür die Form des bürgerlich-rechtlichen Vertrages verwendet wird. Ich habe anderseits folgendes erwogen: Es gibt in Straßen nicht nur Kabel für Telefon und Elektrizität und Rohrleitungen für Gas, Brauch- und Abwasser, also nicht nur Einrichtungen der öffentlichen Dienste, sondern auch, besonders in den Industriegebieten, zahlreiche Leitungen, die von Wirtschaftsunternehmungen im Zuge der

Straßen und quer durch das ganze Straßennetz unterhalten werden. Weiter gibt es zahlreiche Fälle, in denen Straßen aufgelassen und verlegt und neue Straßen über schon bestehenden Leitungen angelegt werden. Wenn ich nun die Benutzung des Straßengrundes öffentlich-rechtlich konstruiere, dann bedeutet jenes Hin und Her der tatsächlichen Lagen und der Widmungsverhältnisse einen permanenten Wechsel und ein unübersichtliches Nebeneinander öffentlich-rechtlicher und privatrechtlicher Benutzungsverhältnisse, wodurch außerordentliche praktische Schwierigkeiten und viel Rechtsunsicherheit heraufgeführt werden. Da aber auch die privatrechtliche Vergabe von Konzessionen im Straßengrund unter die von Herrn Krüger so stark betonte öffentliche Verantwortung zu stellen ist und sicher der Wegeherr immer dessen eingedenk sein muß, daß die Straßen als „Mehrzweckinstitut" von Hause aus auch für die Aufnahme von Leitungen da sind und hierin nicht nur einen fiskalisch ausnützbaren Nebenzweck erfüllen, ist es für die Sicherung der öffentlichen Ordnungsaufgaben und zur Vermeidung des Formenmißbrauchs gleichgültig, ob die Benutzung des Straßenkörpers in der Tiefe privatrechtlich oder öffentlichrechtlich konstruiert wird.

Das öffentliche Eigentum hamburgischer und baden-württembergischer Prägung halte ich für eine unglückliche Sache. Was die Kompetenz des Hamburger Gesetzgebers angeht, so würde ich Herrn Ipsen antworten, daß der Gesetzgeber Hamburgs für die Verwendung des Etiketts „öffentliches Eigentum" die Zuständigkeit in diesem Falle aus seiner Kompetenz für das Wegerecht mochte herleiten können. Aber wohlgemerkt handelt es sich nur um ein Etikett und nicht um öffentliches Eigentum der Substanz nach. Für Verwaltungsvermögen und eine Reihe anderer öffentlicher Sachen könnte der Landesgesetzgeber mangels Regelungskompetenz nicht einmal das Etikett „öffentliches Eigentum" verwenden. Solche Regelungen können schon wegen ihres durch die Kompetenzbegrenzung bedingten punktuellen Charakters zu nichts führen. Die Umetikettierung allein, und noch dazu auf einige öffentliche Sachen beschränkt, bringt keinen Nutzen. Sie kann auf der anderen Seite für das Eigentumsregime und auch für das System der öffentlichen Sachen erhebliche Unordnung stiften. Sie verlockt dazu, wie auch der einschlägige neue Aufsatz von Diether Haas zeigt, ganz neue Probleme zu erfinden, die sich in Wahrheit von der Sache her nicht stellen. Der Stein wird ins Wasser geworfen und zieht nun seine Kreise. Man hält sich für verpflichtet, aus dem „öffentlichen Eigentum" nun auch systematisch und dogmatisch etwas zu machen, gelangt aber zu nichts anderem als zu unnötigen Konstruktionen, die nur die Geschlossenheit der überlieferten Eigentumsordnung gefährden.

Herr Draht fragte mich, was ich denn von kommunalen Unternehmungen in Gestalt der GmbH und der AG hielte. Ich habe dieses Problem bewußt vermieden, weil ich streng nur von Verwaltungsvermögen sprechen und mich einer Wiederaufnahme der Diskussion von vor zwei Jahren enthalten wollte; denn das wäre uferlos geworden. Ich würde, nunmehr befragt, folgendes dazu sagen: Wenn ein kommunales Versorgungsunternehmen in der Rechtsgestalt der GmbH oder AG betrieben wird, kann ich mit der Kategorie der öffentlichen Sache nichts ausrichten. Man befindet sich hier wohl — etwa im Krügerschen Sinne — im Bereich öffentlicher Verantwortung; aber der öffentlichen Sache begegnet man nur im Bereich des förmlich und streng zu nehmenden Verwaltungsrechts; sonst höbe man den Begriff der öffentlichen Sache auf. Die Probleme öffentlicher Unternehmungen in privatrechtlicher Rechtsgestalt lassen sich nicht vom Recht der öffentlichen Sache her lösen.

Nun zum Ganzen, meine Herren: Ich habe mich eines gewissen Konservatismus befleißigt, allerdings doch, wie ich meine, nur in den Teilen meines Referates, in denen ich um eine klare Begriffsbildung bemüht war. Gerade wenn man sich auf das Feld der Entdeckungen begibt und das Wagnis auf sich nimmt, über den gegenwärtigen Stand der Einsicht in die Lage der Verwaltungsordnung und des Verwaltungsrechts hinauszugelangen, muß man meiner Ansicht nach von vollkommen einwandfreien und klaren Begriffen ausgehen; so auch bei der öffentlichen Sache. Ich war dabei von dem Bestreben geleitet, den Begriff der öffentlichen Sache nicht, wie es übrigens auch in dieser Diskussion immer wieder angeklungen ist, vom Gemeingebrauch her einengen zu lassen. Hier wäre einzuschalten, daß nur noch der Gemeingebrauch an Wegen und am Meeresstrand ein echter Gemeingebrauch ist, während der „Gemeingebrauch" an Gewässern, wie ich in Übereinstimmung mit Herrn Salzwedel feststellen möchte, in ein ganz neuartiges System der öffentlichrechtlichen Verfügung über den Wasserhaushalt eingebettet worden ist und dadurch seinen Charakter verändert hat. Deshalb ist auch davor zu warnen, weiter im Stile älterer Lehrbücher vom wasserrechtlichen Gemeingebrauch als Modell her zu argumentieren. — Ich habe mich also bemüht, einen Begriff der öffentlichen Sache zugrunde zu legen, der alle in gefestigter Tradition als öffentliche Sachen anerkannten körperlichen Gegenstände deckt: die Sachen im Gemeingebrauch, das Verwaltungsvermögen einschließlich desjenigen der Kirchen und die res sacrae. Dann mußte ich allerdings ganz bestimmte Abgrenzungen vornehmen. Von diesen streiche ich auch nach der soeben geführten Diskussion nichts ab. Ich warne erneut davor, über wasserrechtliche Probleme weiterhin vom Recht der öffentlichen Sache her zu diskutieren, ohne zuvor die neue Systematik des Wasserrechts gründlich zu prüfen. Denn das neue Wasserrechtssystem und der Begriff der öffentlichen Sache sind im Grunde genommen inkommensurabel geworden. Nicht so, als ob das Wasserrechtssystem aus der öffentlichen Ordnung entlassen worden wäre; im Gegenteil ist der ganze Wasserhaushalt in die öffentliche Ordnung hineingenommen worden, aber der Begriff der öffentlichen Sache hat hier keine zentrale Bedeutung mehr.

In der heutigen Diskussion hat sich gezeigt, was sich vielfach auch im Schrifttum niederschlägt, daß sich mit dem Gemeingebrauch weithin noch Vorstellungen verbinden, die stark vom Weltanschaulichen her angereichert sind. Ich glaube, daß wir uns dessen entäußern müssen. Ich rede nun nicht etwa — um das Herrn Kollegen Stern zu erwidern — einer Reduzierung der Gemeingebrauchsformen das Wort. Wo Gemeingebrauch noch möglich ist, wo er eine aktuelle und aktualisierbare Form der Benutzung öffentlicher Sachen ist, da soll er bleiben. Aber ich meine, Gemeingebrauch sei kein Problem weltanschaulicher Prinzipien oder etwa eine Forderung, die wir aus den Grundbedingungen unseres menschlichen Daseins heraus aufstellen. Gemeingebrauch ist nichts weiter als eine Form der Benutzung öffentlicher Sachen, die Einfachheit und unmittelbare Körperlichkeit der Benutzung als Merkmale hat und mit einem Minimum an Regelungen auskommt. Jede andere Form der Benutzung läßt sich mit dem Gemeingebrauchsinstitut nicht mehr bewältigen. Wo man trotzdem an diesem Institut festhält und versucht, von der Gegenwartslage her gebotene differenzierende Nutzungs-, Regelungs- und Verwaltungsformen hineinzupressen, kommt man schließlich zu einem monströsen Gebilde, bei dem ohnehin nichts mehr von der Werthaftigkeit des Gemeingebrauchs vorhanden ist, von der einige der Diskussionsredner noch auszugehen schienen.

Ich will nicht etwa, wie hier gesagt worden ist, den Gemeingebrauch in eine anstaltliche Benutzung öffentlicher Sachen überführen, sage vielmehr: er überführt sich selbst dorthin. In der Entwicklung, in der wir stehen, ergeben sich Lagen, die wir weder nach der Seite der Vorhaltung der öffentlichen Sache, noch hinsichtlich ihrer Benutzung und Funktionsregulierung mit dem archaischen Instrumentarium des Gemeingebrauchsinstituts mehr meistern können, die aber deswegen nicht ins Leere fallen, sondern die wir geordnet auffangen und für die wir eine Ordnung bereithalten müssen. Was bisher Gemeingebrauch war, nimmt an vielen Stellen — bald mehr, bald weniger — von selbst die Züge anstaltlicher Benutzung an. Niemand wird verlangen, man solle diese Entwicklung beschleunigen. Wo der Gemeingebrauch genügt, wo das Leben seine einfachen und übersehbaren Züge behält, wollen wir sie beileibe nicht zerstören. Aber wir wollen auch nicht eine Fassade aufrechterhalten vor einer Wirklichkeit, die mit dem Gemeingebrauch nichts mehr zu tun hat.

Es tauchten dazu einige Bedenken auf, die verständlich sind. Herr Bullinger sagte z. B., ob wir denn wirklich den Urwald, als den uns Herbert Krüger in Mainz die anstaltliche Ordnung vorgestellt hat, gegen den Gemeingebrauch eintauschen sollten. Nun hat Herr Krüger mit diesem Bilde damals nicht uneingeschränkte Zustimmung gefunden, und ich persönlich darf sagen, daß ich mich in jenem angeblichen Urwald ganz gut zurechtfinde. Jedenfalls kann wohl keine Rede davon sein, daß die anstaltliche Ordnung Probleme auftürmte, mit denen wir nicht fertig werden könnten. Es ist aber auch das Wort von der Verdinglichung und Entpersönlichung gefallen, und zwar von Herrn Dürig, und Herr Fuß hat hinzugefügt, es bestünde Gefahr, daß hier zuviel an Verwaltung entstände. Wenn diese Bedenken begründet wären, würde ich sie in vollem Umfange teilen. Aber ich will ja an den Fakten nichts ändern und nicht etwa dahin steuern, daß mehr reguliert werde als bisher. Ich will nicht, daß der einzelne im Gebrauch der öffentlichen Sachen beschränkt, kontrolliert und reguliert wird, sondern eine möglichst freizügige Benutzung der öffentlichen Sachen erhalten wissen. Es geht gerade darum, durch die adäquatere rechtliche Darstellungsform ein möglichst hohes Maß von Leichtigkeit und, wenn man so will, von Menschlichkeit im daseinsnotwendigen Umgang mit den öffentlichen Sachen zu bewahren. So stellen sich mir die Dinge dar, und ich habe es gewagt, vor Ihnen diese Perspektiven zu entwickeln in der Hoffnung, Sie würden mit mir in weiterem Nachdenken darin eine vernünftige und sinnvolle Lösung der Probleme unseres Beratungsgegenstandes erkennen.

## Verzeichnis der Redner

## Verzeichnis der Mitglieder der Vereinigung der Deutschen Staatsrechtslehrer

Stand vom 15. Dezember 1963

Vorstand

1. Krüger, Dr. Herbert, Professor, Hamburg-Gr. Flottbek, Elbchaussee 184.
2. Kaiser, Dr. Joseph H., Professor, Freiburg i. Br., Belfortstraße 11.
3. Scupin, Dr. Hans Ulrich, Professor, Münster i. W., Robert-Koch-Straße 46.
4. Seidl-Hohenveldern, Dr. Ignaz, Professor, Saarbrücken 3, Hellwigstraße 17.

Mitglieder

1. Abendroth, Dr. Wolfgang, Professor, Marburg a. d. Lahn, Wilhelm-Roser-Straße 53.
2. Antoniolli, Dr. Walter, Professor, Wien VII, Mariahilferstraße 22—24/III/II/6.
3. Apelt, Dr. Willibalt, Professor, Geh. Regierungsrat, Gräfelfing bei München, Freihamerstraße 32.
4. Armbruster, Dr. Hubert, Professor, Mainz, An der Allee 69.
5. Baade, Dr. Hans W., Privatdozent (Kiel), Duke University, School of Law, Durham/USA.
6. Bachof, Dr. Otto, Professor, Tübingen, Auf dem Kreuz 3.
7. Badura, Dr. Peter, Privatdozent, Erlangen, Hartmannstraße 89.
8. Becker, Dr. jur., Dr. phil. Erich, Professor, Speyer, Philipp-Melanchthon-Straße 10.
9. Bernhardt, Dr. Rudolf, Privatdozent (Heidelberg) Schwetzingen, Hölderlinstraße 5.
10. Bettermann, Dr. Karl August, Professor, Berlin-Lichterfelde-West, Baseler Straße 114.

11. Böhmert, Dr. Viktor, Professor, Kiel, Graf-Spee-Straße 9.
12. Bühler, Dr. Ottmar, Professor, München 27, Kufsteiner Platz 2/III.
13. Bülck, Dr. Hartwig, Professor, Heidelberg, Werrgasse 9.
14. Bullinger, Dr. Martin, Professor, Freiburg i. Br.-Littenweiler, Reinhold-Schneider-Straße 20.
15. Carstens, Dr. Karl, Professor, Bad Godesberg, Im Meisengarten 25.
16. Dagtoglou, Dr. Prodomos, Privatdozent, Heidelberg, Neuenheimer Landstraße 68.
17. Doehring, Dr. Karl, Privatdozent, Heidelberg-Ziegelhausen, Heinrich-Stoeß-Straße 20 c.
18. Drath, Dr. Martin, Professor, Karlsruhe, Beethovenstraße 9.
19. Dürig, Dr. Günter, Professor, Tübingen, Ob dem Viehweidle 12.
20. Ehmke, Dr. Horst, Professor, Freiburg i. Br.-Littenweiler, Aumattenweg 6.
21. Eichenberger, Dr. Kurt, Professor, Bern (Schweiz) Universität.
22. Erler, Dr. Georg, Professor, Göttingen, Schlegelweg 11.
23. Ermacora, Dr. Felix, Professor, Innsbruck, Universität.
24. Evers, Dr. Hans-Ulrich, Privatdozent, Marburg a. d. Lahn, Ziegelstraße 8.
25. Forsthoff, Dr. Ernst, Professor, Heidelberg-Schlierbach, Wolfsbrunnensteige 13.
26. Friesenhahn, Dr. Dr. h. c. Ernst, Professor, Bonn, Wegeler Straße 2.
27. Fröhler, Dr. Ludwig, Professor (Nürnberg), Burgthann b. Nürnberg, Am Bahnhof 15.
28. Fromont, Dr. Michel, Professor, Saarbrücken 15, Universität.
29. Fuss, Dr. Ernst-Werner, Privatdozent, Hamburg 20, Im Winkel 3.
30. Geck, Dr. Wilhelm Karl, Privatdozent, Heidelberg, Heuauerweg 25.
31. Gerber, D. Dr. jur. Hans, Professor, Freiburg i. Br., In der Röte 5.
32. Glum, Dr. Friedrich, Professor, München, Südliche Auffahrtsallee 24.

33. G ö r g , Dr. Hubert, Professor, Ellersberg, Post Forsbach, Bez. Köln (Marburg a. d. Lahn, Universitätsstraße 10).

34. G r e w e , Dr. Wilhelm G., Professor, Botschafter der Bundesrepublik Deutschland bei der Nordatlantikpakt-Organisation, Paris, 5, avenue Pierre I er de Serbie.

35. G r u n d m a n n , Dr. Siegfried, Professor, Gröbenzell bei München, Puchheimerstraße 30.

36. H a m e l , Dr. Walter, Professor, Marburg a. d. Lahn, Rotenberg 1 a.

37. H e c k e l , Dr. Martin, Professor, Tübingen, Hechingerstraße 33.

38. H e n k e , Dr. Wilhelm, Privatdozent, Geismar, Eisenacher Straße 19.

39. H e r r f a h r d t , Dr. Heinrich, Professor, Marburg a. d. Lahn, Am Weinberg 8.

40. H e s s e , Dr. Konrad, Professor, Freiburg i. Br., Hauptstraße 40.

41. H e t t l a g e , Dr. Karl Maria, Professor, Bad Godesberg, Friedrich-Ebert-Straße 83.

42. F r h r. v. d. H e y d t e , Dr. Friedrich August, Professor, Zellingen a. M., Thomas-Glock-Straße 26.

43. H e y e r , Dr. Friedrich, Professor, Bonn, Humboldtstraße 53.

44. v. H i p p e l , Dr. Ernst, Professor, Godesberg-Mehlem, Mainzer Straße 119.

45. H o e g n e r, Dr. Wilhelm, Honorarprofessor, Ministerpräsident a. D., München, Am Blumengarten 17.

46. H o f f m a n n , Dr. Gerhard, Professor, Marburg a. d. Lahn, Friedrichstraße 31.

47. H u b e r , Dr. Ernst Rudolf, Professor, Freiburg-Zähringen, In der Röte 2 (Göttingen, Leonard-Nelson-Straße 19).

48. H u b e r , Dr. Hans, Professor, Muri bei Bern, Mannenriedstraße 5.

49. I m b o d e n , Dr. Max, Professor, Basel, Hirzbodenweg 47.

50. I p s e n , Dr. Hans Peter, Professor, Hamburg 13, Heinrich-Barth-Straße 25 a.

51. J a c o b i , D. Dr. Erwin, Professor, Leipzig S 3, Meusdorfer Straße 5.

52. J a h r r e i s s , Dr. Hermann, Professor, Köln-Klettenberg, Nassestraße 30.

53. J a e n i c k e , Dr. Günther, Professor, Heidelberg, Karlsruher Straße 57.

54. J e r u s a l e m , Dr. Franz, Professor, München 27, Flemingstraße 58.

55. K a f k a , Dr. Gustav E., Professor, Wien XIX/117, Franz-Klein-Gasse 1 (Hochschule für Welthandel).

56. K a i s e r , Dr. Joseph H., Professor, Freiburg i. Br., Belfortstraße 11.

57. K a u f m a n n , Dr. jur. Dr. phil. h. c. Erich, Professor, Heidelberg, Schweizerweg 1.

58. K i m m i n i c h , Dr. Otto, Professor, Würzburg, Dominikanergasse 8.

59. K i p p , Dr. Heinrich, Professor, Innsbruck, Neue Universität, Innrain 52.

60. K l e i n , Dr. Friedrich, Professor, Münster i. W., Prinz-Eugen-Straße 12.

61. K ö t t g e n , Dr. Arnold, Professor, Göttingen, Merkelstraße 43.

62. K o r d t , Dr. Erich, Professor (Köln), Düsseldorf, Brehmstraße 53.

63. K r a u s , Dr. Herbert, Professor, Göttingen, Baurat-Gerber-Straße 12.

64. K r ü g e r , Dr. Herbert, Professor, Hamburg-Gr. Flottbek, Elbchaussee 184.

65. K ü c h e n h o f f , Dr. Günther, Professor, Würzburg, Seinsheimerstraße 13.

66. L a u n , Dr. jur. Dr. rer. pol. h. c. Rudolf, Professor, Ahrensburg bei Hamburg, Vossberg 2.

67. L e i b h o l z , Dr. Gerhard, Professor, Karlsruhe, Rheingoldstraße 19.

68. L e i s n e r , Dr. Walter, Professor, Erlangen, Kochstraße 2.

69. L e r c h e , Dr. Peter, Professor, Berlin-Dahlem, Am Hirschsprung 15.

70. L i e r m a n n , D. Dr. Hans, Professor, Erlangen, Am Meilwald 18.

71. Mallmann, Dr. Walter, Professor, Frankfurt a. M., Georg-Voigt-Straße 8.

72. Marti, Dr. Hans, Professor, Bern, Schwanengasse 9.

73. Maunz, Dr. Theodor, Professor, München-Gräfelfing, Hartnagelstraße 3.

74. Mayer, Dr. Franz, Professor, Speyer a. Rh., Frhr. v.-Stein-Straße 29.

75. Meder, Dr. Walter, Professor, Berlin-Dahlem, Goßlerstraße 29.

76. Meinzolt, D. Dr. Hans, Honorarprofessor, Staatssekretär a. D., Wessling am See, Oberbayern, Obere Seefeldstraße 16.

77. Meissner, Dr. Boris, Professor, Kiel, Blücherstraße 21.

78. Melichar, Dr. Erwin, Professor, Graz, Juristische Fakultät, Universität.

79. Menger, Dr. Christian-Friedrich, Professor, Kiel, Esmarch-Straße 68.

80. Menzel, Dr. Eberhard, Professor, Kiel, Bülowstraße 16.

81. Merk, Dr. Wilhelm, Professor, Tübingen, Wildermuthstraße 6.

82. Merkl, Dr. Adolf Julius, Professor, Wien XIX, Pfarrplatz 1.

83. Meyer, Dr. Ernst Wilhelm, Professor, Berlin-Wannsee, Bismarckstraße 32.

84. Mirbt, Dr. Hermann, Professor, Berlin-Schlachtensee, Spanische Allee 51.

85. Mosler, Dr. Hermann, Professor, Heidelberg, Berliner Straße 48.

86. Münch, Dr. Fritz, Professor, Heidelberg, Berliner Straße 48.

87. v. Münch, Dr. Ingo, Privatdozent, Frankfurt a. M., Grillparzerstraße 52.

88. Naumann, Dr. Richard, Professor, Lüneburg, Ülzener Straße 40.

89. Obermayer, Dr. Klaus, Professor, Erlangen, Am Röthelheim 58.

90. Partsch, Dr. Karl Joseph, Professor, Ingelheim a. Rh., Frankenstraße 10.

91. P e t e r s, Dr. Dr. h. c. Hans, Professor, Köln-Sülz, Zülpicher Straße 83.

92. P f e i f e r, Dr. Helfried, Professor, Wien XIII, Lainzer Straße 57.

93. P i r s o n, Dr. Dietrich, Professor, Marburg a. d. Lahn, Tischbeinweg 1.

94. R i d d e r, Dr. Helmut, Professor, Heidebergen über Siegburg, Siebengebirgsstraße 4.

95. R ü h l a n d, Dr. Curt, Professor, Braunschweig, Dürerstraße 26.

96. R u m p f, Dr. Helmut, Konsul beim Generalkonsulat der Bundesrepublik Deutschland, Mailand, Via Guerazzi 3.

97. R u p p, Dr. Hans-Heinrich, Privatdozent, Reutlingen, Burgstraße 61.

98. S a l z w e d e l, Dr. Jürgen, Professor, Ippendorf b. Bonn, Gudenauerweg 59.

99. S c h a c k, Dr. Friedrich, Professor, Hamburg 13, Nonnenstieg 9/II.

100. S c h a u m a n n, Dr. Wilfried, Professor, Würzburg, Prümstraße 9.

101. S c h e u n e r, Dr. Ulrich, Professor, Bad Godesberg, Beethovenstraße 77.

102. S c h i n d l e r, Dr. Dietrich, Privatdozent, Zollikon-Zürich, Alte Landstraße 44.

103. S c h l o c h a u e r, Dr. Hans Jürgen, Professor, Frankfurt a. M., Mertonstraße 17.

104. S c h m i d, Dr. Karl, Professor, Frankfurt a. M., Johann-Klotz-Straße 15.

105. S c h n e i d e r, Dr. Hans, Professor, Heidelberg, Ludolf-Krehl-Straße 44.

106. S c h n e i d e r, Dr. Peter, Professor, Mainz, Goldenluftgasse 2 3/10.

107. S c h n u r, Dr. Roman, Privatdozent, Speyer, Heinrich-Heine-Straße 5.

108. S c h ü l e, Dr. Adolf, Professor, Tübingen, Bei der Ochsenweide 17.

109. S c h w i n g e, Dr. Erich, Professor, Marburg a. d. Lahn, von-Harnack-Straße 27.

110. S c u p i n, Dr. Hans Ulrich, Professor, Münster i. W., Robert-Koch-Straße 46.

111. Seidl-Hohenveldern, Dr. Ignaz, Professor, Saarbrücken 3, Hellwigstraße 17.

112. Smend, D. Dr. Rudolf, Professor, Göttingen, Am Goldgraben 13.

113. Spanner, Dr. Hans, Professor, München 9, Candidstraße 24/VII.

114. Stern, Dr. Klaus, Professor, Berlin 33, Trabener Straße 74.

115. Stödter, Dr. Rolf, Professor, Hamburg-Altona, Palmaille 49 (Fa. John T. Essberger).

116. Thieme, Dr. Werner, Professor, Hamburg-Fuhlsbüttel, Am Karpfenteich 58.

117. Uber, Dr. Giesbert, Privatdozent, Hamburg 13, Hansastraße 38.

118. Ule, Dr. Carl Hermann, Professor, Heidelberg, Oberer Gaisbergweg 9.

119. Vogel, Dr. Klaus, Privatdozent, Hamburg 13, Böttgerstraße 8 hptr.

120. Voigt, Dr. Alfred, Professor, Erlangen, Burgbergstr. 53.

121. Wacke, Dr. Gerhard, Professor, Hamburg-Nienstedten, Ordinger Weg 14.

122. Walter, Dr. Robert, Professor, Graz, Universität.

123. Warncke, Dr. Friedrich, Privatdozent, Köln-Nippes, Mauenheimer Straße 45.

124. Weber, Dr. Werner, Professor, Göttingen, Wackenroder Weg 1.

125. Wehrhahn, Dr. Herbert, Professor, Saarbrücken 15, Universität.

126. Wengler, Dr. jur. Dr. rer. pol. Wilhelm, Professor, Berlin-Zehlendorf, Werder Straße 15.

127. Wenzel, Dr. Max, Professor, Erlangen, Löhestraße 21.

128. Wertenbruch, Dr. Wilhelm, Privatdozent, Köln, Volksgartenstraße 2.

129. Winkler, Dr. Günther, Professor, Wien 1, Hafnersteig 5/I/7.

130. Wolff, Dr. Hans J., Professor, Münster i. W., Görresstraße 26.

131. Zaçher, Dr. Hans, Professor, Saarbrücken 15, Universität.

132. Zippelius, Dr. Reinhold, Professor, Erlangen, Kochstraße 2.

## Satzung

(Nach den Beschlüssen vom 21. Oktober 1949, 19. Oktober 1951, 14. Oktober 1954, 10. Oktober 1956 und 13. Oktober 1960)

§ 1

Die Vereinigung der Deutschen Staatsrechtslehrer stellt sich die Aufgabe:

1. wissenschaftliche und Gesetzgebungsfragen aus dem Gebiete des öffentlichen Rechts durch Aussprache in Versammlungen der Mitglieder zu klären;
2. auf die ausreichende Berücksichtigung des öffentlichen Rechts im Hochschulunterricht und bei staatlichen und akademischen Prüfungen hinzuwirken;
3. in wichtigen Fällen zu Fragen des öffentlichen Rechts durch Eingaben an Regierungen oder Volksvertretungen oder durch öffentliche Kundgebungen Stellung zu nehmen.

§ 2

(1) Mitglied der Vereinigung kann werden, wer an der rechtswissenschaftlichen Fakultät einer deutschen oder deutschsprachigen ausländischen Universität für das Fach des Staatsrechts und ein weiteres öffentlich-rechtliches Fach als habilitierter Privatdozent oder als planmäßiger Professor tätig ist oder gewesen ist und sich der wissenschaftlichen Forschung auf dem Gesamtgebiete des Staats- und Verwaltungsrechts gewidmet hat.

(2) Das Aufnahmeverfahren wird durch schriftlichen Vorschlag von drei Mitgliedern der Vereinigung eingeleitet. Ist der Vorstand einstimmig der Auffassung, daß die Voraussetzungen für den Erwerb der Mitgliedschaft erfüllt sind, so verständigt er in einem Rundschreiben die Mitglieder von seiner Absicht, dem Vorgeschlagenen die Mitgliedschaft anzutragen. Erheben mindestens fünf Mitglieder binnen Monatsfrist gegen die Absicht des Vorstandes Einspruch oder beantragen sie mündliche Erörterung, so beschließt die Mitgliederversammlung über die Aufnahme. Die Mitgliederversammlung beschließt ferner, wenn sich im Vorstand Zweifel erheben, ob die Voraussetzungen der Mitgliedschaft erfüllt sind. Von jeder Neuaufnahme außerhalb einer Mitgliederversammlung sind die Mitglieder zu unterrichten.

§ 3

Eine Mitgliederversammlung soll regelmäßig einmal in jedem Jahre an einem vom Vorstand zu bestimmenden Orte stattfinden. In dringenden Fällen können außerordentliche Versammlungen einberufen werden. Die Tagesordnung wird durch den Vorstand bestimmt.

Auf jeder ordentlichen Mitgliederversammlung muß mindestens ein wissenschaftlicher Vortrag mit anschließender Aussprache gehalten werden.

§ 4

Der Vorstand der Vereinigung besteht aus einem Vorsitzenden und zwei Stellvertretern. Die Vorstandsmitglieder teilen die Geschäfte untereinander nach eigenem Ermessen. Der Vorstand wird am Schluß jeder ordentlichen Mitgliederversammlung neu gewählt.

Zur Vorbereitung der Mitgliederversammlung kann sich der Vorstand durch Zuwahl anderer Mitglieder verstärken. Auch ist Selbstergänzung zulässig, wenn ein Mitglied des Vorstandes in der Zeit zwischen zwei Mitgliederversammlungen ausscheidet.

§ 5

Zur Vorbereitung ihrer Beratungen kann die Mitgliederversammlung, in eiligen Fällen auch der Vorstand, besondere Ausschüsse bestellen.

§ 6

Über Eingaben in den Fällen des § 1 Ziffer 2 und 3 und über öffentliche Kundgebungen kann nach Vorbereitung durch den Vorstand oder einen Ausschuß im Wege schriftlicher Abstimmung der Mitglieder beschlossen werden. Ein solcher Beschluß bedarf der Zustimmung von zwei Dritteln der Mitgliederzahl; die Namen der Zustimmenden müssen unter das Schriftstück gesetzt werden.

§ 7

Der Mitgliederbeitrag wird von der Mitgliederversammlung festgesetzt. Der Vorstand kann den Beitrag aus Billigkeitsgründen erlassen.